Bilingual VISUAL dictionary

TOP-FLITE XL
Titleist

Bilingual VISUAL dictionary

DK

DK | Penguin Random House

DK LONDON
Managing Editor Christine Stroyan
Managing Art Editor Anna Hall
Jacket Design Development Manager Sophia MTT
Jacket Editor Emma Dawson
Producer, Pre-Production Andy Hillard
Senior Producer Jude Crozier
Art Director Karen Self
Associate Publishing Director Liz Wheeler
Publishing Director Jonathan Metcalf

DK INDIA
Editor Arpita Dasgupta
Assistant Editor Ishita Jha
Assistant Art Editor Garima Agarwal
DTP Designers Vishal Bhatia, Rakesh Kumar, Anita Yadav
Jacket Designer Tanya Mehrotra
Jackets Editorial Coordinator Priyanka Sharma
Managing Jackets Editor Saloni Singh
Senior Managing Editor Rohan Sinha
Preproduction Manager Balwant Singh
Production Manager Pankaj Sharma

Hindi Translation by Yatra Books
Hindi Typing by Manipal Digital Systems Pvt. Ltd

First American Edition, 2008
This edition published in the United States in 2019 by DK Publishing, 1450 Broadway, 8th Floor, New York, NY 10018

19 20 21 22 23 10 9 8 7 6 5 4 3 2 1
001–312718–Apr/2019

Published in Great Britain by Dorling Kindersley Limited.

A catalog record for this book is available from the Library of Congress.
ISBN: 978-1-4654-8115-3

Printed in China

contents
viṣaya sūchī
विषय सूची

42
health
svāsthya
स्वास्थ्य

146
eating out
bāhar khānā
बाहर खाना

252
leisure
manorañjan
मनोरंजन

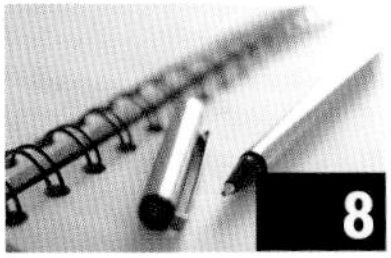
8 about the dictionary
śabdkoś ke bāre meṃ
शब्दकोश के बारे में

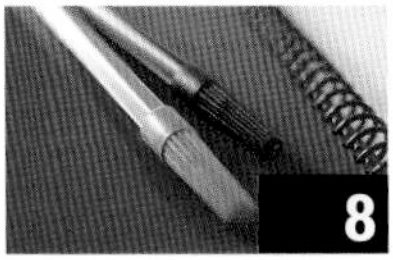
8 pronunciation tips
uccāraṇ sujhāv
उच्चारण सुझाव

10 people
log
लोग

28 appearance
veśbhūṣā
वेशभूषा

56 home
ghar
घर

92 services
sevāyeṃ
सेवाएं

102 shopping
ḳharīdārī
ख़रीदारी

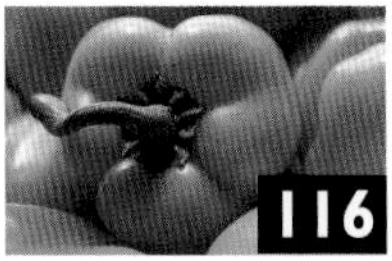
116 food
khādya padārth
खाद्य पदार्थ

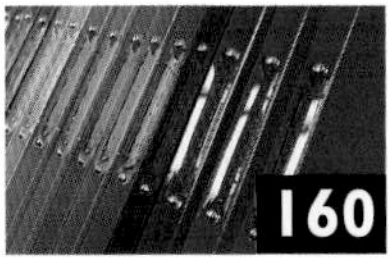
160 study
adhyayan
अध्ययन

170 work
kārya
कार्य

192 transportation
parivahan
परिवहन

218 sports
khelkūd
खेलकूद

278 environment
paryāvaraṇ
पर्यावरण

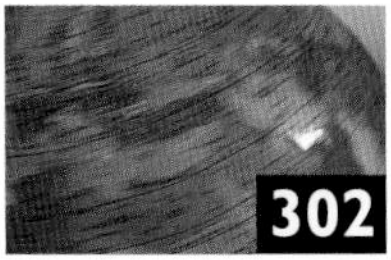
302 reference
sandarbh
संदर्भ

324 indexes
tālikāyeṃ
तालिकाएं

360 acknowledgments
ābhār
आभार

people • लोग

body । शरीर 12
face । चेहरा 14
hand । हाथ 15
foot । पैर 15
muscles । मांशपेशियाँ 16
skeleton । अस्थिपंजर 17
internal organs आंतरिक अंग 18
reproductive organs जननांग 20
family । परिवार 22
relationships । संबंध 24
emotions । भावनाएं 25
life events जीवन की खास घटनाएं 26

appearance • वेशभूषा

children's clothing बाल परिधान 30
men's clothing पुरुष परिधान 32
women's clothing महिला परिधान 34
accessories सहायक वस्तुएं 36
hair । बाल 38
beauty । सौंदर्य 40

health • स्वास्थ्य

illness । बीमारी 44
doctor । चिकित्सक 45
injury । चोट 46
first aid । प्राथमिक चिकित्सा 47
hospital । अस्पताल 48
dentist । दंत चिकित्सक 50
optometrist । दृष्टि परीक्षक 51
pregnancy । गर्भावस्था 52
childbirth । शिशु जन्म 53
alternative therapy वैकल्पिक चिकित्सा 54

home • घर

house । मकान 58
internal systems घरेलू उपकरण 60
living room । बैठक 62
dining room । भोजन कक्ष 64
kitchen । रसोई 66
kitchenware । रसोई उपकरण 68
bedroom । शयन कक्ष 70
bathroom । स्नानघर 72
nursery । शिशुगृह 74
utility room घरेलू कार्य कक्ष 76
workshop । कार्यशाला 78
toolbox । औज़ार पेटी 80
decorating । गृह सज्जा 82
garden । बग़ीचा 84
garden plants बगीचे के पौधे 86
garden tools बग़ीचे के उपकरण 88
gardening । बाग़बानी 90

services • सेवाएं

emergency services आपातकालीन सेवाएं 94
bank । बैंक 96
communications । संचार 98
hotel । होटल 100

shopping • ख़रीदारी

shopping center ख़रीदारी केंद्र 104
department store डिपार्टमेंटल स्टोर 105
supermarket सुपर बाज़ार 106
drugstore । दवाई विक्रेता 108
florist । फूल विक्रेता 110
newsstand समाचार पत्र विक्रेता 112
candy store । कन्फेक्शनर 113
other stores । अन्य दुकानें 114

food • खाद्य पदार्थ

meat । मांस 118
fish । मछली 120
vegetables । सब्ज़ियां 122
fruit । फल 126
grains and legumes अनाज एवं दालें 130
herbs and spices औषधि एवं मसाले 132
bottled foods बोतलबंद खाद्य पदार्थ 134
dairy products । डेयरी उत्पाद 136
breads and flours ब्रेड एवं आटा 138
cakes and desserts केक और मिष्ठान्न 140
delicatessen पके भोजन की दुकान 142
drinks । पेय 144

eating out • बाहर खाना

café । कैफ़े 148
bar । बार 150

restaurant । रेस्तरां 152
fast food । फ़ास्ट फ़ूड 154
breakfast । सुबह का नाश्ता 156
dinner । डिनर 158

study • अध्ययन

school । विद्यालय 162
math । गणित 164
science । विज्ञान 166
college । महाविद्यालय 168

work • कार्य

office । कार्यालय 172
computer । कंप्यूटर 176
media । मीडिया 178
law । क़ानून 180
farm । खेत 182
construction । निर्माण कार्य 186
occupations । व्यवसाय 188

transportation • परिवहन

roads । सड़कें 194
bus । बस 196
car । कार 198
motorcycle । मोटरबाइक 204
bicycle । साइकिल 206
train । रेलगाड़ी 208
aircraft । वायुयान 210
airport । हवाई अड्डा 212
ship । जहाज़ 214
port । बंदरगाह 216

sports • खेलकूद

football अमेरिकन फ़ुटबॉल 220
rugby । रग्बी 221
soccer । सॉकर 222
hockey । हॉकी 224
cricket । क्रिकेट 225
basketball । बास्केट बॉल 226
baseball । बेसबॉल 228
tennis । टेनिस 230
golf । गोल्फ़ 232
track and field । एथलेटिक्स 234
combat sports मल्ल क्रीड़ा 236
swimming । तैराकी 238
sailing । पाल नौकायन 240
horseback riding । घुड़सवारी 242
fishing । मछली पकड़ना 244
skiing । स्कीइंग 246
other sports अन्य खेलकूद 248
fitness । स्वस्थता 250

leisure • मनोरंजन

theater । थिएटर 254
orchestra । वाद्यवृंद 256
concert । कॉन्सर्ट 258
sightseeing । सैर-सपाटा 260
outdoor activities बाहरी गतिविधियां 262
beach । तट 264
camping । शिविर लगाना 266
home entertainment घरेलू मनोरंजन 268
photography फ़ोटोग्राफ़ी 270
games । खेल 272
arts and crafts कला और शिल्प 274

environment • पर्यावरण

space । अंतरिक्ष 280
Earth । पृथ्वी 282
landscape । भूदृष्य 284
weather । मौसम 286
rocks । पाषाण 288
minerals । खनिज 289
animals । पशु 290
plants । वनस्पति 296
city । शहर 298
architecture । वास्तुशिल्प 300

reference • संदर्भ

time । समय 304
calendar । कैलेंडर 306
numbers । अंक 308
weights and measures भार और मापक 310
world map । विश्व मानचित्र 312
particles and antonyms उपसर्ग, प्रत्यय और विलोम शब्द 320
useful phrases उपयोगी वाक्यांश 322

about the dictionary

The use of pictures is proven to aid understanding and the retention of information. Working on this principle, this highly illustrated English–Hindi bilingual dictionary presents a large range of useful current vocabulary in the two languages.

The dictionary is divided thematically and covers most aspects of everyday life in detail, from the restaurant to the gym, the home to the workplace, outer space to the animal kingdom. You will also find additional words and phrases for conversational use and for extending your vocabulary.

This is an essential reference tool for anyone interested in languages—practical, stimulating, and easy to use.

A few things to note

The Hindi terms in the dictionary use the Devnagari script, and are accompanied by their romanized versions, showing you how to pronounce each word. The entries in the dictionary are always presented in the same order—English, the romanization, and then Hindi. Where no suitable Hindi words exist, or are not commonly used, we have retained the English words, but the romanization has been adapted to show how native Hindi speakers would pronounce them.

Verbs are indicated by a (v) after the English, for example: **attend (v)**

There are two indexes at the back of the book—English and Hindi—that you can use to look up a word and find out on which page it appears. In the Hindi index, the masculine and feminine nouns are indicated by "m" and "f," and the transitive and intransitive verbs are indicated by "tr" and "itr."

pronunciation tips

This book romanizes Hindi by dropping the "a" normally used to represent the Hindi vowel "अ" that is attached to all Hindi consonants. Traditionally, "लोग" (people) would be transcribed as "loga," but we have used "log" to help you pronounce it more accurately. The exception to this is the Hindi consonant "य," represented by the roman "ya," where we have retained the "a" to keep the pronunciation accurate. For example, स्वास्थ्य is romanized as "svāsthya."

The *nukta* is the dot below the consonants "क़," "ख़," "ग़," "ज़," and "फ़," used to denote Urdu pronunciation. Consonants with *nuktas* are romanized using a dot under the roman consonant. They are pronounced with greater stress.

The dot under "ṃ" is a half consonant, and is used to denote the sound "ang" as in "kangaroo."

Guide to romanization

अ	आ	इ	ई	उ	ऊ	ऋ	
a	ā	i	ī	u	ū	ṛ	
ए	ऐ	ओ	औ	अं	:		
e	ai	o	au	ṃ	ḥ		
क	क़	ख	ख़	ग	ग़	घ	ङ
k	ḳ	kh	ḳh	g	ġ	gh	ṅ
च	छ	ज	ज़	झ	ञ		
ch	chh	j	z	jh	ñ		
ट	ठ	ड	ड़	ढ	ढ़	ण	
ṭ	ṭh	ḍ	ṛ	ḍh	ṛh	ṇ	
त	थ	द	ध	न			
t	th	d	dh	n			
प	फ	फ़	ब	भ	म		
p	ph	f	b	bh	m		
य	र	ल	व				
ya	r	l	v				
श	ष	स	ह				
ś	ṣ	s	h				
क्ष	त्र	ज्ञ					
kṣ	tr	jña					

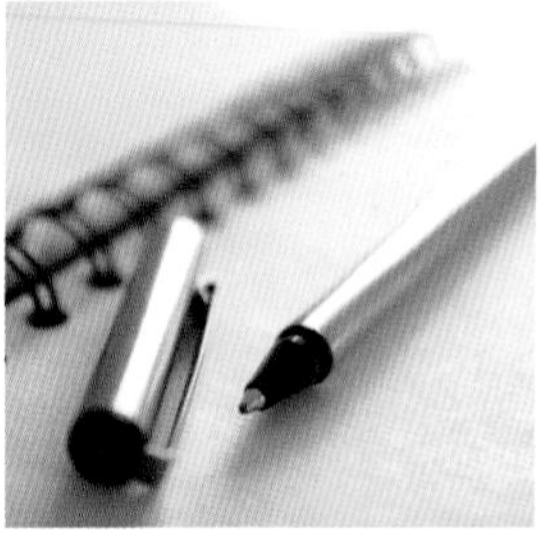

free audio app

The audio app contains all the words and phrases in the book, spoken by native speakers in both Hindi and English, making it easier to learn important vocabulary and improve your pronunciation.

how to use the audio app

- Search for "Bilingual Visual Dictionary" and download the free app on your smartphone or tablet from your chosen app store.
- Open the app and scan the barcode (or enter the ISBN) to unlock your Visual Dictionary in the Library.
- Download the audio files for your book.
- Enter a page number, then scroll up and down through the list to find a word or phrase.
- Tap a word to hear it.
- Swipe left or right to view the previous or next page.
- Add words to your Favorites.

शब्दकोश के बारे में

तस्वीरों के ज़रिये किसी जानकारी को समझना और उसे ग्रहण करना हमेशा सहायक सिद्ध होता है। यह चित्रात्मक द्विभाषी शब्दकोश इसी सिद्धांत के आधार पर तैयार किया गया है, जिसमें अंग्रेजी और हिन्दी भाषाओं के कई उपयोगी शब्द दिए गए हैं।

यह शब्दकोश विषयों के आधार पर विभाजित है और इसमें रोज़मर्रा के जीवन से जुड़े अनेक पक्ष समेटे गए हैं, जिनमें रेस्तरां से जिम, घर से दफ़्तर और अंतरिक्ष से लेकर प्राणी जगत तक के क्षेत्र शामिल हैं। शाब्दिक क्षमता और बातचीत के कौशल को निखारने के लिए इसमें अतिरिक्त शब्द और वाक्यांश भी दिए गए हैं।

यह संदर्भ पुस्तक व्यावहारिक, उत्साहवर्धक और प्रयोग में आसान है। भाषाओं में दिलचस्पी रखने वाले व्यक्तियों के लिए यह एक अत्यावश्यक उपकरण सिद्ध होगी।

ध्यान देने योग्य बातें

इस शब्दकोश में हिन्दी मूल देवनागरी लिपि में लिखी गई हैं। शब्दों के उच्चारण को स्पष्ट करने के लिए उनका रोमन लिप्यंतरण दिया गया है। इस शब्दकोश में शब्दों को इस क्रम में प्रस्तुत किया गया है – अंग्रेज़ी, हिन्दी रूप का रोमन में लिप्यंतरण और फिर देवनागरी में हिन्दी रूप। ऐसी स्थितियों में जहां अंग्रेज़ी शब्दों के समुचित हिन्दी पर्याय नही हैं या उनका आम चलन में प्रयोग नही होता है, वहां हमने मूल अंग्रेज़ी के शब्दों को ही रखा है। उनके रोमन लिप्यंतरण को उनके हिन्दी उच्चारण के अनुसार लिखा गया है।

क्रियाओं को अंग्रेज़ी शब्द के बाद (v) के द्वारा निर्दिष्ट किया गया है, जैसे: **attend (v)**

इस शब्दकोश के अंत में अंग्रेज़ी और हिन्दी तालिकाएं दी गई हैं जिनमें किसी भी शब्द को देखकर आप उसकी पृष्ठ संख्या जान सकते हैं। हिन्दी तालिका में संज्ञा के स्त्रीलिंग और पुलिंग रूप को "f" और "m" के द्वारा बताया गया है। सकर्मक और अकर्मक क्रियाओं को "tr" और "itr" से चिह्नित किया गया है।

कोश का प्रयोग कैसे करें

आप भले ही व्यापार के लिए, शौक़ के लिए या विदेश में छुट्टी मनाने जाने के लिए कोई नई भाषा सीख रहे हों या पहले से सीखी हुई किसी भाषा का अपना शब्द ज्ञान बढ़ाना चाहते हों, आपके लिए यह शब्दकोश काफ़ी सहायक होगा और आप कई तरह से इसका प्रयोग कर सकते हैं।

कोई नई भाषा सीखते समय उस भाषा में प्रयोग होने वाले समानार्थी शब्दों (वे शब्द जिनका एक जैसा अर्थ होता है) और भिन्नार्थी शब्दों (वे शब्द जो एक जैसे दिखते हैं, परंतु उनके अर्थ अलग होते हैं) पर ध्यान ज़रूर दें। आप यह भी देख सकते हैं कि भाषाएं किस तरह एक–दूसरे को प्रभावित करती हैं। उदाहरण के लिए, अंग्रेज़ी भाषा में भोजन संबंधित अनेक शब्द यूरोपीय भाषाओं से लिए गए हैं और दूसरी तरफ़ इस भाषा ने संस्कृति व तकनीक के क्षेत्र में बहुत से शब्द उन्हें प्रदान किए हैं।

सीखने के लिए व्यावहारिक अभ्यास

- आप अपने घर, दफ़्तर या कॉलेज में घूमते हुए, उन पन्नों को देखने का प्रयास करें, जो इन क्षेत्रों से संबंधित हैं। फिर इस पुस्तक को बंद करके अपने आसपास नज़र दौड़ाएं और यह देखें कि आपको कितनी चीज़ों के नाम याद हैं।
- किसी एक विशेष पन्ने पर दिए गए शब्दों का प्रयोग करके छोटी कहानी, पत्र या संवाद लिखने का प्रयास करें। इससे आपको शब्द और वर्तनी याद रखने में मदद मिलेगी। अगर आप कोई बड़ा आलेख लिखना चाहते हैं, तो दो–तीन शब्दों को मिलाकर छोटे–छोटे वाक्य बनाकर शुरुआत करें।
- यदि चित्रों की सहायता से आपको अधिक याद रहता है तो इस कोश में दिए गए चित्रों को अलग काग़ज़ पर बनाएं और बिना देखे उनसे संबंधित शब्दों को लिखें।

निःशुल्क श्रव्य ऐप

इस ऐप में इस पुस्तक के सारे हिन्दी/अंग्रेज़ी शब्द और वाक्यांश शामिल हैं, जो उन भारतीयों द्वारा रिकॉर्ड किए गए हैं, जिनकी मातृ भाषा हिन्दी है। इस ऐप के प्रयोग से महत्वपूर्ण शब्दों की जानकारी पाना और उनके सही उच्चारण सीखना आसान हो जाएगा।

श्रव्य ऐप का प्रयोग कैसे करें

- "Bilingual Visual Dictionary"– इस वाक्य को अपने स्मार्टफ़ोन या टैबलेट के ऐप स्टोर में ढूंढें और डाउनलोड करें।
- ऐप को खोलें और बारकोड को स्कैन करें या आई. एस. बी. एन. खुद टाइप करें। ऐसा करने से शब्दावली खुल जाएगी।
- पुस्तक संबंधित श्रव्य फ़ाइलें डाउनलोड कर लें।
- पृष्ठ संख्या टाइप करें, जिसके परिमाणस्वरूप उस पन्ने की शब्द सूची प्रत्यक्ष होगी। इस सूचीपत्र में आप शब्द या वाक्यांश ढूंढ़ सकते हैं।
- किसी शब्द या वाक्यांश का उच्चारण सुनने के लिए, उसे चुनें (टैप करें)।
- अगला या पिछला पन्ना देखने के लिए दायें या बायें जाएं।
- विशेष शब्दों को पसंदीदा अनुभाग में अलग से जमा किया जा सकता है।

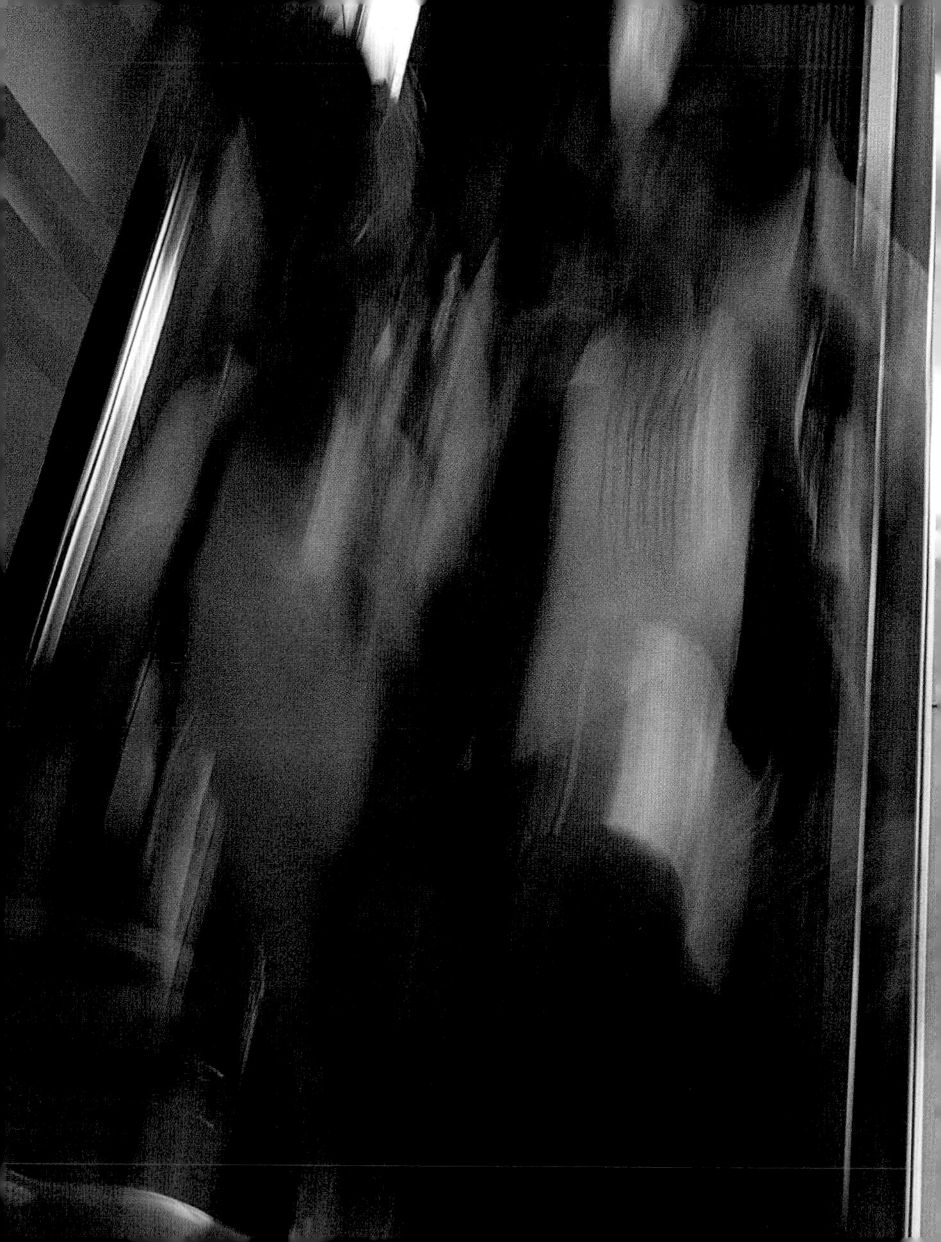

people
log
लोग

body • śarīr • शरीर

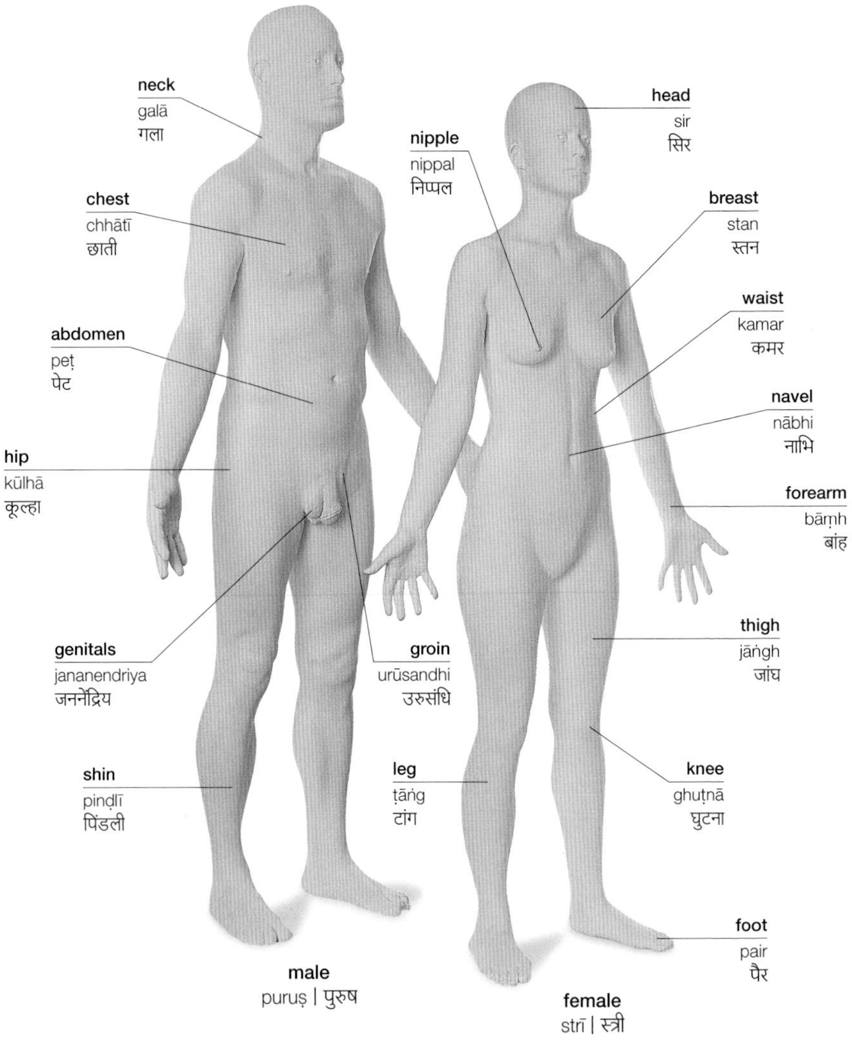
neck
galā
गला
head
sir
सिर
nipple
nippal
निप्पल
chest
chhātī
छाती
breast
stan
स्तन
waist
kamar
कमर
abdomen
peṭ
पेट
navel
nābhi
नाभि
hip
kūlhā
कूल्हा
forearm
bāṃh
बांह
thigh
jāṅgh
जांघ
genitals
jananendriya
जननेंद्रिय
groin
urūsandhi
उरुसंधि
shin
pinḍlī
पिंडली
leg
ṭāṅg
टांग
knee
ghuṭnā
घुटना
foot
pair
पैर
male
puruṣ | पुरुष
female
strī | स्त्री

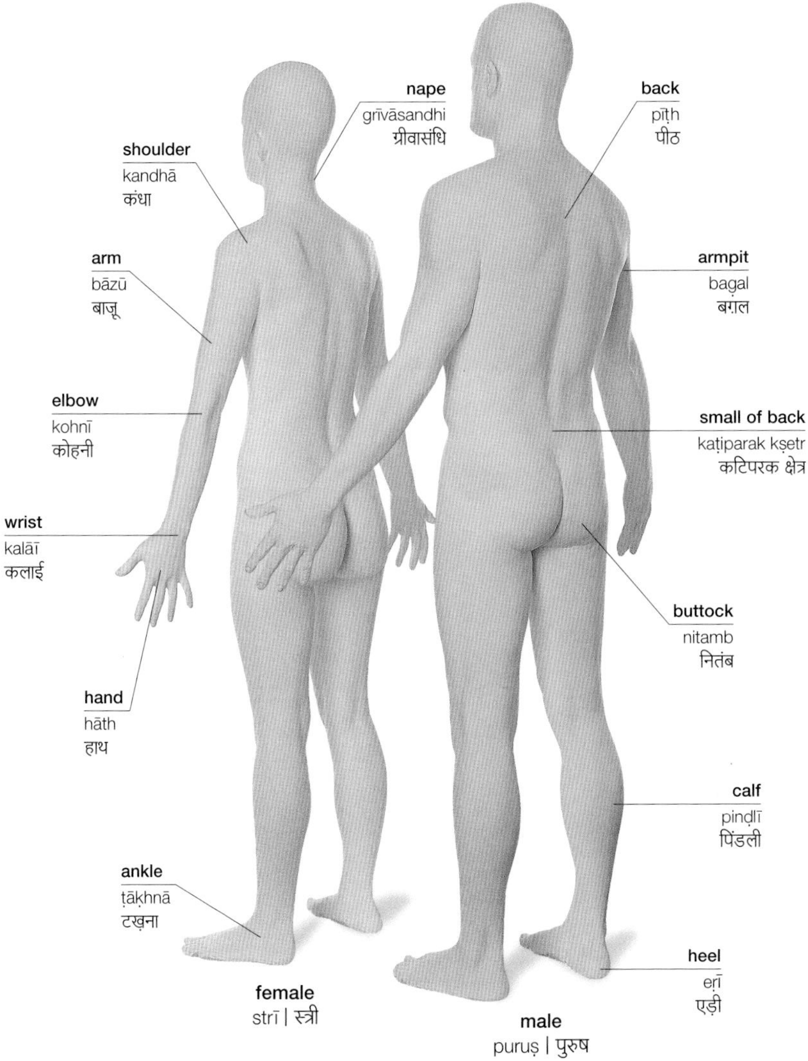
nape
grīvāsandhi
ग्रीवासंधि
back
pīṭh
पीठ
shoulder
kandhā
कंधा
arm
bāzū
बाज़ू
armpit
bagal
बग़ल
elbow
kohnī
कोहनी
small of back
kaṭiparak kṣetr
कटिपरक क्षेत्र
wrist
kalāī
कलाई
buttock
nitamb
नितंब
hand
hāth
हाथ
calf
piṇḍlī
पिंडली
ankle
ṭāḳhnā
टख़ना
heel
eṛī
एड़ी
female
strī | स्त्री
male
puruṣ | पुरुष

face • chehrā • चेहरा

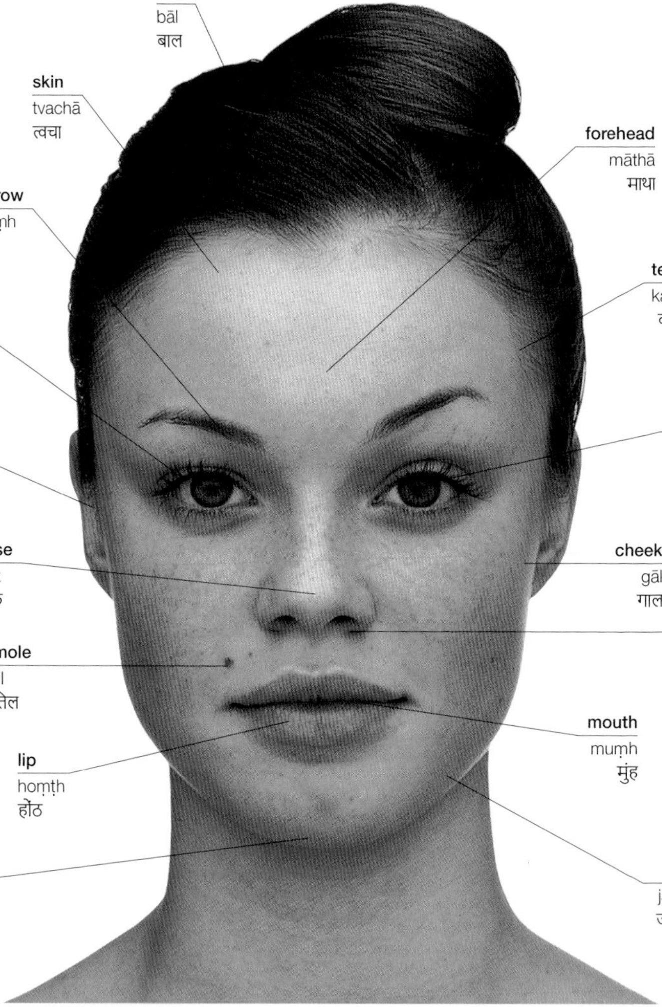
hair
bāl
बाल
skin
tvachā
त्वचा
forehead
māthā
माथा
eyebrow
bhauṃh
भौंह
temple
kanpaṭī
कनपटी
eyelash
palak
पलक
eye
āṃkh
आंख
ear
kān
कान
nose
nāk
नाक
cheek
gāl
गाल
nostril
nathunā
नथुना
mole
til
तिल
mouth
muṃh
मुंह
lip
hoṃṭh
होंठ
chin
ṭhoṛī
ठोड़ी
jaw
jabṛā
जबड़ा

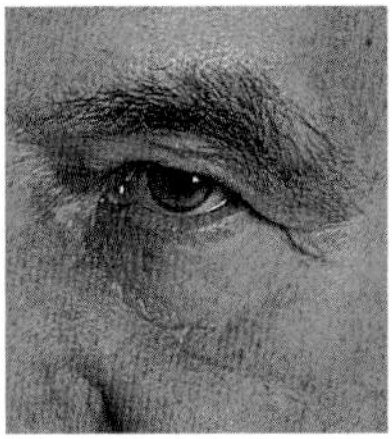

wrinkle
jhurriyāṃ | झुर्रियां

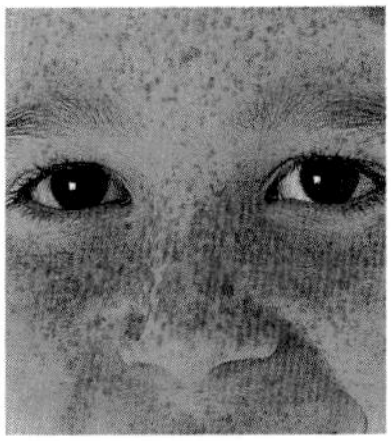

freckle
jhāīṃ | झाईं

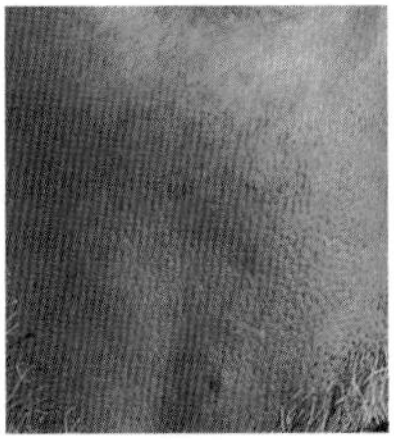

pore
rom chhidr | रोमछिद्र

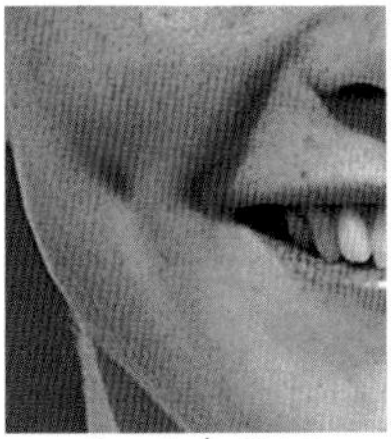

dimple | gāl kā gaḍḍhā | गाल का गड्ढा

hand • hāth • हाथ

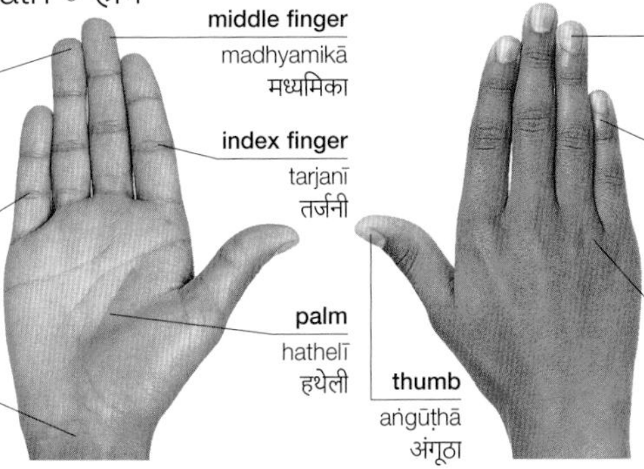

middle finger
madhyamikā
मध्यमिका
ring finger
anāmikā
अनामिका
index finger
tarjanī
तर्जनी
little finger
kaniṣṭhikā
कनिष्ठिका
palm
hathelī
हथेली
wrist
kalāī
कलाई
thumb
aṅgūṭhā
अंगूठा
nail
nāḳhūn
नाख़ून
cuticle
jhillī
झिल्ली
knuckle
uṅglī sandhi
उंगली संधि

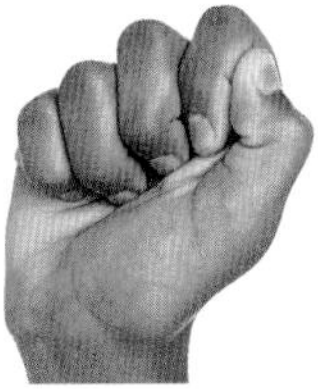

fist
muṭṭhī | मुट्ठी

foot • pair • पैर

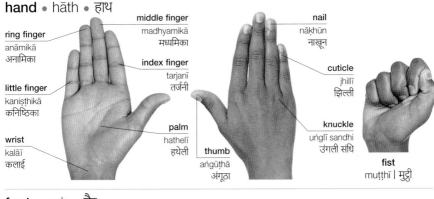

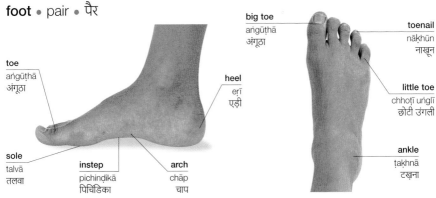

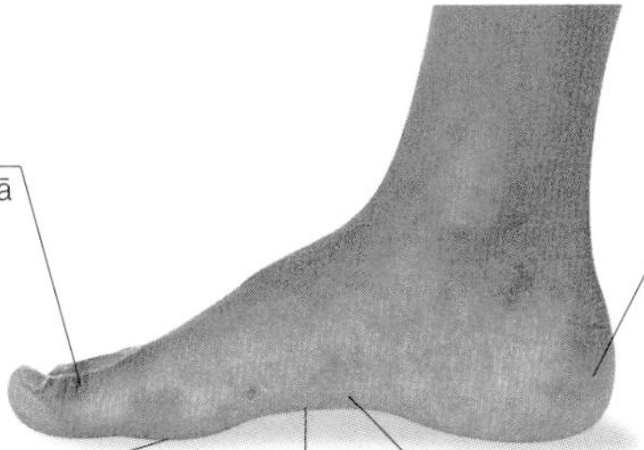

toe
aṅgūṭhā
अंगूठा
heel
eṛī
एड़ी
sole
talvā
तलवा
instep
pichinḍikā
पिचिंडिका
arch
chāp
चाप

big toe
aṅgūṭhā
अंगूठा
toenail
nāḳhūn
नाख़ून
little toe
chhoṭī uṅglī
छोटी उंगली
ankle
ṭaḳhnā
टख़ना

muscles • māṃspeśiyāṃ • मांसपेशियां

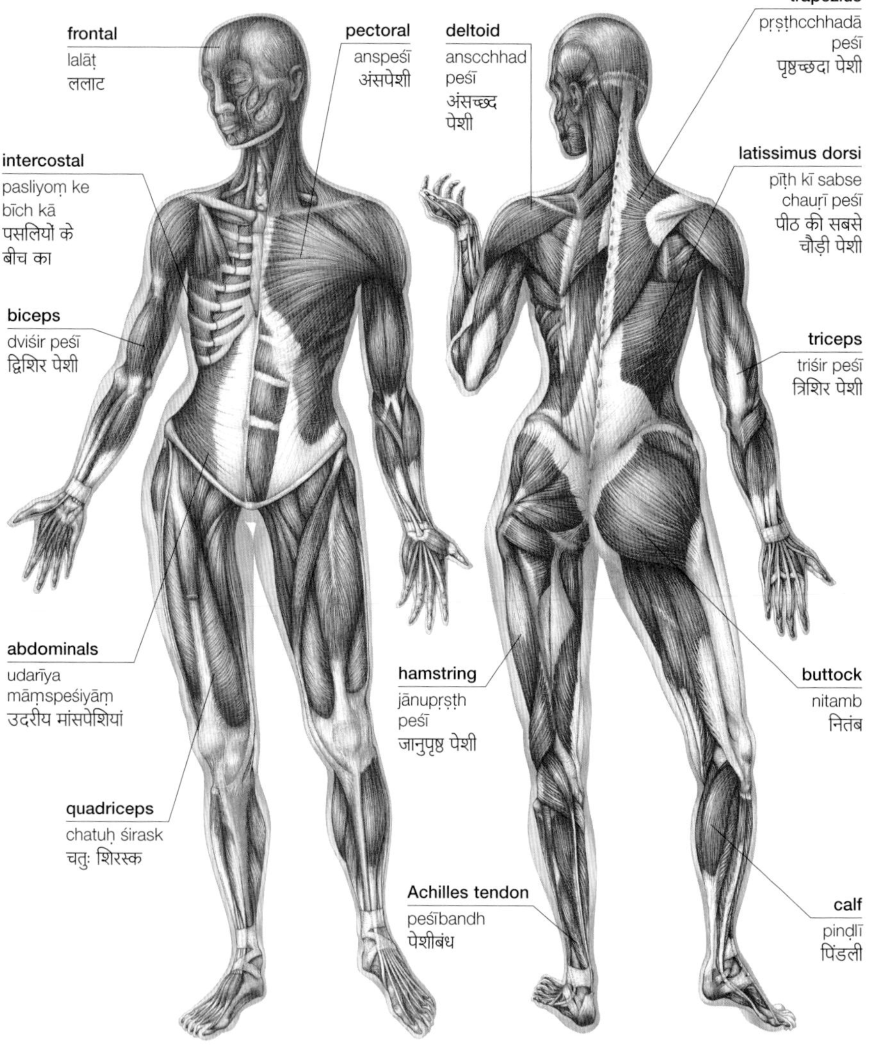
frontal
lalāṭ
ललाट
pectoral
anspeśī
अंसपेशी
deltoid
anscchhad peśī
अंसच्छ्द पेशी
trapezius
pṛṣṭhcchhadā peśī
पृष्ठच्छदा पेशी
intercostal
pasliyoṃ ke bīch kā
पसलियों के बीच का
latissimus dorsi
pīṭh kī sabse chauṛī peśī
पीठ की सबसे चौड़ी पेशी
biceps
dviśir peśī
द्विशिर पेशी
triceps
triśir peśī
त्रिशिर पेशी
abdominals
udarīya māṃspeśiyāṃ
उदरीय मांसपेशियां
hamstring
jānupṛṣṭh peśī
जानुपृष्ठ पेशी
buttock
nitamb
नितंब
quadriceps
chatuḥ śirask
चतुः शिरस्क
Achilles tendon
peśībandh
पेशीबंध
calf
piṇḍlī
पिंडली

skeleton • asthipanjar • अस्थिपंजर

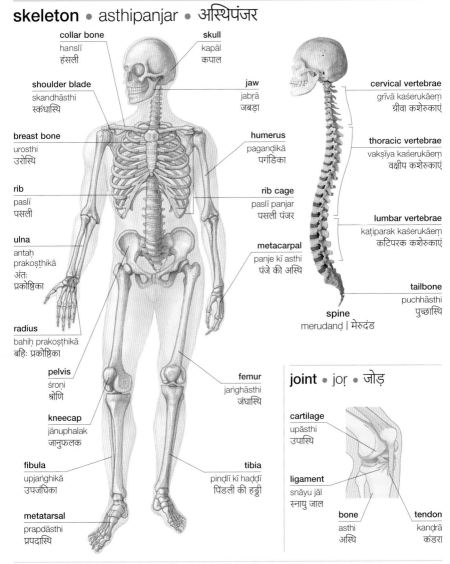

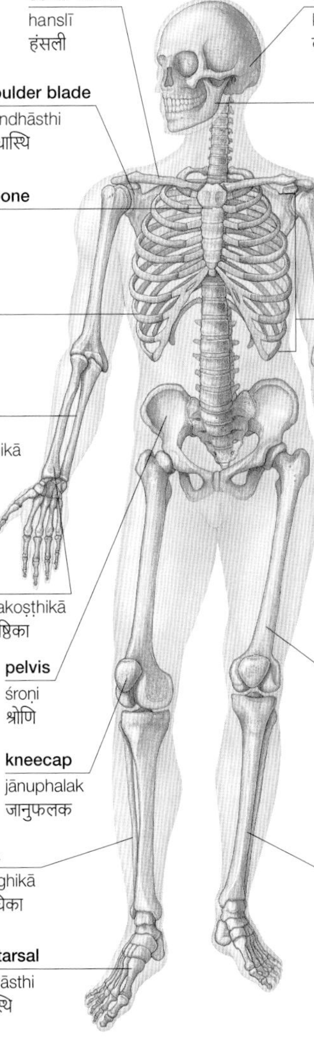
collar bone
hanslī
हंसली
skull
kapāl
कपाल
shoulder blade
skandhāsthi
स्कंधास्थि
jaw
jabṛā
जबड़ा
breast bone
urosthi
उरोस्थि
humerus
pagaṇḍikā
पगंडिका
rib
paslī
पसली
rib cage
paslī panjar
पसली पंजर
ulna
antaḥ prakoṣṭhikā
अंतः प्रकोष्ठिका
metacarpal
panje kī asthi
पंजे की अस्थि
radius
bahiḥ prakoṣṭhikā
बहिः प्रकोष्ठिका
pelvis
śroṇi
श्रोणि
femur
jaṅghāsthi
जंघास्थि
kneecap
jānuphalak
जानुफलक
fibula
upjaṅghikā
उपजंघिका
tibia
piṇḍlī kī haḍḍī
पिंडली की हड्डी
metatarsal
prapdāsthi
प्रपदास्थि

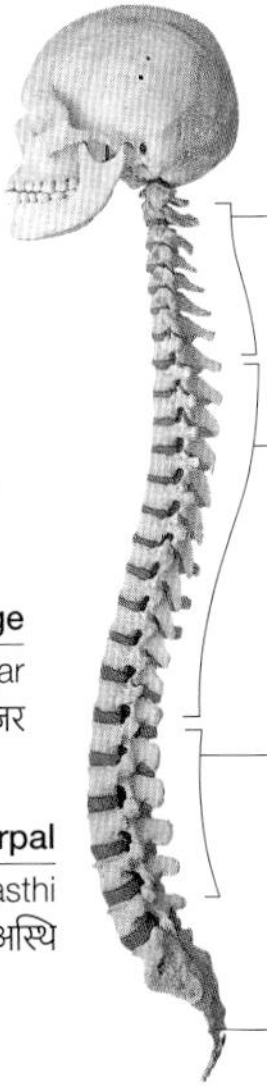
cervical vertebrae
grīvā kaśerukāeṃ
ग्रीवा कशेरुकाएं
thoracic vertebrae
vakṣīya kaśerukāeṃ
वक्षीय कशेरुकाएं
lumbar vertebrae
kaṭiparak kaśerukāeṃ
कटिपरक कशेरुकाएं
tailbone
puchhāsthi
पुच्छास्थि
spine
merudaṇḍ | मेरुदंड

joint • joṛ • जोड़

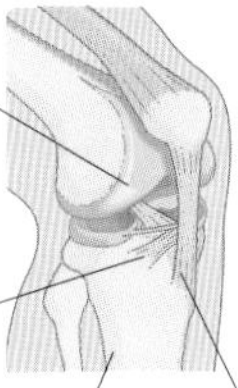
cartilage
upāsthi
उपास्थि
ligament
snāyu jāl
स्नायु जाल
bone
asthi
अस्थि
tendon
kaṇḍrā
कंडरा

internal organs • āntarik aṅg • आंतरिक अंग

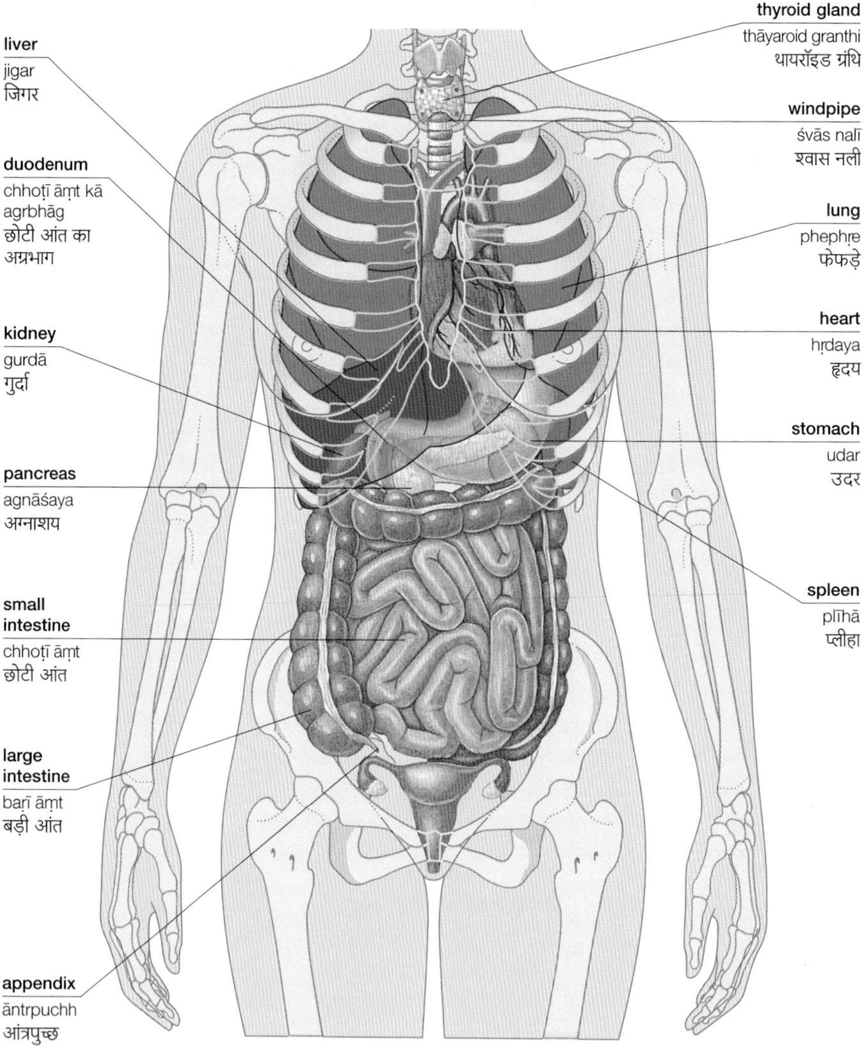
liver
jigar
जिगर
duodenum
chhoṭī āṃt kā agrbhāg
छोटी आंत का अग्रभाग
kidney
gurdā
गुर्दा
pancreas
agnāśaya
अग्नाशय
small intestine
chhoṭī āṃt
छोटी आंत
large intestine
baṛī āṃt
बड़ी आंत
appendix
āntrpuchh
आंत्रपुच्छ
thyroid gland
thāyaroid granthi
थायरॉइड ग्रंथि
windpipe
śvās nalī
श्वास नली
lung
phephṛe
फेफड़े
heart
hṛdaya
हृदय
stomach
udar
उदर
spleen
plīhā
प्लीहा

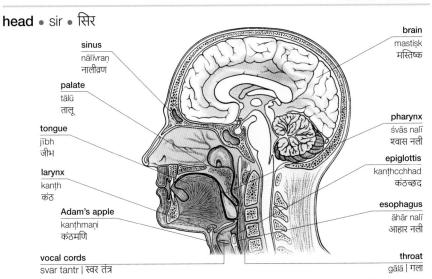

head • sir • सिर

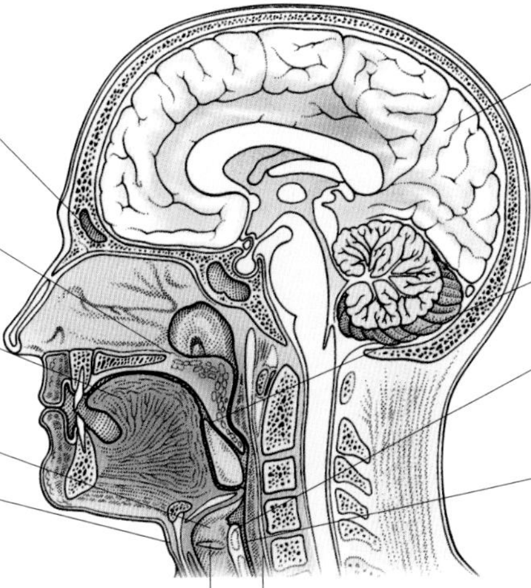
sinus
nālīvraṇ
नालीव्रण
palate
tālū
तालू
tongue
jībh
जीभ
larynx
kanṭh
कंठ
Adam's apple
kanṭhmaṇi
कंठमणि
vocal cords
svar tantr | स्वर तंत्र
brain
mastiṣk
मस्तिष्क
pharynx
śvās nalī
श्वास नली
epiglottis
kanṭhcchhad
कंठच्छद
esophagus
āhār nalī
आहार नली
throat
gālā | गला

body systems • śarīr tantr • शरीर तंत्र

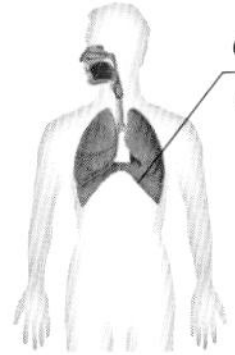
diaphragm
madhyapaṭ
मध्यपट

respiratory
śvasan | श्वसन

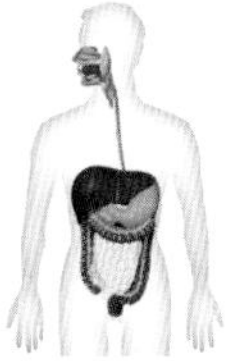

digestive
pāchak | पाचक

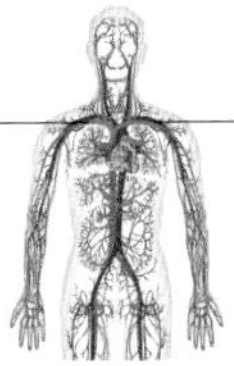
vein
nas
नस
artery
dhamnī
धमनी

cardiovascular
hṛdaya evam raktvāhinī
हृदय एवं रक्तवाहिनी

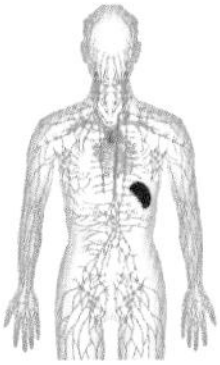

lymphatic
lasikā
लसिका

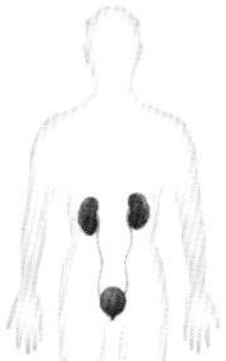

urinary
mūtr | मूत्र

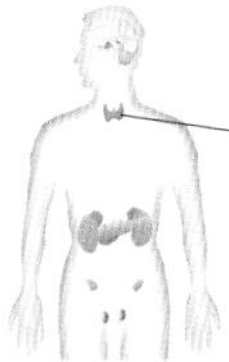
gland
granthi
ग्रंथि

endocrine
antaḥ srāvī | अंतः स्रावी

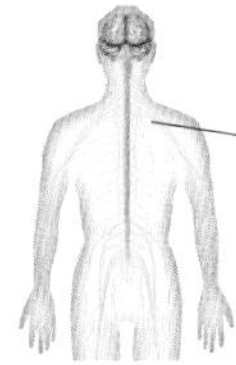
nerve
tantrikā
तंत्रिका

nervous
snāyu | स्नायु

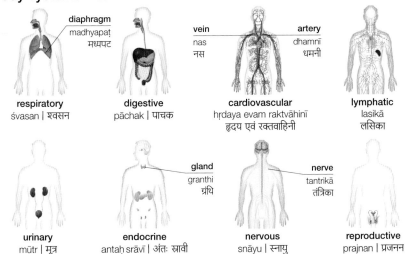

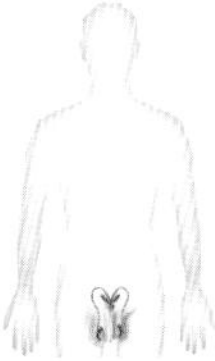

reproductive
prajnan | प्रजनन

reproductive organs • jananāṅg • जननांग

Fallopian tube
ḍimb vāhinī
डिंब वाहिनी

ovary
aṇḍāśaya
अंडाशय

uterus
garbhāśaya
गर्भाशय

cervix
garbhdvār
गर्भद्वार

vagina
yoni
योनि

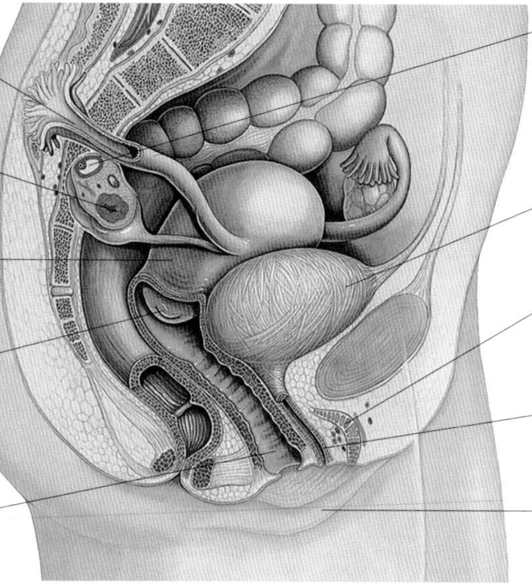

follicle
puṭak (jhillīdār chhoṭī thailī)
पुटक (झिल्लीदार छोटी थैली)

bladder
mutrāśaya
मूत्राशय

clitoris
bhagśiśnikā
भगशिश्निका

urethra
mūtrnalī
मूत्रनली

labia
bhagoṣṭh
भगोष्ठ

female | strī | स्त्री

reproduction • prajnan • प्रजनन

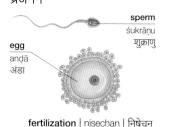

sperm
śukrāṇu
शुक्राणु

egg
aṇḍā
अंडा

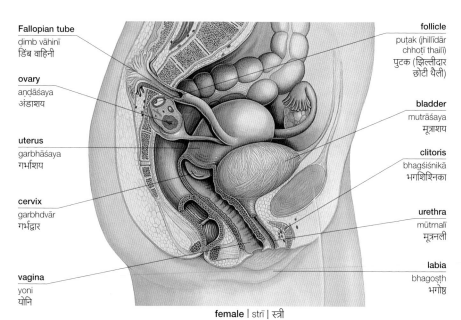

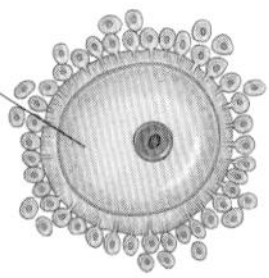

fertilization | niṣechan | निषेचन

vocabulary • śabdāvalī • शब्दावली

hormone
hārmon
हारमोन

ovulation
bīj janan
बीजजनन

conceive
garbhdhāraṇ karnā
गर्भधारण करना

impotent
napunsak
नपुंसक

menstruation
māhvārī
माहवारी

fertile
urvar
उर्वर

infertile
anurvar
अनुर्वर

intercourse
sambhog
संभोग

sexually transmitted disease
yaun rog
यौन रोग

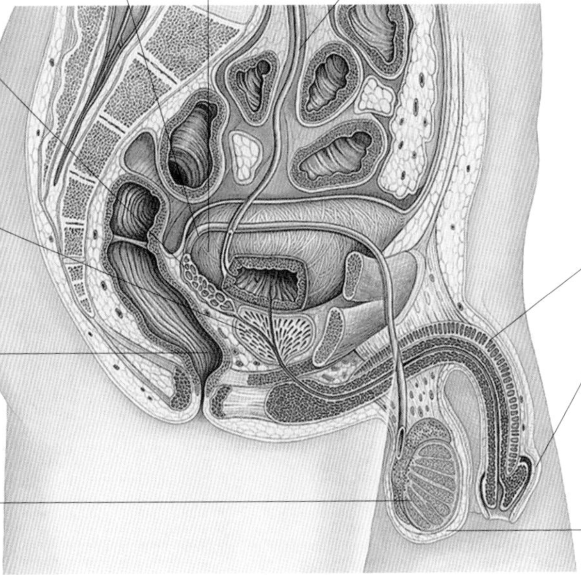
ejaculatory duct
skhalnīya nalī
स्खलनीय नली
vas deferens
śukravāhinī
शुक्रवाहिनी
ureter
mūtrnalī
मूत्रनली
seminal vesicle
śukrāśaya
शुक्राशय
prostate
puraḥsth granthi
पुरःस्थ ग्रंथि
penis
śiśn
शिश्न
rectum
gudā
गुदा
foreskin
śiśncchhad
शिश्नच्छद
testicle
anḍgranthi
अंडग्रंथि
scrotum
anḍkoś
अंडकोश

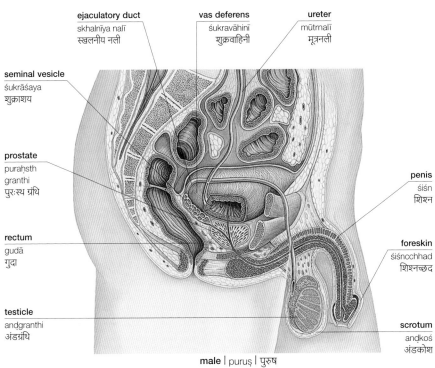

male | puruṣ | पुरुष

contraception • garbhnirodh • गर्भनिरोध

cervical cap
kaip
कैप

diaphragm
ḍāyafrām
डायफ्राम

condom
kanḍom
कंडोम

IUD
kopar-ṭī
कॉपर-टी

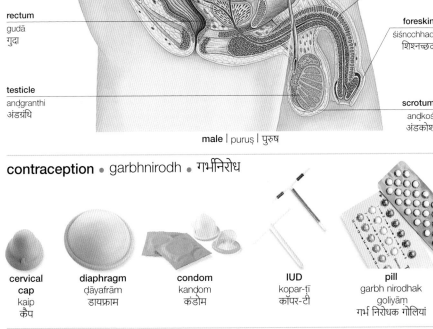

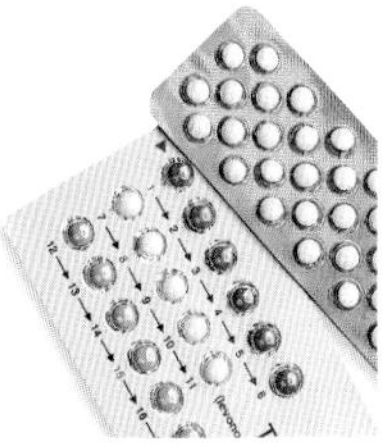

pill
garbh nirodhak goliyāṃ
गर्भ निरोधक गोलियां

family • parivār • परिवार

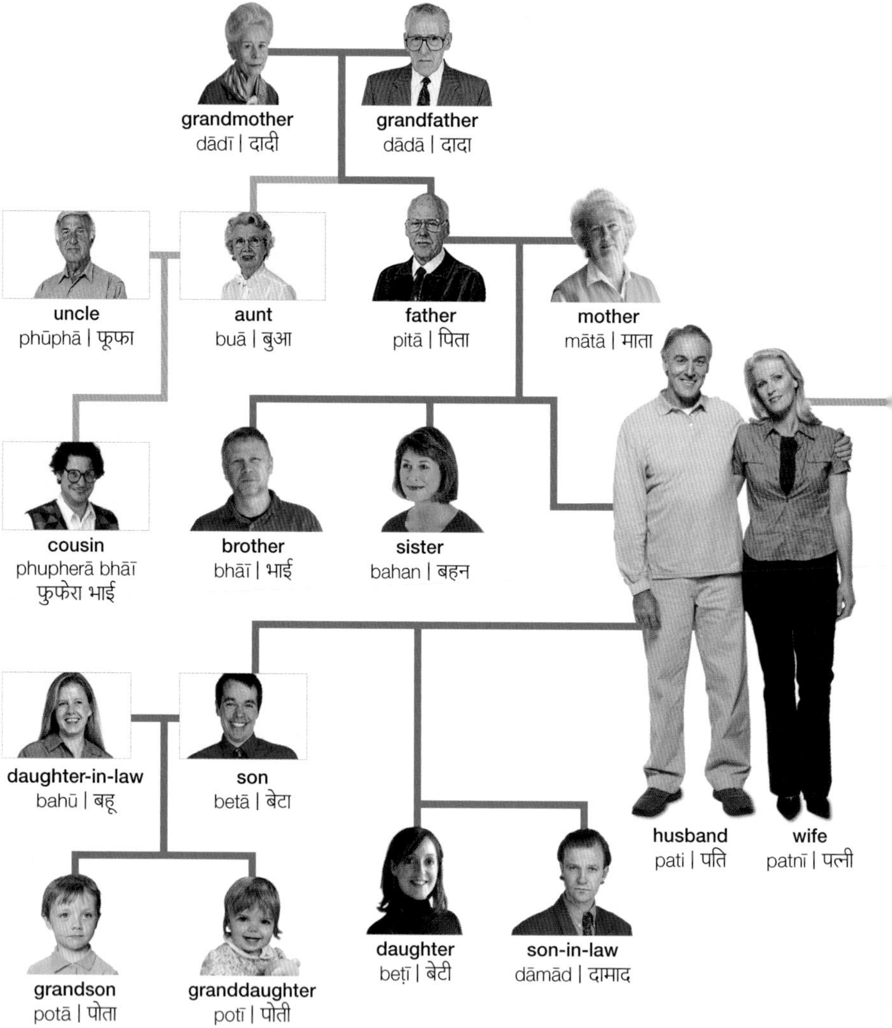
grandmother
dādī | दादी
grandfather
dādā | दादा
uncle
phūphā | फूफा
aunt
buā | बुआ
father
pitā | पिता
mother
mātā | माता
cousin
phupherā bhāī
फुफेरा भाई
brother
bhāī | भाई
sister
bahan | बहन
husband
pati | पति
wife
patnī | पत्नी
daughter-in-law
bahū | बहू
son
betā | बेटा
daughter
beṭī | बेटी
son-in-law
dāmād | दामाद
grandson
potā | पोता
granddaughter
potī | पोती

vocabulary • śabdāvalī • शब्दावली

relatives riśtedār रिश्तेदार	**parents** mātā-pitā माता-पिता	**grandparents** dādā-dādī/nānā-nānī दादा-दादी/नाना-नानी	**stepfather** sautele pitā सौतेले पिता	**stepson** sautelā beṭā सौतेला बेटा	**generation** pīṛhī पीढ़ी
partner sāthī साथी	**children** bacche बच्चे	**grandchildren** nātī-nātin/potā-potī नाती-नातिन/पोता-पोती	**stepmother** sautelī mātā सौतेली माता	**stepdaughter** sautelī beṭī सौतेली बेटी	**twins** juṛvāṃ जुड़वां

mother-in-law
sās | सास

father-in-law
sasur | ससुर

brother-in-law
sāṛhū | साढ़ू

sister-in-law
sālī | साली

niece
bhānjī | भानजी

nephew
bhānjā | भानजा

titles • sambodhan • संबोधन

Mrs.
śrīmatī | श्रीमती

Mr.
śrī | श्री

Miss/Ms.
kumārī | कुमारी

stages • avasthāeṃ • अवस्थाएं

baby
śiśu | शिशु

child
bacchā | बच्चा

boy
laṛkā | लड़का

girl
laṛkī | लड़की

teenager
kiśorī | किशोरी

adult
vayask | वयस्क

man
ādmī | आदमी

woman
aurat | औरत

relationships • sambandh • संबंध

manager
prabandhak
प्रबंधक

assistant
sahāyak
सहायक

business partner
kārōbārī
sājhedār
कारोबारी
साझेदार

employer
mālik
मालिक

employee
karmchārī
कर्मचारी

colleague
sahyogī
सहयोगी

office
kāryālaya | कार्यालय

neighbor
paṛosī | पड़ोसी

friend
dost | दोस्त

acquaintance
parichit | परिचित

pen pal
patr mitr | पत्र मित्र

boyfriend
puruṣ mitr
पुरुष मित्र

girlfriend
mahilā mitr
महिला मित्र

couple | yugal | युगल

fiancé
maṅgetar
मंगेतर

fiancée
maṅgetar
मंगेतर

engaged couple | bhāvī var-vadhū | भावी वर-वधू

emotions • bhāvnāeṃ • भावनाएं

happy
ḳhuś | खुश

sad
dukhī | दुखी

excited
utsāhit | उत्साहित

bored
ūb | ऊब

surprised
āścharyachakit
आश्चर्यचकित

scared
bhayabhīt | भयभीत

angry
ġussā | गुस्सा

confused
bhramit | भ्रमित

worried
chintit | चिंतित

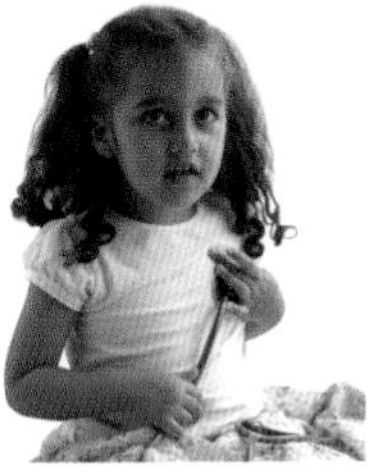

nervous
ghabrāyā | घबराया

proud
garvit | गर्वित

confident
ātmaviśvāsī | आत्मविश्वासी

embarrassed
lajjit | लज्जित

shy
śarmānā | शर्माना

vocabulary • śabdāvalī • शब्दावली

sigh (v)
āh bharnā
आह भरना

shout (v)
chillānā
चिल्लाना

laugh (v)
haṃsnā
हंसना

cry (v)
ronā
रोना

shocked
sadmā lagnā
सदमा लगना

yawn (v)
ubāsī lenā
उबासी लेना

upset
pareśān
परेशान

life events • jīvan kī ḳhās ghaṭnāeṃ • जीवन की ख़ास घटनाएं

be born (v)
paidā honā | पैदा होना

start school (v) | skūl ārambh karnā | स्कूल आरम्भ करना

make friends (v) | dost banānā | दोस्त बनाना

graduate (v) | snātak honā | स्नातक होना

get a job (v)
naukrī pānā | नौकरी पाना

fall in love (v)
prem honā | प्रेम होना

get married (v)
śādī karnā | शादी करना

have a baby (v)
santān honā | संतान होना

wedding | vivāh | विवाह

divorce
talāḳ | तलाक़

funeral
antyeṣṭi | अंत्येष्टि

vocabulary • śabdāvalī • शब्दावली

christening
nāmkaraṇ
नामकरण

bar mitzvah
yahūdī upnayan
यहूदी उपनयन

anniversary
sālgirah
सालगिरह

emigrate (v)
utpravās karnā
उत्प्रवास करना

retire (v)
sevānivṛtt honā
सेवानिवृत्त होना

die (v)
marnā
मरना

make a will (v)
vasīyat banānā
वसीयत बनाना

birth certificate
janm pramāṇpatr
जन्म प्रमाणपत्र

wedding reception
vivāh bhoj
विवाह भोज

honeymoon
hanīmūn
हनीमून

celebrations • utsav • उत्सव

birthday party
janmdin kī parṭī
जन्मदिन की पार्टी

birthday
janmdin | जन्मदिन

card
kārḍ
कार्ड

present
tohfā
तोहफ़ा

Christmas
krismas | क्रिसमस

New Year
nav varṣ | नव वर्ष

carnival
kārnival | कार्निवल

procession
śobhāyātrā
शोभायात्रा

ribbon
riban
रिबन

Thanksgiving
thaiṅks giviṅg | थैंक्स गिविंग

Easter
īsṭar | ईस्टर

Halloween
hailovīn | हैलोवीन

festivals • tyohār • त्योहार

Passover | yahūdī parv
यहूदी पर्व

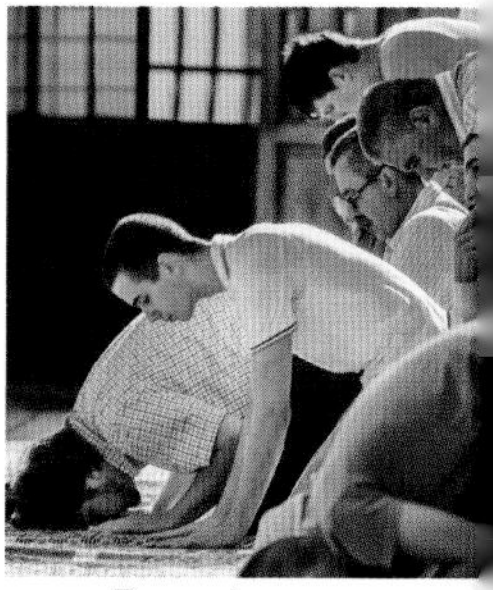

Ramadan
ramzān | रमज़ान

Diwali
dīvālī | दीवाली

appearance
veśbhūṣā
वेशभूषा

children's clothing • bāl paridhān • बाल परिधान

baby • śiśu • शिशु

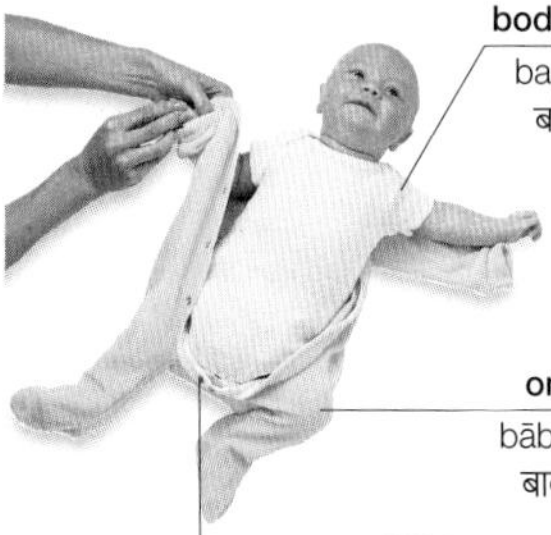

bodysuit
baniyān
बनियान

onesie
bābā sūṭ
बाबा सूट

snap
ṭich baṭan kā sūṭ
टिच बटन का सूट

sleeper | slīp sūṭ
स्लीप सूट

snowsuit
garm sūṭ | गर्म सूट

romper
rompar sūṭ | रोम्पर सूट

bib
bib | बिब

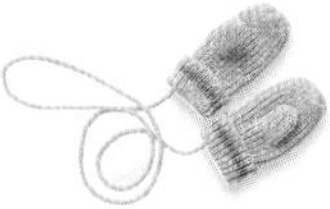

mittens
dastāne
दस्ताने

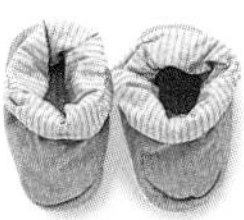

booties
bebī jūte
बेबी जूते

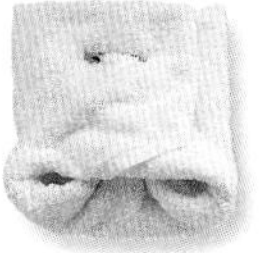

cloth diaper
ṭairī naipī
टैरी नैपी

disposable diaper
dispozebal naipī
डिस्पोज़ेबल नैपी

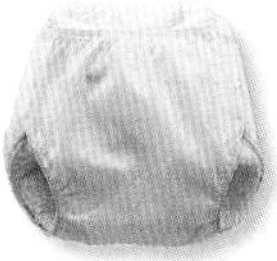

plastic pants
plāsṭik kī laṅgoṭī
प्लास्टिक की लंगोटी

toddler • chhoṭā bacchā • छोटा बच्चा

sun hat
ṭopī | टोपी

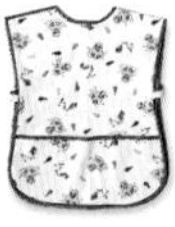

apron
epran | एप्रन

shorts
nikar
निकर

overalls
ḍāṅgarī
डांगरी

T-shirt
ṭī śarṭ
टी शर्ट

skirt
skarṭ
स्कर्ट

child • bacchā • बच्चा

dress
ḍres
ड्रेस

sandals
saiṇḍil
सैंडिल

summer
garmī | गर्मी

hood
ṭopī
टोपी

raincoat
barsātī | बरसाती

jeans
jīns
जीन्स

backpack
piṭṭhū baig
पिट्ठू बैग

fall | śarad ṛtu
शरद ऋतु

toggle
lambā
baṭan
लंबा बटन

duffel coat
garm koṭ
गर्म कोट

scarf
skārf
स्कार्फ़

parka
barsātī koṭ
बरसाती कोट

rain boots
veliṅgṭan
būṭ
वेलिंगटन बूट

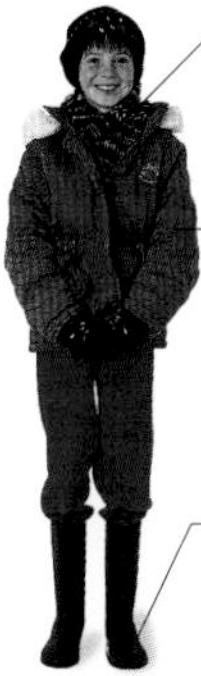

winter
sardī
सर्दी

bathrobe
ḍresiṅg gāun
ड्रेसिंग गाउन

nightgown
nāiṭī
नाइटी

slippers
chappal
चप्पल

nightwear
rātri pośāk | रात्रि पोशाक

logo
logo
लोगो

atheltic shoes
ṭrenars
ट्रेनर्स

soccer uniform
fuṭbol sṭrip
फ़ुटबॉल स्ट्रिप

jogging suit
ṭraik sūṭ
ट्रैक सूट

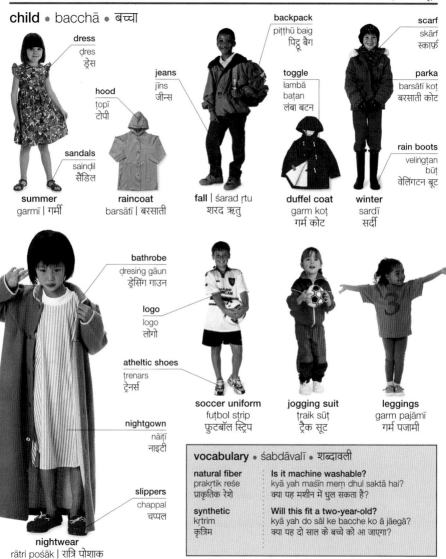

leggings
garm pajāmī
गर्म पजामी

vocabulary • śabdāvalī • शब्दावली

natural fiber
prakṛtik reśe
प्राकृतिक रेशे

synthetic
kṛtrim
कृत्रिम

Is it machine washable?
kyā yah maśīn meṃ dhul saktā hai?
क्या यह मशीन में धुल सकता है?

Will this fit a two-year-old?
kyā yah do sāl ke bacche ko ā jāegā?
क्या यह दो साल के बच्चे को आ जाएगा?

men's clothing • puruṣ paridhān • पुरुष परिधान

collar
kolar
कॉलर
tie
ṭāī
टाई
cuff
kaf
कफ़
jacket
jaikeṭ
जैकेट
button
baṭan
बटन
pants
paiṇṭ
पैंट
leather shoes
chamṛe ke jūte
चमड़े के जूते

business suit
biznes sūṭ | बिज़नेस सूट

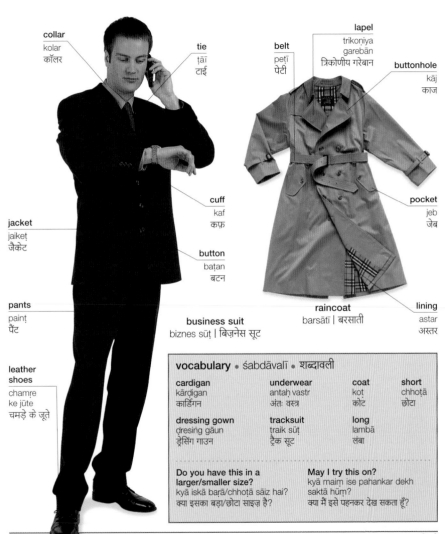

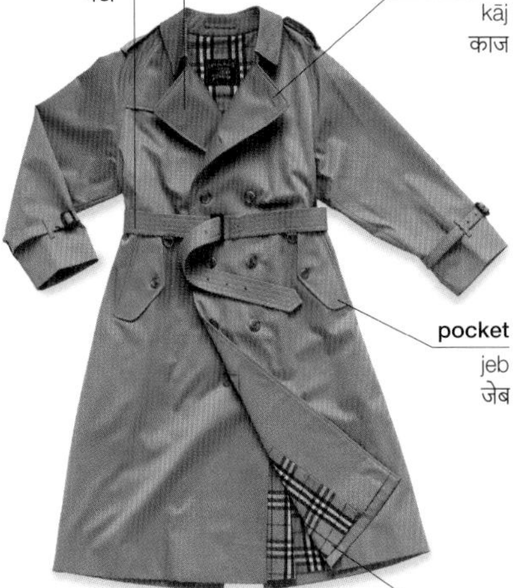
belt
peṭī
पेटी
lapel
trikoṇiya garebān
त्रिकोणीय गरेबान
buttonhole
kāj
काज
pocket
jeb
जेब
lining
astar
अस्तर

raincoat
barsātī | बरसाती

vocabulary • śabdāvalī • शब्दावली

cardigan kārḍigan कार्डिगन	**underwear** antaḥ vastr अंतः वस्त्र	**coat** koṭ कोट	**short** chhoṭā छोटा
dressing gown dresiṅg gāun ड्रेसिंग गाउन	**tracksuit** traik sūṭ ट्रैक सूट	**long** lambā लंबा	

Do you have this in a larger/smaller size?
kyā iskā baṛā/chhoṭā sāiz hai?
क्या इसका बड़ा/छोटा साइज़ है?

May I try this on?
kyā maiṃ ise pahankar dekh saktā hūṃ?
क्या मैं इसे पहनकर देख सकता हूँ?

blazer
blezar | ब्लेज़र

sport coat | sporṭs jaikeṭ | स्पोर्ट्स जैकेट

vest
vāskaṭ | वास्कट

v-neck
vī galā
वी गला
crew neck
gol galā
गोल गला
T-shirt
ṭī śarṭ
टी शर्ट
jeans
jīns
जीन्स

casual wear
rozmarrā ke vastr
रोज़मर्रा के वस्त्र

parka
barsātī koṭ | बरसाती कोट

sweatshirt
sveṭ śarṭ | स्वेट शर्ट

shirt
ḳamīz | क़मीज़

sweater
sveṭar | स्वेटर

pajamas
pajāmā sūṭ | पजामा सूट

undershirt
baniyān | बनियान

shorts
nikar | निकर

briefs
chaḍḍī | चड्डी

boxer shorts | boksar shorts | बॉक्सर शॉर्ट्स

socks
moze | मोज़े

women's clothing • mahilā paridhān • महिला परिधान

jacket
jaikeṭ
जैकेट

sleeve
āstīn
आस्तीन

hem
kinārī
किनारी

shoes
jūte
जूते

seam
sīvan
सीवन

skirt
skarṭ
स्कर्ट

knee-length
ghuṭne tak lambī
घुटने तक लंबी

formal
aupchārik vastr
औपचारिक वस्त्र

strapless
sṭraip rahit pośāk
स्ट्रैप रहित पोशाक

ankle length
lambī pośāk
लंबी पोशाक

evening dress
gāun
गाउन

sleeveless
āstīn rahit pośāk
आस्तीन रहित पोशाक

dress
paridhān | परिधान

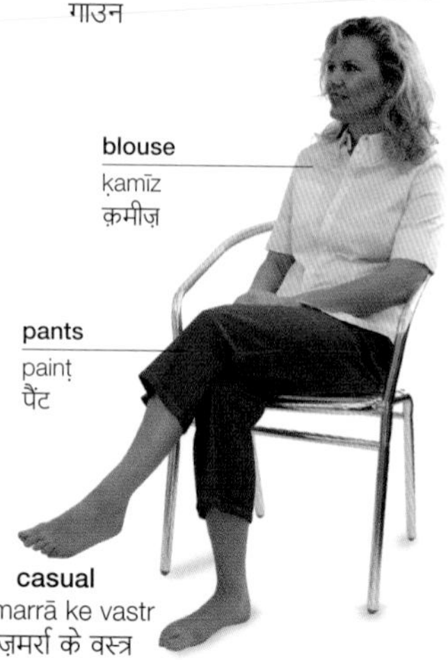

blouse
ḳamīz
क़मीज़

pants
painṭ
पैंट

casual
rozmarrā ke vastr
रोज़मर्रा के वस्त्र

lingerie • adhovastr • अधोवस्त्र

robe
ḍresiṅg gāun
ड्रेसिंग गाउन

slip
slip | स्लिप

strap
sṭraip
स्ट्रैप

camisole
śamīz | शमीज़

garter straps
tanī
तनी

bustier
aṅgiyā
अंगिया

stockings
lambe moze
लंबे मोज़े

panty hose
taṅg pajāmī
तंग पजामी

bra
brā | ब्रा

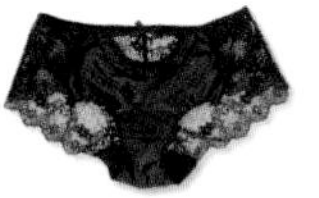

panties
nikar | निकर

nightgown
nāiṭī | नाइटी

wedding • vivāh • विवाह

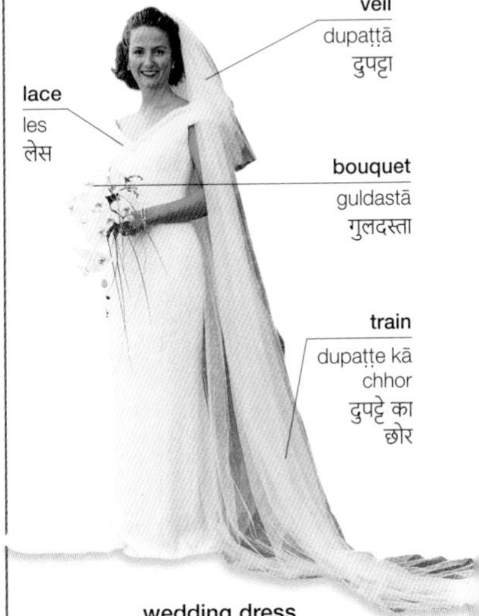

veil
dupaṭṭā
दुपट्टा

lace
les
लेस

bouquet
guldastā
गुलदस्ता

train
dupaṭṭe kā chhor
दुपट्टे का छोर

wedding dress
vivāh kī pośāk | विवाह की पोशाक

vocabulary • śabdāvalī • शब्दावली

corset
cholī
चोली

garter
geṭis
गेटिस

shoulder pad
śolḍar paiḍ
शोल्डर पैड

waistband
kamarband
कमरबंद

tailored
sile vastr
सिले वस्त्र

halter neck
ḍorī vālā galā
डोरी वाला गला

underwire
anḍarvāyarḍ
अंडरवायर्ड

sports bra
sporṭs brā
स्पोर्ट्स ब्रा

accessories • sahāyak vastueṃ • सहायक वस्तुएं

cap
ṭopī | टोपी

hat
ṭop | टोप

scarf
gulūband | गुलूबंद

buckle
baksuā
बकसुआ

belt
peṭī | पेटी

handle
hatthā
हत्था
tip
nok
नोक

umbrella
chhātā | छाता

handkerchief
rumāl | रुमाल

bow tie
bo-ṭāī | बो-टाई

tiepin
ṭāī pin | टाई-पिन

gloves
dastāne | दस्ताने

jewelry • zevar • ज़ेवर

pendant
loketṭ | लॉकेट

brooch
jaṛāū pin | जड़ाऊ पिन

cuff links
kafliṅk | कफ़लिंक

link
kaṛī
कड़ी

bracelet
bresleṭ | ब्रेसलेट

clasp
baksuā
बकसुआ
stone
ḳīmtī patthar
क़ीमती पत्थर

chain
chen | चेन

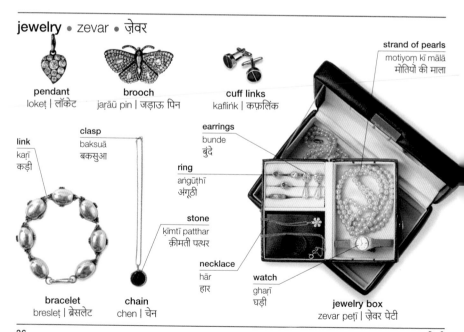

strand of pearls
motiyoṃ kī mālā
मोतियों की माला
earrings
bunde
बुंदे
ring
aṅgūṭhī
अंगूठी
necklace
hār
हार
watch
ghaṛī
घड़ी

jewelry box
zevar peṭī | ज़ेवर पेटी

bags • baig • बैग

wallet
voleṭ | वॉलेट

change purse
baṭuā | बटुआ

clasp
kasanī
कसनी

shoulder bag
śolḍar baig | शोल्डर बैग

duffel bag
bistar band | बिस्तर बंद

briefcase
brīfkes | ब्रीफ़केस

handles
taniyāṃ
तनियां

handbag
haiṇḍ baig | हैंड बैग

shoulder strap
baig kī tanī
बैग की तनी

backpack
piṭṭhū baig | पिट्ठू बैग

shoes • jūte-chappal • जूते-चप्पल

lace
tasme/fīte
तस्मे/फ़ीते

tongue
jībh
जीभ

eyelet
chhed
छेद

heel
eṛī
एड़ी

sole
talā
तला

lace-up
fīte vāle jūte | फ़ीते वाले जूते

boot
būṭ
बूट

hiking boot
būṭ
बूट

sneaker
ṭrenar
ट्रेनर

flip-flop
chappal
चप्पल

dress shoe
chamṛe ke jūte
चमड़े के जूते

high-heeled shoe
ūṃchī eṛī ke jūte
ऊंची एड़ी के जूते

wedge
chauṛī eṛī ke chappal
चौड़ी एड़ी के चप्पल

sandal
saiṇḍil
सैंडिल

slip-on
jūtiyāṃ
जूतियां

pump
pamp śūz
पंप शूज़

hair • bāl • बाल

comb
kaṅghā
कंघा

comb (v)
kaṅghī karnā | कंघी करना

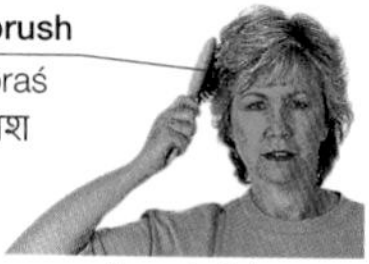

brush
braś
ब्रश

brush (v)
braś karnā | ब्रश करना

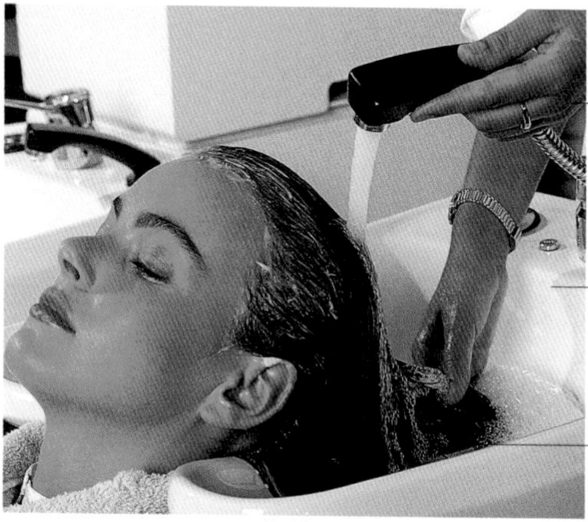

hairdresser
heyar ḍraisar
हेयर ड्रेसर

sink
besin
बेसिन

client
grāhak
ग्राहक

wash (v)
bāl dhonā | बाल धोना

rinse (v)
bāl dhonā | बाल धोना

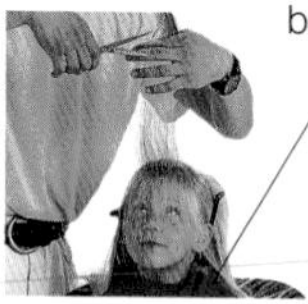

robe
vastr
वस्त्र

cut (v)
bāl kāṭnā | बाल काटना

blow-dry (v)
bāl sukhānā | बाल सुखाना

set (v) | bāl seṭ karnā | बाल सेट करना

accessories • saundarya prasādhan • सौंदर्य प्रसाधन

blow-dryer
heyar ḍrāyar
हेयर ड्रायर

shampoo
śaimpū | शैम्पू

conditioner
kanḍiśnar | कंडिशनर

gel
jail | जैल

hairspray
heyar spre | हेयर-स्प्रे

curling iron
karliṅg chimṭā
कर्लिंग चिमटा

scissors
ḳaiṃchī
क़ैंची

headband
heyar bainḍ
हेयर बैंड

hair straightener
bāl sidhā karne kā upkaraṇ
बाल सीधा करने का उपकरण

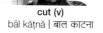

bobby pins
heyar pin
हेयर पिन

styles • keś sajjā • केश सज्जा

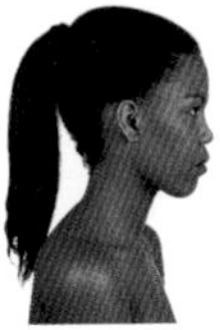
ponytail
ponī ṭel | पोनी टेल

braid
choṭī | चोटी

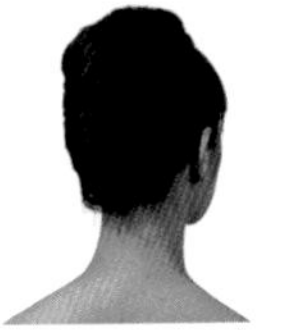
French twist
french jūṛā | फ़्रेंच जूड़ा

bun
jūṛā | जूड़ा

pigtails
do choṭī | दो चोटी

bob
bob | बॉब

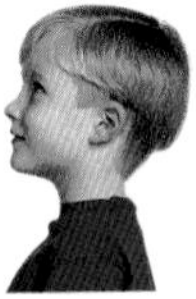
crop
krop | क्रॉप

curly
ghuṅghrāle | घुंघराले

perm
parm | पर्म

straight
sīdhe bāl | सीधे बाल

highlights
haīlāiṭ | हाईलाइट

bald
ganjā | गंजा

wig
vig | विग

colors • raṅg • रंग

blonde
sunahrā
सुनहरा

brunette
kālā-bhūrā
काला-भूरा

auburn
sunahrā bhūrā
सुनहरा-भूरा

red
lāl bhūrā
लाल भूरा

black
kālā | काला

gray
sleṭī | स्लेटी

white
safed | सफ़ेद

dyed | raṅge hue | रंगे हुए

vocabulary • śabdāvalī • शब्दावली

trim (v)
chhāṃṭnā
छांटना

straighten (v)
sīdhā karnā
सीधा करना

barber
nāī
नाई

dandruff
rūsī
रूसी

split ends
domuṃhe bāl
दोमुंहे बाल

greasy
tailīya
तैलीय

dry
rūkhe
रूखे

normal
sāmānya
सामान्य

scalp
śirovalk
शिरोवल्क

hairband
bāloṃ kā fītā
बालों का फ़ीता

beard
dāṛī
दाड़ी

mustache
mūchhe
मूंछें

beauty • saundarya • सौंदर्य

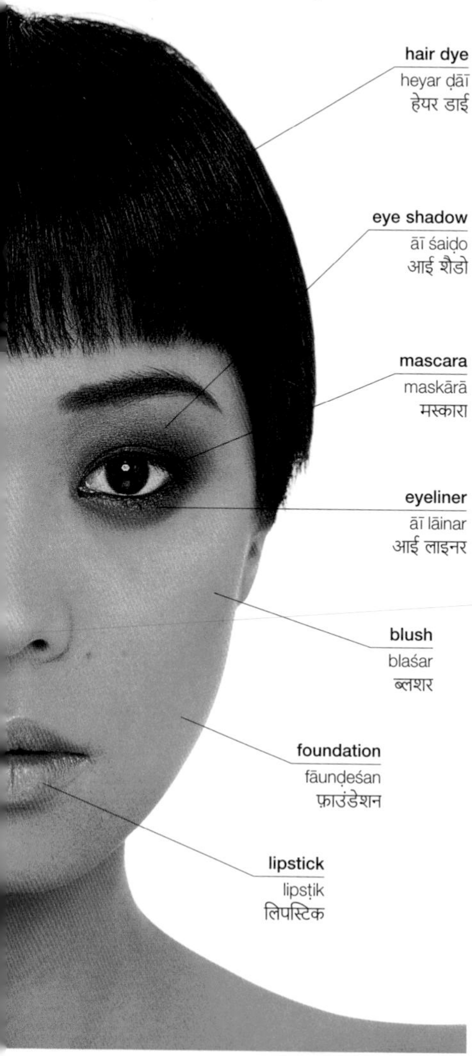

hair dye
heyar ḍāī
हेयर डाई

eye shadow
āī śaiḍo
आई शैडो

mascara
maskārā
मस्कारा

eyeliner
āī lāinar
आई लाइनर

blush
blaśar
ब्लशर

foundation
fāunḍeśan
फ़ाउंडेशन

lipstick
lipsṭik
लिपस्टिक

makeup • sāj-śṛṅgār • साज-श्रृंगार

eyebrow pencil
āī bro pensil | आई ब्रो पेंसिल

eyebrow brush
āī bro braś | आई ब्रो ब्रश

tweezers
chimṭī | चिमटी

lip gloss
lip gloss
लिप ग्लॉस

lip brush
lip braś
लिप ब्रश

lip liner
lip lāinar | लिब लाइनर

brush
braś | ब्रश

concealer
kansīlar | कंसीलर

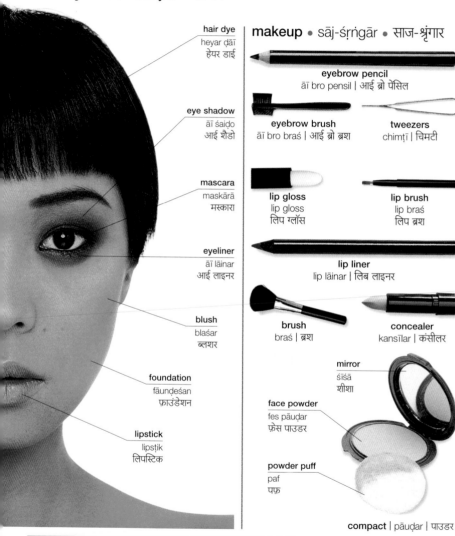

mirror
śīśā
शीशा

face powder
fes pāuḍar
फ़ेस पाउडर

powder puff
paf
पफ़

compact | pāuḍar | पाउडर

beauty treatments • sundarya upchār • सौंदर्य उपचार

face mask
fes paik
फ़ेस पैक

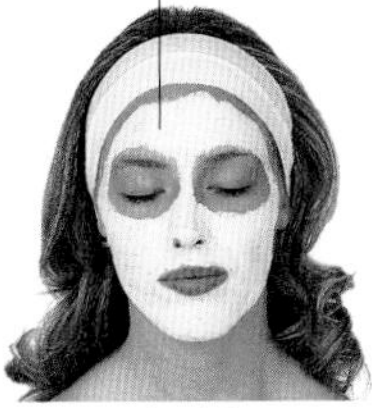

facial
feśiyal | फ़ेशियल

sunbed
san beḍ | सन बेड

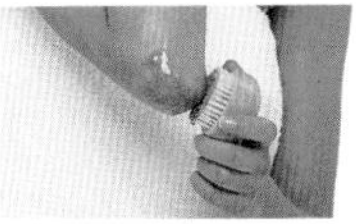

exfoliate (v)
mṛt tvachā utārnā
मृत त्वचा उतारना

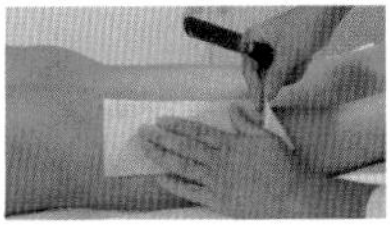

wax
vaiks | वैक्स

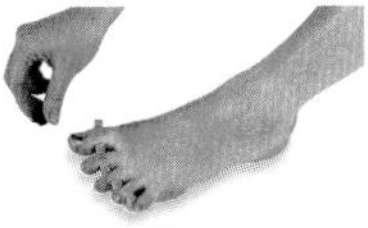

pedicure
pairoṃ kī safāī
पैरों की सफ़ाई

manicure • hāthoṃ kī safāī • हाथों की सफ़ाई

nail file
nel fāilar
नेल फ़ाइलर

nail polish remover
nel poliś rimūvar
नेल पॉलिश रिमूवर

nail polish
nel poliś
नेल पॉलिश

nail scissors
nakh kaiṃchī
नख क़ैंची

nail clippers
nel kaṭar
नेल कटर

toiletries • saundarya prasādhan • सौंदर्य प्रसाधन

cleanser
klīnzar
क्लींज़र

toner
ṭonar
टोनर

moisturizer
moiścharāizar
मॉइश्चराइज़र

self-tanning lotion
ṭain karne kī krīm
टैन करने की क्रीम

perfume
itr
इत्र

eau de toilette
parfyūm spre
परफ़्यूम स्प्रे

vocabulary • śabdāvalī • शब्दावली

complexion
raṅg rūp
रंग-रूप

fair
gorī
गोरी

dry
rūkhī
रूखी

anti-wrinkle
jhurrī-nivārak
झुर्री-निवारक

oily
tailīya
तैलीय

sensitive
saṃvedanśīl
संवेदनशील

shade
raṅg
रंग

hypoallergenic
elarjī rodhak
एलर्जी रोधक

dark
kālī
काली

tattoo
gudnā
गुदना

cotton balls
rūī ke phāhe
रूई के फाहे

tan
bhūre raṅg kā honā
भूरे रंग का होना

health
svāsthya
स्वास्थ्य

illness • bīmārī • बीमारी

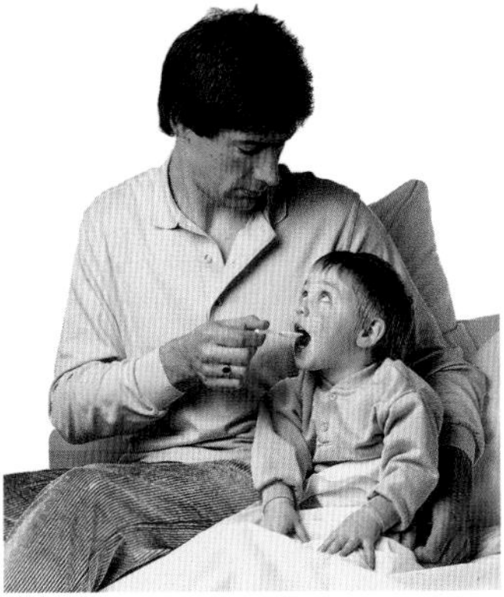

fever
bukhār | बुख़ार

headache
sirdard
सिरदर्द

nosebleed
naksīr
नकसीर

cough
khāṃsī
खांसी

sneeze
chhīṃk | छींक

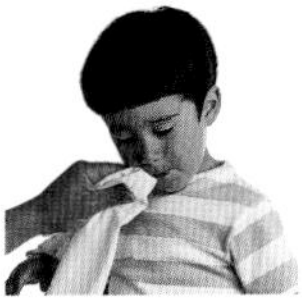

cold
zukām | ज़ुकाम

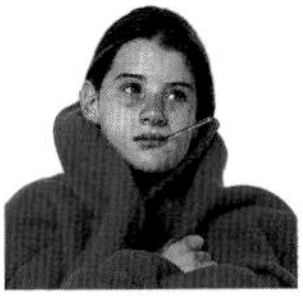

flu
flū | फ़्लू

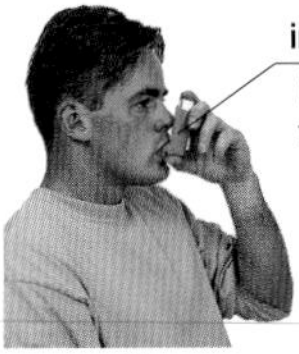

inhaler
inhelar
इनहेलर

asthma
damā | दमा

cramps
maroṛ | मरोड़

nausea
mitlī | मितली

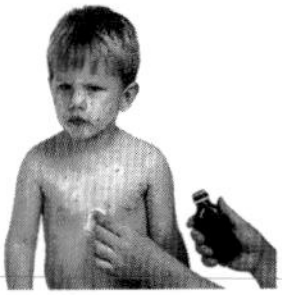

chicken pox
chhoṭī chechak | छोटी चेचक

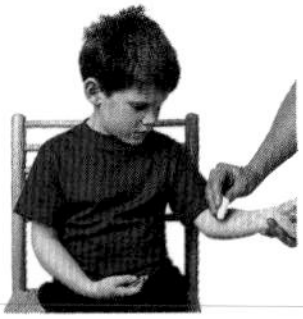

rash
funsī | फ़ुंसी

vocabulary • śabdāvalī • शब्दावली

stroke pakṣāghāt पक्षाघात	**diabetes** madhumeh मधुमेह	**eczema** khāj खाज	**chill** sardī सर्दी	**vomit (v)** ulṭī karnā उल्टी करना	**diarrhea** dast दस्त
blood pressure raktchāp रक्तचाप	**allergy** elarjī एलर्जी	**infection** saṅkramaṇ संक्रमण	**stomachache** peṭ dard पेट दर्द	**epilepsy** mirgī मिरगी	**measles** khasrā खसरा
heart attack dil kā daurā दिल का दौरा	**hayfever** parāgaj jvar परागज ज्वर	**virus** viṣāṇu विषाणु	**faint (v)** behoś honā बेहोश होना	**migraine** ādhāsīsī आधासीसी	**mumps** kanpeṛā कनपेड़ा

doctor • chikitsak • चिकित्सक

consultation • parāmarś • परामर्श

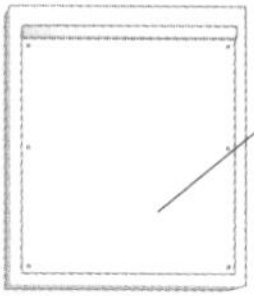

x-ray viewer
eksare dekhne kā borḍ
एक्सरे देखने का बोर्ड

doctor
chikitsak
चिकित्सक

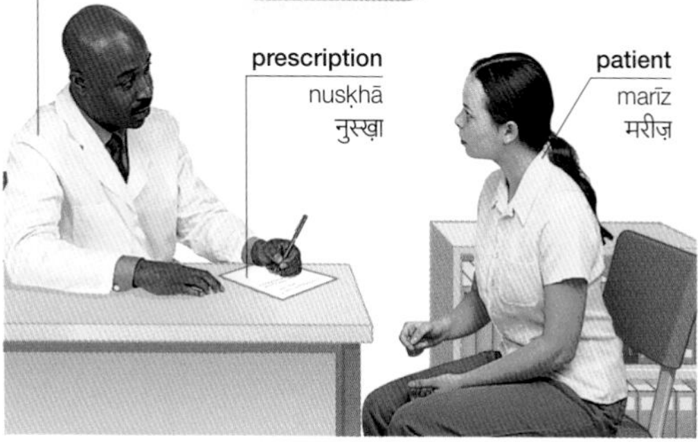

prescription
nuskḥā
नुस्ख़ा

patient
marīz
मरीज़

nurse
nars
नर्स

scale
vazan-māpī
वज़न-मापी

cuff
kalāī paṭṭī
कलाई पट्टी

electric blood pressure monitor
bijlī se chalne vālā raktchāp māpak
बिजली से चलने वाला रक्तचाप मापक

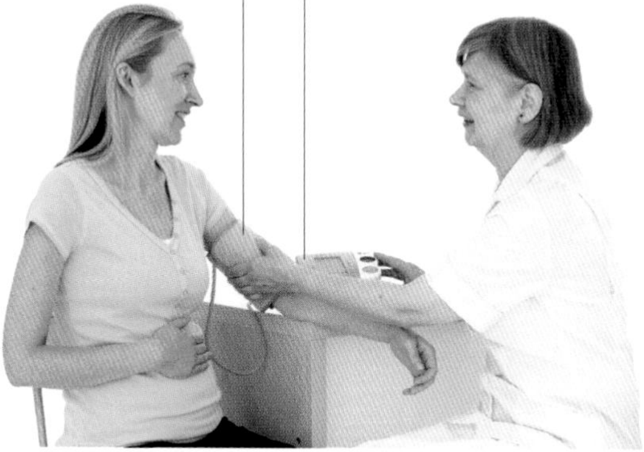

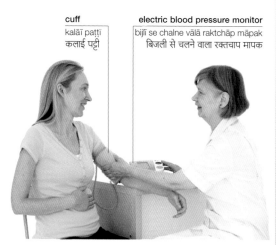

vocabulary • śabdāvalī • शब्दावली

appointment
milne kā samaya
मिलने का समय

doctor's office
śalya chikitsā
शल्य चिकित्सा

waiting room
pratīkṣā kakṣ
प्रतीक्षा कक्ष

vaccination
ṭīkā
टीका

thermometer
tharmāmīṭar
थर्मामीटर

medical examination
śārīrik jāṃch
शारीरिक जांच

I need to see a doctor.
mujhe ḍokṭar ko dikhānā hai
मुझे डॉक्टर को दिखाना है।

It hurts here.
yahāṃ dard ho rahā hai
यहां दर्द हो रहा है।

injury • choṭ • चोट

sprain | moch | मोच

sling
sliṅg paṭṭī
स्लिंग पट्टी

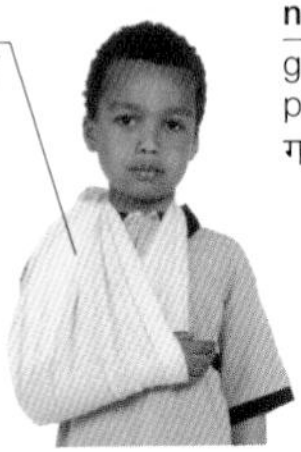

fracture | haḍḍī ṭūṭnā
हड्डी टूटना

neck brace
gardan kā
paṭṭā
गर्दन का पट्टा

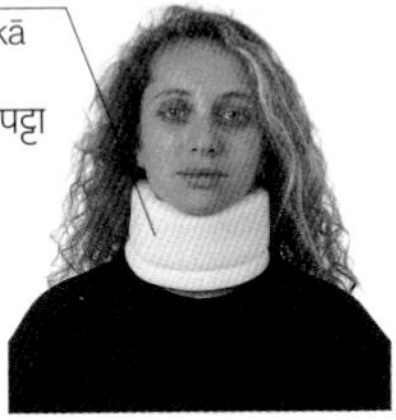

whiplash | gale kī moch
गले की मोच

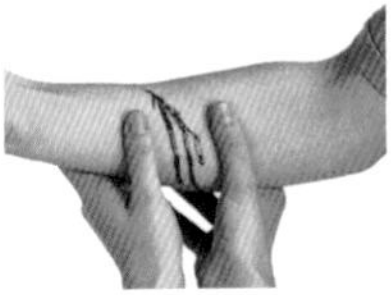

cut
kaṭnā | कटना

graze
ragaṛ | रगड़

bruise
kharoṃch | खरोंच

splinter
khapcchī | खपच्ची

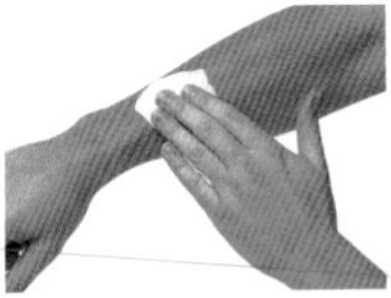

sunburn
dhūp se jalnā
धूप से जलना

burn
jalnā
जलना

bite
kāṭā huā
काटा हुआ

sting
ḍaṅk
डंक

vocabulary • śabdāvalī • शब्दावली

accident
durghaṭnā
दुर्घटना

emergency
āpātkāl
आपातकाल

wound
ghāv
घाव

hemorrhage
raktsrāv
रक्तस्राव

blister
chhālā
छाला

concussion
āghāt
आघात

poisoning
viṣpān
विषपान

electric shock
bijlī kā jhaṭkā
बिजली का झटका

head injury
sir kī choṭ
सिर की चोट

Will he/she be all right?
kyā vah ṭhīk ho jāegā/jāegī?
क्या वह ठीक हो जाएगा/जाएगी?

Where does it hurt?
kahāṃ dard ho rahā hai?
कहां दर्द हो रहा है?

Please call an ambulance.
kṛpyā embulens bulāie
कृपया एम्बुलेंस बुलाइए।

first aid • prāthmik chikitsā • प्राथमिक चिकित्सा

ointment
marham
मरहम

adhesive bandage
palastar
पलस्तर

safety pin
seftī pin
सेफ़्टी पिन

bandage
paṭṭī
पट्टी

painkillers
dardnāśak davā
दर्दनाशक दवा

antiseptic wipe
kīṭāṇunāśak paṭṭī
कीटाणुनाशक पट्टी

tweezers
chimṭī
चिमटी

scissors
ḳaiṃchī
क़ैंची

antiseptic
kīṭāṇunāśak
कीटाणुनाशक

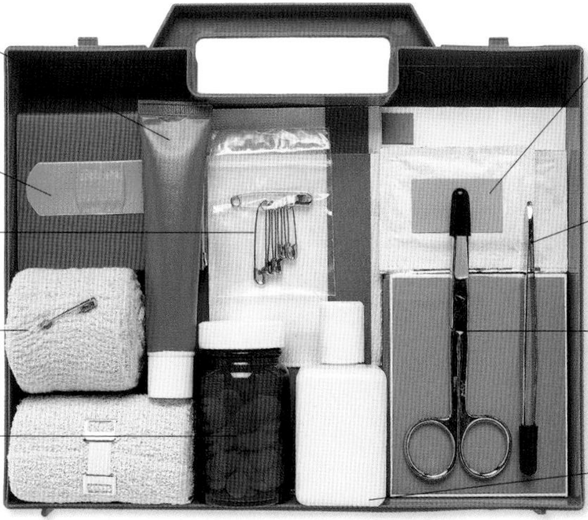

first-aid kit | prāthmik chikitsā peṭī | प्राथमिक चिकित्सा पेटी

gauze
gauze
गॉज़

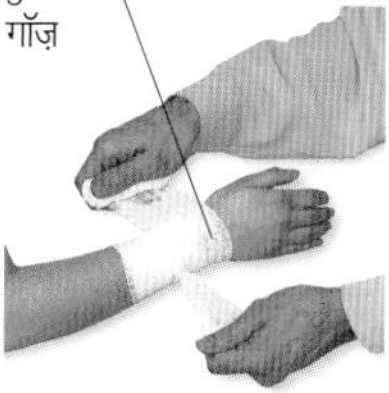

dressing
marham paṭṭī | मरहम पट्टी

splint | khapachī | खपची

adhesive tape
chipakne vālā ṭep
चिपकने वाला टेप

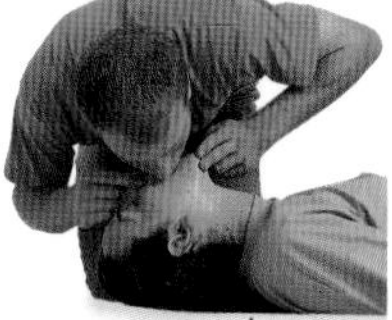

resuscitation | hoś meṃ lānā/kritrim śvasan
होश में लाना/कृत्रिम श्वसन

vocabulary • śabdāvalī • शब्दावली

shock sadmā सदमा	**pulse** nāṛī नाड़ी	**choke (v)** dam ghuṭnā दम घुटना
unconscious behoś बेहोश	**breathing** sāṃs सांस	**sterile** saṅkramaṇ rahit संक्रमण रहित

Can you help?
kyā āp madad kar sakte haiṃ?
क्या आप मदद कर सकते हैं?

Do you know first aid?
kyā āp prāthmik chikitsā jānte haiṃ?
क्या आप प्राथमिक चिकित्सा जानते हैं?

hospital • aspatāl • अस्पताल

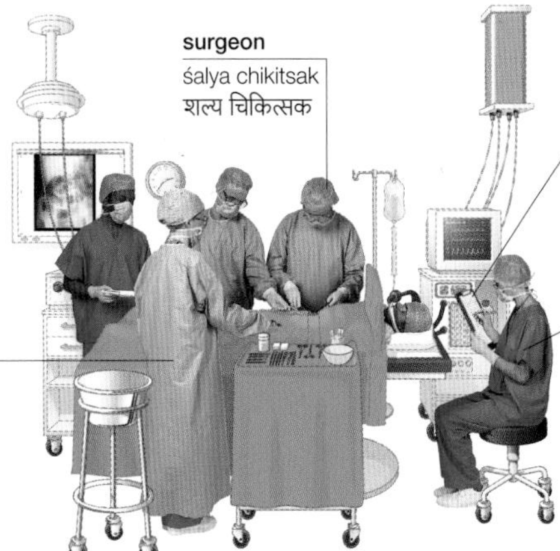

surgeon
śalya chikitsak
शल्य चिकित्सक

chart
chārṭ
चार्ट

nurse
nars
नर्स

anesthetist
niśchetan chikitsak
निश्चेतन चिकित्सक

operating room
śalya kakṣ | शल्य कक्ष

blood test
ḳhūn kī jāṃch
ख़ून की जांच

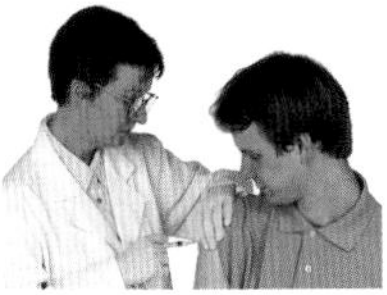

injection
sūī lagānā | सुई लगाना

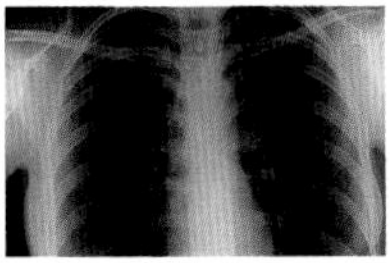

X-ray
eks-re | एक्स-रे

gurney
trolī
ट्रॉली

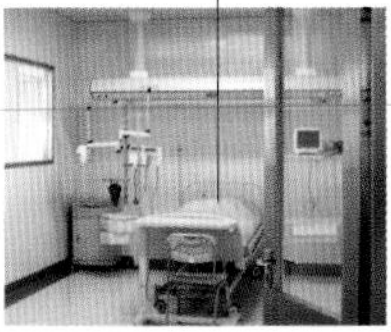

emergency room
āpātkālīn kakṣ
आपातकालीन कक्ष

call button
kol baṭan
कॉल बटन

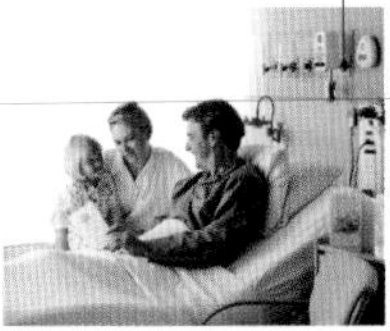

ward
kakṣ | कक्ष

wheelchair
vhīlcheyar | व्हीलचेयर

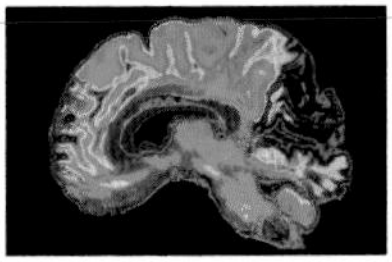

scan
skain | स्कैन

vocabulary • śabdāvalī • शब्दावली

operation
śalya chikitsā
शल्य चिकित्सा

admitted
bhartī
भर्ती

discharged
chhuṭṭī denā
छुट्टी देना

clinic
chikitsālaya
चिकित्सालय

visiting hours
milne kā samaya
मिलने का समय

maternity ward
prasūti kakṣ
प्रसूति कक्ष

children's ward
bacchoṃ kā vorḍ
बच्चों का वॉर्ड

private room
nijī kamrā
निजी कमरा

intensive care unit
gahan chikitsā kakṣ
गहन चिकित्सा कक्ष

outpatient
bāhya rogī
बाह्य रोगी

departments • vibhāg • विभाग

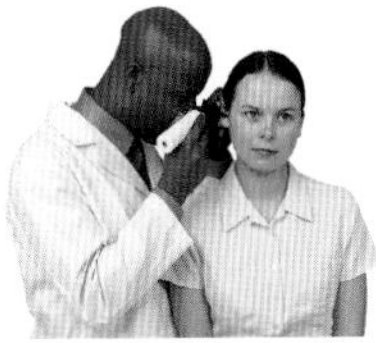

ENT | kān, nāk, evam galā chikitsā
कान, नाक एवं गला चिकित्सा

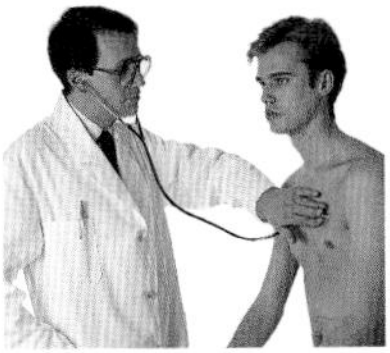

cardiology
hṛdaya chikitsā
हृदय चिकित्सा

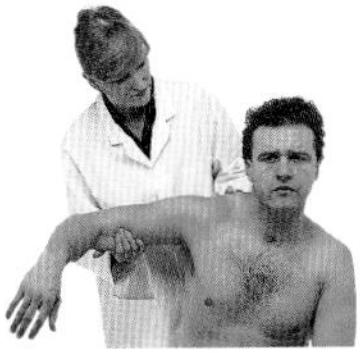

orthopedics
asthi chikitsā
अस्थि चिकित्सा

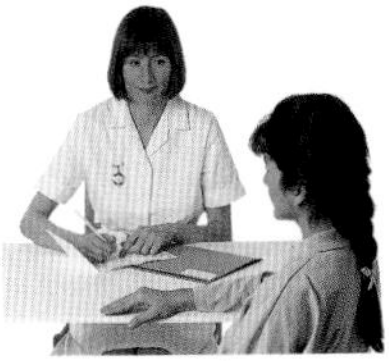

gynecology
strī rog chikitsā
स्त्री-रोग चिकित्सा

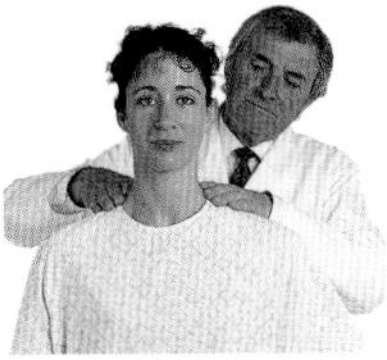

physiotherapy
vyāyām chikitsā
व्यायाम चिकित्सा

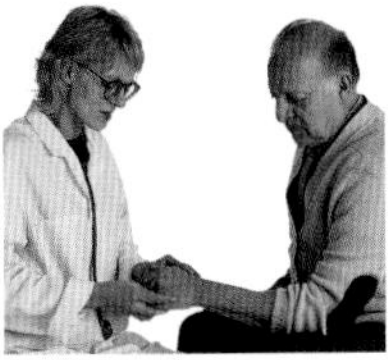

dermatology
tvachā chikitsā
त्वचा चिकित्सा

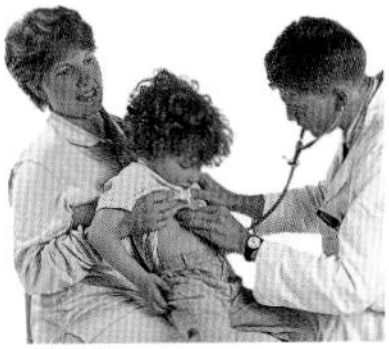

pediatrics
bāl chikitsā
बाल चिकित्सा

radiology
vikiraṇ chikitsā
विकिरण चिकित्सा

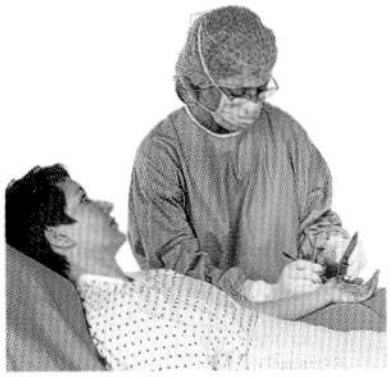

surgery
śalya chikitsā
शल्य चिकित्सा

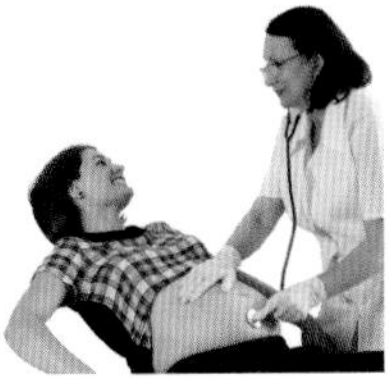

maternity
prasūti
प्रसूति

psychiatry
manochikitsā
मनोचिकित्सा

ophthalmology
netr chikitsā
नेत्र चिकित्सा

vocabulary • śabdāvalī • शब्दावली

neurology
snāyu vijñān
स्नायु विज्ञान

oncology
kainsar vijñān
कैंसर विज्ञान

urology
mūtr vijñān
मूत्र विज्ञान

plastic surgery
plāsṭik sarjarī
प्लास्टिक सर्जरी

endocrinology
antaḥ srāvikī
अंतः स्राविकी

referral
sifāriś
सिफ़ारिश

pathology
rog nidān
रोग निदान

test
jāṃch
जांच

result
pariṇām
परिणाम

specialist
parāmarśdātā
परामर्शदाता

dentist • dant chikitsak • दंत चिकित्सक

tooth • dāṃt • दांत

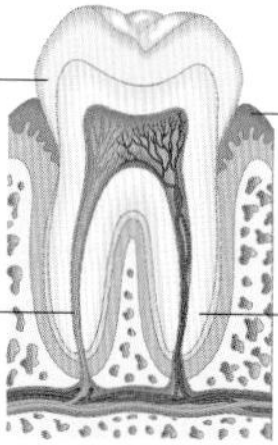

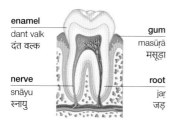

enamel
dant valk
दंत वल्क

gum
masūṛā
मसूड़ा

nerve
snāyu
स्नायु

root
jaṛ
जड़

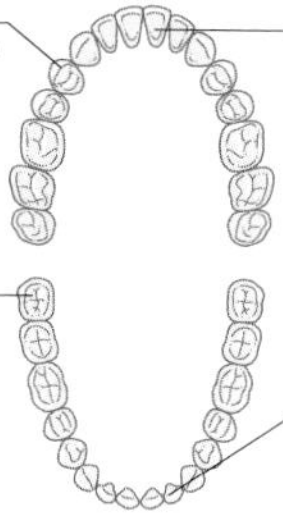

premolar
chhoṭī dāṛh
छोटी दाढ़

incisor
karttan dāṃt
कर्त्तन दांत

molar
dāṛh
दाढ़

canine
kīlā
कीला

vocabulary • śabdāvalī • शब्दावली

toothache
dāṃt kā dard
दांत का दर्द

plaque
plāk
प्लाक

decay
saṛan
सड़न

filling
bharāvan
भरावन

drill
chhed karnā
छेद करना

dental floss
denṭal flos
डेंटल फ़्लॉस

extraction
dāṃt ukhāṛnā
दांत उखाड़ना

crown
upri dant
उपरि दंत

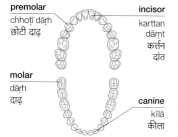

check-up • jāṃch • जांच

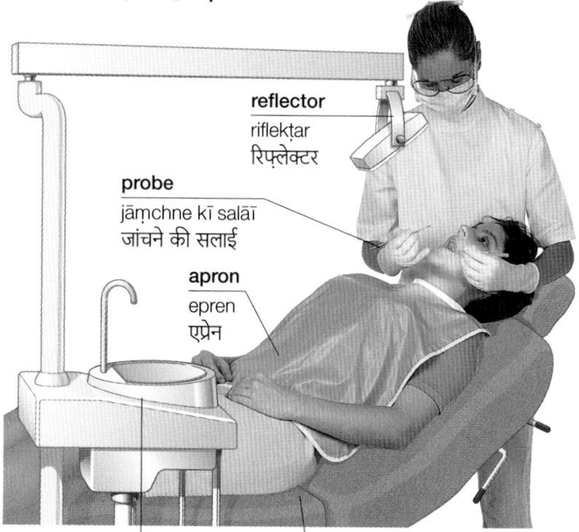

reflector
riflekṭar
रिफ़्लेक्टर

probe
jāṃchne kī salāī
जांचने की सलाई

apron
epren
एप्रेन

sink
besin
बेसिन

dentist's chair
dant chikitsā kursī
दंत चिकित्सा-कुर्सी

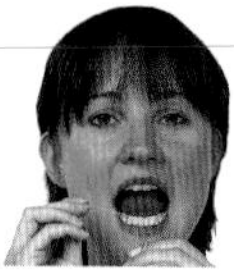

floss (v)
dhāge se safāī karnā
धागे से सफ़ाई करना

brush (v)
braś karnā
ब्रश करना

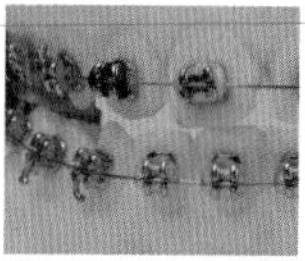

braces
tār kasnā
तार कसना

dental x-ray
dāṃtoṃ kā eksare
दांतों का एक्सरे

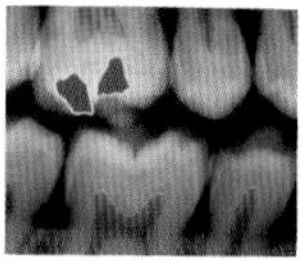

x-ray film
eksare film
एक्सरे फ़िल्म

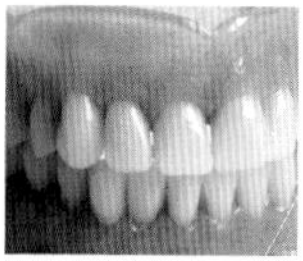

dentures
naklī battīsī
नक़ली बत्तीसी

optometrist • dṛṣṭi parīkṣak • दृष्टि परीक्षक

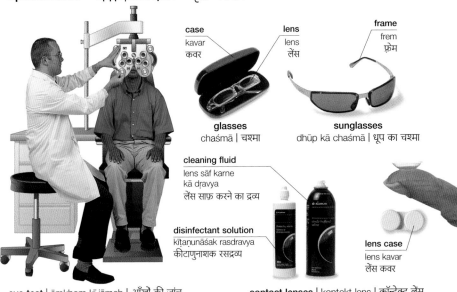

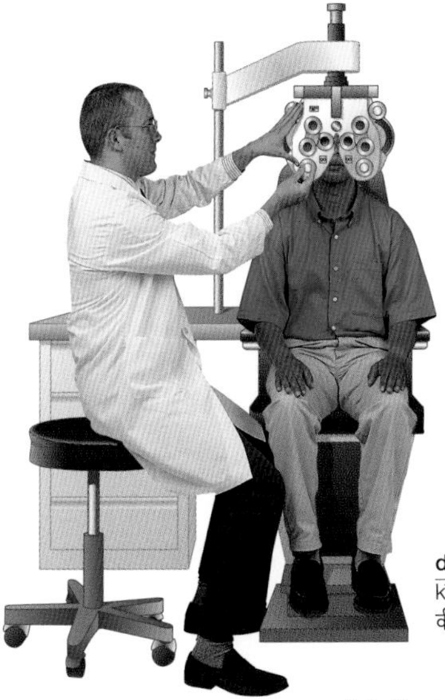

eye test | āṃkhoṃ kī jāṃch | आँखों की जांच

case
kavar
कवर

lens
lens
लेंस

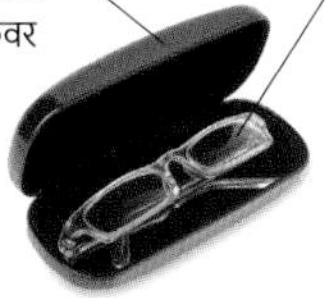

glasses
chaśmā | चश्मा

frame
frem
फ़्रेम

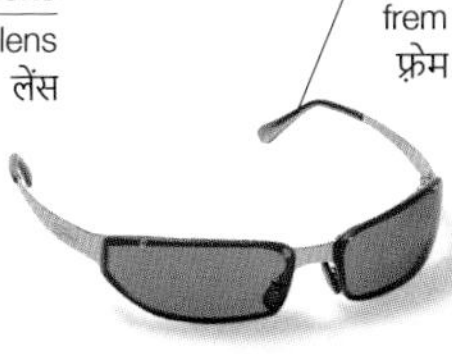

sunglasses
dhūp kā chaśmā | धूप का चश्मा

cleaning fluid
lens sāf karne
kā dravya
लेंस साफ़ करने का द्रव्य

disinfectant solution
kīṭaṇunāśak rasdravya
कीटाणुनाशक रसद्रव्य

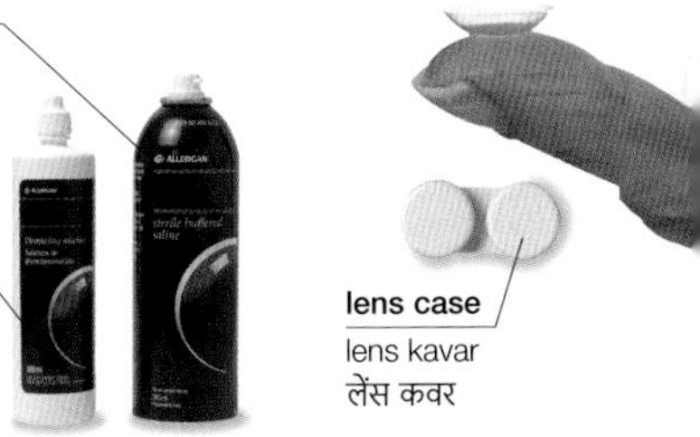

lens case
lens kavar
लेंस कवर

contact lenses | konṭekṭ lens | कॉन्टेक्ट लेंस

eye • āṃkh • आंख

eyebrow
bhauṃh
भौंह

eyelid
palak
पलक

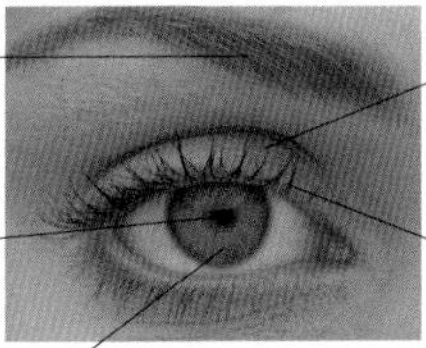

pupil
putlī
पुतली

eyelash
baraunī
बरौनी

iris
uptārā
उपतारा

retina
dṛṣṭi paṭal
दृष्टि पटल

lens
lens
लेंस

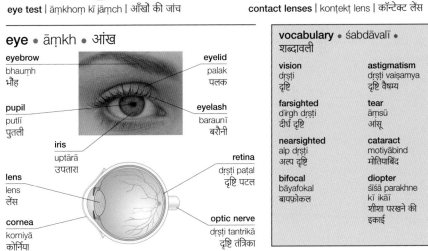

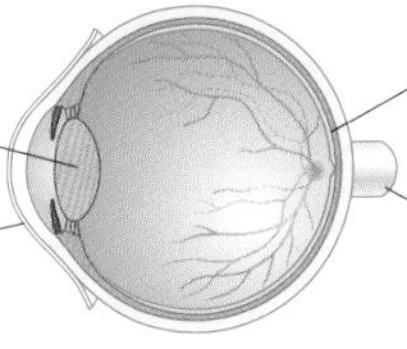

cornea
korniyā
कोर्निया

optic nerve
dṛṣṭi tantrikā
दृष्टि तंत्रिका

vocabulary • śabdāvalī • शब्दावली

vision
dṛṣṭi
दृष्टि

farsighted
dīrgh dṛṣṭi
दीर्घ दृष्टि

nearsighted
alp dṛṣṭi
अल्प दृष्टि

bifocal
bāyafokal
बायफ़ोकल

astigmatism
dṛṣṭi vaiṣamya
दृष्टि वैषम्य

tear
āṃsū
आंसू

cataract
motiyābind
मोतियाबिंद

diopter
śīśā parakhne
kī ikāī
शीशा परखने की
इकाई

pregnancy • garbhāvasthā • गर्भावस्था

pregnancy test
garbhāvasthā jāṃch
गर्भावस्था जांच

scan
skain
स्कैन

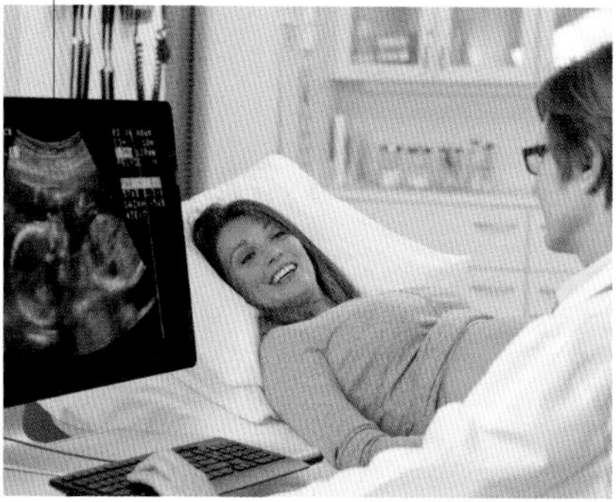

ultrasound
altṛāsāunḍ | अल्ट्रासाउंड

umbilical cord
nābhi-rajju
नाभि-रज्जु

placenta
garbhnāl
गर्भनाल

cervix
garbhaśaya dvār
गर्भशिय द्वार

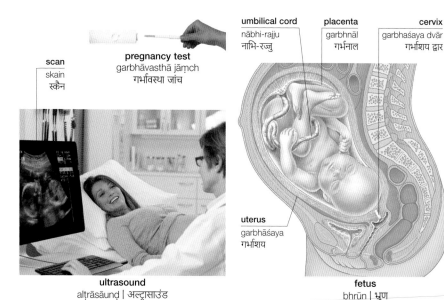

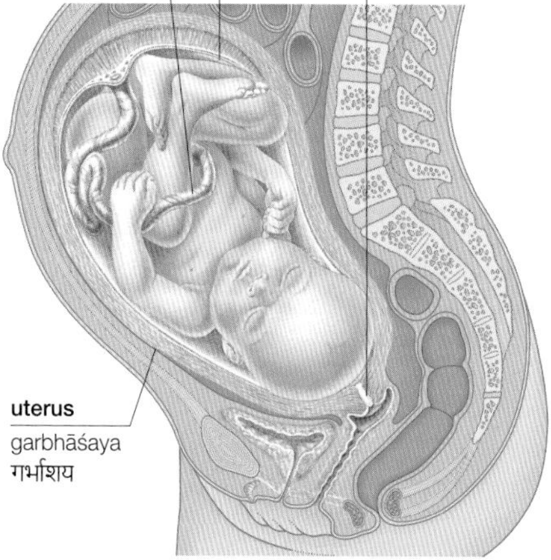

uterus
garbhāśaya
गर्भाशिय

fetus
bhrūṇ | भ्रूण

vocabulary • śabdāvalī • शब्दावली

ovulation bījjanan बीजजनन	**prenatal** janm pūrv जन्म पूर्व	**contraction** saṅkuchan संकुचन	**dilation** phailāv फैलाव	**delivery** prasav प्रसव	**breech birth** ulṭā bhrūṇ उल्टा भ्रूण
conception garbhādhān गर्भाधान	**womb** bacchedānī बच्चेदानी	**break water (v)** pānī jānā पानी जाना	**epidural** epiḍyūral एपिड्यूरल	**birth** janm जन्म	**premature** samaya pūrv समय पूर्व
pregnant garbhvatī गर्भवती	**trimester** trimās त्रिमास	**amniotic fluid** ulv drav उल्व द्रव	**episiotomy** bhagacchhedan भगच्छेदन	**miscarriage** garbhpāt गर्भपात	**gynecologist** strī rog viśeṣajñ स्त्री-रोग विशेषज्ञ
expecting garbhvatī गर्भवती	**embryo** aviksit bhrūṇ अविकसित भ्रूण	**amniocentesis** sīrinj se ulv drav nikālnā सीरिंज से उल्व-द्रव निकालना	**cesarean section** operation prasav ऑपरेशन प्रसव	**stitches** ṭāṃke टांके	**obstetrician** prasav viśeṣajñ प्रसव विशेषज्ञ

childbirth • śiśu janm • शिशु जन्म

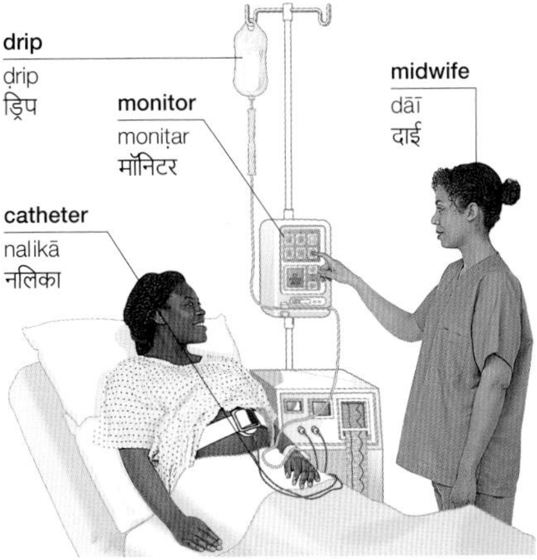
drip
ḍrip
ड्रिप
monitor
moniṭar
मॉनिटर
catheter
nalikā
नलिका
midwife
dāī
दाई

induce labor (v)
kṛtrim prasav karānā | कृत्रिम प्रसव कराना

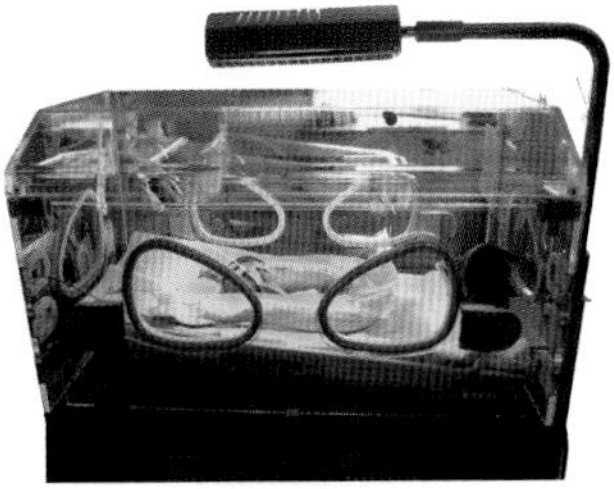

incubator | ūṣmak | ऊष्मक

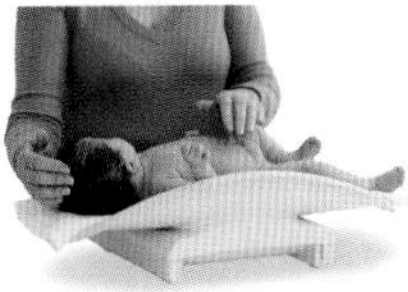

birth weight
janm bhār | जन्म भार

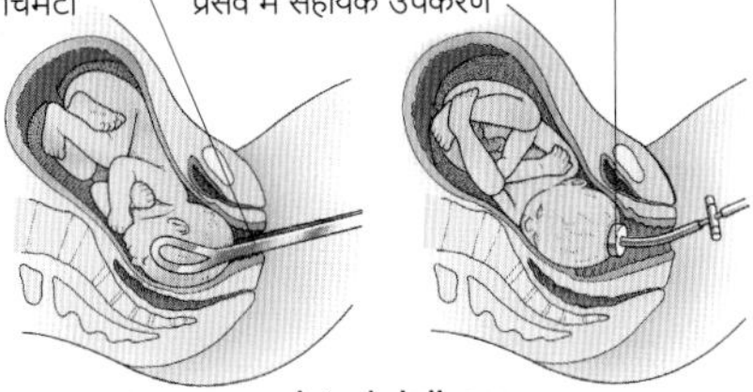
forceps
chimṭī
चिमटी
suction cup
prasav meṃ sahāyak upkaraṇ
प्रसव में सहायक उपकरण

assisted delivery
upkaraṇ dvārā prasav | उपकरण द्वारा प्रसव

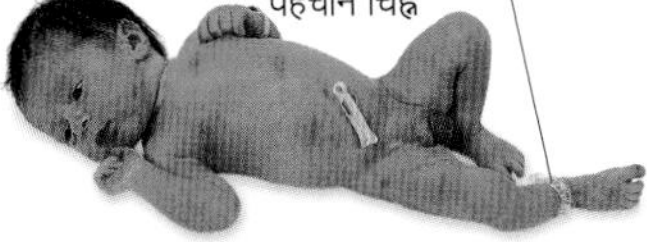
identity tag
pahchān chihn
पहचान चिह्न

newborn baby
navjāt śiśu | नवजात शिशु

nursing • stanpān • स्तनपान

breast pump
stan pamp
स्तन पंप

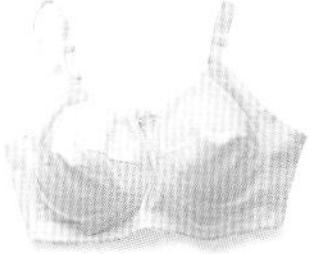

nursing bra
narsiṅg brā
नर्सिंग ब्रा

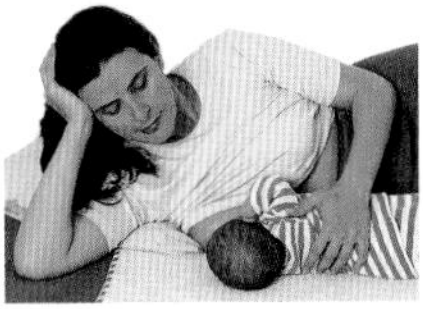

breastfeed (v)
stanpān karānā
स्तनपान कराना

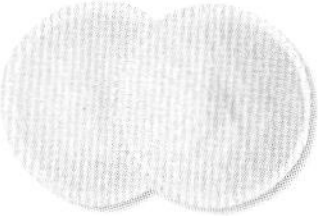

nursing pads
paid
पैड

alternative therapy • vaikalpik chikitsā • वैकल्पिक चिकित्सा

yoga pose
yog āsan
योग आसन
mat
chaṭāī
चटाई

yoga
yog | योग

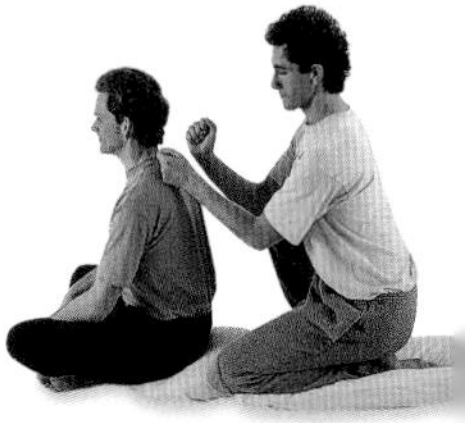

massage
māliś | मालिश

shiatsu
śiyātsu | शियात्सु

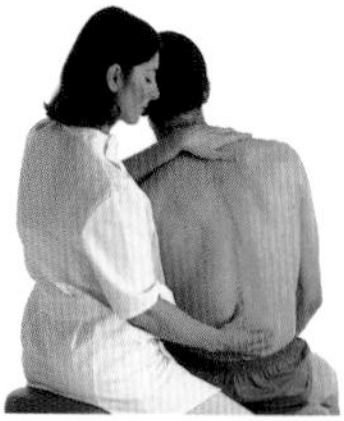

chiropractic
merudaṇḍ upchār
मेरुदंड उपचार

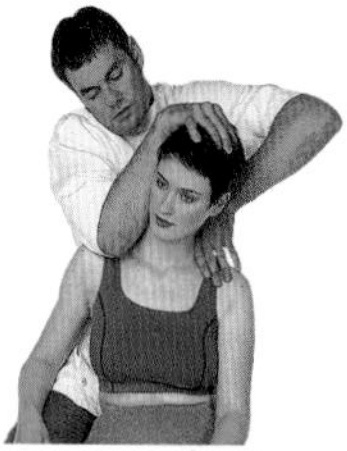

osteopathy | asthi chikitsā | अस्थि चिकित्सा

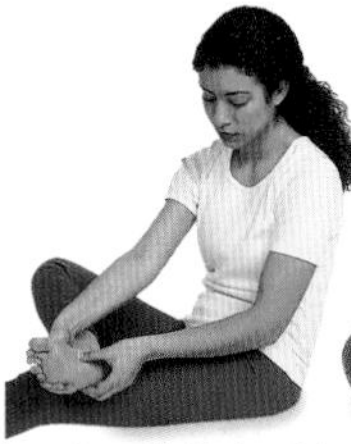

reflexology | rifleksolojī
रिफ़्लेक्सोलॉजी

meditation
dhyān | ध्यान

counselor
parāmarśdātā
परामर्शदाता

group therapy
samūh chikitsā | समूह चिकित्सा

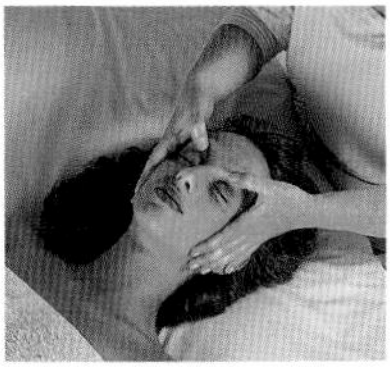

reiki
rekī | रेकी

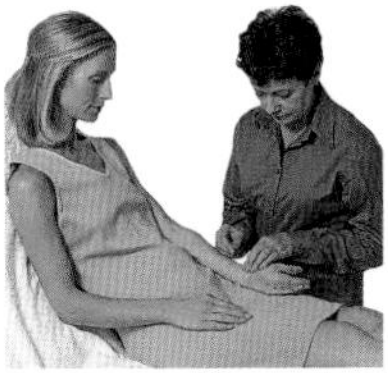

acupuncture
ekyūpaṅkchar
एक्यूपंक्चर

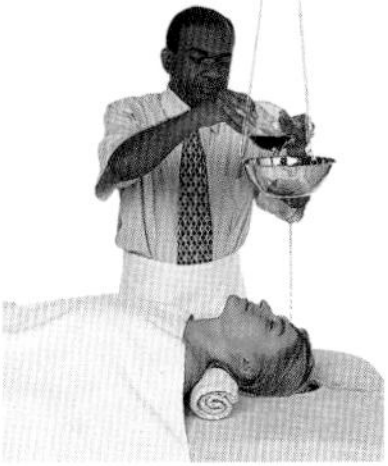

ayurveda
āyurved | आयुर्वेद

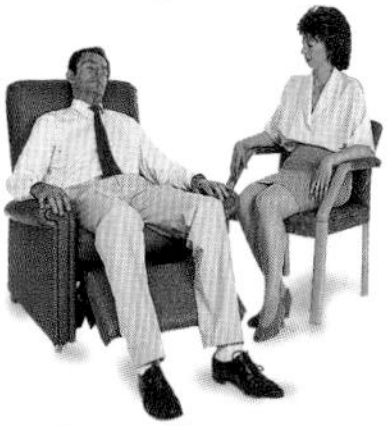

hypnotherapy
sammohan chikitsā
सम्मोहन चिकित्सा

herbalism | jaṛī-būṭī
sevan | जड़ी-बूटी सेवन

essential oils
sugandhit tel
सुगंधित तेल

aromatherapy
sugandh chikitsā
सुगंध चिकित्सा

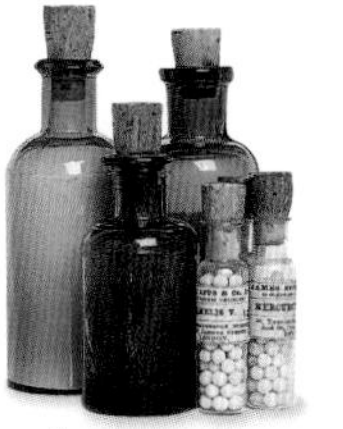

homeopathy
homyopaithī
होम्योपैथी

acupressure
ekyūpraiśar
एक्यूप्रैशर

therapist
chikitsak
चिकित्सक

psychotherapy
manochikitsā | मनोचिकित्सा

vocabulary • śabdāvalī • शब्दावली

supplement pūrak पूरक	**feng shui** feṅg śuī फ़ेंग शुई	**relaxation** tanāv mukti तनाव मुक्ति	**naturopathy** prākṛtik chikitsā प्राकृतिक चिकित्सा
hydrotherapy jal chikitsā जल चिकित्सा	**herb** jaṛī-būṭī जड़ी-बूटी	**stress** tanāv तनाव	**crystal healing** kristal chikitsā क्रिस्टल चिकित्सा

home
ghar
घर

house • makān • मकान

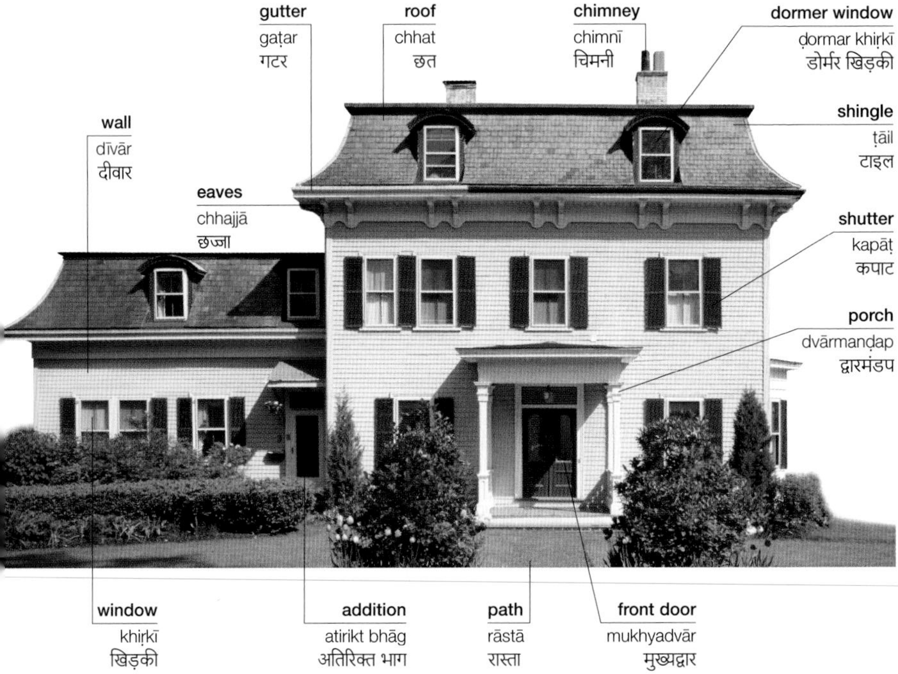
gutter
gaṭar
गटर
roof
chhat
छत
chimney
chimnī
चिमनी
dormer window
ḍormar khiṛkī
डोर्मर खिड़की
wall
dīvār
दीवार
shingle
ṭāil
टाइल
eaves
chhajjā
छज्जा
shutter
kapāṭ
कपाट
porch
dvārmanḍap
द्वारमंडप
window
khiṛkī
खिड़की
addition
atirikt bhāg
अतिरिक्त भाग
path
rāstā
रास्ता
front door
mukhyadvār
मुख्यद्वार

vocabulary • śabdāvalī • शब्दावली

single-family
ekal ghar
एकल घर

townhouse
śahrī makān
शहरी मकान

duplex
saṭā huā ghar
सटा हुआ घर

tenant
kirāedār
किराएदार

bungalow
baṅglā
बंगला

basement
tahḳhānā
तहख़ाना

row house
chhat vālā
छत वाला

landlord
makān mālik
मकान मालिक

porch light
dvārmanḍap battī
द्वारमंडप बत्ती

garage
gairej
गैरेज

attic
aṭārī
अटारी

room
kamrā
कमरा

burglar alarm
chor ghanṭī
चोर घंटी

courtyard
āṅgan
आंगन

floor
manzil
मंज़िल

rent (v)
kirāe par lenā
किराए पर लेना

rent
kirāyā
किराया

mailbox
laiṭar box
लैटर बॉक्स

entrance • praveś dvār • प्रवेश द्वार

foyer
galiyārā | गलियारा

doorbell
darvāze kī ghaṇṭī
दरवाज़े की घंटी

doormat
pāyadān
पायदान

door knocker
kuṇḍā
कुंडा

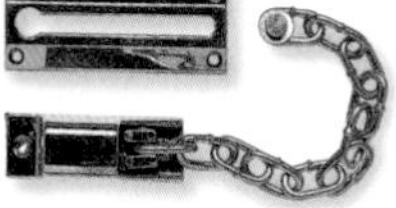

door chain | darvāze kī kaṛī | दरवाज़े की कड़ी

lock
tālā | ताला

bolt
chaṭkhanī | चटख़नी

apartment • flaiṭ • फ़्लैट

apartment building
apārṭmenṭ | अपार्टमेंट

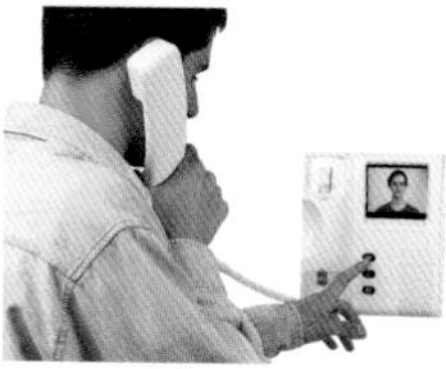

intercom
antaḥ sanchār | अंतः संचार

elevator
lifṭ | लिफ़्ट

internal systems • gharelū upkaraṇ • घरेलू उपकरण

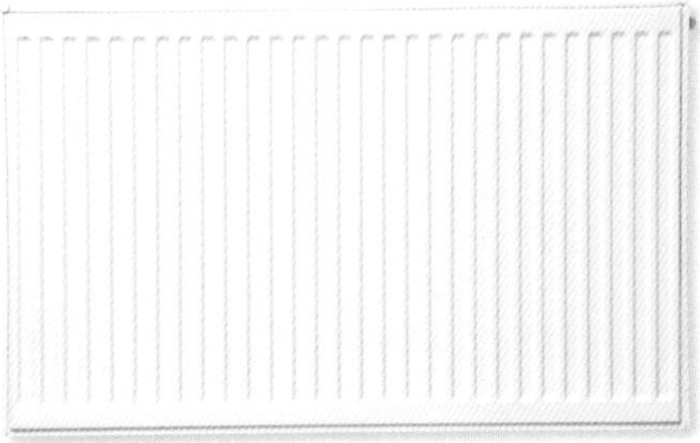

radiator | reḍieṭar | रेडिएटर

space heater | hīṭar | हीटर

blade
paṅkh | पंख

fan | paṅkhā | पंखा

convector heater
bloar | ब्लोअर

electricity • bijlī • बिजली

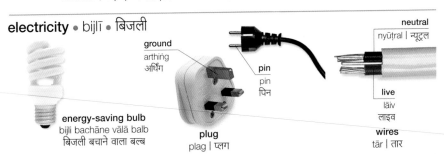

energy-saving bulb
bijli bachāne vālā balb
बिजली बचाने वाला बल्ब

ground
arthiṅg
अर्थिंग

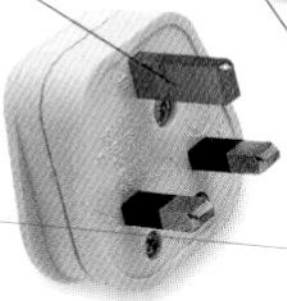

plug
plag | प्लग

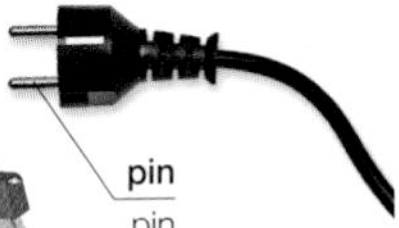

pin
pin
पिन

neutral
nyūṭral | न्यूट्रल

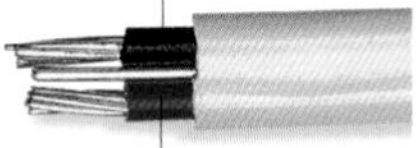

live
lāiv
लाइव

wires
tār | तार

vocabulary • śabdāvalī • शब्दावली

voltage volṭej वोल्टेज	**fuse** fyūz फ़्यूज़	**outlet** soketṭ सॉकेट	**household current** men saplāī मेन सप्लाई	**direct current** ḍāyarekṭ karanṭ डायरेक्ट करंट
amp empīyar एम्पियर	**fuse box** fyūz box फ़्यूज़ बॉक्स	**switch** svich स्विच	**transformer** transformer ट्रांसफ़ॉर्मर	**alternating current** olṭarneṭiṅg karanṭ ऑल्टरनेटिंग करंट
power ūrjā ऊर्जा	**generator** jenreṭar जेनरेटर	**power outage** bijlī kaṭautī बिजली कटौती	**electric meter** bijlī kā mīṭar बिजली का मीटर	

plumbing • nalsāzī • नलसाज़ी

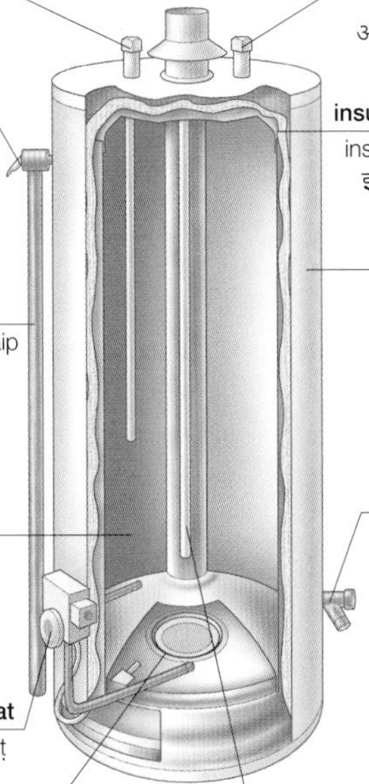
inlet
inleṭ
इनलेट
outlet
āuṭleṭ
आउटलेट
pressure valve
preśar valve
प्रेशर वॉल्व
insulation
insuleśan
इंसुलेशन
tank
ṭaṅkī
टंकी
overflow pipe
ovar flo pāip
ओवर फ़्लो पाइप
drain valve
nikāsī mārg
निकासी मार्ग
water chamber
voṭar chembar
वॉटर चेम्बर
thermostat
tharmosṭeṭ
थर्मोस्टेट
burner
gais barnar
गैस बर्नर
heating element
garm karne kī dhātu
गर्म करने की धातु

water heater
boyalar
बॉयलर

sink • siṅk • सिंक

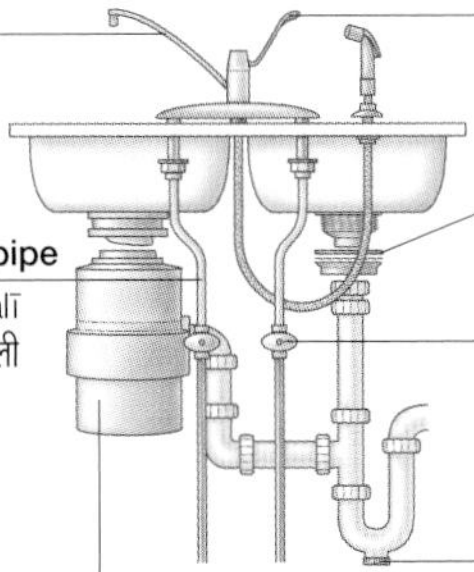
faucet
nal
नल
lever
līvar
लीवर
gasket
gaisket
गैस्केट
supply pipe
āpūrti nalī
आपूर्ति नली
shutoff valve
shutoff volv
शटऑफ़ वॉल्व
drain
nikās
निकास
waste disposal unit
kūṛā nikās ikāī
कूड़ा निकास इकाई

toilet • śauchālaya • शौचालय

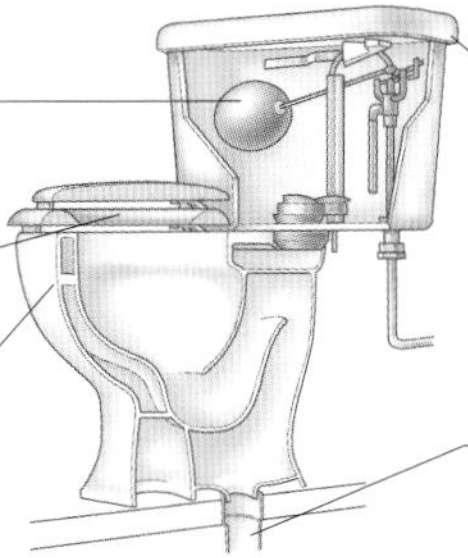
float ball
floṭ ball
फ़्लोट बॉल
tank
ṭaṅkī
टंकी
seat
sīṭ
सीट
bowl
bāul
बाउल
waste pipe
nikās pāip
निकास पाइप

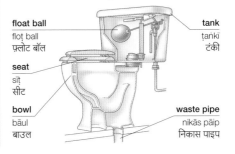

waste disposal • kūṛe kā nipṭān • कूड़े का निपटान

bottle
botal
बोतल

recycling bin
punarchakraṇ pātr
पुनर्चक्रण पात्र

lid
ḍhakkan
ढक्कन
pedal
paiḍal
पैडल

trash can
kūṛedān
कूड़ेदान

sorting unit
chhaṃṭāī yūniṭ
छंटाई यूनिट

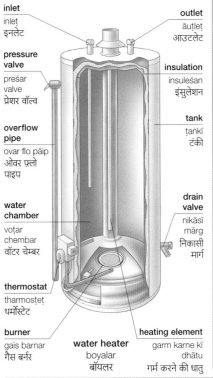

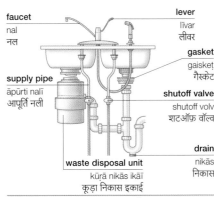

organic waste
jaivik kūṛā
जैविक कूड़ा

living room • baiṭhak • बैठक

lamp
laimp
लैंप
wall light
lāiṭ
लाइट
fireplace
fāyarples
फ़ायरप्लेस
ceiling
chhat
छत
vase
guldān
गुलदान
pillow
gaddī
गद्दी
coffee table
kofī ṭebal
कॉफ़ी टेबल
sofa
sofā
सोफ़ा
floor
farś
फ़र्श

frame
frem
फ़्रेम

painting
chitr
चित्र

curtain
pardā | पर्दा

sheer curtain
jālīdār pardā
जालीदार पर्दा

Venetian blind
veneśiyan blāinḍ
वेनेशियन ब्लाइंड

roller shade | rolar blāinḍ | रोलर ब्लाइंड

molding
paṭṭī | पट्टी

armchair
kursī
कुर्सी

bookshelf
kitābom̐ kī almārī
किताबों की अलमारी

sofa bed
sofā-kam-beḍ
सोफ़ा-कम-बेड

rug
darī
दरी

study | paṛhne kā kamrā | पढ़ने का कमरा

dining room • bhojan kakṣ • भोजन कक्ष

pepper
kālī mirch
काली मिर्च
salt
namak
नमक
table
mez
मेज़
crockery
chīnī miṭṭī ke bartan
चीनी मिट्टी के बर्तन
cutlery
chhurī-kāṃṭe
छुरी-कांटे
chair
kursī
कुर्सी
back
pīṭh
पीठ
seat
sīṭ
सीट
leg
pāyā
पाया

vocabulary • śabdāvalī • शब्दावली

serve (v)
parosnā
परोसना

eat (v)
khānā
खाना

set the table (v)
mez lagānā
मेज़ लगाना

hungry
bhūkhā
भूखा

tablecloth
mezpoś
मेज़पोश

breakfast
nāśtā
नाश्ता

dinner
rāt kā bhojan
रात का भोजन

hostess
mahilā mezbān
महिला मेज़बान

lunch
dopahar kā bhojan
दोपहर का भोजन

full
bharā huā
भरा हुआ

portion
hissā
हिस्सा

meal
bhojan
भोजन

host
mezbān
मेज़बान

guest
mehmān
मेहमान

place mat
ṭebal maiṭ
टेबल मैट

Can I have some more, please?
kyā mujhe aur mil saktā hai?
क्या मुझे और मिल सकता है?

I've had enough, thank you.
aur nahīṃ chāhie, dhanyavād
और नही चाहिए, धन्यवाद।

That was delicious.
khānā svādiṣṭ thā
खाना स्वादिष्ट था।

crockery and cutlery • bartan aur chhurī-kāṃṭe • बर्तन और छुरी-कांटे

teaspoon
chhoṭā chammach
छोटा चम्मच

mug
mag
मग

coffee cup
kofī kā pyālā
कॉफ़ी का प्याला

teacup
chāya kā pyālā
चाय का प्याला

plate
pleṭ
प्लेट

bowl
kaṭorā
कटोरा

wine glass
vāin gilās
वाइन गिलास

tumbler
gilās
गिलास

French press
kofī kī ketlī
कॉफ़ी की केतली

teapot
ketlī
केतली

pitcher
jag
जग

eggcup
aṇḍe kā kap
अंडे का कप

glassware
kāṃch ke gilās
कांच के गिलास

napkin ring
naipkin riṅg
नैपकिन रिंग

side plate
chhoṭī pleṭ
छोटी प्लेट

dinner plate
baṛī pleṭ
बड़ी प्लेट

soup bowl
sūp kī pleṭ
सूप की प्लेट

soup spoon
sūp kā chammach
सूप का चम्मच

napkin
naipkin
नैपकिन

fork
kāṃṭā
कांटा

place setting
bartan lagāne kā tarīḳā
बर्तन लगाने का तरीक़ा

spoon
chammach
चम्मच

knife
chhurī
छुरी

kitchen • rasoī • रसोई

shelves
ḳhāne
ख़ाने

backsplash
splaiśbaik
स्प्लैशबैक

faucet
nal
नल

sink
siṅk
सिंक

drawer
darāz
दराज़

ventilation hood
chimnī
चिमनी

ceramic stovetop
sṭov
स्टोव

countertop
khānā banāne kī jagah
खाना बनाने की जगह

oven
ovan
ओवन

cabinet
almārī
अलमारी

appliances • upkaraṇ • उपकरण

microwave oven
māikrovev ovan | माइक्रोवेव ओवन

electric kettle
ketlī
केतली

toaster
ṭosṭar
टोस्टर

mixing bowl
miksiṅg bāul
मिक्सिंग बाउल

blade
bleḍ
ब्लेड

food processor
fūḍ prosesar
फ़ूड प्रोसेसर

lid
ḍhakkan
ढक्कन

blender
blenḍar
ब्लेंडर

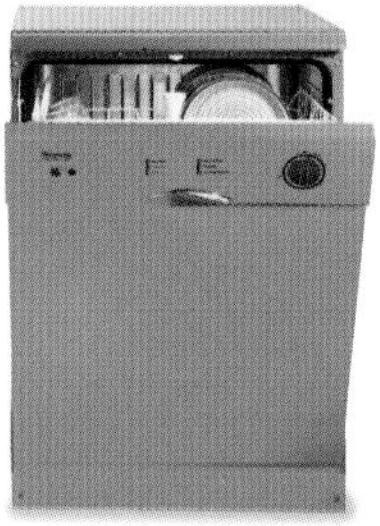

dishwasher
bartan dhone kī maśīn
बर्तन धोने की मशीन

ice maker
baraf jamāne kī jagah
बर्फ़ जमाने की जगह

refrigerator
refrījareṭar
रेफ़्रीजरेटर

shelf
ḳhānā
ख़ाना

freezer
frīzar
फ़्रीज़र

crisper
krispar
क्रिस्पर

side-by-side refrigerator
frij | फ़्रिज

vocabulary • śabdāvalī • शब्दावली

burner
barnar
बर्नर

stovetop
sṭov
स्टोव

garbage can
kūṛedān
कूड़ेदान

draining board
ḍreniṅg borḍ
ड्रेनिंग बोर्ड

freeze (v)
jamānā
जमाना

defrost (v)
pighlānā
पिघलाना

sauté (v)
halkā bhūnnā
हल्का भूनना

steam (v)
bhāp se pakānā
भाप से पकाना

cooking • khānā pakānā • खाना पकाना

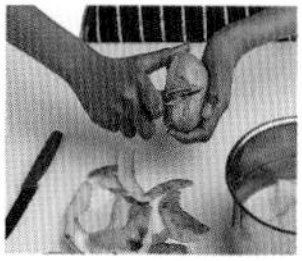

peel (v)
chhīlnā | छीलना

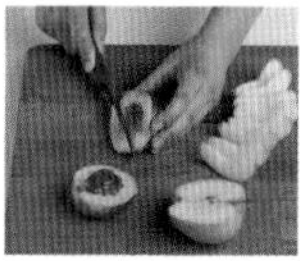

slice (v)
kāṭnā | काटना

grate (v)
ghisnā | घिसना

pour (v)
uṛelnā | उड़ेलना

mix (v)
milānā | मिलाना

whisk (v)
pheṃṭnā | फेंटना

boil (v)
ubālnā | उबालना

fry (v)
talnā | तलना

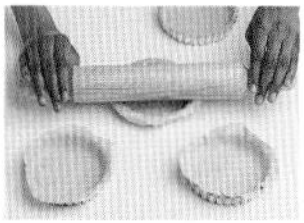

roll (v)
belnā | बेलना

stir (v)
chalānā | चलाना

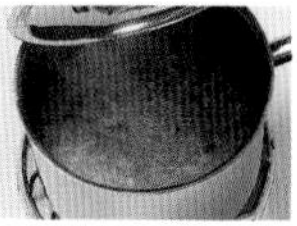

simmer (v)
khadaknā
खदकना

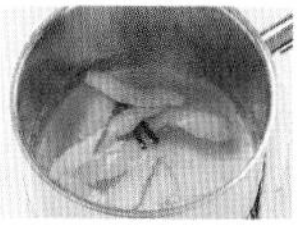

poach (v)
pānī meṃ pakānā
पानी में पकाना

bake (v)
bek karnā
बेक करना

roast (v)
bhūnnā
भूनना

broil (v) | tandūr meṃ bhūnnā
तंदूर में भूनना

kitchenware • rasoī upkaraṇ • रसोई उपकरण

cutting board
sabzī kāṭne kā takhtā | सब्ज़ी काटने का तख़्ता

bread knife
breḍ kāṭne kī chhurī
ब्रेड काटने की छुरी

kitchen knife
chākū
चाकू

cleaver
chāpaṛ
चापड़

knife sharpener
chākū tez karne vālā
चाकू तेज करने वाला

meat tenderizer
māṃs kūṭne kā auzār | मांस कूटने का औज़ार

skewer
sīkh | सीख

peeler | chhīlne vālā chākū
छीलने वाला चाकू

apple corer | bīj nikālne kī salāī
बीज निकालने की सलाई

grater
kaddūkas
कद्दूकस

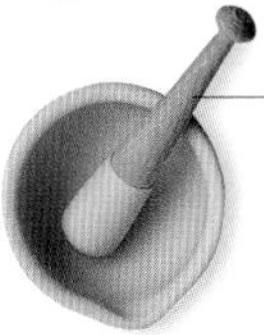

pestle
mūsal
मूसल

mortar
kharal | खरल

masher
meśar | मेशर

can opener
kain opnar
कैन ओपनर

bottle opener
botal opnar
बोतल ओपनर

garlic press
lahsun kūṭne vālā
लहसुन कूटने वाला

serving spoon
parosne kā chammach
परोसने का चम्मच

slotted spatula
palṭā | पलटा

colander
chhalnā | छलना

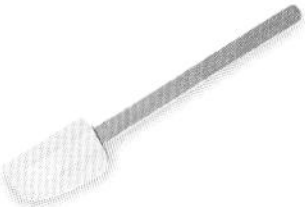

spatula
spaichulā | स्पैचुला

wooden spoon
lakṛī kā chammach
लकड़ी का चम्मच

slotted spoon
kalchhī | कलछी

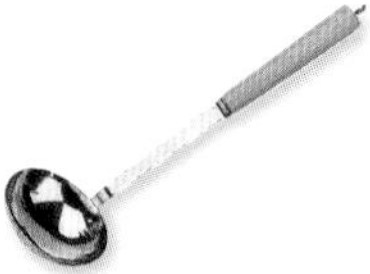

ladle
chamchā | चमचा

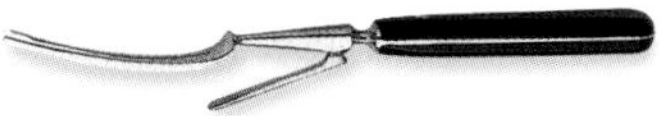

carving fork | ghumāvdār kāṃṭā | घुमावदार कांटा

ice-cream scoop
skūp | स्कूप

whisk
pheṃṭnī | फेंटनी

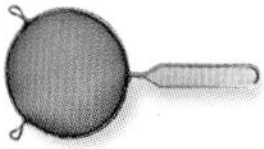

sieve
chhannī | छन्नी

frying pan
frāiṅg pain
फ़्राइंग पैन

lid
ḍhakkan | ढक्कन

saucepan
ḍegchī
डेगची

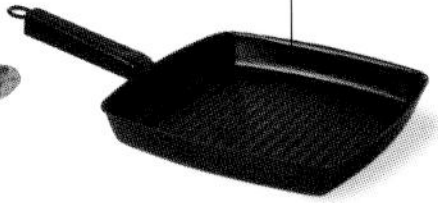

grill pan
gril pain
ग्रिल पैन

wok
kaṛāhī
कड़ाही

earthenware dish
miṭṭī kā bartan
मिट्टी का बर्तन

glass
kāṃch
कांच

mixing bowl
miksiṅg bāul
मिक्सिंग बाउल

soufflé dish
sūfle bartan
सूफ़ले बर्तन

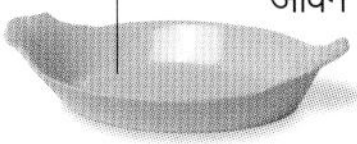
ovenproof
ovan rodhī
ओवन रोधी

gratin dish
grāṭin ḍiś
ग्राटिन डिश

ramekin
remikīn
रेमिकीन

casserole dish
kaisrol
कैसरोल

baking cakes • kek banānā • केक बनाना

scale | tarāzū
तराज़ू

measuring cup
māpak jag
मापक जग

cake pan | kek banāne kā sāṃchā
केक बनाने का सांचा

pie pan | pāī banāne kā sāṃchā
पाई बनाने का सांचा

quiche pan | flain banāne kā sāṃchā
फ़्लैन बनाने का सांचा

pastry brush
pesṭrī braś | पेस्ट्री ब्रश

rolling pin
belan | बेलन

piping bag | pāipiṅg baig | पाइपिंग बैग

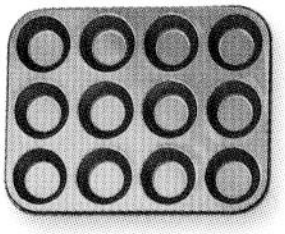

muffin pan
mafin ṭre
मफ़िन ट्रे

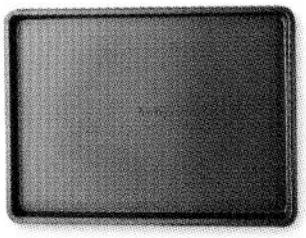

cookie sheet
bekiṅg ṭre
बेकिंग ट्रे

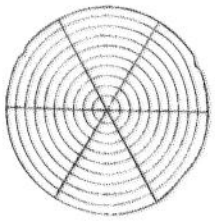

cooling rack
kūliṅg raik
कूलिंग रैक

oven mitt
ovan ke dastāne
ओवन के दस्ताने

apron
epren
एप्रेन

bedroom • śayan kakṣ • शयन कक्ष

wardrobe
almārī
अलमारी

bedside lamp
sāiḍ laimp
साइड लैम्प

headboard
palaṅg kā sirhānā
पलंग का सिरहाना

nightstand
sāiḍ ṭebal
साइड टेबल

chest of drawers
darāzoṃ kī almārī
दराज़ों की अलमारी

drawer
darāz
दराज़

bed
palaṅg
पलंग

mattress
gaddā
गद्दा

bedspread
palaṅgpoś
पलंगपोश

pillow
takiyā
तकिया

hot-water bottle | garm panī kī thailī
गर्म पानी की थैली

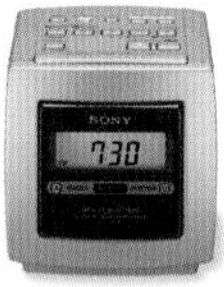

clock radio
reḍiyo ghaṛī
रेडियो घड़ी

alarm clock
alārm ghaṛī
अलार्म घड़ी

box of tissues
ṭiśyū boks
टिश्यू बॉक्स

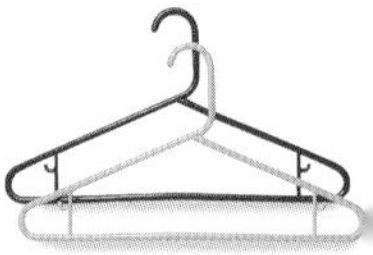

coat hanger
koṭ kā haiṅgar
कोट का हैंगर

bed linen • chādar va takiyā gilāf ādi • चादर व तकिया गिलाफ़ आदि

pillowcase
gilāf
गिलाफ़

sheet
chādar
चादर

dust ruffle
jhālar
झालर

mirror
śīśā
शीशा

dressing
table
śṛaṅgār
mez
श्रृंगार
मेज़

floor
farś
फ़र्श

comforter
roeṁ se banī razāī
रोएं से बनी रज़ाई

quilt
razāī
रज़ाई

blanket
kambal
कंबल

vocabulary • śabdāvalī • शब्दावली

twin bed	footboard	insomnia	wake up (v)	make the bed (v)
siṅgal palaṅg	pāyadān	anidrā	jāgnā	bistar lagānā
सिंगल पलंग	पायदान	अनिद्रा	जागना	बिस्तर लगाना
full bed	**bedspring**	**go to bed (v)**	**get up (v)**	**snore (v)**
ḍabal palaṅg	gadde kā spriṅg	sone jānā	uṭhnā	kharrāṭe lenā
डबल पलंग	गद्दे का स्प्रिंग	सोने जाना	उठना	खर्राटे लेना
electric blanket	**carpet**	**go to sleep (v)**	**set the alarm (v)**	**closet**
vidyut kambal	kālīn	sonā	alārm lagānā	antarnirmit almārī
विद्युत कंबल	कालीन	सोना	अलार्म लगाना	अंतर्निर्मित अलमारी

bathroom • snānghar • स्नानघर

towel rack
tauliyā haiṅgar
तौलिया हैंगर
shower door
śovar darvāzā
शॉवर दरवाज़ा
cold faucet
ṭhaṇḍe pānī kā nal
ठंडे पानी का नल
hot faucet
garm pānī kā nal
गर्म पानी का नल
shower head
phuhārā
फुहारा
sink
vośbesin
वॉशबेसिन
shower
śovar
शॉवर
plug
ḍāṭ
डाट
drain
nālī
नाली
toilet seat
ṭoyaleṭ sīṭ
टॉयलेट सीट
toilet
ṭoyaleṭ
टॉयलेट
toilet brush
ṭoyaleṭ braś
टॉयलेट ब्रश

bathtub
bāth ṭab | बाथ टब

bidet
biḍe | बिडे

vocabulary • śabdāvalī • शब्दावली

medicine cabinet
davāī kī almārī
दवाई की अलमारी

bath mat
snānghar kī chaṭāī
स्नान की चटाई

toilet paper
ṭoyaleṭ rol
टॉयलेट रोल

shower curtain
śovar kā pardā
शॉवर का पर्दा

take a shower (v)
phuhāre meṃ nahānā
फुहारे में नहाना

take a bath (v)
nahānā
नहाना

dental hygiene • dāṃtoṃ kī safāī • दांतों की सफाई

toothbrush
ṭūthbraś | टूथब्रश

toothpaste
ṭūthpesṭ | टूथपेस्ट

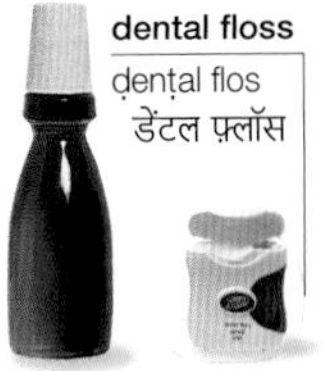
dental floss
ḍenṭal flos
डेंटल फ़्लॉस

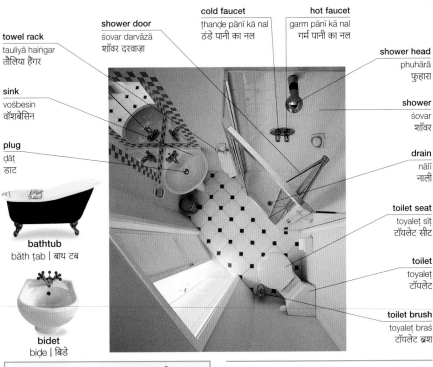

mouthwash
māuthvoś | माउथवॉश

sponge
spanj | स्पंज

pumice stone
jhāmak | झामक

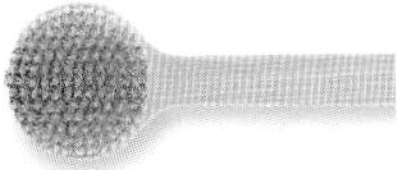

back brush | pīṭh kā braś | पीठ का ब्रश

deodorant
ḍiyoḍrenṭ | डियोडरेंट

soap dish
sābundānī
साबुनदानी

soap
sābun
साबुन

face cream
krīm
क्रीम

shower gel
śāvar jail
शॉवर जैल

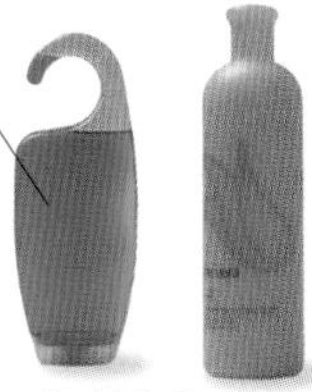

bubble bath
babbal bāth
बब्बल बाथ

hand towel
chhoṭā tauliyā
छोटा तौलिया

bath towel
tauliyā
तौलिया

towels
taulie | तौलिए

body lotion
boḍī lośan | बॉडी लोशन

talcum powder
ṭelkam pāuḍar
टेल्कम पाउडर

bathrobe | ḍresiṅg gāun | ड्रेसिंग गाउन

shaving • hajāmat • हजामत

electric razor
ilekṭrik rezar
इलेक्ट्रिक रेज़र

shaving foam
śeviṅg fom
शेविंग फ़ोम

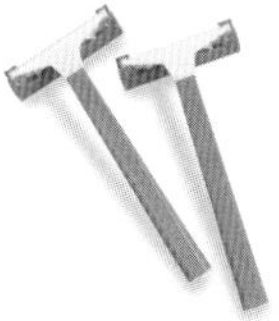

disposable razor
ḍispozebal rezar
डिस्पोज़ेबल रेजर

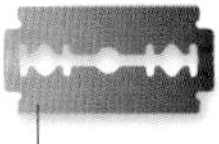

razor blade
rezar bleḍ
रेज़र ब्लेड

aftershave
āfṭar śev
आफ़्टर शेव

nursery • śiśugṛh • शिशुगृह

baby care • śiśu dekhbhāl • शिशु देखभाल

sponge
spanj
स्पंज

baby bath
śiśu snān | शिशु स्नान

diaper rash cream
naipī raiś krīm
नैपी रैश क्रीम

wet wipe
nam ṭiśyu
नम टिश्यु

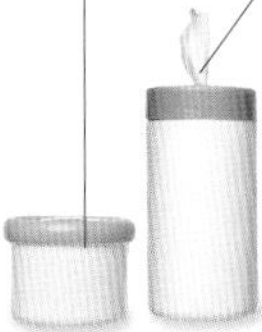

potty
poṭī | पॉटी

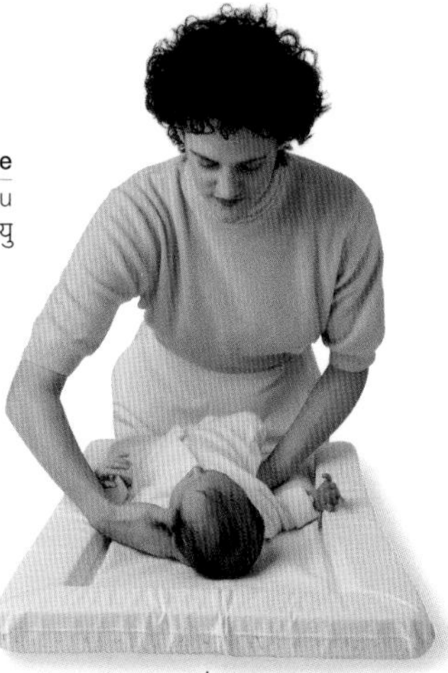

changing mat | kapṛe badalne kī gaddī | कपड़े बदलने की गद्दी

sleeping • sonā • सोना

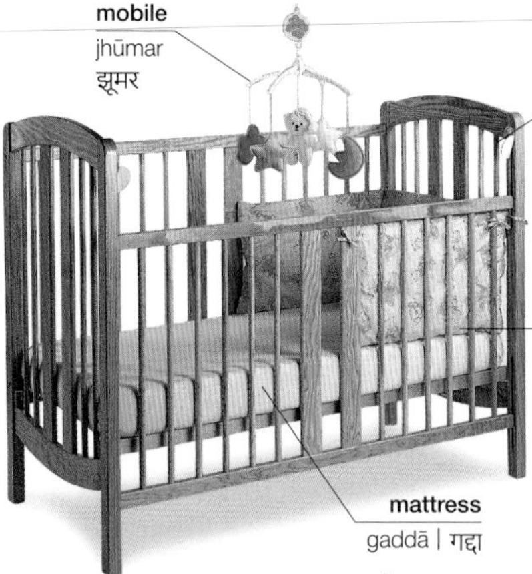

mobile
jhūmar
झूमर

bars
sīṃkhche
सीख़चे

bumper
bampar
बम्पर

mattress
gaddā | गद्दा

crib | khaṭolā | खटोला

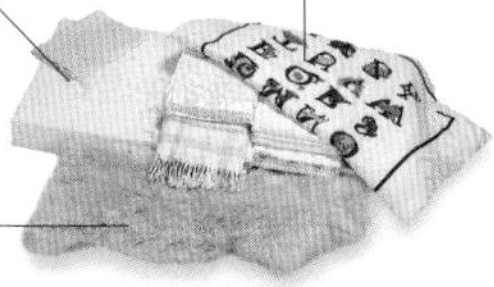

sheet
chādar
चादर

blanket
kambal
कंबल

fleece
ūnī chādar
ऊनी चादर

bedding
bichhaunā | बिछौना

rattle
jhunjhunā | झुनझुना

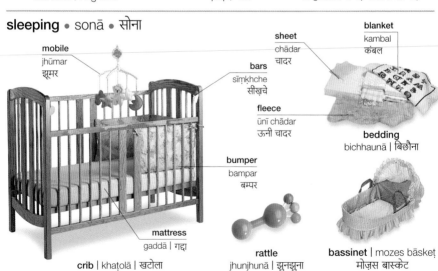

bassinet | mozes bāskeṭ
मोज़ेस बास्केट

playing • khelnā • खेलना

doll
guṛiyā
गुड़िया

stuffed toy
mulāyam khilaune
मुलायम खिलौने

dollhouse
guṛiyā ghar
गुड़िया घर

playhouse
khel ghar | खेल घर

teddy bear
tedī biyar
टेडी बियर

toy
khilaunā
खिलौना

toy basket | khilaune kī ṭokrī | खिलौने की टोकरी

ball
gend
गेंद

playpen
khel bāṛā | खेल बाड़ा

safety • surakṣā • सुरक्षा

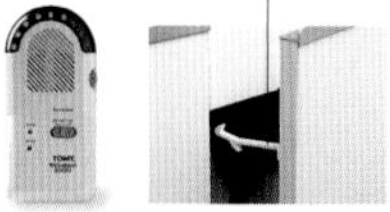

child lock
bacchoṃ kā tālā
बच्चों का ताला

baby monitor
bebī moniṭar
बेबी मॉनिटर

stair gate
sīṛhiyoṃ kā geṭ
सीढ़ियों के गेट

eating • khānā • खाना

high chair
ūṃchī kursī | ऊँची कुर्सी

nipple
nippal
निप्पल

drinking cup
pīne kā kap
पीने का कप

bottle
botal | बोतल

going out • bāhar jānā • बाहर जाना

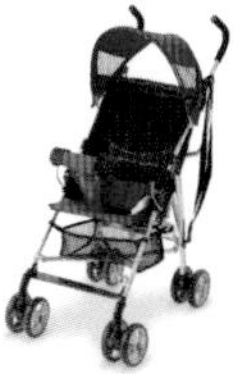

stroller | hāth gāṛī | हाथ गाड़ी

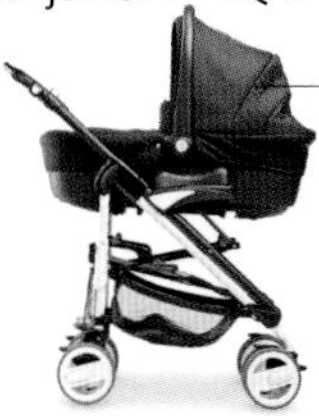

hood
chhatrī
छतरी

baby carriage
bagghī | बग्घी

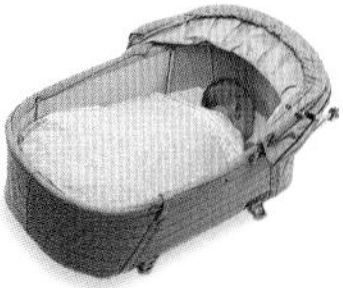

carrier
pālnā | पालना

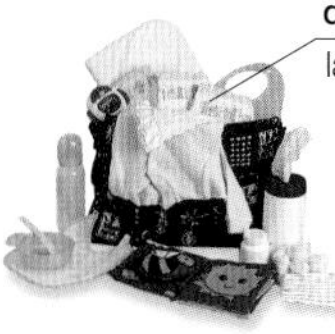

diaper
laṅgoṭī
लंगोटी

diaper bag | bacchoṃ kā thailā | बच्चों का थैला

baby sling | śiśu paṭṭā
शिशु पट्टा

utility room • gharelū kārya kakṣ • घरेलू कार्य कक्ष

laundry • londrī • लॉन्ड्री

dirty laundry
gande kapṛe
गंदे कपड़े

laundry basket
gande kapṛoṃ kī ṭokrī | गंदे कपड़ों की टोकरी

washing machine
kapṛe dhone kī maśīn | कपड़े धोने की मशीन

washer-dryer
vośar ḍrāyar
वॉशर-ड्रायर

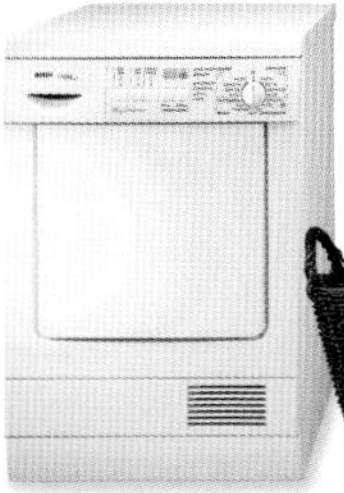

tumble dryer
ḍrāyar
ड्रायर

clean clothes
dhule kapṛe
धुले कपड़े

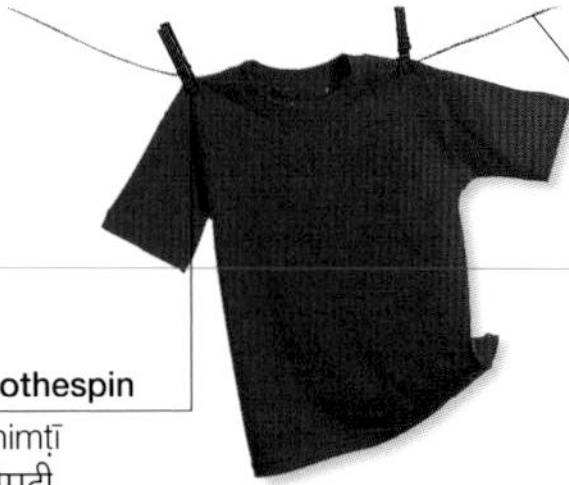

clothesline
alganī
अलगनी

clothespin
chimṭī
चिमटी

dry (v)
sukhānā | सुखाना

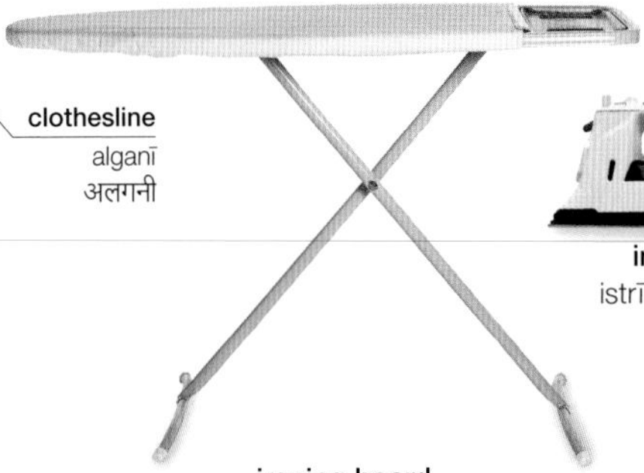

ironing board
istrī kā takhtā | इस्त्री का तख़्ता

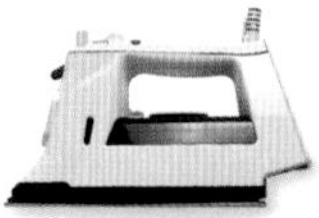

iron
istrī | इस्त्री

vocabulary • śabdāvalī • शब्दावली

rinse (v)
khaṅgālnā
खंगालना

load (v)
kapṛe maśīn meṃ ḍālnā
कपड़े मशीन में डालना

spin (v)
kapṛe nichoṛnā
कपड़े निचोड़ना

spin dryer
kapṛe nichoṛne vālā
कपड़े निचोड़ने वाला

iron (v)
istrī karnā
इस्त्री करना

fabric softener
kapṛe ka kanḍiśnar
कपड़े का कंडिशनर

How do I operate the washing machine?
vośiṅg maśīn kaise chalāūṃ?
वॉशिंग मशीन कैसे चलाऊँ?

cleaning equipment • safāī upkaraṇ • सफ़ाई उपकरण

suction hose
kūṛā khīṃchne kī nalī
कूड़ा खींचने की नली
brush
braś
ब्रश
dustpan | kūṛe kā panjā | कूड़े का पंजा
bleach
blīch | ब्लीच
bucket
bālṭī
बाल्टी
powder
pāuḍar
पाउडर
liquid
dravya
द्रव्य
dust cloth
jhāṛan
झाड़न
dyson

vacuum cleaner | vekyūm klīnar | वेक्यूम क्लीनर

mop
pochhā | पोछा

detergent
ḍiṭarjenṭ | डिटर्जेंट

polish
poliś | पॉलिश

activities • gatividhiyāṃ • गतिविधियां

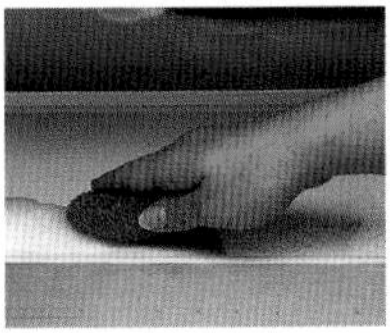

clean (v)
safāī karnā | सफ़ाई करना

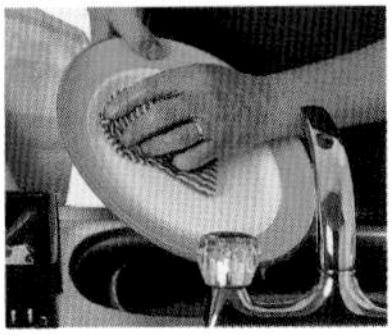

wash (v)
dhonā | धोना

wipe (v)
poṃchhnā | पोंछना

scrub (v)
ghisnā | घिसना

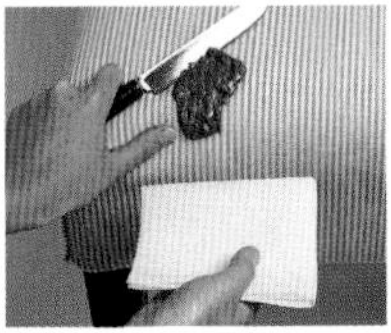

scrape (v)
khurachnā | खुरचना

broom
jhāṛū
झाड़ू

sweep (v)
jhāṛū lagānā | झाड़ू लगाना

dust (v)
dhūl jhāṛnā | धूल झाड़ना

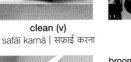

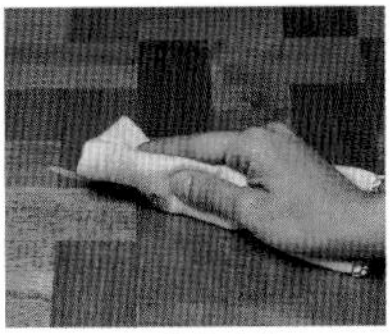

polish (v)
chamkānā | चमकाना

workshop • kāryaśālā • कार्यशाला

jigsaw
chhoṭā ārā
छोटा आरा

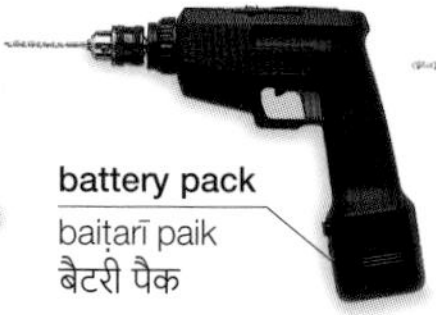

battery pack
baiṭarī paik
बैटरी पैक

cordless drill
kordles ḍril
कॉर्डलेस ड्रिल

chuck
chakkā
चक्का

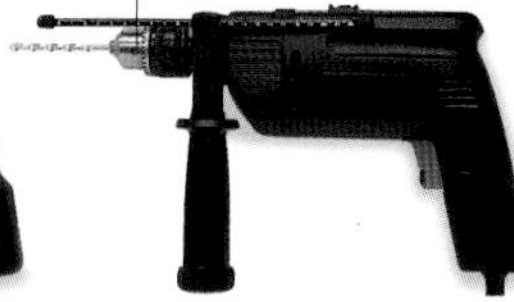

electric drill
vidyut ḍril/vedhnī
विद्युत ड्रिल/वेधनी

drill bit
chhed karne kī suī
छेद करने की सुई

glue gun
gond gan | गोंद गन

clamp
śikanjā/paṭṭī
शिकंजा/पट्टी

vise
śikanjā | शिकंजा

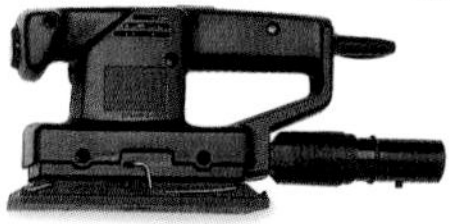

sander
saindar | सैंडर

blade
bleḍ
ब्लेड

circular saw
gol ārī | गोल आरी

workbench
kām karne kī mez
काम करने की मेज़

wood glue
lakṛī kā gond
लकड़ी का गोंद

router
rūṭar
रूटर

wood shavings
lakṛī kī chhīlan
लकड़ी की छीलन

tool rack
auzār raik
औज़ार रैक

bit brace
biṭ bres
बिट ब्रेस

extension cord
atirikt tār
अतिरिक्त तार

techniques • vidhiyāṃ • विधियां

cut (v)
kāṭnā | काटना

saw (v)
chīrnā | चीरना

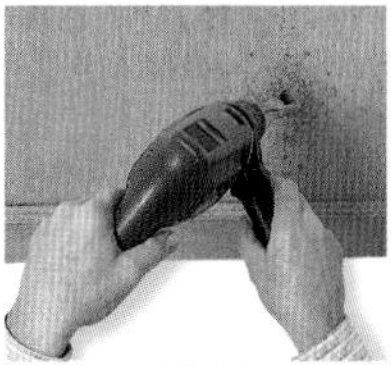

drill (v)
chhed karnā | छेद करना

hammer (v)
ṭhoknā | ठोकना

plane (v) | randā karnā | रंदा करना

turn (v)
kharādnā | खरादना

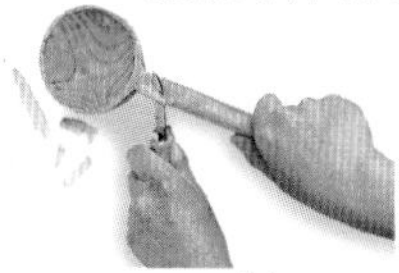

carve (v)
nakḳāśī karnā | नक़्क़ाशी करना

solder
solḍar karne kā tār
सोल्डर करने का तार

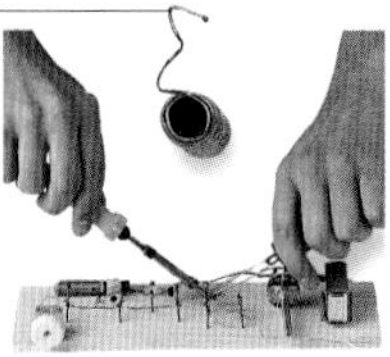

solder (v) | ṭāṃkā lagānā | टांका लगाना

materials • sāmān • सामान

MDF
em ḍī ef
एम डी एफ़

plywood
plāīvuḍ
प्लाईवुड

particle board
chip borḍ
चिप बोर्ड

hardboard
hārḍ borḍ
हार्ड बोर्ड

softwood
mulāyam lakṛī
मुलायम लकड़ी

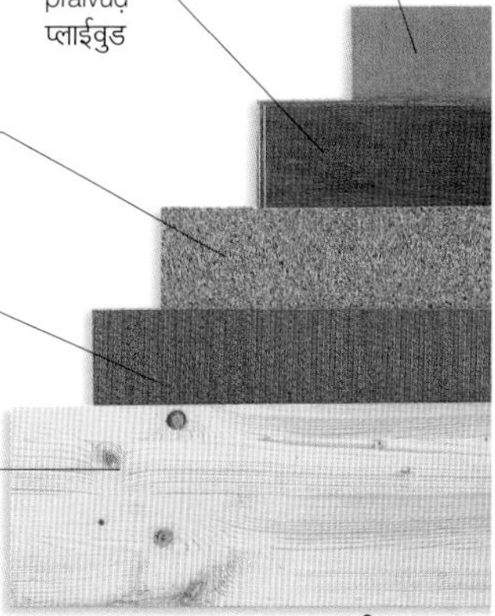

hardwood
kaṭhor lakṛī
कठोर लकड़ी

varnish
rogan
रोग़न

woodstain
lakṛī ke dāġ
लकड़ी के दाग़

wood | lakṛī | लकड़ी

wire
tār
तार

cable
kebal | केबल

stainless steel
ispāt
इस्पात

galvanized
ḳalaīdār
क़लईदार

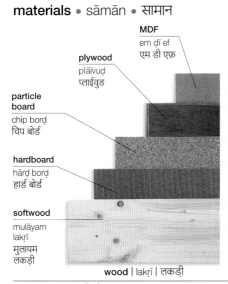

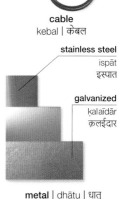

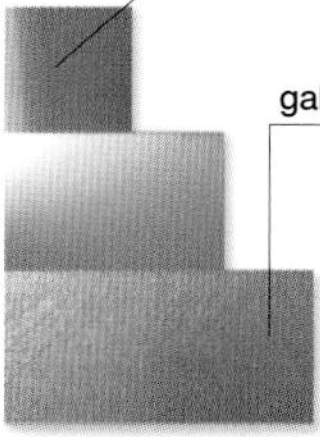

metal | dhātu | धातु

toolbox • auzār peṭī • औज़ार पेटी

wrench
pānā
पाना

adjustable wrench
parivartnīya pānā
परिवर्तनीय पाना

hammer
hathauṛā
हथौड़ा

needle-nose pliers
nukīlā plās
नुकीला प्लास

socket wrench
sokeṭ rinch
सॉकेट रिंच

screwdriver bits
pechkas vajr
पेचकस वज्र

level
spiriṭ leval
स्पिरिट लेवल

washer
vāśar
वाशर

screwdriver
pechkas
पेचकस

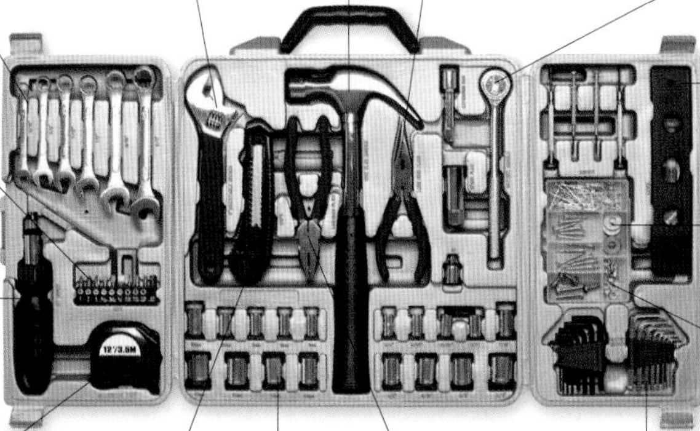

nut
purzā
पुर्ज़ा

tape measure
inch ṭep
इंच टेप

utility knife
chākū
चाकू

socket
sokeṭ
सॉकेट

bull-nose pliers
moṭā plās
मोटा प्लास

Allen wrench
ailan chābī
ऐलन चाबी

drill bits • ḍriliṅg maśīn ke vajr • ड्रिलिंग मशीन के वज्र

flat wood bit
samtal taḳhtā vajr | समतल तख़्ता वज्र

metal bit
dhātu vajr
धातु वज्र

reamer
barmā
बरमा

carpentry bits
baṛhaīgirī ke vajr
बढ़ईगिरी के वज्र

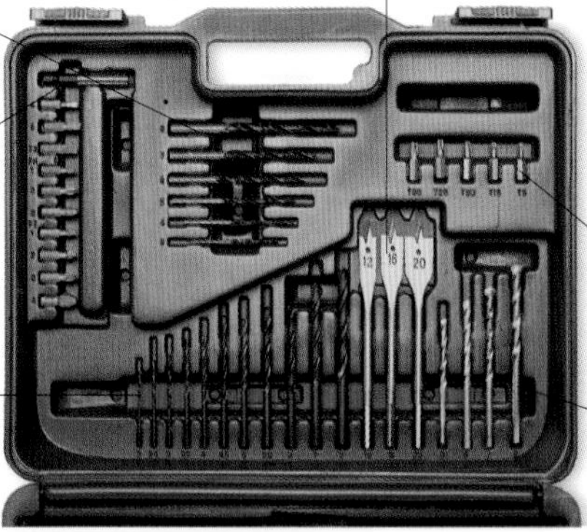

security bit
surakṣā vajr
सुरक्षा वज्र

masonry bit
rājgirī ke vajr
राजगिरी के वज्र

phillips screwdriver
filips pechkas
फ़िलिप्स पेचकस

head
sirā
सिरा

nail
kīl | कील

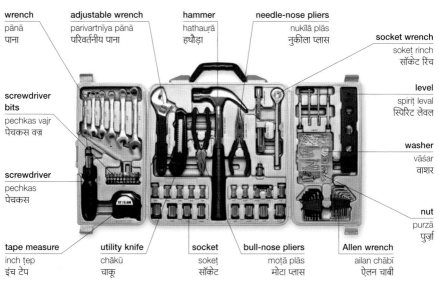

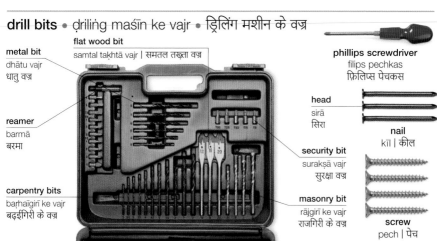

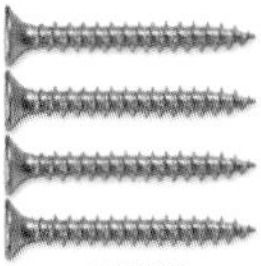

screw
pech | पेच

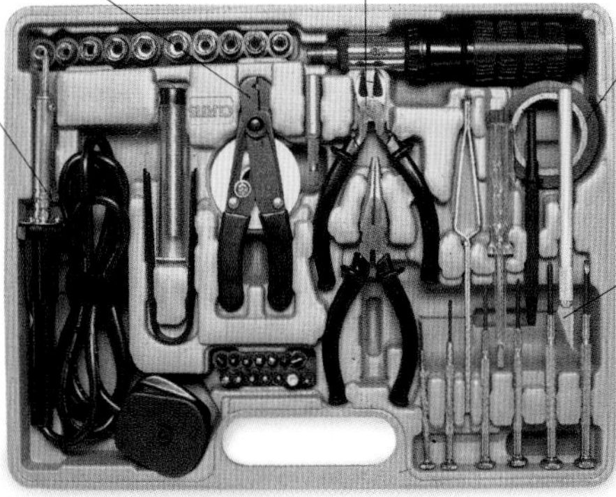

wire strippers
tār chhīlne kā plās
तार छीलने का प्लास

wire cutters
tār kāṭne kā yantr
तार काटने का यंत्र

electrical tape
bijlī kā ṭep
बिजली का टेप

soldering iron
ṭāṃke kā upkaraṇ
टांके का उपकरण

craft knife
chhurī
छुरी

solder
ṭāṃkā lagāne kā tār
टांका लगाने का तार

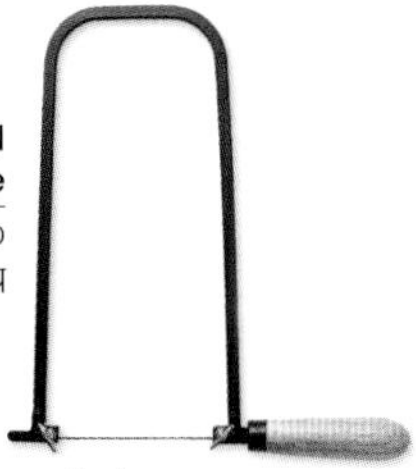

fretsaw
patlī ārī
पतली आरी

tenon saw | chul ārā | चुल आरा

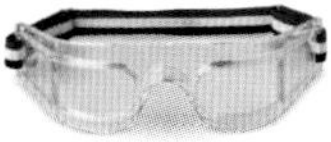

safety goggles
surakṣā chaśmā
सुरक्षा चश्मा

plane
randā | रंदा

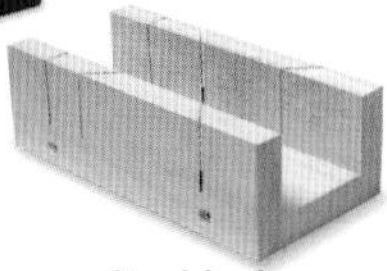

miter block
mīṭar blok
मीटर ब्लॉक

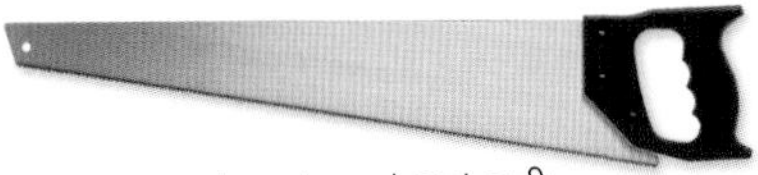

handsaw | ārī | आरी

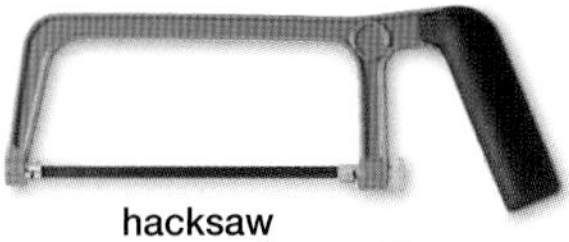

hacksaw
dāṃtedār ārī | दांतेदार आरी

hand drill
haiṇḍ ḍril
हैंड ड्रिल

steel wool
tār
तार

sandpaper
regmāl
रेगमाल

wrench
rinch
रिंच

chisel
chhenī | छेनी

file
retī | रेती

whetstone
sān | सान

pipe cutter | pāip kaṭar | पाइप कटर

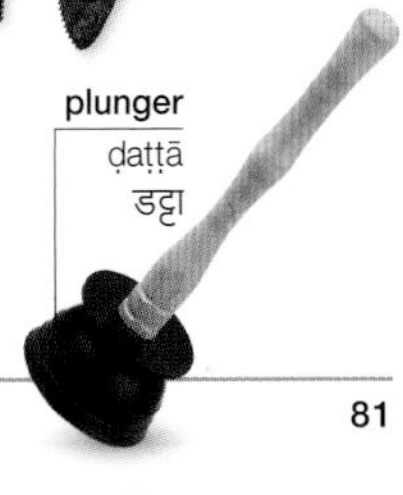

plunger
ḍaṭṭā
डट्टा

decorating • gṛh sajjā • गृह सज्जा

scissors
ḳaiṃchī | क़ैंची

utility knife
chhurī | छुरी

plumb line
sāhul ḍorī | साहुल डोरी

scraper
khurachnī | खुरचनी

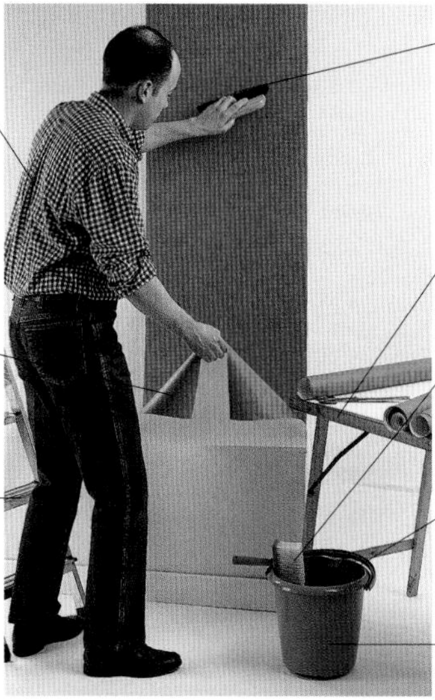
decorator
prasādhak
प्रसाधक
wallpaper
volpepar
वॉलपेपर
stepladder
sīṛhī
सीढ़ी
wallpaper brush
volpepar
braś
वॉलपेपर ब्रश
pasting table
pesṭiṅg ṭebal
पेस्टिंग टेबल
pasting brush
pesṭiṅg braś
पेस्टिंग ब्रश
wallpaper paste
volpepar pesṭ
वॉलपेपर पेस्ट
bucket
ṭokrī
टोकरी

wallpaper (v) | volpepar lagānā | वॉलपेपर लगाना

strip (v) | khurachnā | खुरचना

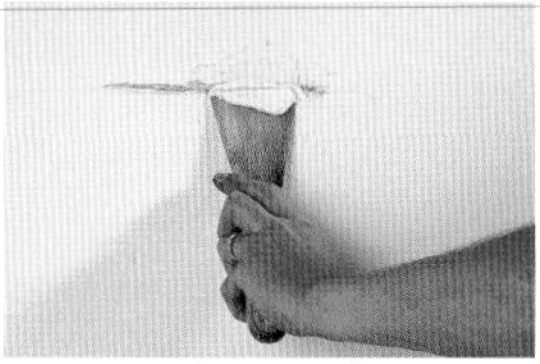

fill (v) | bharnā | भरना

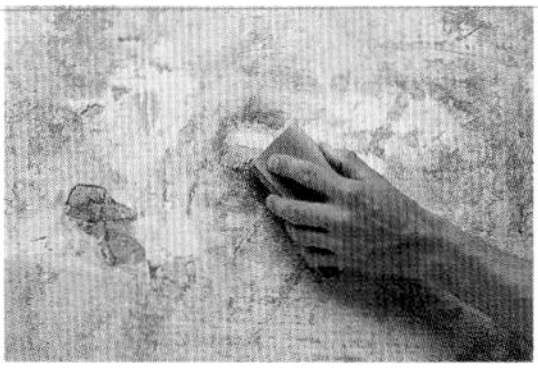

sand (v)
ghisāī karnā | घिसाई करना

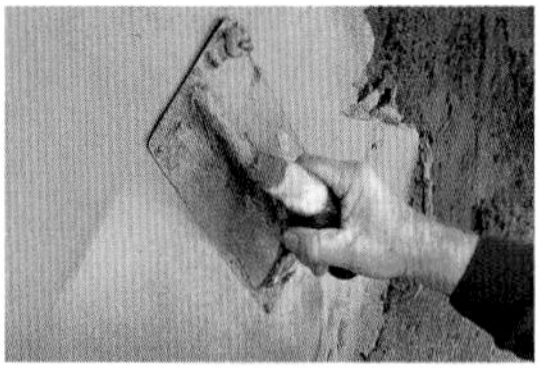

plaster (v)
palastar karnā | पलस्तर करना

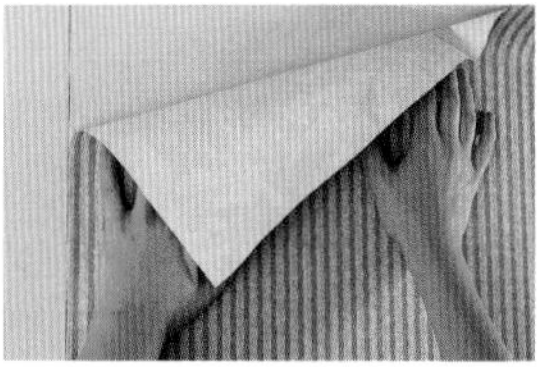

hang (v)
laṭkānā | लटकाना

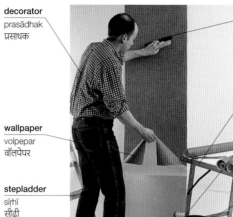

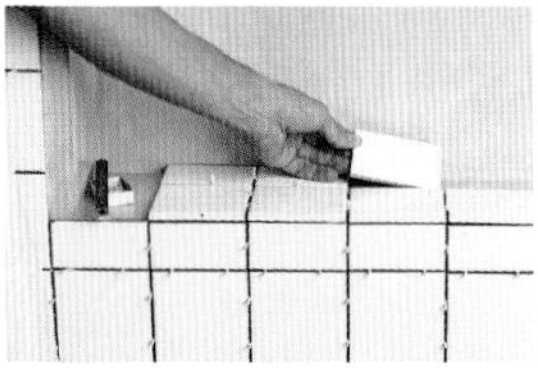

tile (v)
ṭāil lagānā | टाइल लगाना

brush
braś
ब्रश

paint can
pent kā ḍibbā
पेंट का डिब्बा

coveralls
ūprī vastr
ऊपरी वस्त्र

drop cloth
gandī darī
गंदी दरी

paint (v)
raṅgnā | रंगना

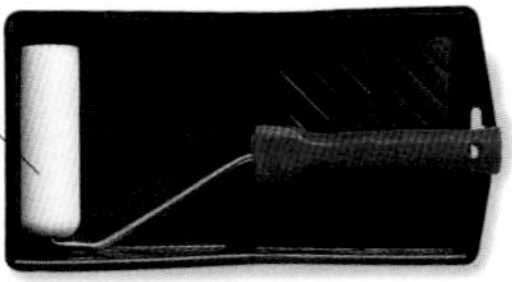

roller
rolar
रोलर

paint tray
penṭ ṭre | पेंट ट्रे

paint
penṭ | पेंट

sponge
spanj
स्पंज

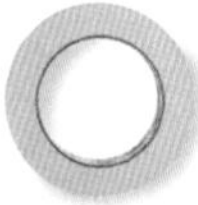

masking tape
apārdarśī ṭep
अपारदर्शी टेप

sandpaper
regmāl
रेगमाल

filler
filar | फ़िलर

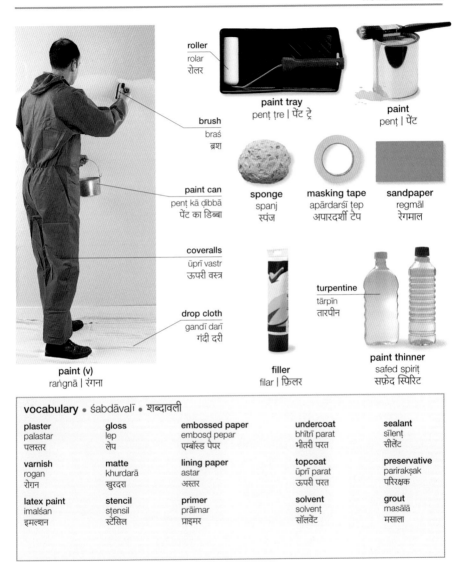

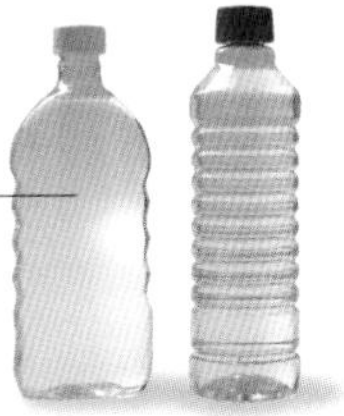

turpentine
tārpīn
तारपीन

paint thinner
safed spiriṭ
सफ़ेद स्पिरिट

vocabulary • śabdāvalī • शब्दावली

plaster
palastar
पलस्तर

varnish
rogan
रोग़न

latex paint
imalśan
इमल्शन

gloss
lep
लेप

matte
khurdarā
खुरदरा

stencil
sṭensil
स्टेंसिल

embossed paper
embosḍ pepar
एम्बॉस्ड पेपर

lining paper
astar
अस्तर

primer
prāimar
प्राइमर

undercoat
bhītrī parat
भीतरी परत

topcoat
ūprī parat
ऊपरी परत

solvent
solvenṭ
सॉलवेंट

sealant
sīlenṭ
सीलेंट

preservative
parirakṣak
परिरक्षक

grout
masālā
मसाला

garden • bagīchā • बग़ीचा

garden styles • bagīche kī śailiyāṃ • बग़ीचे की शैलियां

patio garden | upvan/bagīchī | उपवन/बग़ीची

roof garden
chhat bagīchī
छत बग़ींची

rock garden
pathrīlā bāg | पथरीला बाग़

formal garden | bagīchā | बग़ीचा

courtyard | āṅgan | आंगन

cottage garden
kuṭīr udyān
कुटीर उद्यान

herb garden
auṣadhi udyān
औषधि उद्यान

water garden
jal udyān
जल उद्यान

garden features • bagīche kī rūp sajjā • बग़ीचे की रूप सज्जा

hanging basket
jhūltī ṭokrī | झूलती टोकरी

trellis
bāṛā/jālī | बाड़ा/जाली

arbor
latāmaṇḍap
लतामंडप

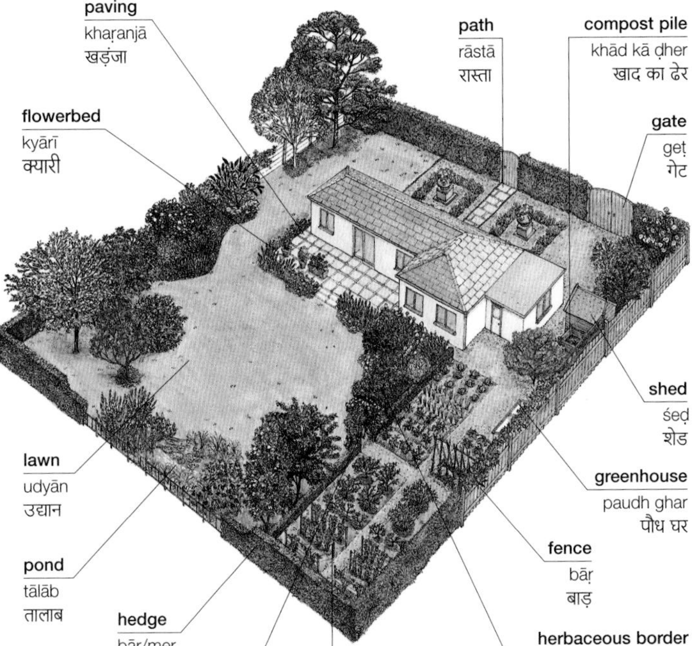
paving
kharanjā
खड़ंजा
flowerbed
kyārī
क्यारी
path
rāstā
रास्ता
compost pile
khād kā ḍher
खाद का ढेर
gate
geṭ
गेट
shed
śeḍ
शेड
greenhouse
paudh ghar
पौध घर
fence
bāṛ
बाड़
herbaceous border
hare-bhare paudhoṃ se banā gherā
हरे-भरे पौधों से बना घेरा
vegetable garden
sabziyoṃ kā bagīchā
सब्ज़ियों का बग़ीचा
arch
ārch
आर्च
hedge
bāṛ/meṛ
बाड़/मेड़
pond
tālāb
तालाब
lawn
udyān
उद्यान

deck
chabūtrā | चबूतरा

fountain | favvārā | फ़व्वारा

soil • miṭṭī • मिट्टी

topsoil
ūprī miṭṭī | ऊपरी मिट्टी

sand
ret | रेत

chalk
khaṛiyā | खड़िया

silt
gād | गाद

clay | miṭṭī | मिट्टी

garden plants • bagīche ke paudhe • बगीचे के पौधे

types of plants • paudhoṃ ke prakār • पौधों के प्रकार

annual | vārṣikī paudh
वार्षिकी पौध

biennial | dvivārṣik paudh | द्विवार्षिक पौध

perennial
bārahmāsī | बारहमासी

bulb
balb | बल्ब

fern
parṇāṅg | पर्णाङ्ग

cattail
jalbeṃt | जलबेंत

bamboo
bāṃs | बांस

weeds
ghās-pāt | घास-पात

herb
jaṛī-būṭī | जड़ी-बूटी

water plant
jalīya paudh | जलीय पौध

tree
peṛ | पेड़

palm
tāṛ | ताड़

conifer
śaṅku vṛkṣ | शंकु वृक्ष

evergreen
sadābahār | सदाबहार

deciduous
parṇpātī | पर्णपाती

topiary
kaṭāī-chhamṭāī
कटाई-छंटाई

alpine
parvatīya paudhe
पर्वतीय पौधे

succulent
ārdr paudh
आर्द्र पौध

cactus
kaikṭas
कैक्टस

potted plant
gamle ke paudhe
गमले के पौधे

shade plant
chhāyādār paudhe
छायादार पौधे

climber
latā
लता

flowering shrub
phūloṃ kī jhāṛī
फूलों की झाड़ी

ground cover
grāunḍ kavar
ग्राउंड कवर

creeper
bel
बेल

ornamental
sajāvaṭī
सजावटी

grass
ghās
घास

garden tools • bagīche ke upkaraṇ • बग़ीचे के उपकरण

shovel
phāvṛā
फावड़ा

fork
kāṃṭā auzār
कांटा औज़ार

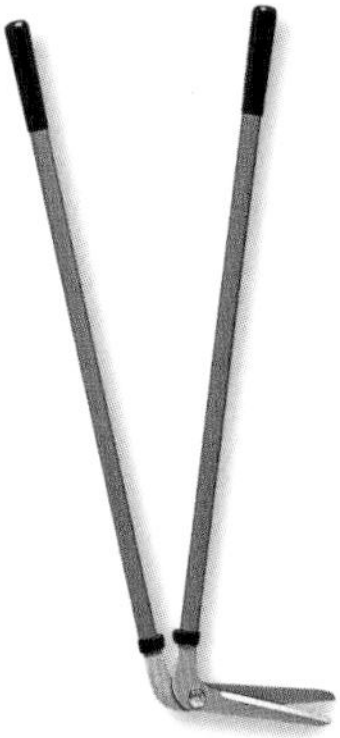

long-handled shears
lambe hatthe kī ḳaiṃchī
लंबे हत्थे की क़ैंची

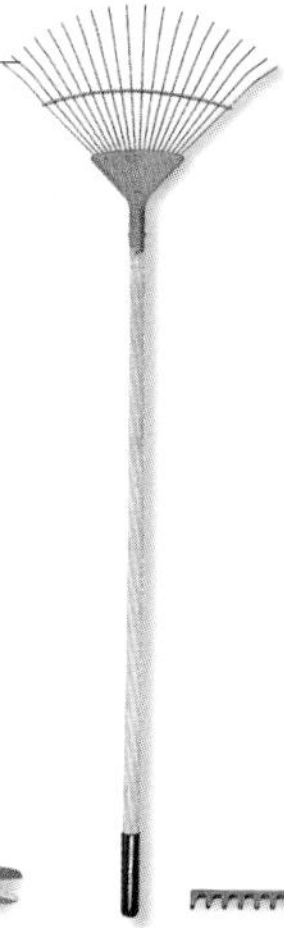

lawn rake
jhāṛū
झाड़ू

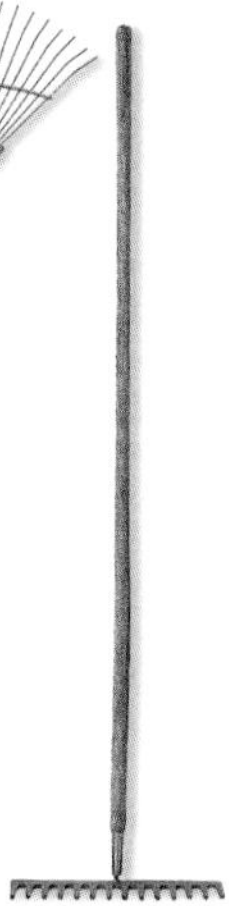

rake
pāṃchā
पांचा

hoe
khurpā | खुरपा

compost
khād | खाद

seeds
bīj | बीज

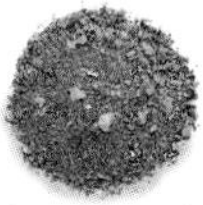

bone meal
asthi chūrṇ
अस्थि चूर्ण

gravel
bajrī | बजरी

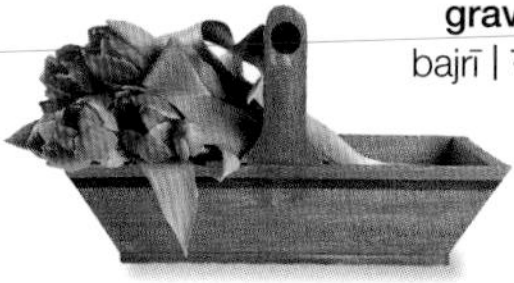

gardening basket | ṭre/ṭokrī | ट्रे/टोकरी

grass bag
ghās kā thailā
घास का थैला

motor
moṭar
मोटर

shield
pleṭ
प्लेट

trimmer | katarne kā auzār
कतरने का औज़ार

lawnmower
ghās kāṭne kī maśīn
घास काटने की मशीन

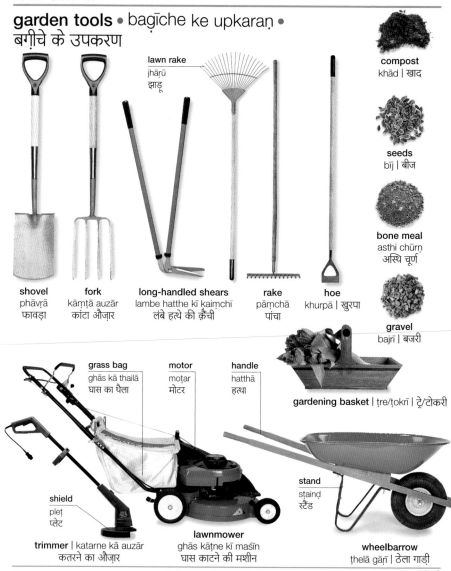

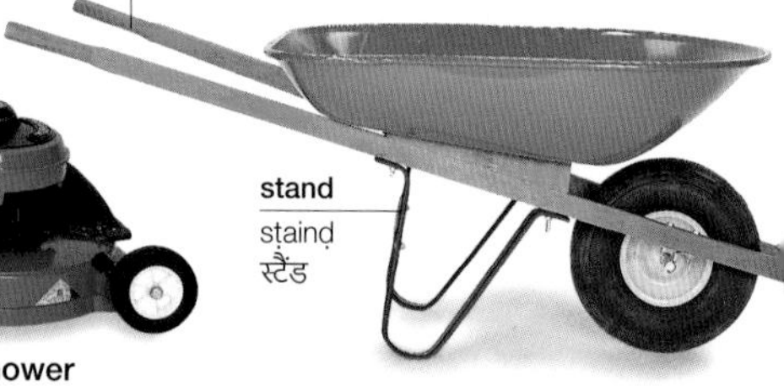

handle
hatthā
हत्था

stand
staiṇḍ
स्टैंड

wheelbarrow
ṭhelā gāṛī | ठेला गाड़ी

hand fork
kurednī | कुरेदनी

pruners
kaṭar | कटर

gardening gloves
bāgbānī ke dastāne
बाग़बानी के दस्ताने

trowel
khurpī | खुरपी

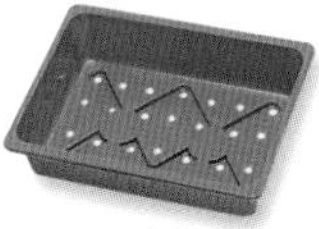

seed tray
bīj ṭre | बीज ट्रे

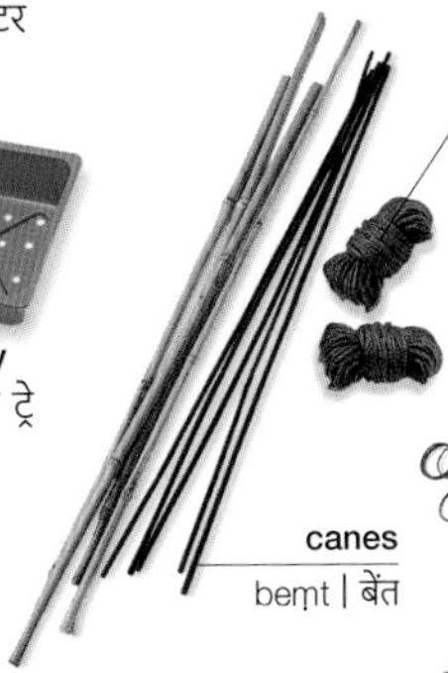

twine
ḍorī
डोरी

labels
lebal
लेबल

twist ties
chimṭiyāṃ
चिमटियां

ring ties
chhalle
छल्ले

canes
beṃt | बेंत

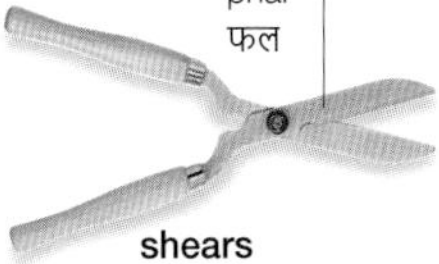

blade
phal
फल

shears
baṛī kaiṃchī
बड़ी कैंची

hand saw
ārī | आरी

pesticide
kīṭnāśak
कीटनाशक

sieve
chhalnī
छलनी

plant pot
gamlā
गमला

rubber boots | rabaṛ ke jūte | रबड़ के जूते

watering • sīṃchnā • सींचना

watering can
phuhārā
फुहारा

spray
hazārā
हज़ारा

spray bottle
pichkārī | पिचकारी

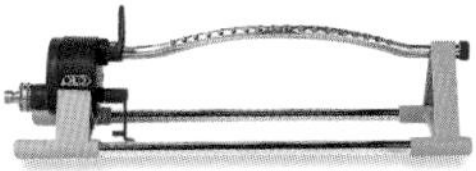

sprinkler
hazārā
हज़ारा

nozzle
ṭomṭī
टोंटी

hose
rabaṛ nalī
रबड़ नली

hose reel | huchkā | हुचका

gardening • bāġbānī • बाग़बानी

lawn
udyān
उद्यान
flowerbed
kyārī | क्यारी
lawnmower
ghās kāṭne kī maśīn
घास काटने की मशीन
hedge
bāṛ
बाड़
stake
khūṃṭā
खूंटा

mow (v) | ghās kāṭnā | घास काटना

sod (v)
ghās bichhānā
घास बिछाना

spike (v)
khūṃṭā ṭhoknā
खूंटा ठोकना

rake (v)
buhārnā
बुहारना

trim (v)
chhāṃṭnā
छांटना

dig (v)
khodnā | खोदना

sow (v)
bonā | बोना

top-dress (v)
khād ḍālnā | खाद डालना

water (v)
sīṃchnā | सींचना

train (v) | ākār denā
आकार देना

deadhead (v) | sūkhe patte nikālnā | सूखे पत्ते निकालना

spray (v)
chhiṛaknā | छिड़कना

graft (v) | ḳalam bāṃdhnā | क़लम बांधना

propagate (v)
baṛhānā | बढ़ाना

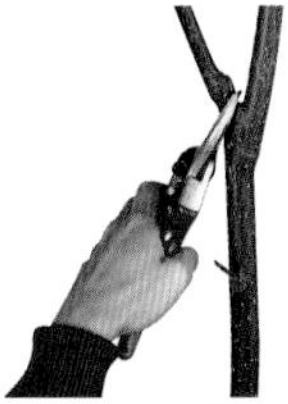

prune (v)
chhāṃṭnā | छांटना

stake (v) | khūṃṭī se bāṃdhnā | खूंटी से बांधना

transplant (v)
pratiropit karnā
प्रतिरोपित करना

weed (v)
nirāī
निराई

mulch (v)
ghās-pāt se ḍhaknā
घास-पात से ढकना

harvest (v)
fasal kāṭnā
फ़सल काटना

vocabulary • śabdāvalī • शब्दावली

cultivate (v) khetī karnā खेती करना	**fertilize (v)** urvar banānā उर्वर बनाना	**sift (v)** chhānnā छानना	**organic** jaiv जैव	**seedling** bījaropaṇ बीजारोपण	**pot (v)** gamle meṃ ḍālnā गमले में डालना	**subsoil** avmṛdā अवमृदा
tend (v) dekhbhāl karnā देखभाल करना	**pick (v)** chunnā/toṛnā चुनना/तोड़ना	**aerate (v)** havā lagānā हवा लगाना	**drainage** morī मोरी	**fertilizer** urvarak उर्वरक	**weedkiller** kharpatvār nāśak खरपतवार नाशक	

JKL
5
TUV
8
0

services
sevāeṃ
सेवाएं

emergency services • āpātkālīn sevāeṃ • आपातकालीन सेवाएं

ambulance • embulens • एंबुलेंस

ambulance
embulens | एंबुलेंस

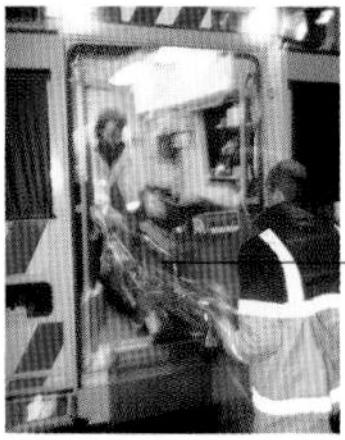
stretcher
sṭrechar
स्ट्रेचर

paramedic
parāchikitsak | पराचिकित्सक

police • pulis • पुलिस

badge
billā
बिल्ला
uniform
vardī
वर्दी
nightstick
beṃt
बेंत
gun
bandūḳ
बंदूक़

handcuffs
hathkaṛī
हथकड़ी

police officer
pulis adhikārī | पुलिस अधिकारी

siren
sāyaran
सायरन
lights
battiyaṃ
बत्तियां
POLICE

police car
pulis kār | पुलिस कार

police station
pulis chaukī
पुलिस चौकी

vocabulary • śabdāvalī • शब्दावली

captain daroġā दरोगा	**suspect** saṃdigdh संदिग्ध	**complaint** śikāyat शिकायत	**arrest** giraftār गिरफ़्तार
crime jurm जुर्म	**assault** hamlā हमला	**investigation** jāṃch जांच	**cell** havālāt हवालात
detective jāsūs जासूस	**fingerprint** uṃgliyoṃ kī chhāp उंगलियों की छाप	**burglary** chorī चोरी	**charge** ārop आरोप

fire department • damkal dastā • दमकल दस्ता

smoke
dhuāṃ
धुआं
basket
pālnā
पालना
boom
pāl daṇḍ
पाल दंड

fire | āg | आग

helmet
helmeṭ
हेलमेट
hose
pānī kī nalī
पानी की
नली
water jet
pānī kī dhār
पानी की धार

fire fighters
agniśāmak karmī
अग्निशामक कर्मी

fire station
damkal kendr
दमकल केंद्र

fire escape
āpātkālīn rakṣā mārg
आपातकालीन रक्षा मार्ग

ladder
sīṛhī
सीढ़ी
cab
gāṛī
गाड़ी

fire engine
damkal | दमकल

smoke alarm
smok alārm
स्मोक अलार्म

fire alarm
fāyar alārm
फ़ायर अलार्म

ax
kulhāṛī
कुल्हाड़ी

fire extinguisher
agniśāmak upkaraṇ
अग्निशामक उपकरण

hydrant
pānī kā nal
पानी का नल

I need the police/fire department/ ambulance. I mujhe pulis/damkal dasta/embulens bulānī hai I मुझे पुलिस/दमकल दस्ता/एंबुलेंस बुलानी है।

There's a fire at...
...meṃ āg lagī hai
... में आग लगी है।

There's been an accident.
ek durghaṭnā huī hai
एक दुर्घटना हुई है।

Call the police!
pulis ko bulāo!
पुलिस को बुलाओ!

bank • baiṅk • बैंक

customer
grāhak
ग्राहक

window
khiṛkī
खिड़की

teller
ḳhazānchī
ख़ज़ांची

brochures
parchī
पर्ची

counter
kāunṭar
काउंटर

deposit slips
jamā parchī
जमा पर्ची

branch manager
baink prabandhak
बैंक प्रबंधक

debit card
ḍebiṭ kārḍ
डेबिट कार्ड

credit card
kreḍiṭ kārḍ
क्रेडिट कार्ड

stub
parchī
पर्ची

account number
khātā sankhyā
खाता संख्या

signature
hastākṣar
हस्ताक्षर

amount
raḳam
रक़म

checkbook
chek buk
चेक बुक

check
chek
चेक

vocabulary • śabdāvalī • शब्दावली

savings
bachat
बचत

tax
kar
कर

loan
ṛiṇ
ऋण

mortgage
bandhak
बंधक

overdraft
ovar ḍrāfṭ
ओवर ड्राफ़्ट

interest rate
byāj dar
ब्याज दर

payment
bhugtān
भुगतान

automatic payment
pratyakṣ bhugtān
प्रत्यक्ष भुगतान

withdrawal slip
āharaṇ parchī
आहरण पर्ची

deposit (v)
jamā karnā
जमा करना

bank charge
baink prabhār
बैंक प्रभार

bank transfer
baink antraṇ
बैंक अंतरण

checking account
chālū khātā
चालू खाता

savings account
bachat khātā
बचत खाता

PIN
pin
पिन

coin
sikkā
सिक्का

bill
noṭ
नोट

money
dhan | धन

screen
skrīn
स्क्रीन

keypad
kunjī paṭal
कुंजी पटल

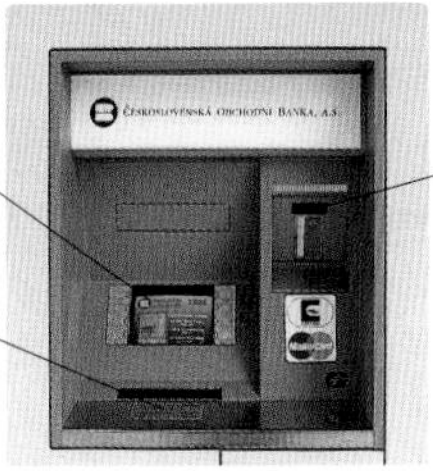

card reader
kārḍ ḍālne kī jagah
कार्ड डालने की जगह

ATM
eṭīem | एटीएम

foreign currency • videśi mudrā • विदेशी मुद्रा

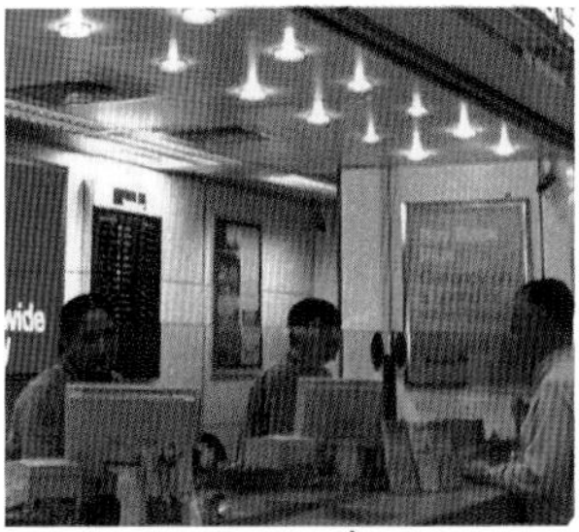

currency exchange
videśī mudrā vinimaya kendr
विदेशी मुद्रा विनिमय केंद्र

traveler's check
yātrī chek | यात्री चेक

exchange rate
vinimaya dar
विनिमय दर

finance • vitt • वित्त

financial advisor
vittīya salāhkār
वित्तीय सलाहकार

share price
śeyar mūlya
शेयर मूल्य

stockbroker
śeyar dalāl
शेयर दलाल

stock exchange
śeyar bāzār | शेयर बाज़ार

vocabulary • śabdāvalī • शब्दावली

cash (v)
nakad nikālnā
नक़द निकालना

denomination
mūlyavarg
मूल्यवर्ग

commission
dalālī
दलाली

investment
niveś
निवेश

stocks
sṭok
स्टॉक

shares
śeyar
शेयर

dividends
lābhānś
लाभांश

accountant
lekhākār
लेखाकार

portfolio
niveś sūchī
निवेश सूची

equity
śeyar pūnjī
शेयर पूंजी

Can I change this please?
kyā ise badlā jā saktā hai?
क्या इसे बदला जा सकता है?

What's today's exchange rate?
vartmān vinimaya dar kyā hai?
वर्तमान विनिमय दर क्या है?

communications • sanchār • संचार

postal worker
ḍāk karmī
डाक कर्मी

window
khiṛkī
खिड़की

scale
vazan-māpī
वज़न-मापी

counter
kāunṭar
काउंटर

post office
ḍākghar | डाकघर

mail carrier
ḍākiyā | डाकिया

postmark
mohar
मोहर

stamp
ḍāk ṭikaṭ
डाक टिकट

zip code
ḍāk koḍ
डाक कोड

address
patā
पता

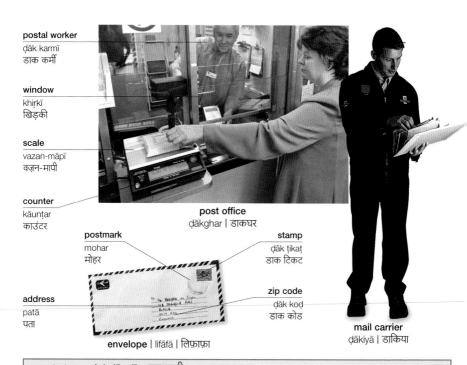

envelope | lifāfā | लिफ़ाफ़ा

vocabulary • śabdāvalī • शब्दावली

letter
patr
पत्र

by airmail
havāī ḍāk dvārā
हवाई डाक द्वारा

registered mail
rajisṭarḍ ḍāk
रजिस्टर्ड डाक

return address
vāpsī kā patā
वापसी का पता

signature
hastākṣar
हस्ताक्षर

pickup
saṅgrah
संग्रह

delivery
vitraṇ
वितरण

money order
posṭal order
पोस्टल ऑर्डर

postage
ḍāk vyaya
डाक व्यय

fragile
nāzuk vastu
नाज़ुक वस्तु

mailbag
ḍāk thailā
डाक थैला

telegram
tār
तार

do not bend (v)
kripyā moṛeṃ nahīṃ
कृपया मोड़ें नहीं

this way up
ise ūpar rakheṃ
इसे ऊपर रखें।

fax
faiks
फ़ैक्स

mailbox
ḍākpeṭī | डाकपेटी

letter slot
patrpeṭī | पत्रपेटी

package
pārsal | पार्सल

courier
kūriyar | कूरियर

telephone • dūrbhāṣ • दूरभाष

handset
haiṇḍ seṭ
हैंडसेट

base station
fon sṭaiṇḍ
फ़ोन स्टैंड

answering machine
ānsariṅg maśīn
आंसरिंग मशीन

cordless phone
kordles fon
कॉर्डलेस फ़ोन

video phone
vīḍiyo fon | वीडियो फ़ोन

phone booth
ṭelīfon boks
टेलीफ़ोन बॉक्स

smartphone
smārṭfon
स्मार्टफ़ोन

keypad
kī paiḍ
की-पैड

cell phone
mobāil fon
मोबाइल फ़ोन

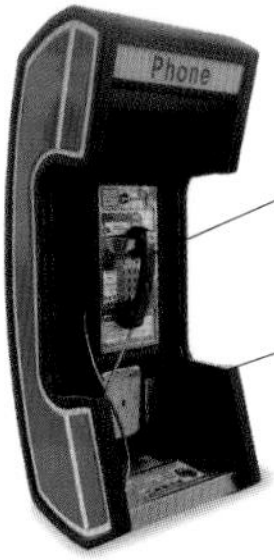

receiver
risīvar
रिसीवर

coin return
sikkā vāpsī
सिक्का वापसी

payphone
pī sī o fon
पी सी ओ फ़ोन

vocabulary • śabdāvalī • शब्दावली

dial (v)
nambar milānā
नंबर मिलाना

collect call
revars chārj kol
रिवर्स चार्ज कॉल

directory assistance
ḍāyarek ṭarī pūchhtāchh
डायरेक्टरी पूछताछ

app
aip
ऐप

answer (v)
uttar denā
उत्तर देना

text (SMS)
es em es
एस एम एस

voice message
dhvani sandeś
ध्वनि संदेश

passcode
pāskoḍ
पासकोड

operator
prachālak
प्रचालक

busy
vyast
व्यस्त

disconnected
sampark ṭūṭnā
संपर्क टूटना

Can you give me the number for...?
kyā āp mujhe … kā nambar de sakte haiṃ?
क्या आप मुझे... का नंबर दे सकते हैं?

What is the area code for...?
… ke lie ḍāyaling koḍ kyā hai?
... के लिए डायलिंग कोड क्या है?

Text me!
mujhe es em es bhejeṃ!
मुझे एस एम एस भेजें!

hotel • hoṭal • होटल

lobby • lobī • लॉबी

guest
mehmān
मेहमान

room key
kamre kī chābī
कमरे की चाबी

messages
sandeś
संदेश

pigeonhole
koṣṭh
कोष्ठ

receptionist
svāgat adhikārī
स्वागत अधिकारी

register
rajisṭar
रजिस्टर

counter
kāunṭar
काउंटर

reception | svāgat | स्वागत

luggage
sāmān
सामान

cart
ṭrolī
ट्रॉली

porter | darbān | दरबान

elevator | lifṭ | लिफ़्ट

room number
kamrā nambar
कमरा नंबर

rooms • kamre • कमरे

single room
siṅgal kamrā
सिंगल कमरा

double room
ḍabal kamrā
डबल कमरा

twin room
ṭvin kamrā
ट्विन कमरा

private bathroom
nijī snānghar
निजी स्नानघर

services • sevāeṃ • सेवाएं

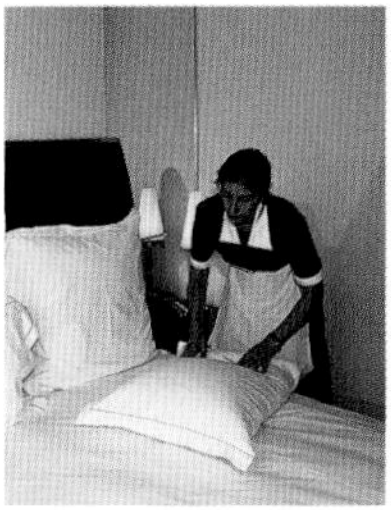

maid service
parichārikā sevā
परिचारिका सेवा

laundry service
londrī sevā
लॉन्ड्री सेवा

breakfast tray
nāśte kī ṭre | नाश्ते की ट्रे

room service | rūm sarvis | रूम सर्विस

mini bar
minī bār | मिनी बार

restaurant
restrāṃ
रेस्तरां

gym
vyāyāmśālā
व्यायामशाला

swimming pool
taraṇtāl
तरणताल

vocabulary • śabdāvalī • शब्दावली

bed and breakfast
rahnā aur nāśtā
रहना और नाश्ता

all meals included
ful borḍ
फुल बोर्ड

some meals included
hāf borḍ
हाफ़ बोर्ड

Do you have any vacancies?
kyā āpke yahāṃ kamrā ḳhālī hai?
क्या आपके यहां कमरा खाली है?

I have a reservation.
maiṃne kamrā ārakṣit karāyā huā hai
मैंने कमरा आरक्षित कराया हुआ है।

I'd like a single room.
mujhe ek siṅgal kamrā chāhie
मुझे एक सिंगल कमरा चाहिए।

I'd like a room for three nights.
mujhe tīn rātoṃ ke lie ek kamrā chāhie
मुझे तीन रातों के लिए एक कमरा चाहिए।

What is the charge per night?
ek rāt kā kirāyā kitnā hai?
एक रात का किराया कितना है?

When do I have to check out?
mujhe kab kamrā ḳhālī karnā hai?
मुझे कब कमरा ख़ाली करना है?

shopping
ḳharīdārī
ख़रीदारी

shopping center • ḳharīdārī kendr • ख़रीदारी केंद्र

atrium
prāṅgaṇ
प्रांगण

sign
nām
नाम

elevator
lifṭ
लिफ़्ट

third floor
dūsrī manzil
दूसरी मंज़िल

second floor
pahlī manzil
पहली मंज़िल

escalator
svachālit sīṛhiyāṃ
स्वचालित सीढ़ियां

ground floor
bhūtal
भूतल

customer
grāhak
ग्राहक

vocabulary • śabdāvalī • शब्दावली

luggage department
sāmān vibhāg
सामान विभाग

shoe department
jūtā chappal vibhāg
जूता चप्पल विभाग

children's department
bāl vibhāg
बाल विभाग

store directory
sṭor nirdeśikā
स्टोर निर्देशिका

salesclerk
bikrī sahāyak
बिक्री सहायक

customer services
grāhak sevāeṃ
ग्राहक सेवाएं

fitting rooms
chenjiṅg rūm
चेंजिंग रूम

restroom
prasādhan
प्रसाधन

baby changing room
bāl suvidhā kendr
बाल-सुविधा केंद्र

How much is this?
iskī kyā ḳīmat hai?
इसकी क्या क़ीमत है?

May I exchange this?
kyā ise badlā jā saktā hai?
क्या इसे बदला जा सकता है?

department store • ḍepārṭmenṭal sṭor • डिपार्टमेंटल स्टोर

menswear
puruṣ paridhān
पुरुष परिधान

womenswear
mahilā paridhān
महिला परिधान

lingerie
adhovastr
अधोवस्त्र

perfumes
itr ityādi
इत्र इत्यादि

cosmetics
saundarya
सौंदर्य

linens
chādar takiyā ādi
चादर तकिया आदि

home furnishings
gṛh sāj-sajjā
गृह साज-सज्जा

notions
bisāt
बिसात

kitchenware
bartan
बर्तन

china
chīnī miṭṭī ke bartan
चीनी मिट्टी के बर्तन

electriconics
bijlī kā sāmān
बिजली का सामान

lighting
lāiṭiṅg
लाइटिंग

sportswear
sporṭs | स्पोर्ट्स

toys
khilaune | खिलौने

stationery | lekhan
sāmagrī | लेखन सामग्री

groceries
fūḍ hol | फ़ूड हॉल

supermarket • supar bāzār • सुपर बाज़ार

aisle
galiyārā
गलियारा

shelf
śelf
शेल्फ़

conveyer belt
chal paṭṭī
चल पट्टी

checker
ḳhazānchī
ख़ज़ांची

specials
chhūṭ
छूट

checkout | bhugatān sthal | भुगतान स्थल

customer
grāhak
ग्राहक

cash register
tijorī
तिजोरी

shopping bag
ḳharīdārī kā thailā
ख़रीदारी का थैला

grocery cart | ṭrolī | ट्रॉली

groceries
kirānā vastueṃ
किराना वस्तुएं

handle
haiṇḍal
हैंडल

basket | ṭokrī | टोकरी

780863 185779
bar code
bār koḍ | बार कोड

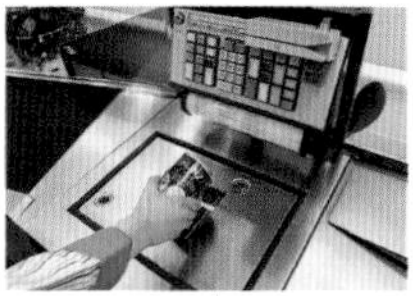

scanner | skainar
स्कैनर

bakery
bekrī
बेकरी

dairy
dugdh utpād
दुग्ध उत्पाद

cereals
anāj
अनाज

canned food
ḍibbāband khādya padārth
डिब्बाबंद खाद्य पदार्थ

candy
mīṭhe khādya
मीठे खाद्य

vegetables
sāg-sabzī
साग-सब्ज़ी

fruit
phal
फल

meat and poultry
māṃsāhārī khādya padārth
मांसाहारी खाद्य पदार्थ

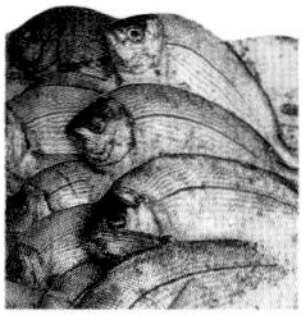

fish
machhlī
मछली

deli
delī
डेली

frozen food
frozan āhār
फ्रोज़न आहार

prepared food
suvidhājanak bhojan
सुविधाजनक भोजन

drinks
peya padārth
पेय पदार्थ

household products
gharelū vastueṃ
घरेलू वस्तुएं

toiletries
saundarya prasādhan
सौंदर्य प्रसाधन

baby products
śiśu utpād
शिशु उत्पाद

electrical goods
bijlī kī vastueṃ
बिजली की वस्तुएं

pet food
paśu āhār
पशु आहार

magazines | patrikāeṃ | पत्रिकाएं

drugstore • davāī vikretā • दवाई विक्रेता

dental care
dant surakṣā
दंत सुरक्षा
feminine hygiene
strī svacchhatā sāmān
स्त्री-स्वच्छता सामान
deodorants
ḍiyoḍarenṭ
डियोडरेंट
vitamins
viṭāmin
विटामिन
pharmacy
davāḳhānā
दवाख़ाना
pharmacist
auṣadh vitrak
औषध वितरक
cough medicine
khāṃsī kī davāī
खांसी की दवाई
herbal remedies
jaṛī-būṭī auṣadh
जड़ी-बूटी औषध
skin care
tvachā surakṣā
त्वचा सुरक्षा

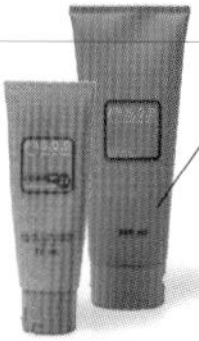
aftersun lotion
āfṭarsan
आफ़्टरसन
sunscreen
sanskrīn | सनस्क्रीन

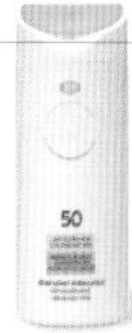
sunblock
san blok
सन ब्लॉक

insect repellent
macchhar avrodhak
मच्छर अवरोधक

wet wipe
namīyukt ṭiśyū
नमीयुक्त टिश्यू

tissue
ṭiśyū | टिश्यू

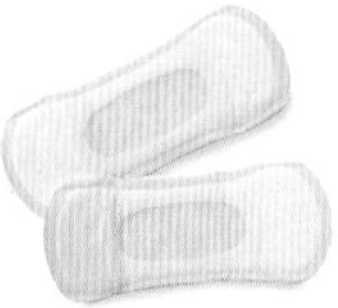
sanitary napkin | sainiṭarī paid | सैनिटरी पैड

tampon
ṭempon | टेम्पोन

panty liner | painṭī lāinar | पैंटी लाइनर

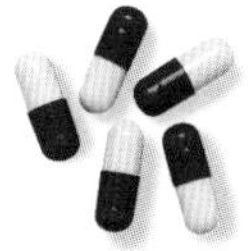

capsule
kaipsūl | कैप्सूल

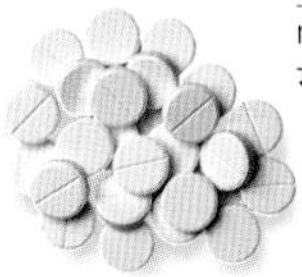

pill
goliyāṃ | गोलियां

measuring spoon
māpak chammach
मापक चम्मच

syrup
sirap | सिरप

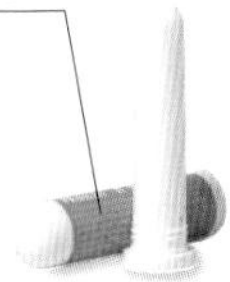
instructions
nirdeś
निर्देश

inhaler | śvās yantr
श्वास यंत्र

cream
krīm | क्रीम

ointment
marham | मरहम

gel
jail | जैल

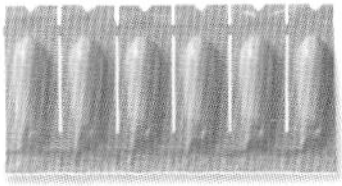

suppository
guhyavarti | गुह्यवर्ति

dropper
ḍropar
ड्रॉपर

drops
ḍrops | ड्रॉप्स

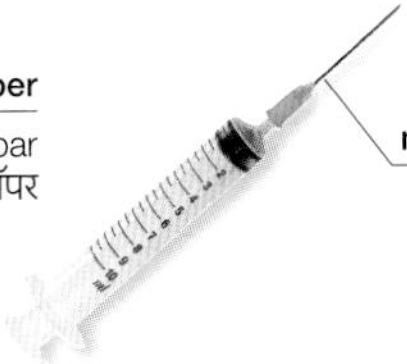
needle
sūī
सूई

syringe
sirinj | सिरिंज

spray
spre | स्प्रे

powder
pāuḍar | पाउडर

vocabulary • śabdāvalī • शब्दावली

iron
āyaran
आयरन

calcium
kailśiyam
कैल्शियम

magnesium
maignīśiyam
मैग्नीशियम

multivitamins
bahu viṭāmin
बहु विटामिन

insulin
insulin
इंसुलिन

side-effects
viprīt prabhāv
विपरीत प्रभाव

expiration date
samāpti tithi
समाप्ति तिथि

travel-sickness pills
mitlī kī davā
मितली की दवा

disposable
ḍispozebal
डिस्पोज़ेबल

soluble
ghulanśīl
घुलनशील

dosage
ḳhurāk
खुराक

medication
upchār
उपचार

medicine
davāī
दवाई

laxative
ḳabzḳuśā
क़ब्ज़कुशा

diarrhea
dast
दस्त

throat lozenge
ḳharāś kī davā
ख़राश की दवा

painkiller
dardnāśak
दर्दनाशक

sedative
praśāmak
प्रशामक

sleeping pill
nīṃd kī golīyāṃ
नींद की गोलियां

anti-inflammatory
sūjan rodhī
सूजन रोधी

florist • phūl vikretā • फूल विक्रेता

flowers
phūl
फूल
lily
lilī
लिली
acacia
babūl
बबूल
carnation
kārneśan
कार्नेशन
potted plant
gamle kā paudhā
गमले का पौधा
gladiolus
gleḍiyolas
ग्लेडियोलस
iris
āyaris
आयरिस
daisy
ḍezī
डेज़ी
chrysanthemum
guldāūdī
गुलदाऊदी
gypsophila
jipsofilā
जिप्सोफ़िला

stocks
sṭoks | स्टॉक्स

gerbera
jarberā | जरबेरा

foliage
phūl-patte | फूल-पत्ते

rose
gulāb | गुलाब

freesia
frīziyā | फ़्रीज़िया

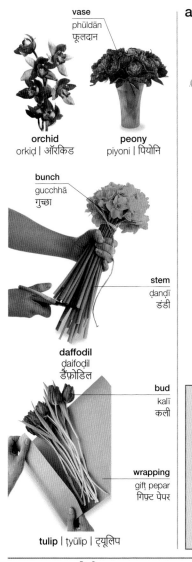

vase
phūldān
फूलदान

orchid
orkiḍ | ऑरकिड

peony
piyoni | पियोनि

bunch
gucchhā
गुच्छा

stem
ḍanḍī
डंडी

daffodil
ḍaifoḍil
डैफ़ोडिल

bud
kalī
कली

wrapping
gifṭ pepar
गिफ़्ट पेपर

tulip | ṭyūlip | ट्यूलिप

arrangements • sajāvaṭ • सजावट

ribbon
riban
रिबन

bouquet
guldastā | गुलदस्ता

dried flowers | sūkhe phūl | सूखे फूल

potpourri
sūkhe phūl | सूखे फूल

wreath
puṣp chakr | पुष्प चक्र

garland
phūlmālā
फूलमाला

vocabulary • śabdāvalī • शब्दावली

Can I have them wrapped?
āp inheṃ kāgaz meṃ lapeṭ deṇge?
आप इन्हें काग़ज़ में लपेट देंगे?

Can I attach a message?
kyā ek sandeś lag saktā hai?
क्या एक संदेश लग सकता है?

Can I have a bunch of... please?
kyā mujhe ... kā gucchhā mil saktā hai?
क्या मुझे... का गुच्छा मिल सकता है?

Can you send them to...?
kyā āp unheṃ ... ko bhej sakte haiṃ?
क्या आप उन्हें... को भेज सकते हैं?

newsstand • samāchār patr vikretā • समाचार पत्र विक्रेता

cigarettes
sigreṭ
सिगरेट

pack of cigarettes
sigreṭ kī ḍibbī
सिगरेट की डिब्बी

stamps
ḍāk ṭikaṭ
डाक टिकट

postcard
posṭ kārḍ | पोस्ट कार्ड

comic book
chitrkathā | चित्रकथा

magazine
patrikā | पत्रिका

newspaper
samāchār patr | समाचार पत्र

smoking • dhūmrpān • धूम्रपान

tobacco
tambāḳū | तंबाकू

lighter
lāiṭar | लाइटर

stem
nalī
नली

bowl
pyālī
प्याली

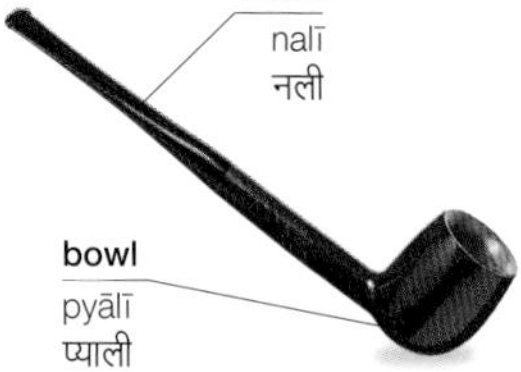

pipe
pāip | पाइप

cigar
sigār | सिगार

candy store • kanfekśnar • कन्फेक्शनर

box of chocolates
choklet̤ box
चॉकलेट बॉक्स

snack bar
snaiks bār
स्नैक्स बार

potato chips
krisps
क्रिस्प्स

candy store | t̤ofī kī dukān | टॉफ़ी की दुकान

vocabulary • śabdāvalī • शब्दावली

milk chocolate
dūdh kī choklet̤
दूध की चॉकलेट

dark chocolate
sādī choklet̤
सादी चॉकलेट

white chocolate
safed choklet̤
सफ़ेद चॉकलेट

pick and mix
milī-julī goliyāṃ
मिली-जुली गोलियां

caramel
kairāmal
कैरामल

truffle
t̤rafal
ट्रफ़ल

cookie
biskut̤
बिस्कुट

confectionery • kanfekśnarī • कन्फेक्शनरी

chocolate
choklet̤ | चॉकलेट

chocolate bar
choklet̤ kī pat̤t̤ī
चॉकलेट की पट्टी

hard candy
kaind̤ī | कैंडी

lollipop
lolīpop | लॉलीपॉप

toffee | t̤ofī | टॉफ़ी

nougat | girī kī choklet̤
गिरी की चॉकलेट

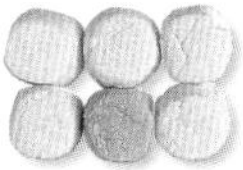

marshmallow
mārśmailo
मार्शमैलो

mint
mint̤ tofī | मिंट टॉफ़ी

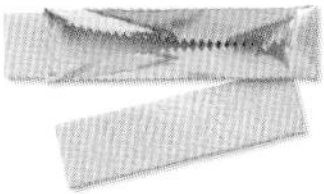

chewing gum
chyūiṅg gam | च्यूइंग गम

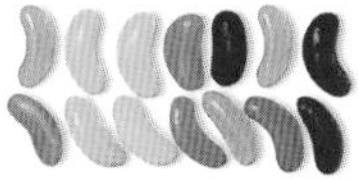

jellybean
jailībīn | जैलीबीन

gumdrop
frūt̤ gam | फ्रूट गम

licorice
mulet̤hī kaind̤ī
मुलेठी कैंडी

other stores • anya dukānem̩ • अन्य दुकानें

bakery
bekrī
बेकरी

pastry shop
kek kī dukān
केक की दुकान

butcher shop
ḳasāī kī dukān
क़साई की दुकान

fish counter
machhlī kī dukān
मछली की दुकान

produce stand | phal evam sabziyom̩ kī dukān
फल एवं सब्ज़ियों की दुकान

grocery store
pansārī kī dukān
पंसारी की दुकान

shoe store
jūte kī dukān
जूते की दुकान

hardware store
hārḍveyar shop
हार्डवेयर शॉप

antique store | prāchīn vastuom̩ kī dukān
प्राचीन वस्तुओं की दुकान

gift shop
upahārom̩ kī dukān
उपहारों की दुकान

travel agency
ṭreval ejensī
ट्रेवल एजेंसी

jewelry store
sunār kī dukān
सुनार की दुकान

bookstore
kitāboṃ kī dukān
किताबों की दुकान

record store
rikorḍ kī dukān
रिकॉर्ड की दुकान

liquor store
śarāb kī dukān
शराब की दुकान

pet store
pāltū jānvaroṃ kī dukān
पालतू जानवरों की दुकान

furniture store
farnīchar kī dukān
फ़र्नीचर की दुकान

boutique
buṭīk
बुटीक

vocabulary • śabdāvalī • शब्दावली

real estate office
propartī ḍīlar
प्रॉपर्टी डीलर

garden center
bagbānī kī dukān
बाग़बानी की दुकान

dry cleaner
ḍraī klīnar
ड्राई क्लीनर

laundromat
londrī
लॉन्ड्री

camera store
kaimre kī dukān
कैमरे की दुकान

art supply store
ārt śop
आर्ट शॉप

secondhand store
saikand haind śop
सैकंड हैंड शॉप

health food store
svāsthya āhār kī dukān
स्वास्थ्य आहार की दुकान

tailor shop | darzī kī dukān | दर्ज़ी की दुकान

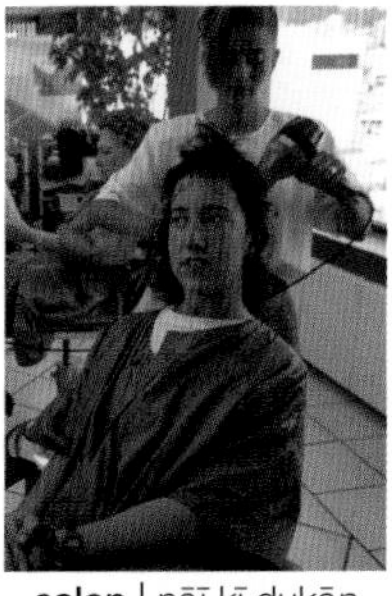

salon | nāī kī dukān
नाई की दुकान

market | bāzār | बाज़ार

food
khādya padārth
खाद्य पदार्थ

meat • māṃs • मांस

butcher
kasāī
क़साई
knife sharpener
chākū/chhurī tez karne kā upkaraṇ
चाकू/छुरी तेज़ करने के उपकरण
meat hook
mīṭ huk
मीट हुक
scale
tarāzū
तराज़ू
lamb
maṭan | मटन
bacon
bekan | बेकन
sausages
sosejes | सॉसेजेस
liver
kalejī | कलेजी

vocabulary • śabdāvalī • शब्दावली

pork
sūar kā māṃs
सूअर का मांस

beef
go māṃs
गो मांस

veal
bachhṛe kā māṃs
बछड़े का मांस

venison
mṛg māṃs
मृग मांस

rabbit
khargoś
ख़रगोश

tongue
jībh
जीभ

variety meat
chhīchhṛe
छीछड़े

cured
sanrakṣit
संरक्षित

smoked
dhūmrit
धूम्रित

free range
jaṅglī
जंगली

organic
jaivik
जैविक

white meat
safed māṃs
सफ़ेद मांस

red meat
lāl māṃs
लाल मांस

lean meat
binā charbī kā māṃs
बिना चर्बी का मांस

cooked meat
pakā huā māṃs
पका हुआ मांस

cuts • māṃs ke ṭukṛe • मांस के टुकड़े

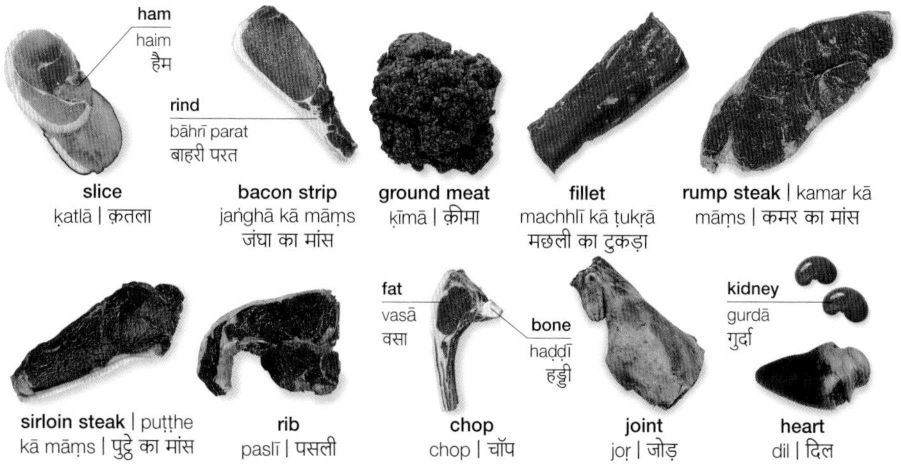
ham
haim
हैम
rind
bāhrī parat
बाहरी परत
slice
ḳatlā | क़तला
bacon strip
jaṅghā kā māṃs
जंघा का मांस
ground meat
ḳīmā | क़ीमा
fillet
machhlī kā ṭukṛā
मछली का टुकड़ा
rump steak | kamar kā māṃs | कमर का मांस
fat
vasā
वसा
bone
haḍḍī
हड्डी
kidney
gurdā
गुर्दा
sirloin steak | puṭṭhe kā māṃs | पुट्ठे का मांस
rib
paslī | पसली
chop
chop | चॉप
joint
joṛ | जोड़
heart
dil | दिल

poultry • pakṣī-māṃs • पक्षी-मांस

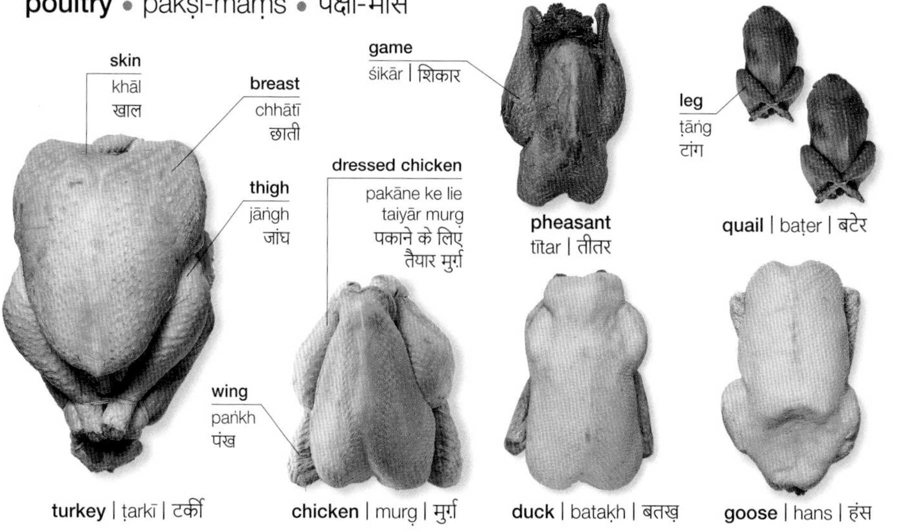
skin
khāl
खाल
breast
chhātī
छाती
thigh
jāṅgh
जांघ
wing
paṅkh
पंख
dressed chicken
pakāne ke lie taiyār murġ
पकाने के लिए तैयार मुर्ग़
game
śikār | शिकार
pheasant
tītar | तीतर
leg
ṭāṅg
टांग
quail | baṭer | बटेर
turkey | ṭarkī | टर्की
chicken | murġ | मुर्ग़
duck | batakh | बतख़
goose | hans | हंस

fish • machhlī • मछली

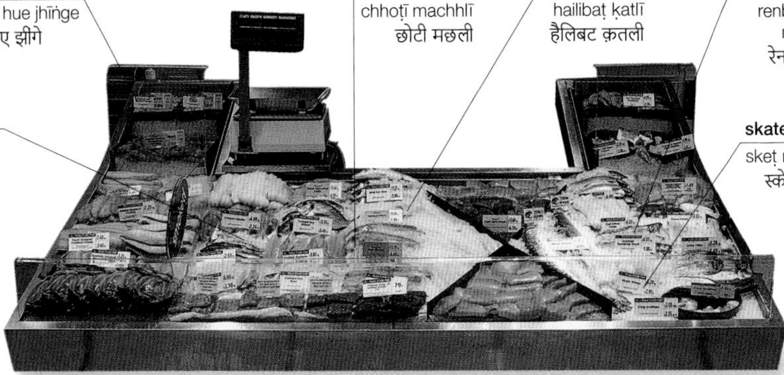
peeled shrimp
chhile hue jhīṅge
छिले हुए झींगे
red mullet
chhoṭī machhlī
छोटी मछली
halibut fillets
hailibaṭ ḳatlī
हैलिबट क़तली
rainbow trout
renbo ṭrāuṭ machhlī
रेनबो ट्राउट मछली
ice
barf
बर्फ़
skate wings
skeṭ machhlī
स्केट मछली

fish counter
machhlī kī dukān | मछली की दुकान

monkfish
maṅk fiś | मंक फ़िश

mackerel | maikaral machhlī | मैकरल मछली

trout | ṭrāuṭ machhlī
ट्राउट मछली

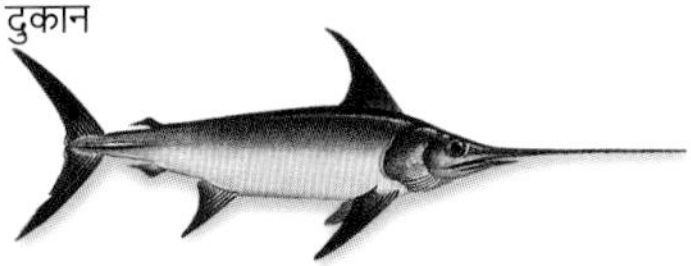

swordfish
khaṅg mīn
खंग मीन

Dover sole
sol machhlī
सोल मछली

lemon sole
laiman sol
लैमन सोल

haddock
haiḍok | हैडॉक

sardine
sārḍin | सार्डिन

skate | śaṅkuchi machhlī | शंकुचि मछली

whiting | viṭīṅg | विटीग

sea bass | sī bās | सी बास

salmon | sāman machhlī | सामन मछली

cod | coḍ machhlī
कॉड मछली

sea bream
sī brīm | सी ब्रीम

tuna | tūnā machhlī
तूना मछली

seafood • samudrī bhojan • समुद्री भोजन

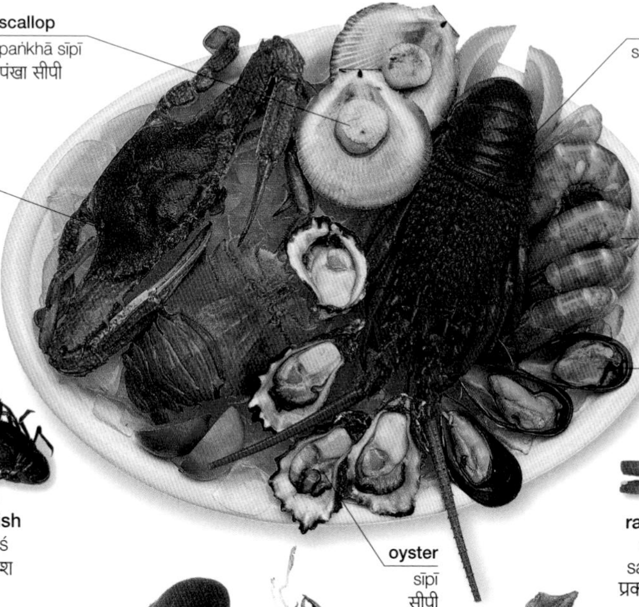
scallop
paṅkhā sīpī
पंखा सीपी
lobster
samudrī jhīṅgā
समुद्री झींगा
crab
kekṛā
केकड़ा
jumbo shrimp
jhīṅgā
झींगा
mussel
śambūk
शंबूक
oyster
sīpī
सीपी

crayfish
krefiś
क्रेफ़िश

razorshell clam
ek prakār kā samudrī jīv | एक प्रकार का समुद्री जीव

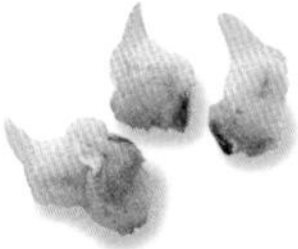

cockle | cockle sīpī | कॉकल सीपी

octopus
aṣṭbhuj | अष्टभुज

cuttlefish
kaṭal fiś | कटल फ़िश

squid
skviḍ | स्क्विड

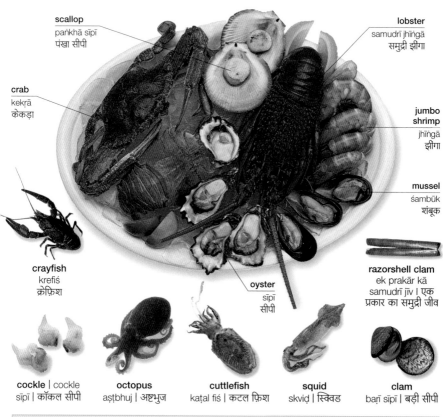

clam
baṛī sīpī | बड़ी सीपी

vocabulary • śabdāvalī • शब्दावली

fresh tāzā ताज़ा	**cleaned** svacchh स्वच्छ	**smoked** dhūmrit धूम्रित	**tail** pūṃchh पूंछ	**fillet** ḳatlā क़तला	**salted** lavaṇit लवणित	**loin** śroṇik māṃs श्रोणिक मांस
frozen saṃśītit संशीतित	**filleted** ḳatle kiyā huā क़तले किया हुआ	**skinned** khāl rahit खाल रहित	**bone** kāṃṭe कांटे	**scale** mīn śalk मीन शल्क		

Will you clean it for me?
kyā āp ise sāf kar deṅge?
क्या आप इसे साफ़ कर देंगे?

vegetables 1 • sabziyāṃ • सब्ज़ियां 1

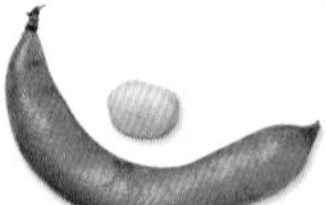

fava bean
bāklā
बाकला

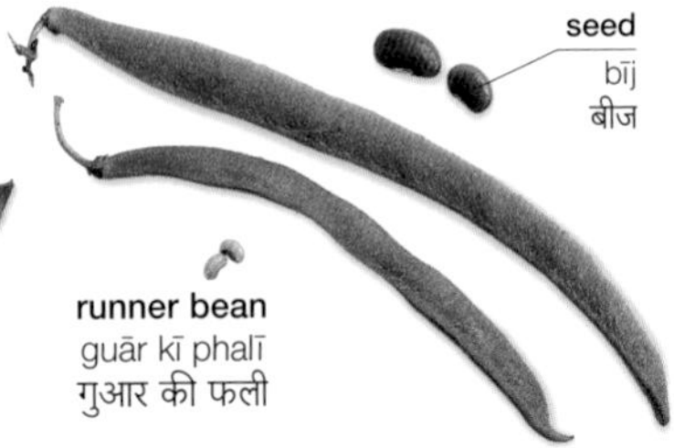

seed
bīj
बीज

runner bean
guār kī phalī
गुआर की फली

green bean
frānsbīn
फ़्रांसबीन

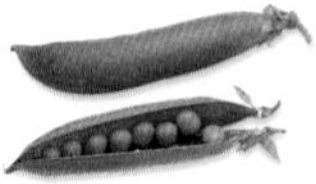

pea
maṭar
मटर

corn
mīṭhī makaī
मीठी मकई

bean sprout
aṅkurit phalī
अंकुरित फली

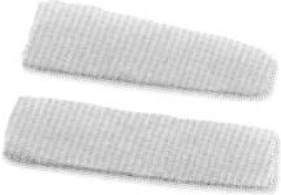

bamboo
bāṃs
बांस

pod
phalī
फली

okra
bhinḍī
भिंडी

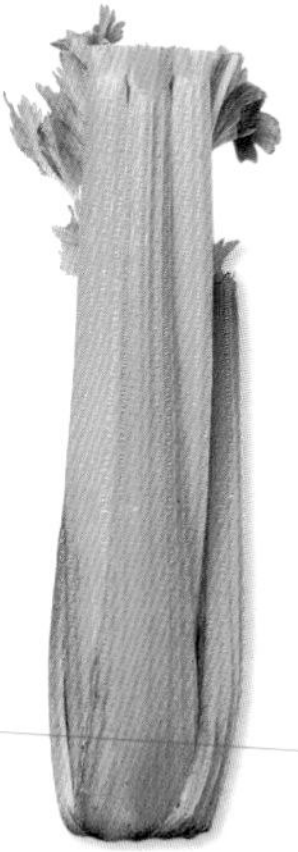

celery
selerī
सेलेरी

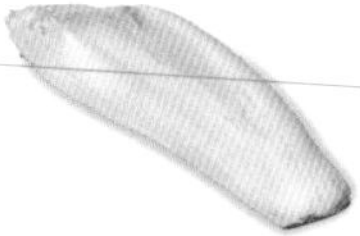

chicory
chikorī
चिकोरी

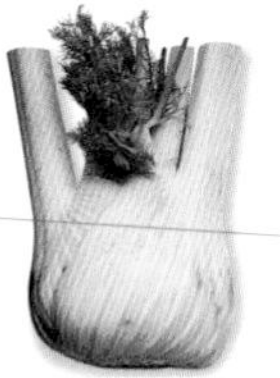

fennel
soā
सोआ

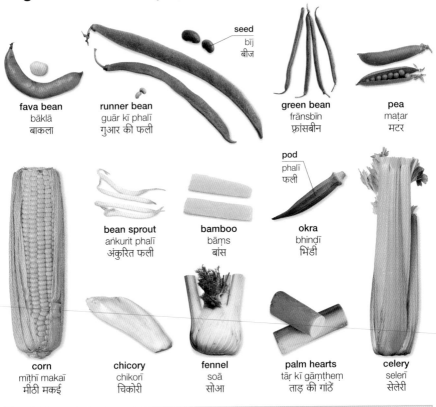

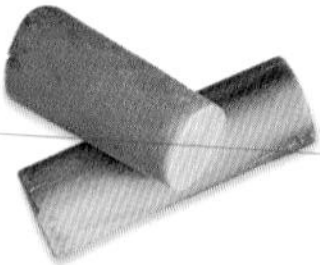

palm hearts
tāṛ kī gāṃṭheṃ
ताड़ की गांठें

vocabulary • śabdāvalī • शब्दावली

leaf
pattī
पत्ती

stalk
ḍanṭhal
डंठल

floret
chhoṭā phūl
छोटा फूल

kernel
girī
गिरी

tip
nok
नोक

heart
bhītrī gāṃṭh
भीतरी गांठ

organic
jaivik
जैविक

plastic bag
plāsṭik baig
प्लास्टिक बैग

Do you sell organic vegetables?
āp jaivik sabziyāṃ bechte haiṃ?
आप जैविक सब्ज़ियां बेचते हैं?

Are these grown locally?
kyā ye āspās ugāī jātī haiṃ?
क्या ये आसपास उगाई जाती हैं?

arugula
roket salād
रॉकेट सलाद

watercress
voṭarcres
वॉटरक्रेस

radicchio
lāl pattāgobhī
लाल पत्तागोभी

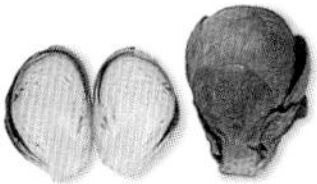

Brussel sprout
gāṃṭh gobhī
गांठ गोभी

Swiss chard
svis chārḍ | स्विस चार्ड

kale
kel pattī | केल पत्ती

sorrel
sorel pattī | सॉरेल पत्ती

endive | enḍāiv pattī | एनडाइव पत्ती

dandelion
ḍenḍiliyan
डेंडिलियन

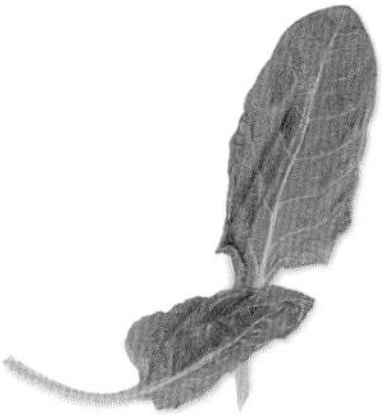

spinach
pālak
पालक

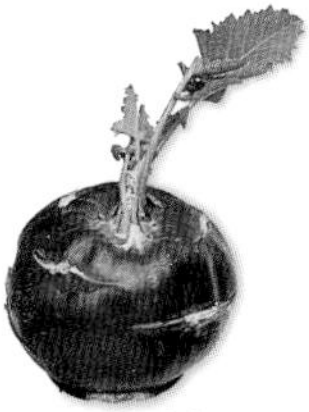

kohlrabi
śalgam
शलग़म

bok choy
pāk-choī
पाक-चोई

lettuce
salād pattā | सलाद पत्ता

broccoli
broklī | ब्रोकली

cabbage
bandgobhī | बंदगोभी

spring greens
harā salād pattā
हरा सलाद पत्ता

vegetables 2 • sabziyāṃ • सब्ज़ियां 2

turnip
śalgam
शलग़म
artichoke
ārṭichok
आर्टिचोक
radish
chhoṭī mūlī
छोटी मूली
cauliflower
phūlgobhī
फूलगोभी
asparagus
nāgadaun sāg
नागदौन साग
potato
ālū
आलू
squash
harā kaddū
हरा कद्दू
onion
pyāz
प्याज़
pepper
śimlā mirch
शिमला मिर्च
chili pepper
lāl mirch
लाल मिर्च
sweetcorn
mīṭhī makaī
मीठी मकई

vocabulary • śabdāvalī • शब्दावली

cherry tomato bebī ṭamāṭar बेबी टमाटर	**celeriac** ek prakār kā kand एक प्रकार का कंद	**frozen** frozan फ़्रोज़न	**bitter** kaṛvā कड़वा
carrot gājar गाजर	**taro root** kachālū कचालू	**raw** kacchā कच्चा	**firm** sakht सख़्त
breadfruit breḍfrūṭ ब्रेडफ़्रूट	**cassava** kasāvā कसावा	**hot (spicy)** tīkhā तीखा	**flesh** gūdā गूदा
new potato nayā ālū नया आलू	**water chestnut** siṅghāṛā सिंघाड़ा	**sweet** mīṭhā मीठा	**root** jaṛ जड़

May I have one kilo of potatoes, please?
kyā mujhe ek kilo ālū deṇge?
क्या मुझे एक किलो आलू देंगे?

What's the price per kilo?
ek kilo kitne kā hai?
एक किलो कितने का है?

What are those called?
inheṃ kyā kahte haiṃ?
इन्हें क्या कहते हैं?

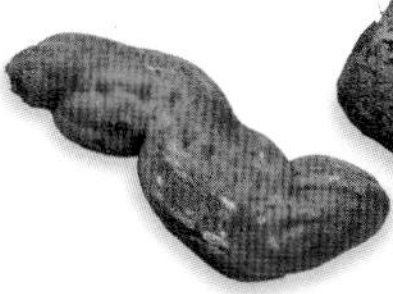

sweet potato
śakarkandī
शकरकंदी

yam
jimīkand
जिमीकंद

beet
chukandar
चुकंदर

rutabaga
svīḍan kā śalgam
स्वीडन का शलग़म

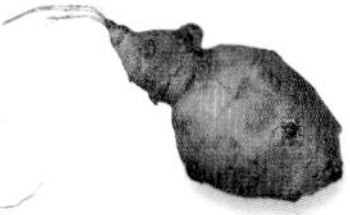

Jerusalem artichoke
yerūśalam ārṭichok
येरुशलम आर्टिचोक

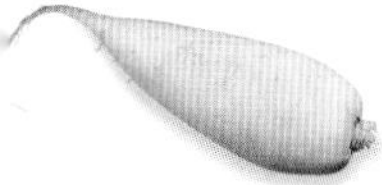

horseradish
nāgarmothā
नागरमोथा

parsnip
pīlī gājar
पीली गाजर

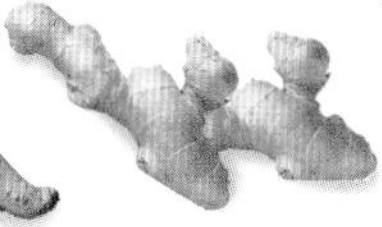

ginger
adrak
अदरक

eggplant
baiṅgan
बैंगन

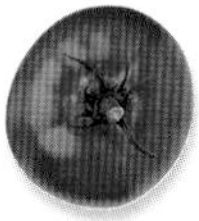

tomato
ṭamāṭar
टमाटर

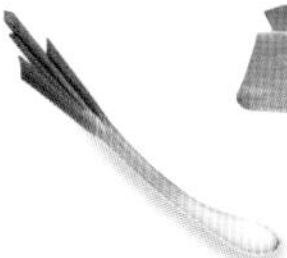

scallion
harā pyāz
हरा प्याज़

leek
līk
लीक

shallot
pyāz
प्याज़

clove
kalī
कली

garlic
lahsun
लहसुन

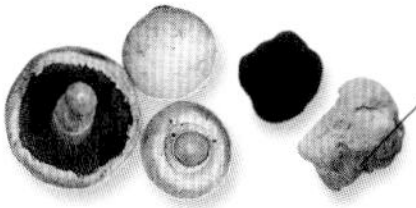

truffle
gucchhī
गुच्छी

mushroom
maśrūm
मशरूम

cucumber
khīrā
खीरा

zucchini
toraī
तोरई

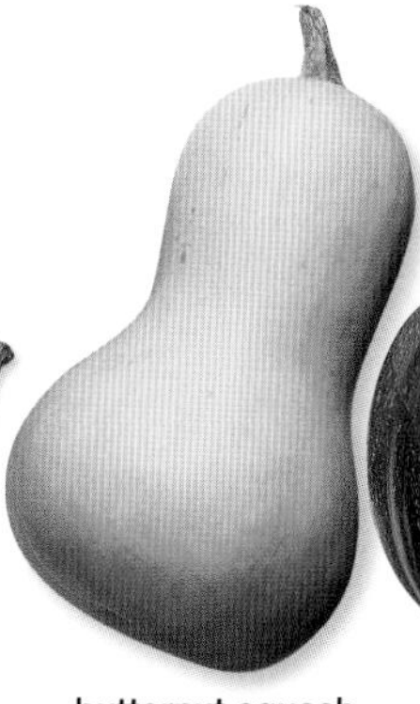

butternut squash
peṭhā
पेठा

acorn squash
banjuphal
बंजुफल

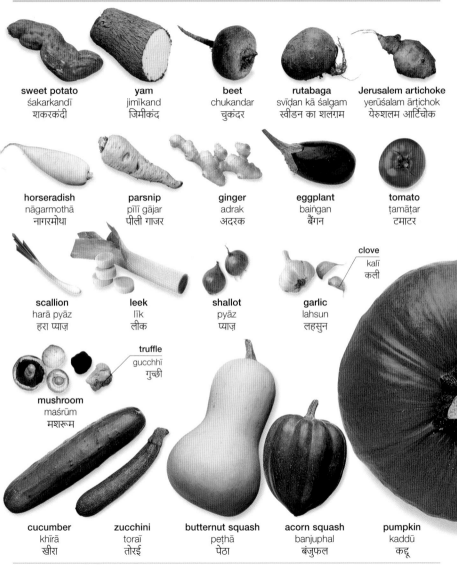

pumpkin
kaddū
कद्दू

fruit 1 • phal • फल 1

citrus fruit • khaṭṭe phal • खट्टे फल

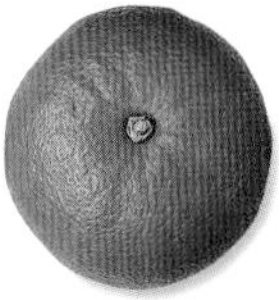

orange
santrā | संतरा

clementine
mālṭā | माल्टा

ugli fruit
aglī frūṭ | अगली फ़्रूट

pith
bhītrī chhilkā
भीतरी छिलका

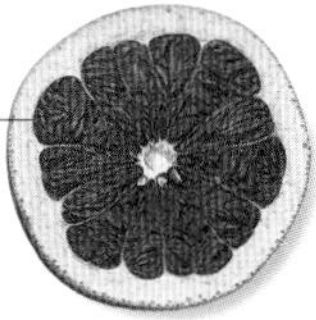

grapefruit
chakotrā | चकोतरा

tangerine
nāraṅgī | नारंगी

segment
phāṃk
फांक

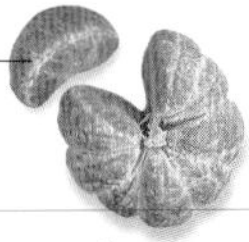

satsuma
jāpānī santrā
जापानी संतरा

zest
chhilkā
छिलका

lime
nībū | नीबू

lemon
khaṭṭā | खट्टा

kumquat
kummkāṭ | कुम्मकाट

stone fruit • guṭhlīdār phal • गुठलीदार फल

peach
āṛū | आड़ू

nectarine
śaftālū | शफ़तालू

apricot
ḳhubānī
ख़ुबानी

plum
ālū bukhārā
आलू बुख़ारा

cherry
cherī
चेरी

pear
nāśpātī
नाशपाती

apple
seb | सेब

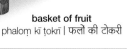

basket of fruit
phaloṃ kī ṭokrī | फलों की टोकरी

berries and melons • ber aur sardā • बेर और सर्दा

strawberry
sṭroberī | स्ट्रॉबेरी

raspberry
rasbharī | रसभरी

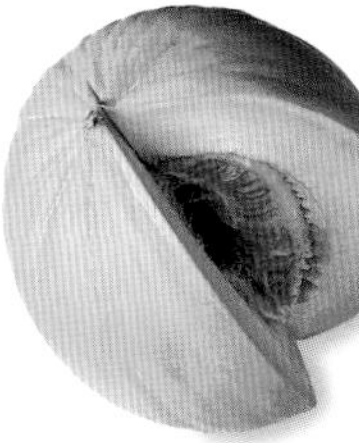

melon
kharbūz
खरबूज़

grapes
aṃgūr | अंगूर

blackberry
blaikberī | ब्लैकबेरी

red currant
reḍ karanṭ | रेड करंट

cranberry
krainberī
क्रैनबेरी

black currant
blaik karanṭ
ब्लैक करंट

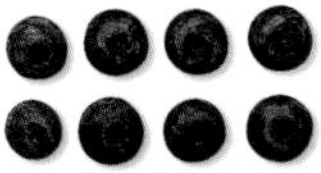

blueberry
jāmun | जामुन

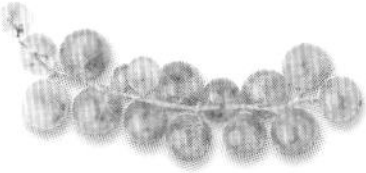

white currant
vhāiṭ karanṭ
व्हाइट करंट

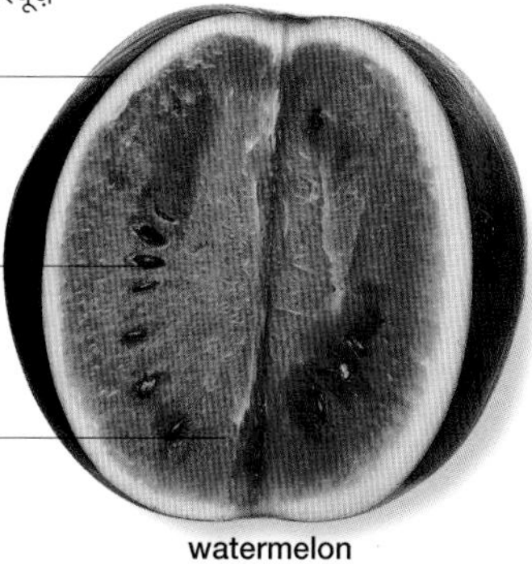
rind
chhilkā
छिलका
seed
bīj
बीज
flesh
gūdā
गूदा

watermelon
tarbūz
तरबूज़

loganberry
loganberī
लोगनबेरी

gooseberry
jharberī
झरबेरी

vocabulary • śabdāvalī • शब्दावली

rhubarb revāchīnī रेवाचीनी	**sour** khaṭṭā खट्टा	**crisp** kurkurā कुरकुरा	**juice** jūs जूस	**Are they ripe?** kyā ye pake hue haiṃ? क्या ये पके हुए हैं?
fiber reśedār रेशेदार	**fresh** tāzā ताज़ा	**rotten** saṛā huā सड़ा हुआ	**core** bīj बीज	**Can I try one?** kyā maiṃ ek chakh lūṃ? क्या मैं एक चख लूं?
sweet mīṭhā मीठा	**juicy** rasīlā रसीला	**pulp** gūdā गूदा	**seedless** bīj rahit बीज रहित	**How long will they keep?** ye kab tak ṭhīk raheṅge? ये कब तक ठीक रहेंगे?

fruit 2 • phal • फल 2

mango
ām | आम

pineapple
anannās
अनन्नास

avocado
avokāḍo
अवोकाडो

papaya
papītā
पपीता

peach
āṛū
आड़ू

lychee
līchī
लीची

kiwifruit
kīvī | कीवी

cape gooseberry
rasbharī
रसभरी

seed
bīj | बीज

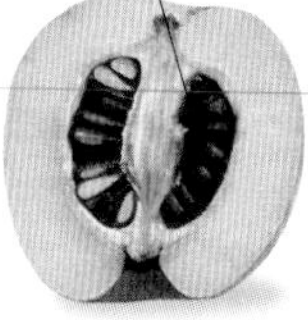

quince
kīns | कीन्स

passion fruit
paiśan frūṭ
पैशन फ्रूट

peel
chhilkā
छिलका

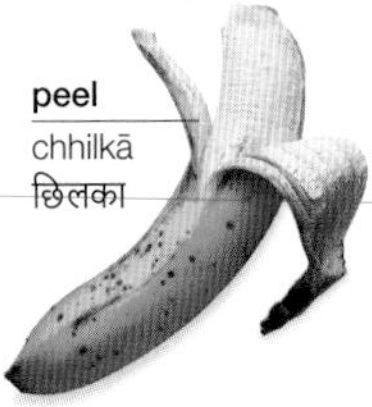

banana
kelā | केला

guava
amrūd | अमरूद

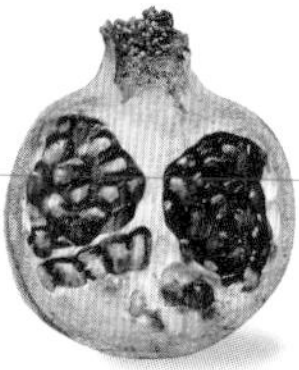

pomegranate
anār | अनार

persimmon
tendū phal
तेंदू फल

feijoa
fehoā | फ़ेहोआ

prickly pear
nākh | नाख

starfruit
kamrakh
कमरख

mangosteen
maṅguṣṭh
मंगुष्ठ

nuts and dried fruit • meve aur girī • मेवे और गिरी

pine nut
chilgozā | चिलगोज़ा

pistachio
pistā | पिस्ता

cashew
kājū | काजू

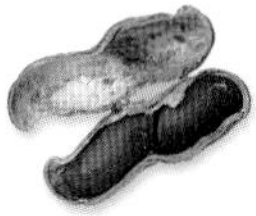

peanut
mūṅgphalī | मूंगफली

hazelnut
pahāṛī bādām
पहाड़ी बादाम

brazilnut
brāzīlnaṭ | ब्राज़ीलनट

pecan
pīkan | पीकन

almond
bādām | बादाम

walnut
akhroṭ | अख़रोट

chestnut
chesṭnaṭ | चेस्टनट

macadamia
maikāḍemiyā
मैकाडेमिया

fig
anjīr | अंजीर

date
khajūr | खजूर

prune
sūkhā alūchā
सूखा अलूचा

sultana
bījrahit kiśmiś
बीजरहित किशमिश

raisin
kiśmiś
किशमिश

currant
munakkā
मुनक़्क़ा

coconut
nāriyal | नारियल

vocabulary • śabdāvalī • शब्दावली

green harā हरा	**hard** sakht सख़्त	**kernel** girī गिरी	**salted** lavaṇit लवणित	**roasted** bhunā भुना	**tropical fruit** uṣṇdeśīya phal उष्णदेशीय फल	**shelled** chhilkā rahit छिलका रहित
ripe pakā पका	**soft** narm नर्म	**desiccated** sukhāyā huā सुखाया हुआ	**raw** kacchā कच्चा	**seasonal** mausmī मौसमी	**candied fruit** page phal पगे फल	**whole** sābut साबुत

grains and legumes • anāj evam dāleṃ • अनाज एवं दालें

grains • anāj • अनाज

wheat
gehūṃ | गेहूं

oats
jaī | जई

barley
jau | जौ

millet
jvār | ज्वार

corn
makkā | मक्का

quinoa
kinoyā | किनोया

vocabulary • śabdāvalī • शब्दावली

seed bīj बीज	**fragranced** ḳhuśbūdār ख़ुशबूदार	**long-grain** baṛā dānā बड़ा दाना
husk bhūsī भूसी	**cereal** khādyānn खाद्यान्न	**short-grain** chhoṭā dānā छोटा दाना
kernel girī गिरी	**whole-grain** sābut साबुत	**fresh** tāzā ताज़ा
dry sukhā सूखा	**soak (v)** bhigonā भिगोना	**quick cooking** jaldī pakne vālā जल्दी पकने वाला

rice • chāval • चावल

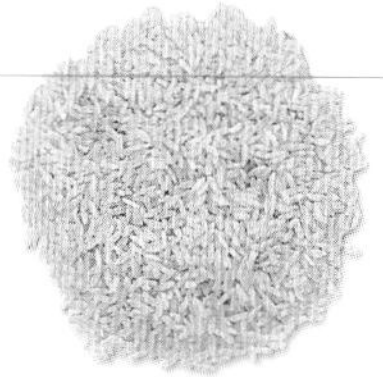
white rice | safed chāval | सफ़ेद चावल

brown rice | brāun rāis | ब्राउन राइस

wild rice | jaṅglī chāval | जंगली चावल

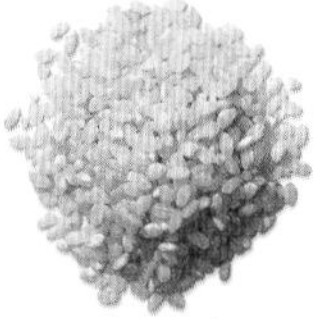
arborio rice | puḍiṅg rāis | पुडिंग राइस

processed grains • saṅsādhit anāj • संसाधित अनाज

couscous
khaskhas | खसखस

cracked wheat
daliyā | दलिया

semolina
sūjī | सूजी

bran
chokar | चोकर

legumes • dālem̩ • दालें

butter beans
sem
सेम

haricot beans
safed rājmā
सफ़ेद राजमा

red kidney beans
rājmā
राजमा

adzuki beans
aḍukī bīn
अडुकी बीन

fava beans
bāklā
बाकला

soybeans
soyābīn
सोयाबीन

black-eyed peas
lobiyā
लोबिया

pinto beans
chitrā rājmā
चितरा राजमा

mung beans
sābut mūṅg
साबुत मूंग

flageolet beans
sūkhī frānsbīn
सूखी फ्रांसबीन

brown lentils
kālī masūr
काली मसूर

red lentils
lāl masūr
लाल मसूर

green peas
maṭar
मटर

chickpeas
kābulī chane
काबुली चने

split peas
maṭrā
मटरा

seeds • bīj • बीज

pumpkin seed
kaddū ke bīj
कद्दू के बीज

mustard seed
rāī | राई

caraway
safed zīrā
सफ़ेद ज़ीरा

sesame seed
til | तिल

sunflower seed
sūrajmukhī ke bīj
सूरजमुखी के बीज

herbs and spices • auṣadhi evam masāle • औषधि एवं मसाले

spices • masāle • मसाले

vanilla | vainilā (paudhā) | वैनिला (पौधा)

nutmeg
jāyaphal
जायफल

mace
jāvitrī | जावित्री

turmeric
haldī | हल्दी

cumin
zīrā | ज़ीरा

bouquet garni
masāloṃ kī poṭlī
मसालों की पोटली

allspice
lavaṅg badar
लवंग बदर

peppercorn | kālī mirch | काली मिर्च

fenugreek
methī | मेथी

chili powder
mirch | मिर्च

saffron
kesar | केसर

cardamom
ilāyachī | इलायची

curry powder
śorbe kā masālā
शोरबे का मसाला

whole
sābut
साबुत
crushed
kuṭā
कुटा
ground
pisā
पिसा
flakes
dardarā
दरदरा

paprika
pisī mirch
पिसी मिर्च

garlic
lahsun | लहसुन

sticks
chhāl
छाल

cinnamon
dālchīnī | दालचीनी

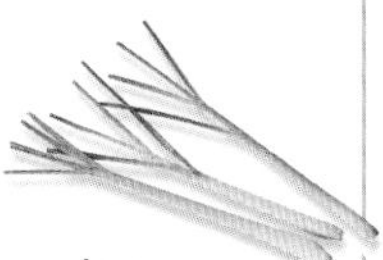

lemon grass
leman grās
लेमन ग्रास

cloves
lauṅg
लौंग

star anise
sṭār enīs
स्टार एनीस

ginger
adrak
अदरक

herbs • auṣadhi • औषधि

fennel | soā | सोआ

fennel seeds
moṭī sauṃf
मोटी सौंफ़

bay leaf
tezpattā | तेज़पत्ता

parsley
pārsli | पारस्लि

chives
jambū | जंबू

mint
pudīnā | पुदीना

thyme
ajvāyan | अजवायन

sage | kapūr kā pattā | कपूर का पत्ता

tarragon
ṭairāgan | टैरागन

marjoram
marūā | मरूआ

basil
tulsī | तुलसी

oregano
origāno | ऑरिगानो

cilantro
dhaniyā | धनिया

dill
śatpuṣpikā
शतपुष्पिका

rosemary
rozmerī | रोज़मेरी

bottled foods • botalband khādya padārth • बोतलबंद खाद्य पदार्थ

cork
ḍhakkan
ढक्कन

sunflower oil
sūrajmukhī kā tel
सूरजमुखी का तेल

walnut oil
akḥroṭ kā tel
अख़रोट का तेल

grapeseed oil
aṃgūr ke bīj kā tel
अंगूर के बीज का तेल

almond oil
bādām kā tel
बादाम का तेल

sesame seed oil
til kā tel
तिल का तेल

hazelnut oil
hezalnaṭ tel
हेज़लनट तेल

olive oil
zaitūn kā tel
ज़ैतून का तेल

herbs
jaṛī-būṭī
जड़ी-बूटी

flavored oil
sugandhit tel
सुगंधित तेल

oils | tel | तेल

sweet spreads • jaim, śahad ityādi • जैम, शहद इत्यादि

jar
jār | जार

honeycomb
chhattā | छत्ता

set honey
kārtik śahad
कार्तिक शहद

lemon curd
leman karḍ
लेमन कर्ड

raspberry jam
rasbharī jaim
रसभरी जैम

marmalade
mārmleḍ
मार्मलेड

clear honey
śahad
शहद

maple syrup
mepal sirap
मेपल सिरप

sauces and condiments • chaṭnī sos ityādi • चटनी, सॉस इत्यादि

mayonnaise
myonīz | म्योनीज़

chutney
chaṭnī
चटनी

cider vinegar
seb sirkā
सेब सिरका

balsamic vinegar
bolsam sirkā
बॉल्सम सिरका

malt vinegar
mālṭ kā sirkā
माल्ट का सिरका

wine vinegar
vāin sirkā
वाइन सिरका

vinegar | sirkā | सिरका

bottle
botal
बोतल

ketchup
ṭamāṭar sos
टमाटर सॉस

sauce
sos
सॉस

english mustard
iṅgliś masṭarḍ
इंगलिश मस्टर्ड

french mustard
french masṭarḍ
फ़्रेंच मस्टर्ड

whole-grain mustard
sābut sarsoṃ
साबुत सरसों

peanut butter
pīnaṭ baṭar
पीनट बटर

chocolate spread
chokleṭ spraiḍ
चॉकलेट स्प्रैड

canning jar
sīlband jār
सीलबंद जार

preserved fruit
sanrakṣit phal
संरक्षित फल

vocabulary • śabdāvalī • शब्दावली

corn oil
makaī kā tel
मकई का तेल

peanut oil
mūṅgphalī kā tel
मूंगफली का तेल

vegetable oil
vanaspati tel
वनस्पति तेल

canola oil
tilhan kā tel
तिलहन का तेल

cold-pressed oil
kold-praisd tel
कोल्ड-प्रैस्ड तेल

dairy products • ḍeyarī utpād • डेयरी उत्पाद

cheese • chīz • चीज़

rind
papṛī
पपड़ी

semi-hard cheese
ardh saḳht chīz
अर्ध सख़्त चीज़

blue cheese
blū chīz
ब्लू चीज़

soft cheese
mulāyam chīz
मुलायम चीज़

grated cheese
kaddūkas kiyā chīz
कद्दूकस किया चीज़

hard cheese
ṭhos chīz | ठोस चीज़

semi-soft cheese
ardh mulāyam chīz
अर्ध मुलायम चीज़

cottage cheese
panīr
पनीर

cream cheese
krīm chīz
क्रीम चीज़

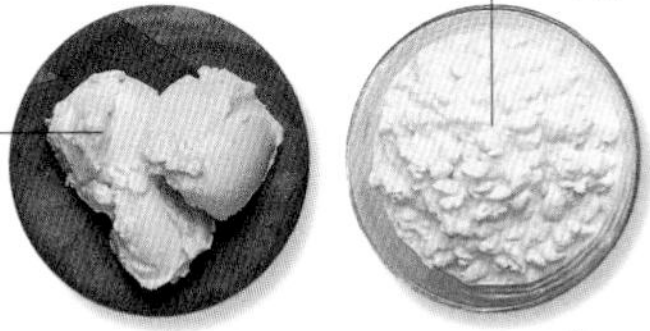

fresh cheese | tāzā chīz | ताज़ा चीज़

milk • dūdh • दूध

whole milk
ful krīm dūdh
फुल क्रीम दूध

reduced-fat milk
ardh-malāīrahit dūdh
अर्ध-मलाईरहित दूध

skim milk
krīm rahit dūdh
क्रीम रहित दूध

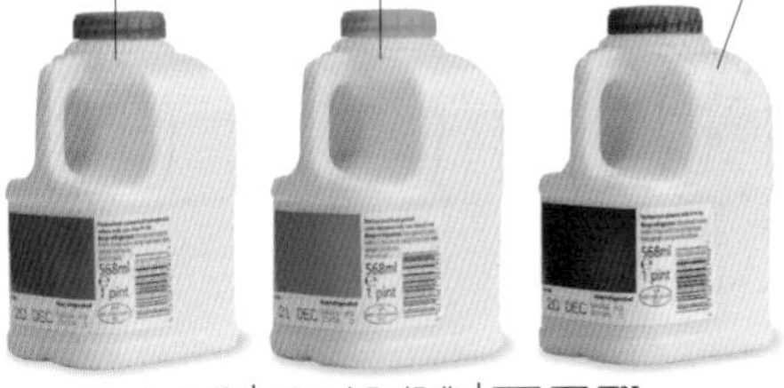

cow's milk | gāya kā dūdh | गाय का दूध

milk carton
dūdh kā ḍibbā
दूध का डिब्बा

goat's milk
bakrī kā dūdh
बकरी की दूध

condensed milk
kanḍensḍ milk
कंडेंस्ड मिल्क

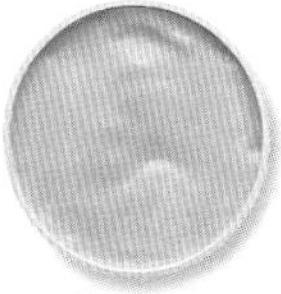
butter
makkhan | मक्खन

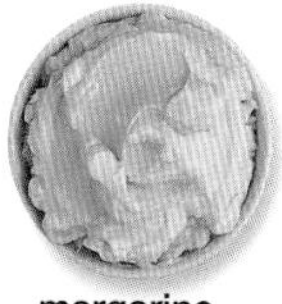
margarine
kṛtrim makkhan
कृत्रिम मक्खन

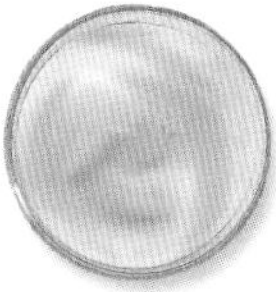
cream
krīm | क्रीम

half-and-half
patlī krīm | पतली क्रीम

heavy cream
gaṛhī krīm
गाढ़ी क्रीम

whipped cream
pheṃṭī huī krīm
फेंटी हुई क्रीम

sour cream
khaṭṭī krīm
खट्टी क्रीम

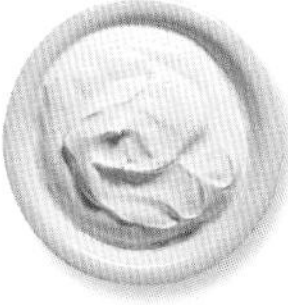
yogurt
dahī
दही

ice cream
āiskrīm
आइसक्रीम

eggs • aṇḍe • अंडे

yolk
zardī
ज़र्दी

egg white
safed bhāg
सफ़ेद भाग

shell
chhilkā
छिलका

eggcup
aṇḍe kā kap
अंडे का कप

soft-boiled egg | ublā aṇḍā | उबला अंडा

hen's egg
murgī kā aṇḍā
मुर्गी का अंडा

duck egg
batakh kā aṇḍā
बतख़ का अंडा

goose egg
hans kā aṇḍā
हंस का अंडा

quail egg
baṭer kā aṇḍā
बटेर का अंडा

vocabulary • śabdāvalī • शब्दावली

pasteurized pāscharīkṛt पास्चरीकृत	**milk shake** milkśek मिल्कशेक	**salted** namkīn नमकीन	**sheep's milk** bheṛ kā dūdh भेड़ का दूध	**lactose** dugdh śarkarā दुग्ध शर्करा	**homogenised** samāṅgīkṛt dūdh समांगीकृत दूध
unpasteurized apāscharīkṛt अपास्चरीकृत	**frozen yogurt** ṭhaṇḍā dahī ठंडा दही	**unsalted** namak rahit नमक रहित	**buttermilk** chhāchh छाछ	**fat-free** vasā rahit वसा रहित	**powdered milk** pāudar dūdh पाउडर दूध

breads and flours • breḍ evam āṭā • ब्रेड एवं आटा

sliced bread
breḍ slāis
ब्रेड स्लाइस

poppy seeds
khaskhas
खसखस

rye bread
rāī breḍ
राई ब्रेड

baguette
french breḍ
फ़्रेंच ब्रेड

bakery | bekrī | बेकरी

making bread • breḍ banānā • ब्रेड बनाना

white flour
maidā | मैदा

brown flour
gehūṃ kā āṭā | गेहूं का आटा

whole-wheat flour
āṭā | आटा

yeast
khamīr | खमीर

sift (v)
chhānnā | छानना

mix (v)
milānā | मिलाना

dough
loī
लोई

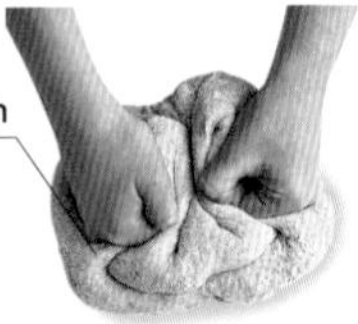

knead (v)
gūṃdhnā | गूंधना

bake (v)
bek karnā | बेक करना

white bread
maidā breḍ | मैदा ब्रेड

brown bread
brāun breḍ | ब्राउन ब्रेड

whole-wheat bread
āṭe kī breḍ | आटे की ब्रेड

multigrain bread
miśrit anāj breḍ
मिश्रित अनाज ब्रेड

corn bread
makaī breḍ | मकई ब्रेड

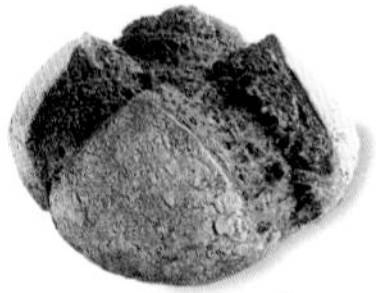

soda bread
soḍā breḍ | सोडा ब्रेड

sourdough bread
khamīrī breḍ
खमीरी ब्रेड

flat bread
chapṭī breḍ | चपटी ब्रेड

bagel
begal ban | बेगल बन

bun
safed ban | सफ़ेद बन

roll
rol | रोल

fruit bread
frūṭ breḍ | फ्रूट ब्रेड

seeded bread
bījyukt breḍ | बीजयुक्त ब्रेड

naan bread
nān | नान

pita bread
piṭā breḍ | पीटा ब्रेड

crispbread
kurkurī breḍ | कुरकुरी ब्रेड

vocabulary • śabdāvalī • शब्दावली

bread flour
moṭā āṭā
मोटा आटा

self-rising flour
mahīn āṭā
महीन आटा

rise (v)
phūlnā
फूलना

all-purpose flour
āṭā
आटा

prove (v)
ūpar uṭhnā
ऊपर उठना

glaze (v)
chamak ānā
चमक आना

breadcrumbs
breḍ kā chūrā
ब्रेड का चूरा

flute
flūṭ
फ़्लूट

slicer
slāisar
स्लाइसर

baker
bekar
बेकर

cakes and desserts • kek aur miṣṭhānn • केक और मिष्ठान्न

éclair
ekleyar
एक्लेयर

cream
krīm
क्रीम

filling
bharāv
भराव

choux pastry
śūz pesṭrī
शूज़ पेस्ट्री

puff pastry
paf pesṭrī
पफ़ पेस्ट्री

phyllo dough
filo pesṭrī
फ़िलो पेस्ट्री

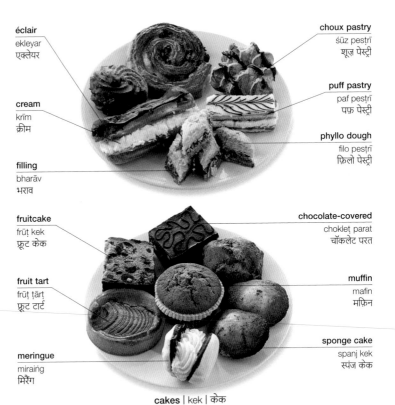

fruitcake
frūṭ kek
फ़्रूट केक

fruit tart
frūṭ ṭārṭ
फ़्रूट टार्ट

meringue
miraiṅg
मिरैंग

chocolate-covered
chokleṭ parat
चॉकलेट परत

muffin
mafin
मफ़िन

sponge cake
spanj kek
स्पंज केक

cakes | kek | केक

vocabulary • śabdāvalī • शब्दावली

rice pudding
khīr
खीर

celebration
samāroh
समारोह

bun
ban
बन

custard
kasṭarḍ
कस्टर्ड

pastry
pesṭrī
पेस्ट्री

slice
ṭukṛā
टुकड़ा

crème pâtissèrie
krīm pesṭrī
क्रीम पेस्ट्री

chocolate cake
chokleṭ kek
चॉकलेट केक

May I have a slice please?
kyā ek ṭukṛā le lūṁ?
क्या एक टुकड़ा ले लूँ?

chocolate chip
choklet chip biskuṭ
चॉकलेट चिप बिस्कुट

Florentine
florenṭāin
फ़्लोरेन्टाइन

cookies | biskuṭ | बिस्कुट

ladyfinger
spanj fiṅgar
स्पंज फ़िंगर

trifle
ṭrāifal
ट्राइफ़ल

mousse
mūs puḍiṅg | मूस पुडिंग

sherbet
sorbeṭ | सॉर्बेट

cream pie
krīm pāī | क्रीम पाई

crème caramel | krīm kairāmal | क्रीम कैरामल

celebration cakes • samāroh kek • समारोह केक

top tier
ūprī chakr
ऊपरी चक्र

decoration
sajāvaṭ
सजावट

ribbon
riban
रिबन

bottom tier
nichlā chakr
निचला चक्र

frosting
āisiṅg
आइसिंग

marzipan
bādām parat
बादाम परत

wedding cake | śādī kā kek | शादी का केक

birthday candles
mombattī
मोमबत्ती

blow out (v)
phūṃk se bujhānā
फूंक से बुझाना

birthday cake | janmdin kā kek | जन्मदिन का केक

delicatessen • pake bhojan ki dukān • पके भोजन की दुकान

spicy sausage
masāledār sosej
मसालेदार सॉसेज
oil
tel
तेल
vinegar
sirkā
सिरका
salami
salāmī
सलामी
pepperoni
tīkhī sosejes
तीखी सॉसेजेस

quiche
flain kek
फ़्लैन केक
uncooked meat
kacchā māṃs
कच्चा मांस
counter
kāunṭar
काउंटर
pâté
paiṭī
पैटी

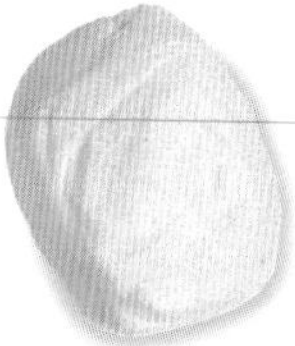
mozzarella
mozerelā | मोज़ेरेला

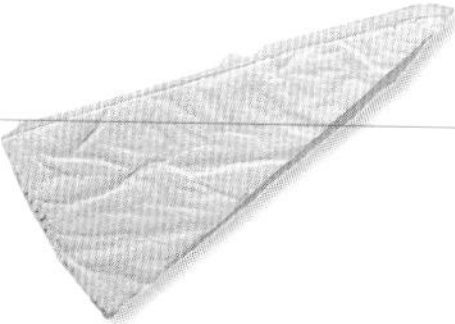
Brie
brī chīz | ब्री चीज़

goat cheese | bakrī ke dūdh kā chīz | बकरी के दूध का चीज़

cheddar
cheḍar chīz | चेडर चीज़

Parmesan | ek prakār kā iṭeliyan chīz | एक प्रकार का इटेलियन चीज़

Camembert | ek prakār kā french chīz | एक प्रकार का फ्रेंच चीज़

rind
papṛī
पपड़ी
Edam | eḍām chīz | एडाम चीज़

Manchego | manchego chīz | मनचेगो चीज़

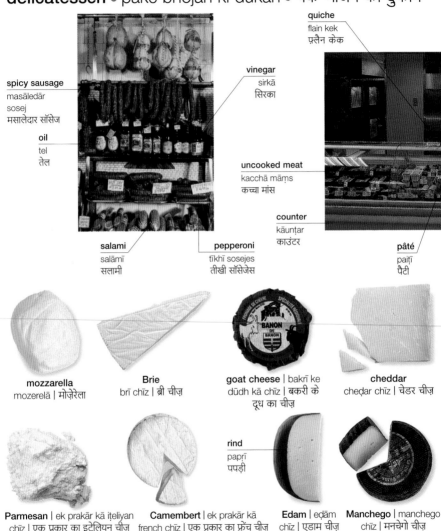

potpie
pāī
पाई

cooked meat
pakā huā māṃs
पका हुआ मांस

ham
haim
हैम

black olive
kālā zaitūn
काला ज़ैतून

chili pepper
mirch
मिर्च

sauce
chaṭnī
चटनी

bread roll
breḍ rol
ब्रेड रोल

green olive
harā zaitūn
हरा ज़ैतून

sandwich counter
saiṇḍvich kāuṇṭar | सैंडविच काउंटर

smoked fish
dhūmit machhlī
धूमित मछली

capers
kaipars
कैपर्स

prosciutto | iṭeliyan haim | इटेलियन हैम

chorizo
speniś sosej
स्पेनिश सॉसेज

stuffed olive | bharvāṃ zaitūn | भरवां ज़ैतून

vocabulary • śabdāvalī • शब्दावली

in oil tel meṃ pakā तेल में पका	**marinated** masāle meṃ liptā मसाले में लिपटा	**in brine** namkīn pānī meṃ rakhā नमकीन पानी में रखा
smoked dhūmrit धूम्रित	**salted** namkīn नमकीन	**cured** sanrakṣit संरक्षित

Take a number, please.
kṛpyā nambar le leṃ
कृपया नंबर ले लें।

Can I try some of that please?
ise chakh sakte haiṃ?
इसे चख सकते हैं?

May I have six slices of that, please?
kyā mujhe iske chhah pīs denge?
क्या मुझे इसके छह पीस देंगे?

drinks • peya • पेय

water • pānī • पानी

bottled water
botalband pānī
बोतलबंद पानी

sparkling
bulbuledār
बुलबुलेदार

still
sthir
स्थिर

mineral water
minral voṭar | मिनरल वॉटर

tap water | nal kā pānī | नल का पानी

tonic water
ṭonik voṭar
टॉनिक वॉटर

soda water
soḍā voṭar
सोडा वॉटर

hot drinks • garm peya • गर्म पेय

teabag
ṭī baig
टी बैग

loose-leaf tea
khulī chāya pattī
खुली चाय पत्ती

tea | chāya | चाय

beans
kofī ke bīj
कॉफ़ी के बीज

ground coffee
pisī kofī
पिसी कॉफ़ी

coffee | kofī | कॉफ़ी

hot chocolate
hoṭ chokleṭ
हॉट चॉकलेट

malted drink
mālṭ vālā peya
माल्ट वाला पेय

soft drinks • śītal peya • शीतल पेय

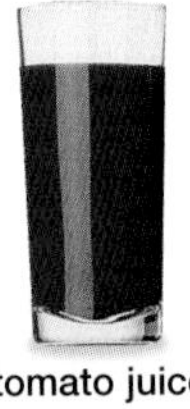

tomato juice
ṭamāṭar kā jūs
टमाटर का जूस

straw
sṭro
स्ट्रॉ

grape juice
aṃgūr kā jūs
अंगूर का जूस

lemonade
śikanjī
शिकंजी

orangeade
santare kā jūs
संतरे का जूस

cola
kolā
कोला

alcoholic drinks • madya peya • मद्य पेय

gin
jin | जिन

can
kain
कैन

beer
bīyar | बीयर

hard cider | seb kī vāin | सेब की वाइन

bitter
charparā | चरपरा

stout
sṭāuṭ | स्टाउट

vodka
vodkā | वोदका

whiskey
vhiskī | व्हिस्की

rum
ram | रम

brandy
brānḍī | ब्रांडी

port
porṭ | पोर्ट

dry
sādī
सादी

sherry
śerī | शेरी

campari
kampārī | कमपारी

liqueur
likar | लिकर

tequila
ṭakīlā | टकीला

champagne
śaimpen | शैम्पेन

rosé
gulābī
गुलाबी

white
safed
सफ़ेद

red
lāl
लाल

wine
vāin | वाइन

eating out

bāhar khānā

बाहर खाना

café • kaife • कैफ़े

awning
sāyabān
सायबान

menu
vyanjan sūchī
व्यंजन सूची

sidewalk café | roḍ sāiḍ kaife | रोड साइड कैफ़े

umbrella
chhātā
छाता

patio café | khulā kaife | खुला कैफ़े

server
bairā
बैरा

coffee machine
kofī maśīn
कॉफ़ी मशीन

table
mez
मेज़

snack bar | snaik bār | स्नैक बार

coffee • kofī • कॉफ़ी

coffee with milk
kofī
कॉफ़ी

black coffee
blaik kofī
ब्लैक कॉफ़ी

filter coffee
filṭar kofī | फ़िल्टर कॉफ़ी

espresso
espraiso | एस्प्रैसो

cocoa powder
koko pāuḍar
कोको पाउडर

froth
jhāg
झाग

cappuccino
kepyūchīno | केप्यूचीनो

iced coffee
āisḍ kofī | आइस्ड कॉफ़ी

tea • chāya • चाय

herbal tea
auṣadhīya chāya
औषधीय चाय

chamomile tea | babūnā kī chāya
बबूना की चाय

green tea | harī chāya
हरी चाय

tea with milk
dūdh vālī chāya
दूध वाली चाय

black tea
kālī chāya
काली चाय

tea with lemon
nībū vālī chāya
नीबू वाली चाय

mint tea
pudīne vālī chāya
पुदीने वाली चाय

iced tea
ṭhanḍī chāya
ठंडी चाय

juices and milkshakes • jūs evam milkśek • जूस एवं मिल्कशेक

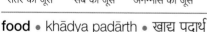

chocolate milkshake
chokleṭ milkśek
चॉकलेट मिल्कशेक

strawberry milkshake
stroberī milkśek
स्ट्रॉबेरी मिल्कशेक

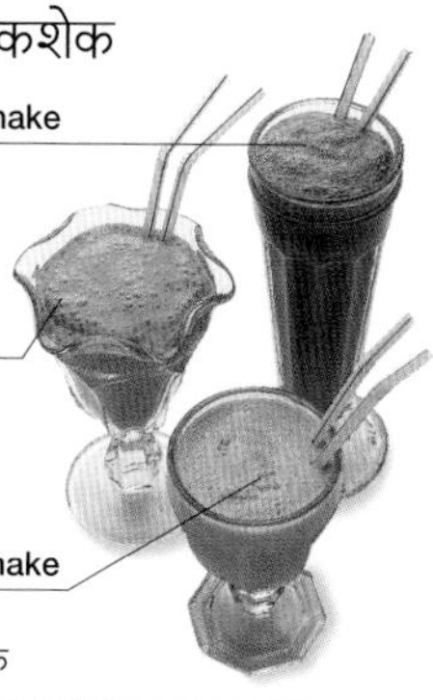

orange juice
santare kā jūs
संतरे का जूस

apple juice
seb kā jūs
सेब का जूस

pineapple juice
anannās kā jūs
अनन्नास का जूस

tomato juice
ṭamāṭar kā jūs
टमाटर का जूस

coffee milkshake
kofī milkśek
कॉफ़ी मिल्कशेक

food • khādya padārth • खाद्य पदार्थ

whole-wheat bread
brāun breḍ
ब्राउन ब्रेड

scoop
skūp
स्कूप

toasted sandwich | ṭosṭeḍ sainḍvich | टोस्टेड सैंडविच

salad
salād | सलाद

ice cream
āiskrīm | आइसक्रीम

pastry
pesṭrī | पेस्ट्री

bar • bār • बार

glasses gilās गिलास

dispenser opṭik ऑप्टिक

cash register tijorī तिजोरी

bartender bārṭenḍar बारटेंडर

beer tap bīyar ṭaip बीयर टैप

coffee machine kofī maśīn कॉफ़ी मशीन

ice bucket āis bakeṭ आइस बकेट

bar stool bār kursī बार कुर्सी

ashtray aiśṭre ऐशट्रे

coaster kosṭar कोस्टर

bar counter bār kāunṭar बार काउंटर

bottle opener botal opnar बोतल ओपनर

lever līvar लीवर

corkscrew | korkskrū | कॉर्कस्क्रू

tongs chimṭā चिमटा

stirrer peya hilāne kī ḍanḍī पेय हिलाने की डंडी

measure māpak मापक

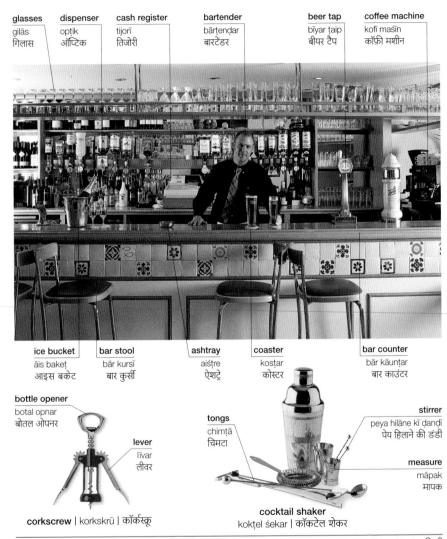

cocktail shaker kokṭel śekar | कॉकटेल शेकर

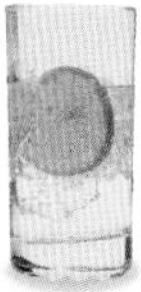

gin and tonic
jin aur ṭonik
जिन और टॉनिक

pitcher
jag
जग

scotch and water
skoch aur pānī
स्कॉच और पानी

ice cube
barf
बर्फ़

rum and cola
ram aur kok
रम और कोक

screwdriver
vodkā aur santrā
वोदका और संतरा

martini
mārṭinī | मार्टिनी

cocktail
kokṭel | कॉकटेल

wine
vāin | वाइन

beer
bīyar | बीयर

shot
ek śoṭ | एक शॉट

single
siṅgal
सिंगल
double
ḍabal
डबल

measure
māp | माप

without ice | barf rahit
बर्फ़ रहित

ice and lemon
barf va nīmbū
बर्फ़ व नीबू

with ice | barf ke
sāth | बर्फ़ के साथ

bar snacks • bār snaiks • बार स्नैक्स

potato chips | kurkurā namkīn | कुरकुरा नमकीन

cashews
kājū
काजू
peanuts
mūngfalī
मूंगफ़ली
almonds
bādām
बादाम

nuts | meve | मेवे

olives | zaitūn | ज़ैतून

restaurant • restrāṃ • रेस्तरां

table setting
mez sajjā
मेज़ सज्जा

sous chef
sahāyak rasoiyā
सहायक रसोइया

chef
rasoiyā
रसोइया

kitchen
rasoī | रसोई

glass
gilās
गिलास

tray
ṭre
ट्रे

server
bairā | बैरा

vocabulary • śabdāvalī • शब्दावली

receipt
rasīd
रसीद

wine list
vāin sūchī
वाइन सूची

tip
bakhśīś
बख़्शीश

specials
viśeṣ
विशेष

dessert cart
pesṭrī ṭrolī
पेस्ट्री ट्रॉली

pepper
kālī mirch
काली मिर्च

price
mūlya
मूल्य

check
bil
बिल

bar
bār
बार

customer
grāhak
ग्राहक

salt
namak
नमक

buffet
bufe
बुफ़े

à la carte
menū ke anusār
मेनू के अनुसार

lunch menu
dopahar kā menū
दोपहर का मेनू

dinner menu
sandhyākālīn menū
संध्याकालीन मेनू

service charge included
sevā sammilit
सेवा सम्मिलित

service charge not included
sevā sammilit nahīṃ
सेवा सम्मिलित नही

menu
vyanjan sūchī
व्यंजन सूची

child's meal
bāl āhār | बाल-आहार

order (v)
orḍar denā | ऑर्डर देना

pay (v)
dām chukānā | दाम चुकाना

courses • bhojan ke daur • भोजन के दौर

apéritif
ārambh peya
आरंभ पेय

appetizer
sṭārṭar | स्टार्टर

soup
sūp | सूप

entrée
men kors | मेन कोर्स

side order
sāiḍ orḍar | साइड ऑर्डर

dessert | miṣṭhānn | मिष्ठान्न

coffee | kofī | कॉफ़ी

A table for two, please.
kṛpyā do logoṃ ke lie ṭebal batāeṃ
कृपया दो लोगों के लिए टेबल बताएं।

Can I see the menu/wine list, please?
kyā menu/vāin lisṭ dikhāeṇge?
क्या मेनू/वाइन लिस्ट दिखाएंगे?

Is there a fixed-price menu?
kyā yah ek dām menū hai?
क्या यह एक दाम मेनू है?

Do you have any vegetarian dishes?
kyā yahāṃ śākāhārī khānā hai?
क्या यहां शाकाहारी खाना है?

Could I have the check/a receipt, please?
kyā mujhe bil/rasīd mil saktī hai?
क्या मुझे बिल/रसीद मिल सकती है?

Can we pay separately?
kyā ham alag-alag bil de sakte haiṃ?
क्या हम अलग-अलग बिल दे सकते हैं?

Where is the restroom, please?
śauchālaya kahāṃ haiṃ?
शौचालय कहाँ हैं?

fast food • fāsṭ fūḍ • फ़ास्ट फ़ूड

straw
sṭro
स्ट्रॉ
burger
bargar
बर्गर
soft drink
śītal peya
शीतल पेय
French fries
french frāī
फ़्रेंच फ़्राई
paper napkin
pepar naipkin
पेपर नैपकिन
tray
ṭre
ट्रे

burger meal | bargar mīl | बर्गर मील

pizza
pizzā
पिज़्ज़ा

home delivery
hom ḍilīvarī | होम डिलीवरी

price list
mūlya sūchī
मूल्य सूची
canned drink
ḍibbāband peya
डिब्बाबंद पेय

street vendor
sṭrīṭ sṭol | स्ट्रीट स्टॉल

vocabulary • śabdāvalī • शब्दावली

pizzeria
pizzā pārlar
पिज़्ज़ा पार्लर

burger bar
bargar bār
बर्गर बार

menu
vyanjan sūchī
व्यंजन सूची

eat-in
restrāṃ meṃ khānā
रेस्तरां में खाना

to go
paik karvāke le jānā
पैक करवाके ले जाना

reheat (v)
dubārā garm karnā
दुबारा गर्म करना

ketchup
ṭamāṭar sos
टमाटर सॉस

Can I have that to go please?
kyā āp ise paik kar sakte haiṃ?
क्या आप इसे पैक कर सकते हैं?

Do you deliver?
kyā āp ḍilīvar karte haiṃ?
क्या आप डिलीवर करते हैं?

hamburger
haim bargar
हैम बर्गर

bun
ban
बन
chicken burger
chikan bargar
चिकन बर्गर

veggie burger
vej bargar
वेज बर्गर

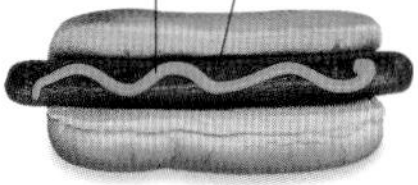
mustard
mastarḍ
मस्टर्ड
sausage
sosej
सॉसेज
hot dog
hoṭ ḍog | हॉट डॉग

sandwich
saiṇḍvich
सैंडविच

club sandwich
klab saiṇḍvich
क्लब सैंडविच

open-faced sandwich
khulā saiṇḍvich
खुला सैंडविच

filling
bharāvan
भरावन
wrap
rol | रोल

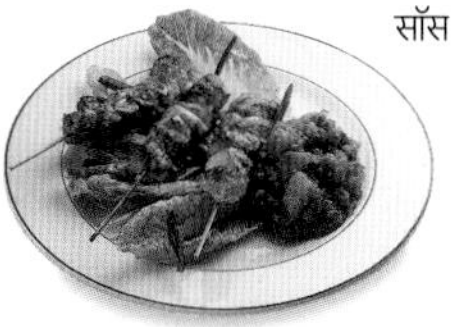
kebab
kabāb | कबाब

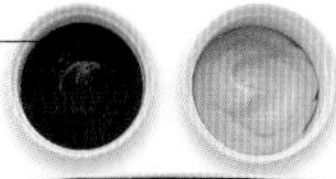
sauce
sos
सॉस

chicken nuggets | chikan nageṭs | चिकन नगेट्स

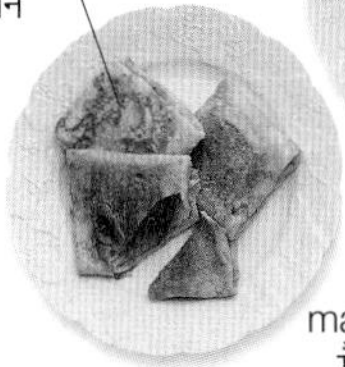
savory
namkīn
नमकीन

sweet
mīṭhā
मीठा
crepes
maide kā chīlā
मैदे का चीला

topping
ṭopiṅg
टॉपिंग

fish and chips
talī machhlī aur chips
तली मछली और चिप्स

ribs
chāṃp
चांप

fried chicken
frāiḍ chikan
फ़्राइड चिकन

pizza
pizzā
पिज़्ज़ा

breakfast • subah kā nāśtā • सुबह का नाश्ता

milk
dūdh
दूध
cereal
sīriyal
सीरियल
jam
jaim
जैम
dried fruit
meve
मेवे
ham
haim
हैम
cheese
chīz
चीज़
crispbread
kurkurī bred
कुरकुरी ब्रेड
marmalade
mārmled
मार्मलेड
pâté
mīṭ kā pesṭ
मीट का पेस्ट
butter
makkhan
मक्खन

breakfast buffet
brekfāsṭ bufe | ब्रेकफ़ास्ट बुफ़े

fruit juice
phalom kā ras
फलों का रस
coffee
kofī
कॉफ़ी
croissant
krosāṃ ban
क्रोंसां बन

breakfast table
nāśte kī mez | नाश्ते की मेज़

hot chocolate
hot chokleṭ
हॉट चॉकलेट

tea
chāya
चाय

drinks
peya padārth | पेय पदार्थ

brioche
mīṭhe ban | मीठे बन

bread
breḍ | ब्रेड

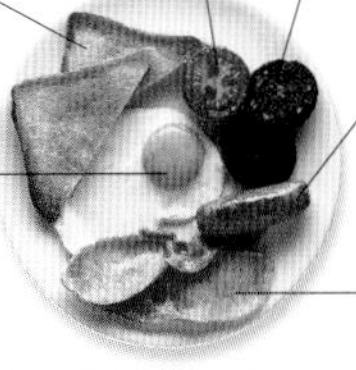
tomato
ṭamāṭar
टमाटर
black pudding
blaik puḍiṅg
ब्लैक पुडिंग
toast
ṭosṭ
टोस्ट
sausage
sosej
सॉसेज
fried egg
frāiḍ anḍā
फ़्राइड अंडा
bacon
bekan
बेकन

English breakfast
aṅgrezī nāśtā | अंग्रेज़ी नाश्ता

kippers
kipars | किपर्स

French toast
french ṭosṭ
फ़्रेंच टोस्ट

yolk
zardī
ज़र्दी

soft-boiled egg
ublā anḍā
उबला अंडा

scrambled eggs
anḍe kī bhurjī | अंडे की भुर्जी

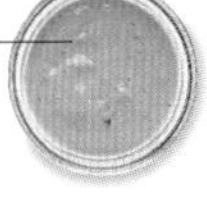
fruit yogurt
frūṭ dahī
फ़्रूट दही

crepes
painkek | पैनकेक

whipped cream
krīm
क्रीम

waffles
vofals | वॉफ़ल्स

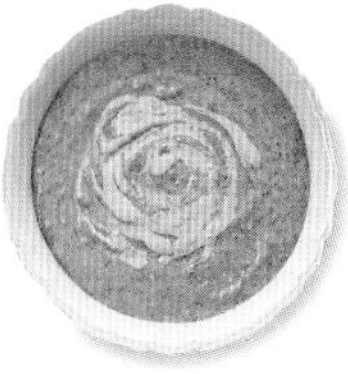

oatmeal
daliyā | दलिया

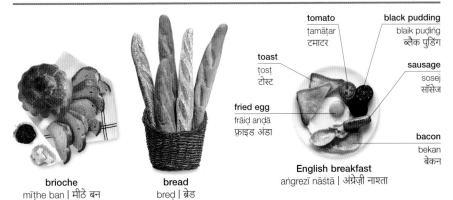

fresh fruit
tāze phal | ताज़े फल

dinner • ḍinar • डिनर

soup
sūp | सूप

broth
śorbā | शोरबा

stew
dampukḳht | दमपुख़्त

curry
rasedār | रसेदार

roast
bhunā | भुना

potpie
pāī | पाई

soufflé
sūfle | सूफ़ले

kebab
kabāb | कबाब

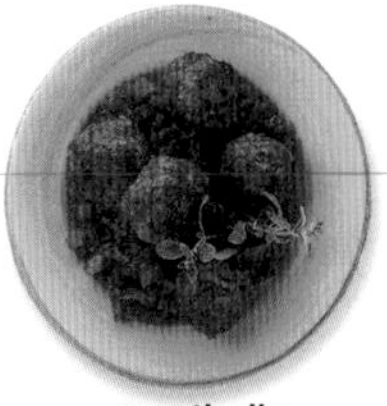

meatballs
kofte | कोफ़्ते

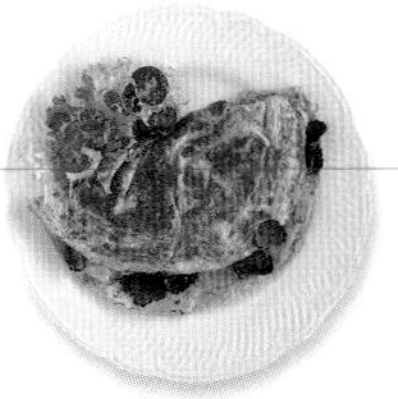

omelet
omleṭ | ऑमलेट

noodles
nūḍals
नूडल्स

stir-fry | kam tel meṃ bhunā | कम तेल में भुना

pasta
pāstā | पास्ता

rice
chāval | चावल

tossed salad | miśrit salād | मिश्रित सलाद

green salad
harā salād | हरा सलाद

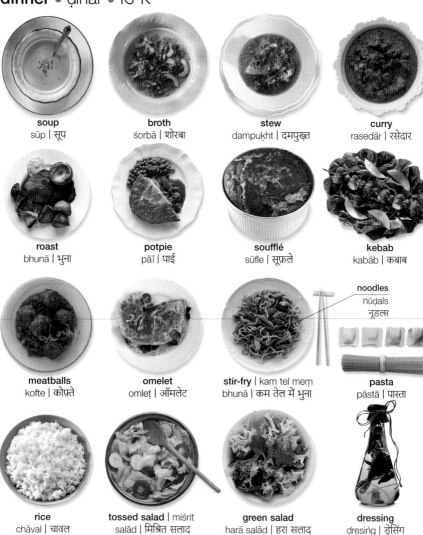

dressing
ḍresiṅg | ड्रेसिंग

techniques • vidhiyāṃ • विधियां

stuffed
bharvāṃ | भरवां

in sauce | sos meṃ
सॉस में

grilled
bhunā huā | भुना हुआ

marinated | masāle meṃ
lipṭā | मसाले में लिपटा

poached
pochḍ | पोच्ड

mashed
maslā huā | मसला हुआ

baked | bek kiyā
huā | बेक किया हुआ

pan fried | kam tel meṃ
pakā | कम तेल में पका

fried
talā huā | तला हुआ

pickled
achārit | अचारित

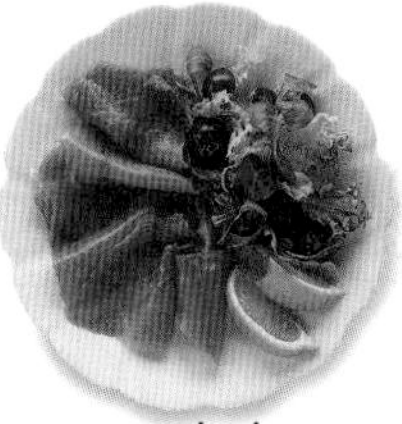

smoked
dhūmrit | धूम्रित

deep-fried
talā huā | तला हुआ

in syrup | sirap meṃ
banā | सिरप में बना

dressed | ḍresiṅg kiyā
huā | ड्रेसिंग किया हुआ

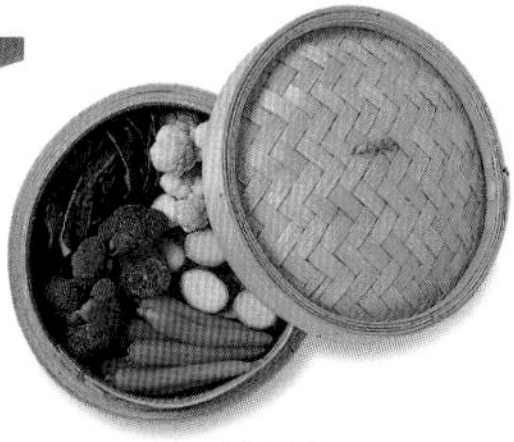

steamed | bhāp meṃ
pakā | भाप में पका

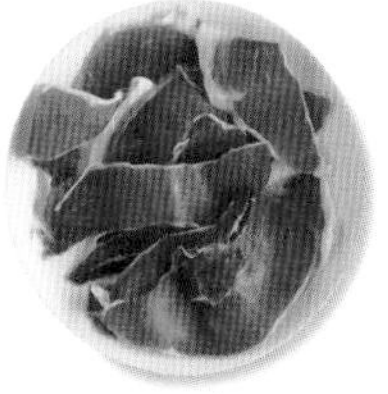

cured
sanrakṣit | संरक्षित

study
adhyayan
अध्ययन

school • vidyālaya • विद्यालय

whiteboard
vāiṭborḍ
वाईटबोर्ड

student
chhātr
छात्र

teacher
adhyāpikā
अध्यापिका

desk
bench
बेंच

classroom | kakṣā | कक्षा

schoolbag
skūl bastā
स्कूल बस्ता

schoolgirl
skūl chhātrā
स्कूल छात्रा

schoolboy
skūl chhātra | स्कूल छात्र

vocabulary • śabdāvalī • शब्दावली

history itihās इतिहास	**science** vijñān विज्ञान	**physics** bhautikī भौतिकी
languages bhāṣāeṃ भाषाएं	**art** kalā कला	**chemistry** rasāyan śāstr रसायन शास्त्र
literature sāhitya साहित्य	**music** saṅgīt संगीत	**biology** jīv vijñān जीव विज्ञान
geography bhūgol भूगोल	**math** gaṇit गणित	**physical education** vyāyām śikṣā व्यायाम शिक्षा

activities • gatividhiyāṃ • गतिविधियां

read (v) | paṛhnā | पढ़ना

write (v) | likhnā | लिखना

spell (v) | uchchāraṇ karnā | उच्चारण करना

draw (v)
chitr banānā | चित्र बनाना

digital projector
ḍijiṭal projekṭar
डिजिटल प्रोजेक्टर

nib
nib
निब

pen
pen | पेन

colored pencil
raṅgīn pensil
रंगीन पेंसिल

pencil
pensil | पेंसिल

pencil sharpener
pensil śārpnar
पेंसिल शार्पनर

eraser
rabaṛ | रबड़

notebook
kopī | कॉपी

textbook | pāṭhya pustak | पाठ्य पुस्तक

pencil case
pensil kes | पेंसिल केस

ruler
paimānā | पैमाना

question (v) | praśn pūchhnā | प्रश्न पूछना

answer (v)
uttar denā | उत्तर देना

discuss (v) | vichār-vimarś karnā | विचार-विमर्श करना

learn (v)
sīkhnā | सीखना

vocabulary • śabdāvalī • शब्दावली

principal
mukhyādhyāpak/ mukhyādhyāpikā
मुख्याध्यापक / मुख्याध्यापिका

lesson
adhyāya
अध्याय

question
praśn
प्रश्न

take notes (v)
noṭs lenā
नोट्स लेना

answer
uttar
उत्तर

homework
gṛhkārya
गृहकार्य

test
parīkṣā
परीक्षा

essay
nibandh
निबंध

grade
śreṇī
श्रेणी

year
varṣ
वर्ष

dictionary
śabdkoṣ
शब्दकोष

encyclopaedia
viśvakoś
विश्वकोश

math • gaṇit • गणित

shapes • ākṛtiyāṃ • आकृतियां

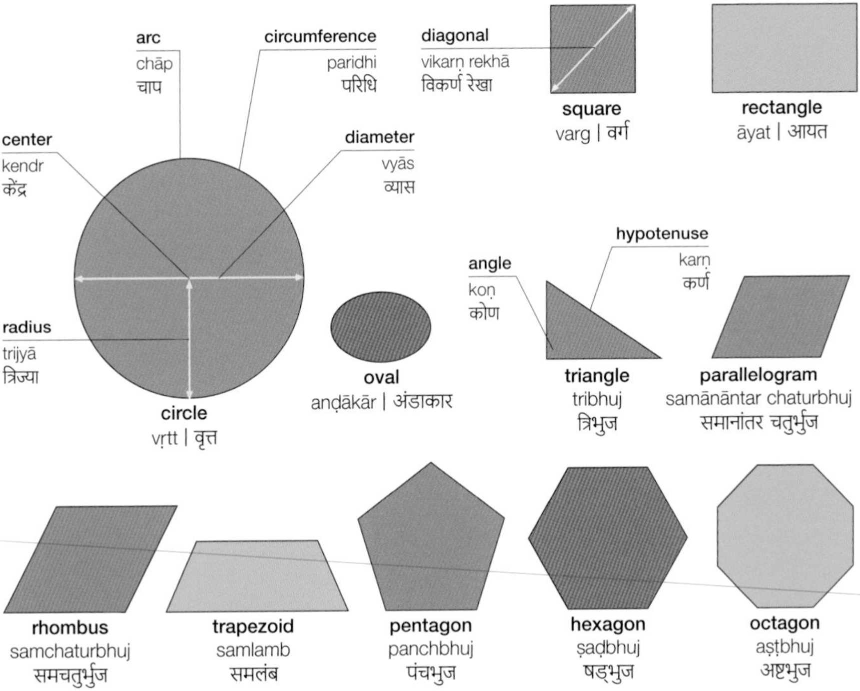
arc
chāp
चाप
circumference
paridhi
परिधि
diagonal
vikarṇ rekhā
विकर्ण रेखा
square
varg | वर्ग
rectangle
āyat | आयत
center
kendr
केंद्र
diameter
vyās
व्यास
radius
trijyā
त्रिज्या
circle
vṛtt | वृत्त
oval
anḍākār | अंडाकार
angle
koṇ
कोण
hypotenuse
karṇ
कर्ण
triangle
tribhuj
त्रिभुज
parallelogram
samānāntar chaturbhuj
समानांतर चतुर्भुज
rhombus
samchaturbhuj
समचतुर्भुज
trapezoid
samlamb
समलंब
pentagon
panchbhuj
पंचभुज
hexagon
ṣaḍbhuj
षड्भुज
octagon
aṣṭbhuj
अष्टभुज

solids • ghanākṛtiyāṃ • घनाकृतियां

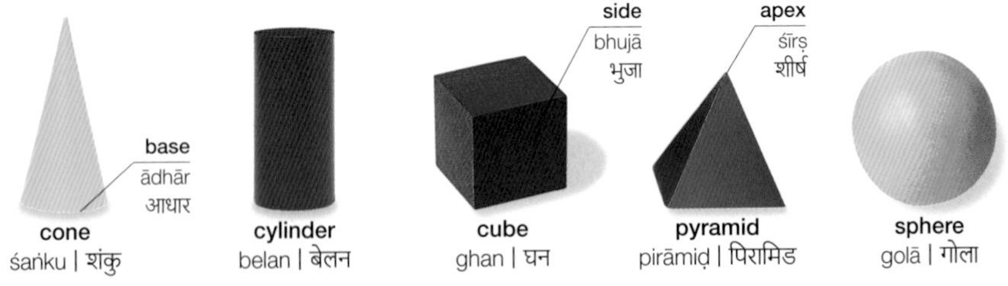
side
bhujā
भुजा
apex
śīrṣ
शीर्ष
base
ādhār
आधार
cone
śaṅku | शंकु
cylinder
belan | बेलन
cube
ghan | घन
pyramid
pirāmiḍ | पिरामिड
sphere
golā | गोला

lines • rekhāeṃ • रेखाएं

straight
sīdhī | सीधी

parallel
samānāntar | समानांतर

perpendicular
lamb | लंब

curved
vakr | वक्र

measurements • māpak • मापक

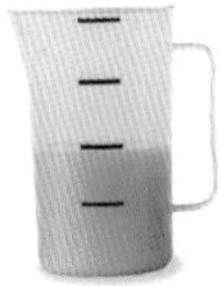

volume
parimāṇ | परिमाण

numerator
aṅś
अंश

denominator
har
हर

fraction
bhinn | भिन्न

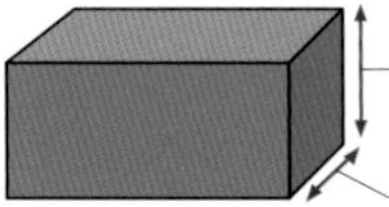

height
ūṃchāī
ऊंचाई

depth
gahrāī
गहराई

dimensions
āyām | आयाम

width
chauṛāī
चौड़ाई

length
lambāī
लंबाई

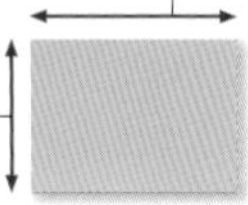

area
kṣetraphal | क्षेत्रफल

equipment • upkaraṇ • उपकरण

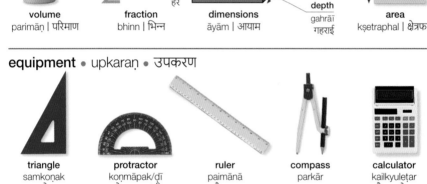

triangle
samkoṇak
समकोणक

protractor
koṇmāpak/dī
कोणमापक/डी

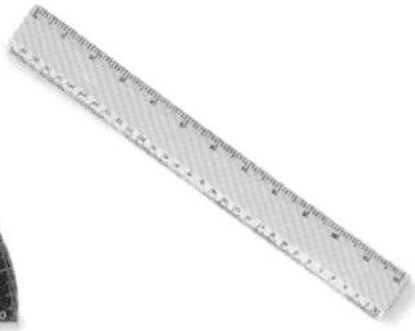

ruler
paimānā
पैमाना

compass
parkār
परकार

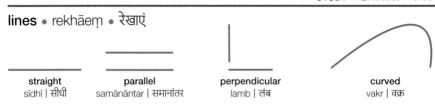

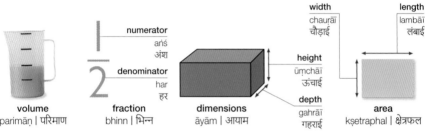

calculator
kailkyuleṭar
कैलक्युलेटर

vocabulary • śabdāvalī • शब्दावली

geometry rekhāgaṇit रेखागणित	**plus** jamā जमा	**times** gunā गुना	**equals** barābar बराबर	**add (v)** joṛnā जोड़ना	**multiply (v)** guṇā karnā गुणा करना	**equation** samīkaraṇ समीकरण
arithmetic aṅkgaṇit अंकगणित	**minus** ghaṭā घटा	**divided by** bhājak भाजक	**count (v)** ginnā गिनना	**subtract (v)** ghaṭānā घटाना	**divide (v)** bhāg denā भाग देना	**percentage** pratiśat प्रतिशत

science • vijñān • विज्ञान

laboratory
prayogśālā | प्रयोगशाला

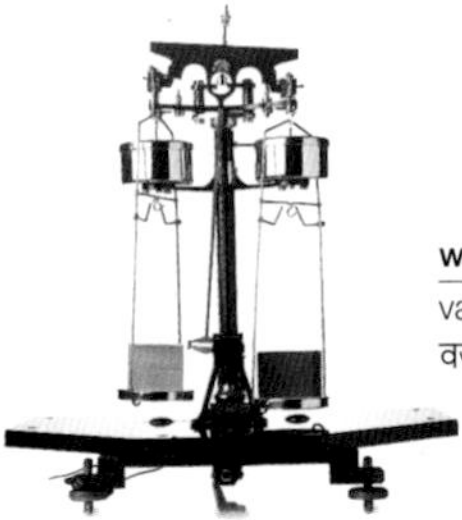

scale
tarāzū | तराज़ू

weight
vazan
वज़न

spring balance
spriṅg tulā | स्प्रिंग तुला

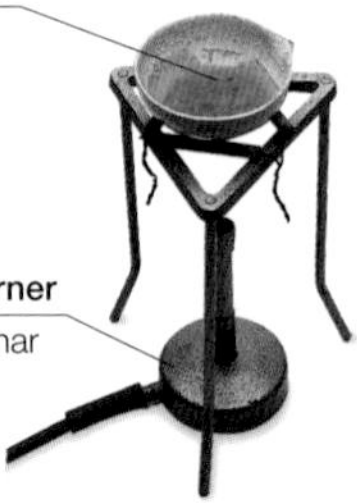
crucible
kuṭhālī
कुठाली
bunsen burner
bansan barnar
बनसन बर्नर

tripod
tipāī | तिपाई

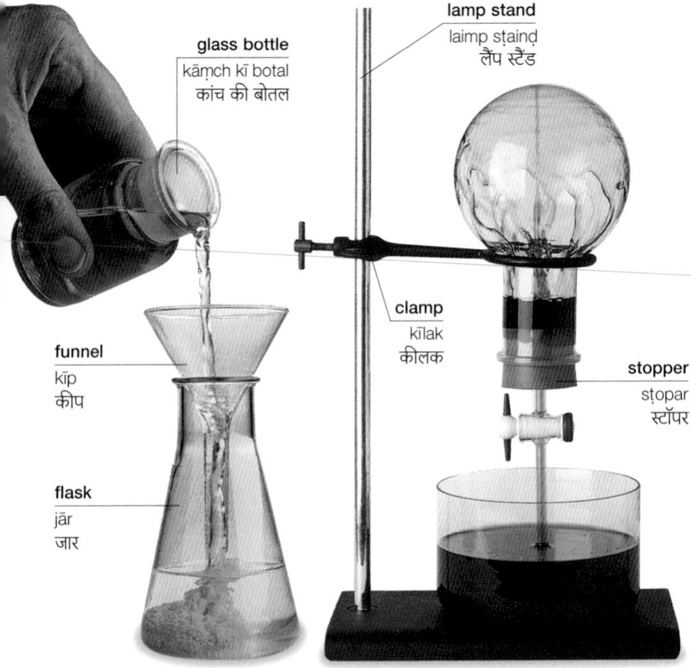
glass bottle
kāṃch kī botal
कांच की बोतल
funnel
kīp
कीप
flask
jār
जार
lamp stand
laimp sṭaiṇḍ
लैंप स्टैंड
clamp
kīlak
कीलक
stopper
sṭopar
स्टॉपर

experiment | prayog | प्रयोग

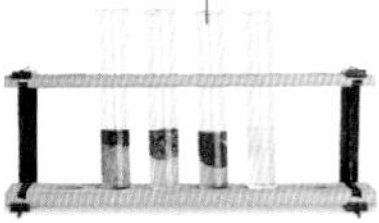
test tube
parakhnalī
परखनली

rack
raik | रैक

timer
ṭāimar | टाइमर

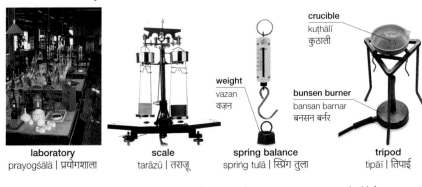

petri dish
peṭrī ḍiś | पेट्री डिश

thermometer
tharmāmīṭar | थर्मामीटर

syringe
sirinj | सिरिंज

tweezers
chhoṭī chimṭī | छोटी चिमटी

scalpel
chāḳū | चाक़ू

dropper
ḍropar | ड्रॉपर

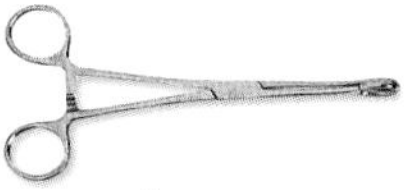

forceps
forsep | फ़ॉरसेप

tongs
baṛī chimṭī | बड़ी चिमटी

spatula
spaichulā | स्पैचुला

pestle
mūsal
मूसल

mortar
kharal | खरल

filter paper
filṭar pepar | फ़िल्टर पेपर

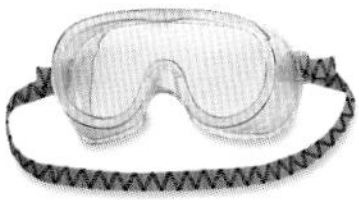

safety goggles | surakṣā chaśmā | सुरक्षा चश्मा

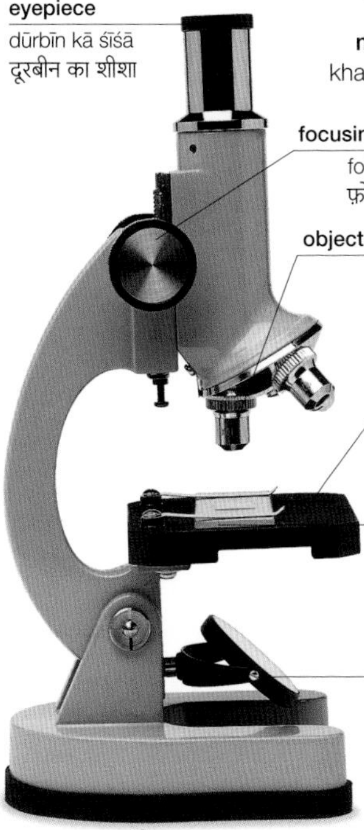

eyepiece
dūrbīn kā śīśā
दूरबीन का शीशा

focusing knob
fokas nob
फ़ोकस नॉब

objective lens
lens
लेंस

stage
tal
तल

slide
slāiḍ
स्लाइड

mirror
śīśā
शीशा

microscope
sūkṣmdarśī | सूक्ष्मदर्शी

pipette
nalikā | नलिका

glass stirring rod
kāṃch kī chhaṛ
कांच की छड़

beaker
bīkar | बीकर

magnet
chumbak
चुंबक

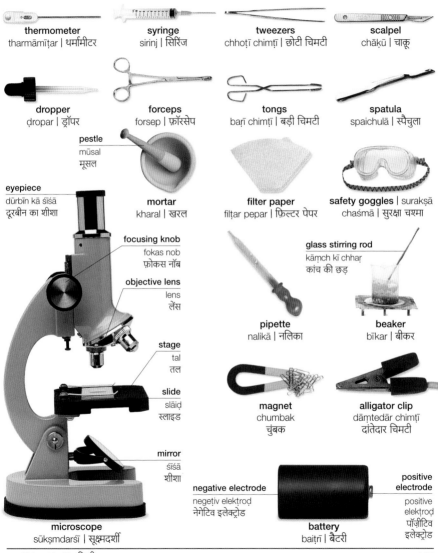

alligator clip
dāṃtedār chimṭī
दांतेदार चिमटी

negative electrode
negeṭiv elekṭroḍ
नेगेटिव इलेक्ट्रोड

positive electrode
positive elekṭroḍ
पॉज़ीटिव इलेक्ट्रोड

battery
baiṭrī | बैटरी

college • mahāvidyālaya • महाविद्यालय

admissions office
praveś
प्रवेश

cafeteria
bhojan kakṣ
भोजन कक्ष

health center
svāsthya kendr
स्वास्थ्य केंद्र

playing field
khel kā maidān
खेल का मैदान

residence hall
chhātrāvās
छात्रावास

campus | parisar | परिसर

librarian
pustakālaya adhyakṣ
पुस्तकालय अध्यक्ष

circulation desk
pustak prāpti
पुस्तक प्राप्ति

bookshelf
pustakoṃ kī almārī
पुस्तकों की अलमारी

periodical
patrikāeṃ
पत्रिकाएं

journal
jarnal
जर्नल

library | pustakālaya | पुस्तकालय

vocabulary • śabdāvalī • शब्दावली

library card pustakālaya kārḍ पुस्तकालय कार्ड	**help desk** pūchhtāchh पूछताछ	**loan** udhār उधार
reading room adhyayan kakṣ अध्ययन कक्ष	**borrow (v)** udhār lenā उधार लेना	**book** pustak पुस्तक
reading list adhyayan sūchī अध्ययन सूची	**reserve (v)** surakṣit karnā सुरक्षित करना	**title** śīrṣak शीर्षक
due date deya tithi देय तिथि	**renew (v)** navīkṛt karvānā नवीकृत करवाना	**aisle** galiyārā गलियारा

undergraduate
pūrvsnātak
पूर्वस्नातक

professor
prādhyāpak
प्राध्यापक

lecture hall
lekchar thiyeṭar | लेक्चर थियेटर

graduate
snātak
स्नातक

gown
choṅgā | चोग़ा

graduation ceremony
snātak samāroh | स्नातक समारोह

schools • vidyālaya • विद्यालय

model
moḍal
मॉडल

art school | kalā
mahāvidyālaya | कला महाविद्यालय

music school
saṅgīt vidyālaya | संगीत विद्यालय

dance school
nṛtya akādmī | नृत्य अकादमी

vocabulary • śabdāvalī • शब्दावली

scholarship chhātrvṛtti छात्रवृत्ति	**research** anusandhān अनुसंधान	**dissertation** śodh nibandh शोध निबंध	**medicine** āyurvijñān आयुर्विज्ञान	**philosophy** darśan śāstr दर्शन शास्त्र
diploma diplomā डिप्लोमा	**master's** viśārad विशारद	**department** vibhāg विभाग	**zoology** prāṇī vijñān प्राणी विज्ञान	**literature** sāhitya साहित्य
degree upādhi उपाधि	**doctorate** ḍokṭreṭ डॉक्ट्रेट	**law** kānūn क़ानून	**physics** bhautikī भौतिकी	**art history** kalā kā itihās कला का इतिहास
postgraduate snātakottar स्नातकोत्तर	**thesis** śodh prabandh शोध प्रबंध	**engineering** abhiyāntrikī अभियांत्रिकी	**political science** rājnīti राजनीति	**economics** arthśāstr अर्थशास्त्र

work
kārya
कार्य

office 1 • kāryālaya • कार्यालय 1

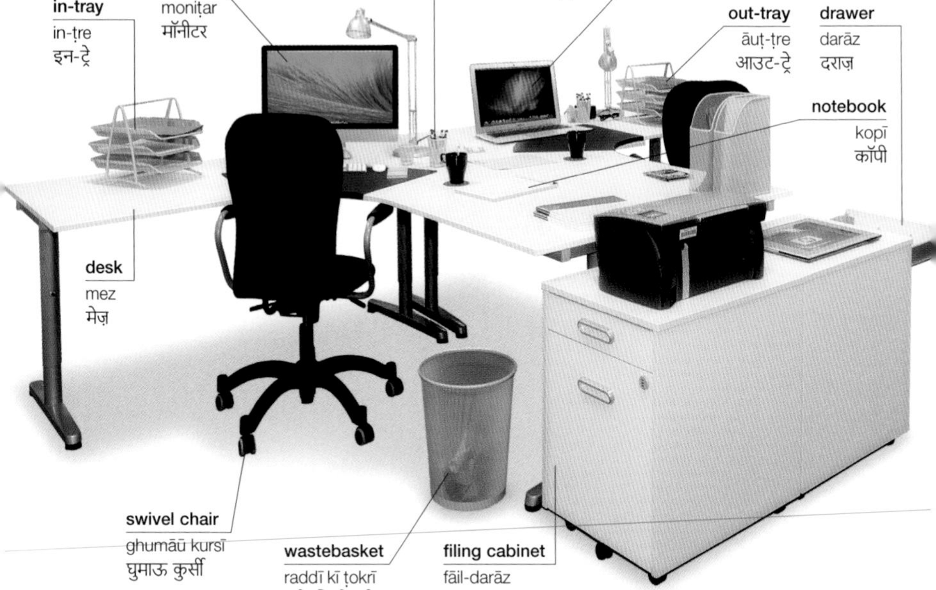
desktop organizer
ḍeskṭop orgenāizar
डेस्कटॉप ऑर्गेनाइज़र
laptop
laipṭop
लैपटॉप
monitor
moniṭar
मॉनीटर
in-tray
in-ṭre
इन-ट्रे
out-tray
āuṭ-ṭre
आउट-ट्रे
drawer
darāz
दराज़
notebook
kopī
कॉपी
desk
mez
मेज़
swivel chair
ghumāū kursī
घुमाऊ कुर्सी
wastebasket
raddī kī ṭokrī
रद्दी की टोकरी
filing cabinet
fāil-darāz
फाइल-दराज़

office equipment • kāryālayī upkaraṇ • कार्यालयी उपकरण

paper tray
pepar ṭre
पेपर ट्रे

printer
prinṭar | प्रिंटर

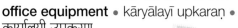

shredder
śraiḍar | श्रैडर

vocabulary • śabdāvalī • शब्दावली

print (v)
print lenā
प्रिंट लेना

enlarge (v)
baṛā karnā
बड़ा करना

copy (v)
prati banānā
प्रति बनाना

reduce (v)
chhoṭā karnā
छोटा करना

I need to make some copies.
mujhe kuchh pratiyāṃ banānī haiṃ
मुझे कुछ प्रतियां बनानी हैं।

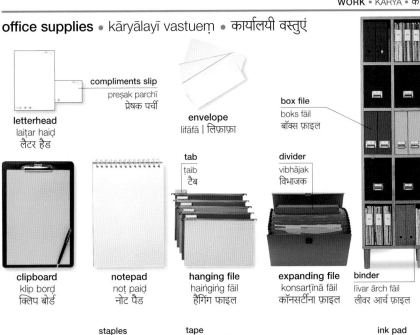

office supplies • kāryālayī vastueṃ • कार्यालयी वस्तुएं

compliments slip
preṣak parchī
प्रेषक पर्ची

letterhead
laiṭar haiḍ
लैटर हैड

envelope
lifāfā | लिफ़ाफ़ा

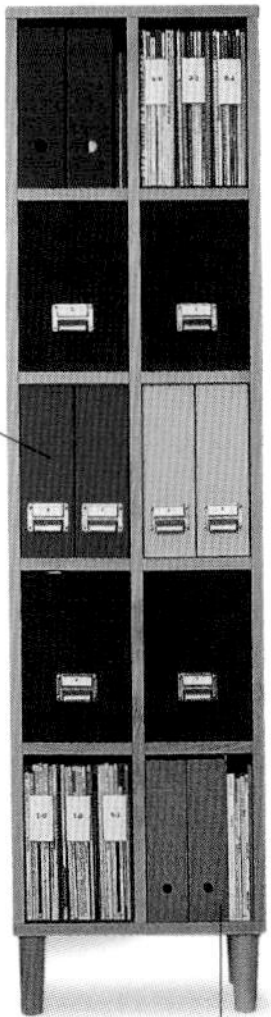

box file
boks fāil
बॉक्स फ़ाइल

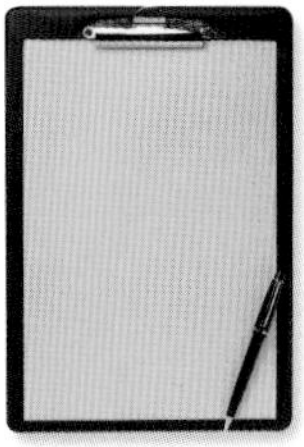

clipboard
klip borḍ
क्लिप बोर्ड

notepad
noṭ paiḍ
नोट पैड

tab
ṭaib
टैब

hanging file
haiṅgiṅg fāil
हैंगिंग फाइल

divider
vibhājak
विभाजक

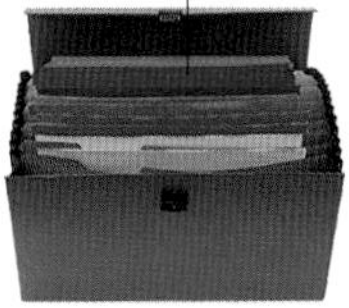

expanding file
konsarṭīnā fāil
कॉनसर्टीना फ़ाइल

binder
līvar ārch fāil
लीवर आर्च फ़ाइल

personal organizer
nijī orgenāizar
निजी ऑर्गेनाइज़र

staples
sṭepals
स्टेपल्स

stapler
sṭeplar
स्टेप्लर

tape
ṭep
टेप

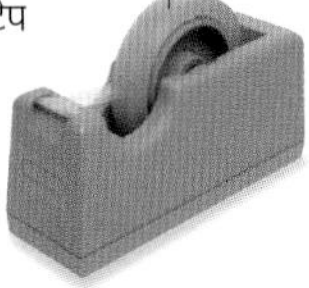

tape dispenser
ṭep ḍispensar
टेप डिस्पेंसर

hole punch
hol panch
होल पंच

ink pad
syāhī paiḍ
स्याही पैड

rubber stamp
rabaṛ kī mohar
रबड़ की मोहर

rubber band
rabaṛ bainḍ
रबड़ बैंड

bulldog clip
baṛī klip
बड़ी क्लिप

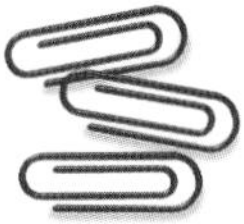

paper clip
pepar klip
पेपर क्लिप

thumbtack
ḍroiṅg pin
ड्रॉइंग पिन

bulletin board
sūchanā paṭṭ | सूचना पट्ट

office 2 • kāryālaya • कार्यालय 2

flipchart
flip chārṭ
फ़्लिप चार्ट
minutes
kāryavṛtt
कार्यवृत्त
easel
chitrādhār
चित्राधार
report
prativedan
प्रतिवेदन
manager
prabandhak
प्रबंधक
proposal
prastāv
प्रस्ताव
executive
ekzīkyūṭiv
एक्ज़ीक्यूटिव

meeting | sabhā/mīṭiṅg | सभा/मीटिंग

vocabulary • śabdāvalī • शब्दावली

meeting room
sabhā kakṣ
सभा कक्ष

agenda
kāryasūchī
कार्यसूची

attend (v)
upasthit rahnā
उपस्थित रहना

chair (v)
adhyakṣtā karnā
अध्यक्षता करना

What time is the meeting?
mīṭiṅg kis samaya hai?
मीटिंग किस समय है?

What are your office hours?
āpake kāryālay kā samay kyā hai?
आपके कार्यालय का समय क्या है?

speaker
vaktā
वक्ता

presentation | prastutikaraṇ | प्रस्तुतिकरण

business • vyavsāya • व्यवसाय

business lunch | biznes lanch | बिज़नेस लंच

businessman
vyavsāyī
व्यवसायी

businesswoman
mahilā vyavsāyī
महिला व्यवसायी

business trip | biznes ṭrip | बिज़नेस ट्रिप

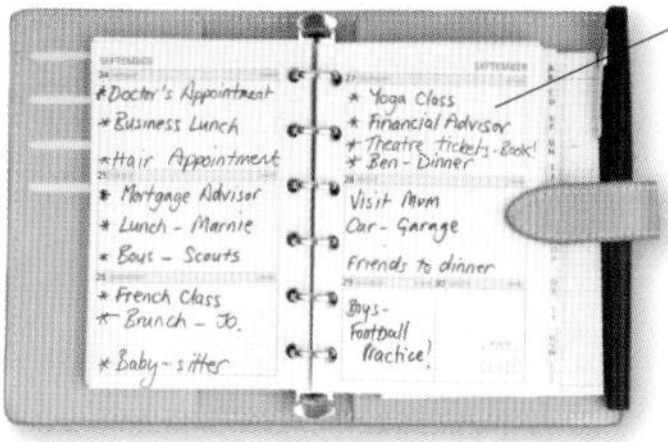

appointment
milne kā samaya
मिलने का समय

day planner | ḍāyarī | डायरी

client
grāhak
ग्राहक

CEO
prabandh
nideśak
प्रबंध निदेशक

business deal
vyāvsāyik saudā | व्यावसायिक सौदा

vocabulary • śabdāvalī • शब्दावली

company
kampanī
कंपनी

head office
pradhān
kāryālaya
प्रधान कार्यालय

regional office
śākhā
शाखा

staff
karmchārī varg
कर्मचारी वर्ग

salary
vetan
वेतन

payroll
vetansūchī
वेतनसूची

accounting department
lekhā vibhāg
लेखा विभाग

marketing department
vipṇan vibhāg
विपणन विभाग

sales department
bikrī vibhāg
बिक्री विभाग

legal department
ḳānūnī vibhāg
क़ानूनी विभाग

customer service department
grāhak sevā vibhāg
ग्राहक सेवा विभाग

human resources department
kārmik vibhāg
कार्मिक विभाग

computer • kampyūṭar • कंप्यूटर

printer
prinṭar
प्रिंटर

scanner
skainar
स्कैनर

screen
skrīn
स्क्रीन

key
kī | की

keyboard
kunjīpaṭal
कुंजीपटल

mouse
māus | माउस

laptop
laipṭop | लैपटॉप

speaker
spīkar | स्पीकर

hardware | hārḍveyar | हार्डवेयर

memory stick
memorī sṭik | मेमोरी स्टिक

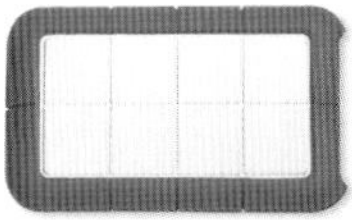

external hard drive
bāharī hārḍ ḍrāiv
बाहरी हार्ड ड्राइव

vocabulary • śabdāvalī • शब्दावली

memory memorī मेमोरी	**software** sofṭveyar सॉफ़्टवेयर	**server** sarvar सर्वर
RAM raim रैम	**application** eplīkeśan एप्लीकेशन	**port** porṭ पोर्ट
bytes bāits बाइट्स	**program** progrām प्रोग्राम	**processor** prosesar प्रोसेसर
system sistam सिस्टम	**network** neṭvark नेटवर्क	**power cord** vidyut tār विद्युत तार

tablet
taibleṭ | टैबलेट

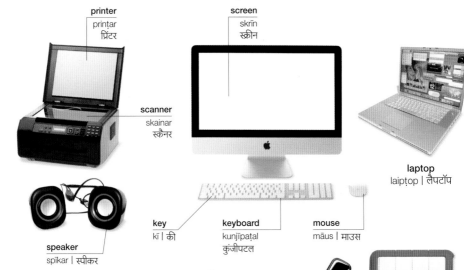

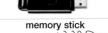

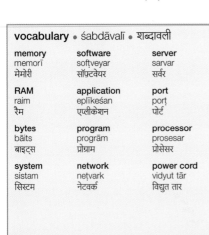

smartphone
smārṭfon | स्मार्टफ़ोन

desktop • desktọp • डेस्कटॉप

font
fonṭ
फ़ॉन्ट

menubar
menū bār
मेनू बार

toolbar
ṭūlbār
टूलबार

wallpaper
volpepar
वॉलपेपर

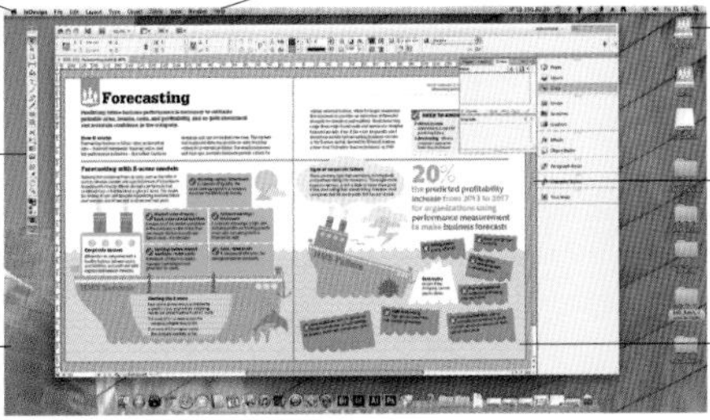

icon
āikan
आइकन

scrollbar
skrolbār
स्क्रोलबार

window
vinḍo
विंडो

file
fāil | फाइल

folder
folḍar | फोल्डर

trash | ṭraiś | ट्रैश

internet • inṭarneṭ • इंटरनेट

browser
brāuzar
ब्राउज़र

website
vebsāiṭ
वेबसाइट

browse (v)
brāuz | ब्राउज़

email • ī-mel • ई-मेल

email address
ī-mel patā
ई-मेल पता

inbox
inboks
इनबॉक्स

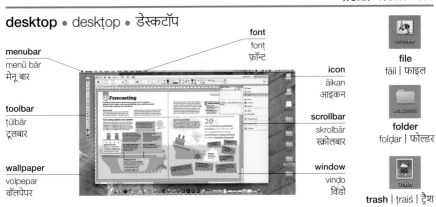

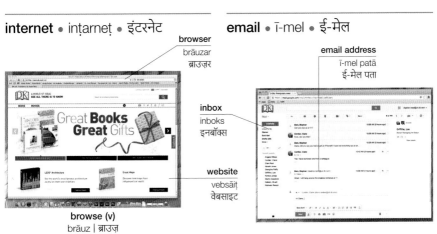

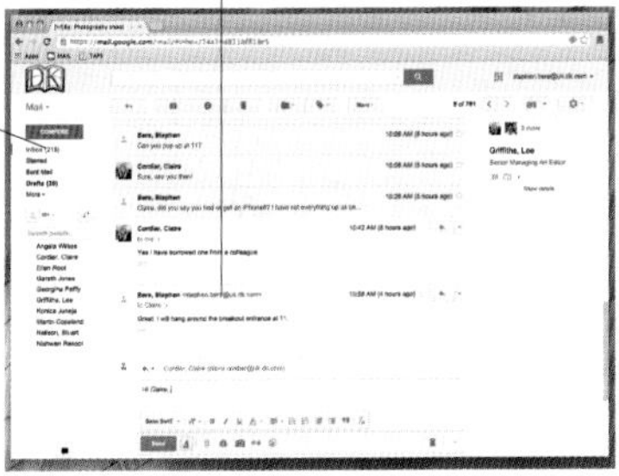

vocabulary • śabdāvalī • शब्दावली

connect (v) sampark karnā संपर्क करना	**service provider** sevā pradātā सेवा प्रदाता	**log on (v)** log on karnā लॉग ऑन करना	**download (v)** ḍāunloḍ karnā डाउनलोड करना	**send (v)** bhejnā भेजना	**save (v)** sahejnā सहेजना
install (v) insṭol karnā इनस्टॉल करना	**email account** ī-mel akāunṭ ई-मेल अकाउंट	**on-line** on lāin ऑन लाइन	**attachment** aṭaichmenṭ अटैचमेंट	**receive (v)** prāpt karnā प्राप्त करना	**search (v)** khojnā खोजना

media • mīḍiyā • मीडिया

television studio • ṭelīvizan stūḍiyo • टेलीविज़न स्टूडियो

set
seṭ
सेट

host
prastutkartā
प्रस्तुतकर्ता

light
lāiṭ
लाइट

camera
kaimrā
कैमरा

camera crane
kaimrā kren
कैमरा क्रेन

cameraman
kaimrāmain
कैमरामैन

vocabulary • śabdāvalī • शब्दावली

channel chainal चैनल	**news** samāchār समाचार	**press** pres प्रेस	**soap opera** nāṭak नाटक	**cartoon** kārṭūn कार्टून	**live** sīdhā prasāraṇ सीधा प्रसारण
programming progrāmiṅg प्रोग्रामिंग	**documentary** vṛttchitr वृत्तचित्र	**television series** ṭelīvizan śṛiṅkhlā टेलीविज़न शृंखला	**game show** gem śo गेम शो	**prerecorded** pūrv rikorḍeḍ पूर्व रिकॉर्डेड	**broadcast (v)** prasārit karnā प्रसारित करना

interviewer
sākṣātkārkartā
साक्षात्कारकर्ता

reporter
patrakār | पत्रकार

teleprompter
ṭelī promptar
टेली प्रॉम्प्टर

anchor | samāchār vāchak | समाचार वाचक

actors
abhinetā | अभिनेता

sound boom
sāunḍ būm | साउंड बूम

clapper board | klaipar borḍ | क्लैपर बोर्ड

movie set
film seṭ | फ़िल्म सेट

radio • reḍiyo • रेडियो

sound technician
sāunḍ takniśiyan
साउंड तकनीशियन

mixing desk
miksiṅg ḍesk
मिक्सिंग डेस्क

microphone
māikrofon
माइक्रोफ़ोन

recording studio | rikorḍiṅg sṭūḍiyo | रिकॉर्डिंग स्टूडियो

vocabulary • śabdāvalī • शब्दावली

radio station
reḍiyo sṭeśan
रेडियो स्टेशन

broadcast
prasāraṇ
प्रसारण

wavelength
vevlainth
वेवलैंथ

long wave
long vev
लॉन्ग वेव

tune (v)
chainal seṭ karnā
चैनल सेट करना

analog
enālog
एनालॉग

frequency
āvṛtti
आवृत्ति

volume
dhvani star
ध्वनि स्तर

DJ
ḍīje
डीजे

short wave
śort vev
शॉर्ट वेव

medium wave
mīḍiyam vev
मीडियम वेव

digital
ḍijiṭal
डिजिटल

law • ķānūn • क़ानून

bailiff
nyāyālaya adhikārī
न्यायालय अधिकारी

witness
gavāh
गवाह

judge
jaj | जज

lawyer
vakīl
वकील

jury
jūrī
जूरी

jury box
jūrī boks
जूरी बॉक्स

courtroom
nyāyālaya | न्यायालय

prosecution
abhiyojan
अभियोजन

court clerk
nyāyālaya karmchārī
न्यायालय कर्मचारी

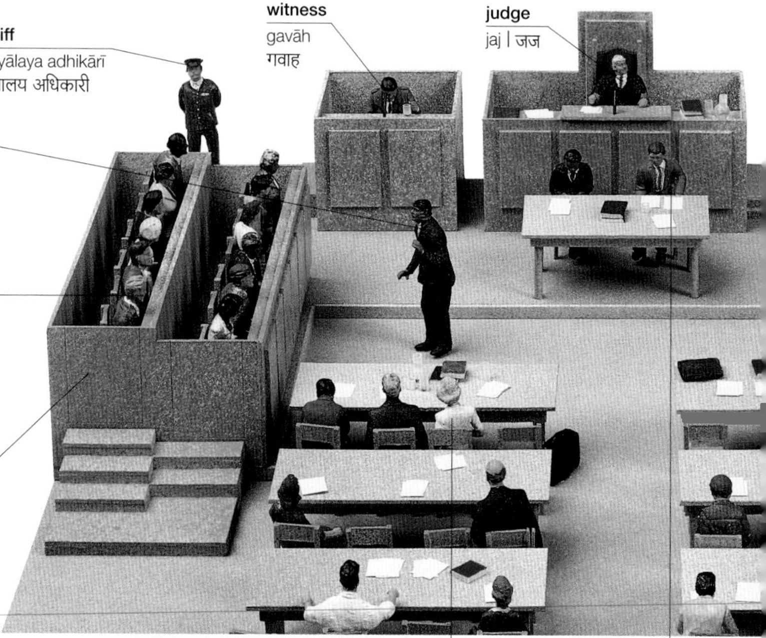

vocabulary • śabdāvalī • शब्दावली

lawyer's office vakīl kā kāryālaya वकील का कार्यालय	**summons** saman समन	**writ** riṭ रिट	**court case** muķaddmā मुक़द्दमा
legal advice ķānūnī salāh क़ानूनी सलाह	**statement** bayān बयान	**court date** nyāyālaya kī tārīķh न्यायालय की तारीख़	**charge** abhiyog अभियोग
client muvakkil मुवक्किल	**warrant** vāranṭ वारंट	**plea** pairavī पैरवी	**accused** abhiyukt अभियुक्त

defendant
prativādī
प्रतिवादी

stenographer
āśulipik
आशुलिपिक

defense
bachāv pakṣ
बचाव पक्ष

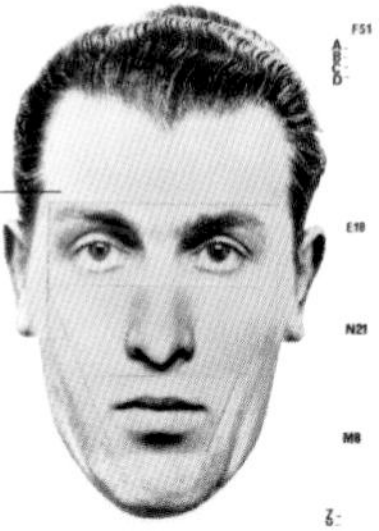

suspect
sandigdh
संदिग्ध

composite sketch
anumānit tasvīr
अनुमानित तस्वीर

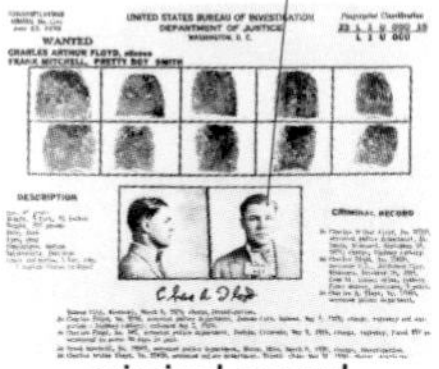

criminal
aprādhī
अपराधी

criminal record
āprādhik rikorḍ
आपराधिक रिकॉर्ड

prison guard | jel kā pahredār | जेल का पहरेदार

cell | jel kī koṭhrī | जेल की कोठरी

prison
jel | जेल

vocabulary • śabdāvalī • शब्दावली

evidence
sabūt
सबूत

verdict
faislā
फ़ैसला

innocent
bekasūr
बेक़सूर

guilty
doṣī
दोषी

acquitted
abhimukt
अभिमुक्त

sentence
danḍādeś
दंडादेश

bail
zamānat
ज़मानत

appeal
apīl
अपील

parole
pairol
पैरोल

I want to see a lawyer.
mujhe ek vakīl chāhie
मुझे एक वकील चाहिए।

Where is the courthouse?
nyāyālaya kahāṃ hai?
न्यायालय कहां है?

Can I post bail?
kyā mujhe zamānat bharne milegī?
क्या मुझे ज़मानत भरने मिलेगी?

farm 1 • khet • खेत 1

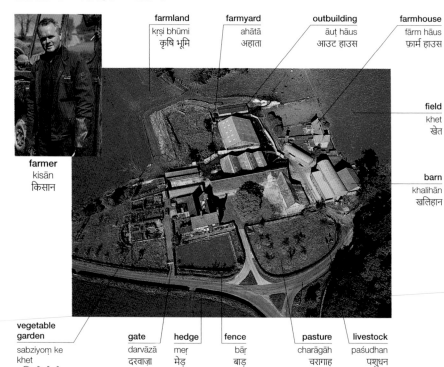

farmer
kisān
किसान

farmland
kṛṣi bhūmi
कृषि भूमि
farmyard
ahātā
अहाता
outbuilding
āuṭ hāus
आउट हाउस
farmhouse
fārm hāus
फ़ार्म हाउस
field
khet
खेत
barn
khalihān
खलिहान
vegetable garden
sabziyoṃ ke khet
सब्ज़ियों के खेत
gate
darvāzā
दरवाज़ा
hedge
meṛ
मेड़
fence
bāṛ
बाड़
pasture
charāgāh
चरागाह
livestock
paśudhan
पशुधन

cultivator
phāl
फाल
tractor
ṭrekṭar | ट्रेक्टर

combine
kaṭāī maśīn | कटाई मशीन

types of farms • khetoṃ ke prakār • खेतों के प्रकार

crop farm
khetī yogya bhūmi
खेती योग्य भूमि

dairy farm
deyarī fārm
डेयरी फ़ार्म

sheep farm
bheṛoṃ kā bāṛā
भेड़ों का बाड़ा

poultry farm | murgī pālan kendr | मुर्गी पालन केंद्र

pig farm
sūar pālan kendr
सूअर पालन केंद्र

fish farm
machhlī pālan kṣetr
मछली पालन क्षेत्र

fruit farm
phaloṃ kā bāg
फलों का बाग

vineyard
aṃgūr kā bāg
अंगूर का बाग़

actions • khetoṃ ke kāmkāj • खेतों के कामकाज

plow (v)
jotnā | जोतना

sow (v)
bonā | बोना

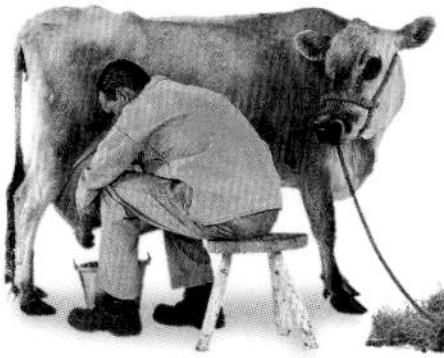

milk (v)
dūdh duhnā | दूध दुहना

feed (v)
charnā | चरना

water (v)
sīṃchnā | सींचना

harvest (v)
fasal kāṭnā | फ़सल काटना

vocabulary • śabdāvalī • शब्दावली

herbicide vanaspatināśak वनस्पतिनाशक	**herd** jhunḍ झुंड	**trough** nāṃd नांद
pesticide kīṭnāśak कीटनाशक	**silo** khattī खत्ती	**plant (v)** ropnā रोपना

farm 2 • khet • खेत 2

crops • fasal • फ़सल

wheat
gehūṃ | गेहूं

corn
makaī | मकई

barley
jau | जौ

rapeseed | safed
sarsoṃ | सफ़ेद सरसों

sunflower
sūrajmukhī | सूरजमुखी

bale
gaṭṭhā | गट्ठा

hay
sūkhī ghās | सूखी घास

alfalfa
alfālfā | अल्फ़ाल्फ़ा

tobacco
tambāḳū | तंबाकू

rice
dhān | धान

tea
chāya | चाय

coffee
kofī | कॉफ़ी

scarecrow
bijūkā
बिजूका

flax
alsī
अलसी

sugarcane
gannā
गन्ना

cotton
kapās
कपास

livestock • paśudhan • पशुधन

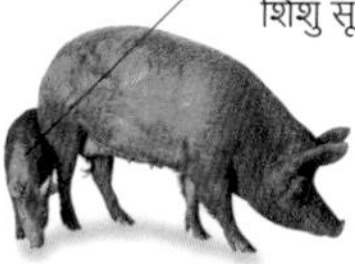

piglet
śiśu sūar
शिशु सूअर

pig
sūar | सूअर

calf
bachhṛā
बछड़ा

cow
gāya | गाय

bull
bail | बैल

sheep
bheṛ | भेड़

lamb
meṛhā | मेढ़ा

kid
memnā | मेमना

goat
bakrī | बकरी

foal
śiśu aśv
शिशु अश्व

horse
ghoṛā | घोड़ा

donkey
gadhā | गधा

chick
chūzā | चूज़ा

chicken
murgī | मुर्गी

rooster
murgā | मुर्गा

turkey
ṭarkī | टर्की

duckling
śiśu batakh
शिशु बतख़

duck
batakh | बतख़

stable
astabal | अस्तबल

pen
bāṛā | बाड़ा

chicken coop
daṛbā | दड़बा

pigsty
sūarbāṛā | सूअरबाड़ा

construction • nirmāṇ kārya • निर्माण कार्य

scaffolding
pāṛ | पाड़
pallet
taḳhte
तख़्ते
ladder
sīṛhī
सीढ़ी
window
khiṛkī
खिड़की
rafter
kaṛī/śahtīr
कड़ी/शहतीर
forklift
kren
क्रेन
lintel
chaukhaṭ
चौखट
wall
dīvār
दीवार

construction site
nirmāṇ sthal
निर्माण स्थल

girder
garḍar
गर्डर
hard hat
ṭop
टोप

build (v)
nirmāṇ karnā | निर्माण करना

toolbelt
auzār peṭī
औज़ार पेटी
beam
śahtīr
शहतीर

construction worker
rājgīr | राजगीर

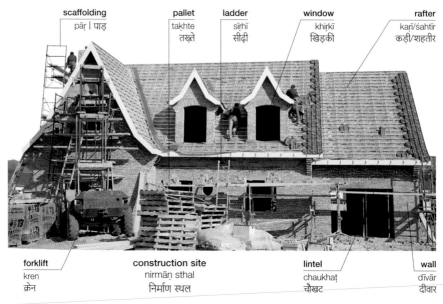

cement
sīmenṭ
सीमेंट

cement mixer | sīmenṭ miksar | सीमेंट मिक्सर

materials • sāmān • सामान

brick
īṃṭ | ईंट

lumber
imāratī lakṛī | इमारती लकड़ी

roof tile
paṭiyā | पटिया

cinder block
kankrīṭ blok | कंक्रीट ब्लॉक

tools • auzār • औज़ार

mortar
gārā | गारा

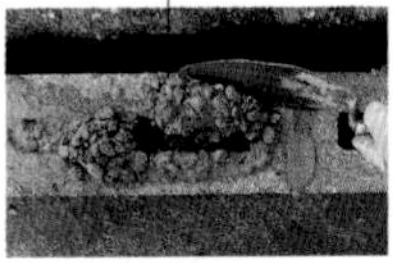
trowel
kannī | कन्नी

level
talmāpī | तलमापी

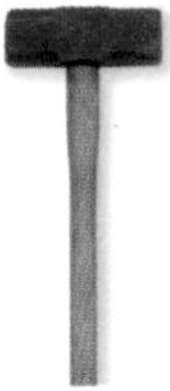
sledgehammer
hathauṛā | हथौड़ा

handle
hatthā
हत्था

pickax
kudāl | कुदाल

shovel
belchā | बेलचा

machinery • maśīnarī • मशीनरी

road roller
roḍ rolar | रोड रोलर

dump truck
ḍampar | डम्पर

support
ādhār stambh
आधार स्तंभ

hook
huk
हुक

crane | kren | क्रेन

roadwork • saṛak nirmāṇ kārya • सड़क निर्माण कार्य

asphalt
tārkol
तारकोल

cone
kon
कोन

jackhammer
nyūmaiṭik ḍril
न्यूमैटिक ड्रिल

excavator
yāntrik khudāī
यांत्रिक खुदाई

occupations 1 • vyavasāya • व्यवसाय 1

carpenter
baṛhaī | बढ़ई

electrician | bijlī mistrī
बिजली मिस्त्री

plumber
nalsāz | नलसाज़

construction worker
rājgīr | राजगीर

gardener
mālī | माली

vacuum cleaner
vekyūm klīnar
वेक्यूम क्लीनर

cleaner
safaī karmī | सफ़ाई कर्मी

mechanic
mistrī | मिस्त्री

butcher
ḳasāī | क़साई

hairdresser | keś
prasādhak | केश प्रसाधक

fish seller
machhlī vikretā
मछली विक्रेता

produce seller
sabzī vikretā
सब्ज़ी विक्रेता

florist
phūl vikretā
फूल विक्रेता

barber
nāī | नाई

jeweler
sunār | सुनार

salesperson | dukān
sahāyak | दुकान सहायक

realtor | bhūsam-patti dalāl | भूसंपत्ति दलाल

optometrist | dṛṣṭi parīkṣak | दृष्टि परीक्षक

mask
nakāb
नक़ाब

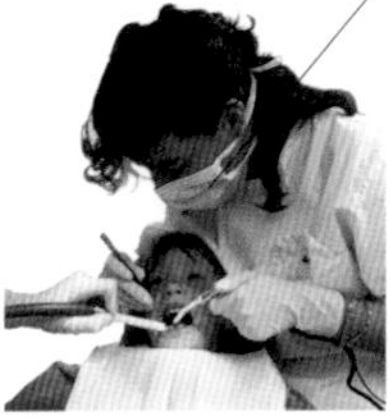

dentist | dant chikitsak | दतं चिकित्सक

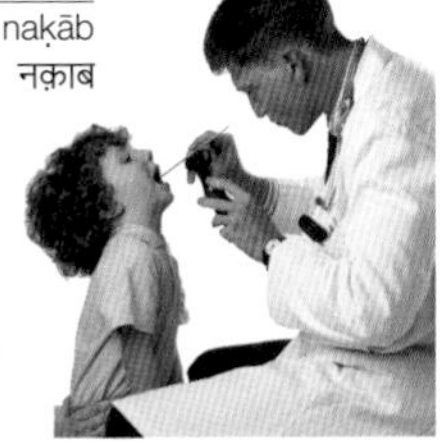

doctor
chikitsak | चिकित्सक

pharmacist
auṣadhkārak | औषधकारक

nurse
nars | नर्स

veterinarian | paśu chikitsak | पशु चिकित्सक

farmer
kisān | किसान

fisherman
machhuārā | मछुआरा

machine gun
maśīn gan
मशीन गन

soldier
sainik | सैनिक

uniform
vardī
वर्दी

police officer | pulis karmī | पुलिस कर्मी

badge
pahchān baij
पहचान बैज

security guard
surakṣā karmī | सुरक्षा कर्मी

sailor
nāvik | नाविक

firefighter
fāyarmain | फ़ायरमैन

occupations 2 • vyavasāya • व्यवसाय 2

lawyer
vakīl | वकील

accountant
lekhākār | लेखाकार

model
namūnā
नमूना

architect
vāstukār | वास्तुकार

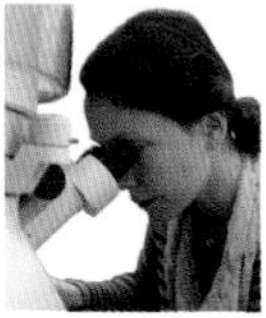

scientist
vaijñānik | वैज्ञानिक

teacher
adhyāpak | अध्यापक

librarian
pustakālaya adhyakṣ
पुस्तकालय अध्यक्ष

receptionist
svāgatkartā | स्वागतकर्ता

mailbag
ḍāk thailā
डाक थैला

mail carrier
ḍākiyā | डाकिया

bus driver
bas chālak | बस चालक

truck driver
ṭrak chālak | ट्रक चालक

taxi driver | ṭaiksī
chālak | टैक्सी चालक

pilot | vimān
chālak | विमान चालक

flight attendant | vimān
parichārikā | विमान परिचारिका

travel agent | ṭraival
ejenṭ | ट्रैवल एजेंट

chef's hat
rasoie kī ṭopī
रसोइए की
टोपी

chef
rasoiyā | रसोइया

musician
saṅgītkār | संगीतकार

tutu
baile skarṭ
बैले स्कर्ट

dancer
nartakī | नर्तकी

actress
abhinetrī | अभिनेत्री

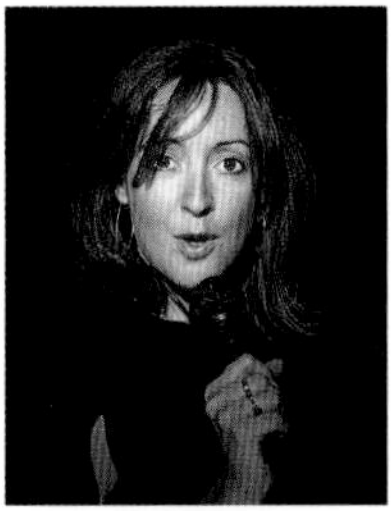

singer
gāyikā | गायिका

waitress
parichārikā | परिचारिका

bartender
bārṭenḍar | बारटेंडर

sportsman
khilāṛī | खिलाड़ी

sculptor
mūrtikār | मूर्तिकार

painter
chitrakār | चित्रकार

photographer
chhāyākār | छायाकार

anchor | samāchār vāchak | समाचार वाचक

notes
noṭs
नोट्स

journalist
patrakār | पत्रकार

editor
sampādak | संपादक

designer
ḍizāinar | डिज़ाइनर

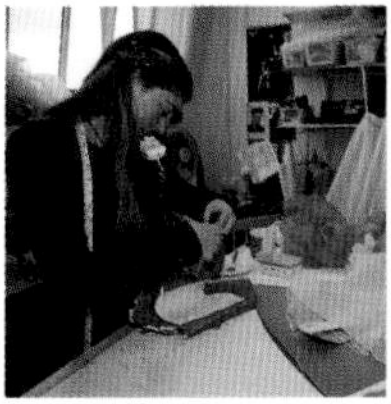

seamstress
darzin | दर्ज़िन

tailor
darzī | दर्ज़ी

transportation
parivahan
परिवहन

roads • saṛkeṃ • सड़कें

freeway
hāīve
हाईवे

toll booth
ṭol būth
टोल बूथ

road markings
mārg chihn
मार्ग चिह्न

on-ramp
sāiḍ kī saṛak
साइड की सड़क

one-way street
ek diśā mārg
एक दिशा मार्ग

divider
vibhājak
विभाजक

interchange
jaṅkśan
जंक्शन

traffic light
yātāyāt battī
यातायात बत्ती

right lane
bhītrī len
भीतरी लेन

middle lane
madhya len
मध्य लेन

left lane
bāhrī len
बाहरी लेन

off-ramp
nikās ḍhalān
निकास ढलान

traffic
yātāyāt
यातायात

overpass
flāī ovar
फ़्लाई ओवर

shoulder
saṛak kā kinārā
सड़क का किनारा

truck
ṭrak
ट्रक

median strip
kendrīya ārakṣaṇ
केंद्रीय आरक्षण

underpass
bhūmigat mārg
भूमिगत मार्ग

crosswalk
paidal pārpath
पैदल पारपथ

emergency phone
āpātkālīn dūrbhāṣ
आपातकालीन दूरभाष

disabled parking
viklāṅg
pārkiṅg sthal
विकलांग
पार्किंग स्थल

traffic jam
yātāyāt jām | यातायात जाम

satnav
jī pī es | जीपीएस

parking meter
pārkiṅg mīṭar
पार्किंग मीटर

traffic policeman
yātāyāt puliskarmī
यातायात पुलिसकर्मी

vocabulary • śabdāvalī • शब्दावली

roundabout
gol chakkar
गोल चक्कर

tow away (v)
ṭo karnā
टो करना

detour
parivartit mārg
परिवर्तित मार्ग

guardrail
ṭakkar avrodh
टक्कर अवरोध

park (v)
pārk karnā
पार्क करना

pass (v)
āge nikālnā
आगे निकालना

drive (v)
gāṛī chalānā
गाड़ी चलाना

reverse (v)
pīchhe karnā
पीछे करना

roadwork
saṛak nirmāṇ kārya
सड़क निर्माण कार्य

divided highway
dvaya vāhan mārg
द्वय वाहन मार्ग

Is this the road to...?
kyā... jāne kā yahī mārg hai?
क्या... जाने का यही मार्ग है?

Where can I park?
maiṃ kahāṃ pārk karūṃ?
मैं कहां पार्क करूँ?

road signs • yātāyāt saṅket • यातायात संकेत

do not enter
praveś niṣedh
प्रवेश निषेध

speed limit
gati sīmā
गति सीमा

hazard
khatrā
खतरा

no stopping
ruknā manā hai
रुकना मना है

no right turn
dāeṃ muṛnā niṣedh
दाएं मुड़ना निषेध

bus • bas • बस

driver's seat
chālak sīṭ
चालक सीट

handrail
haiṇḍrel
हैंडरेल

automatic door
svachālit darvāzā
स्वचालित दरवाज़ा

front wheel
āge kā pahiyā
आगे का पहिया

luggage hold
sāmān kakṣ
सामान कक्ष

door | darvāzā | दरवाज़ा

long-distance bus | bas | बस

types of buses • basoṃ ke prakār • बसों के प्रकार

route number
rūṭ nambar
रुट नंबर

driver
chālak
चालक

double-decker bus
ḍabal-ḍekar bas
डबल-डेकर बस

tram
ṭrām | ट्राम

streetcar
trolī bas | ट्रॉली बस

school bus | skūl bas | स्कूल बस

window
khiṛkī
खिड़की

rear wheel
pichhlā pahiyā
पिछला पहिया

stop button
stop baṭan
स्टॉप बटन

bus ticket
bas ṭikaṭ | बस टिकट

bell
ghanṭī | घंटी

bus station
bas aḍḍā | बस अड्डा

bus stop
bas sṭop
बस स्टॉप

vocabulary • śabdāvalī • शब्दावली

schedule
samaya sūchī
समय सूची

fare
kirāyā
किराया

wheelchair access
vhīlcheyar suvidhā
व्हीलचेयर सुविधा

bus shelter
bas khaṛī karne kī jagah
बस खड़ी करने की जगह

Do you stop at...?
kyā āp ... par rokeṅge?
क्या आप ... पर रोकेंगे?

Which bus goes to...?
... ke lie kaun sī bas jātī hai?
... के लिए कौन सी बस जाती है?

minibus
minī bas | मिनी बस

tour bus | paryaṭak bas | पर्यटक बस

shuttle bus | śaṭal bas | शटल बस

car 1 • kār • कार 1

exterior • bāhrī svarūp • बाहरी स्वरूप

side mirror
viṅg mirar
विंग मिरर
windshield
vinḍskrīn
विंडस्क्रीन
rearview mirror
riyarvyū mirar
रियरव्यू मिरर
windshield wiper
vinḍskrīn vāipar
विंडस्क्रीन वाइपर
door
darvāzā
दरवाज़ा
hood
bonaṭ
बोनट
trunk
ḍikkī
डिक्की
turn signal
saṅketak
संकेतक
license plate
nambar pleṭ
नंबर प्लेट
bumper
bampar
बम्पर
headlight
āge kī battī
आगे की बत्ती
wheel
pahiyā
पहिया
tire
ṭāyar
टायर

luggage
sāmān
सामान

roofrack
kairiyar | कैरियर

tailgate | ḍikkī kā darvāzā
डिक्की का दरवाज़ा

seat belt
sīṭ belṭ | सीट बेल्ट

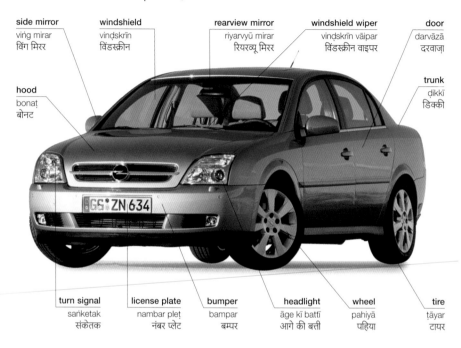

car seat
śiśu sīṭ | शिशु सीट

types • prakār • प्रकार

electric car
bijlī se chalne vālī kār
बिजली से चलने वाली कार

hatchback
haichbaik | हैचबैक

sedan
salūn | सलून

station wagon
vaigan | वैगन

convertible
kanvarṭibal
कन्वर्टिबल

sports car
sporṭs kār
स्पोर्ट्स कार

minivan
pīpul kairiyar
पीपुल कैरियर

four-wheel drive
for-vhīl ḍrāiv
फ़ोर-व्हील ड्राइव

vintage
vinṭej kār | विंटेज कार

limousine
limozīn | लिमोज़ीन

gas station • peṭrol sṭeśan • पेट्रोल स्टेशन

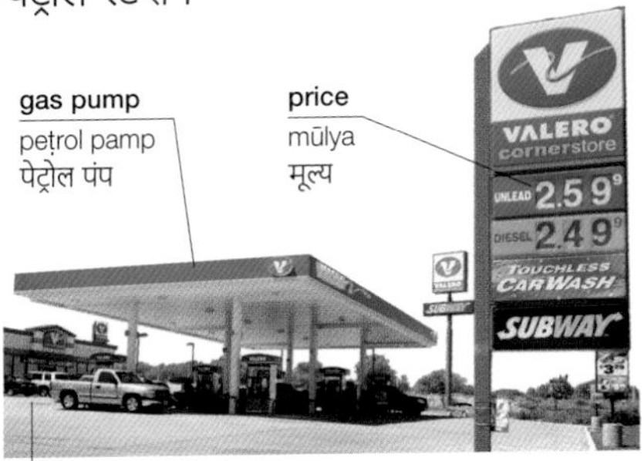

gas pump
peṭrol pamp
पेट्रोल पंप

price
mūlya
मूल्य

forecourt
dālān
दालान

vocabulary • śabdāvalī • शब्दावली

oil
tel
तेल

gasoline
peṭrol
पेट्रोल

unleaded
sīsā rahit
सीसा रहित

leaded
sīsā yukt
सीसा युक्त

diesel
ḍīzal
डीज़ल

garage
gairej
गैरेज

car wash
kār dhulāī
कार धुलाई

antifreeze
enṭī frīz
एंटी फ्रीज़

windshield washer fluid
skrīnvoś
स्क्रीनवॉश

Fill it up, please.
kṛpyā pūrī ṭaṅkī bhar deṃ
कृपया पूरी टंकी भर दें।

car 2 • kār • कार 2

interior • inṭīriyar • इंटीरियर

backseat
pichhlī sīṭ | पिछली सीट

headrest
sirhānā | सिरहाना

door lock
darvāze kā lok
दरवाज़े का लॉक

armrest
ārmresṭ
आमरिस्ट

handle
hainḍil
हैंडिल

vocabulary • śabdāvalī • शब्दावली

two-door
do-darvāzā
दो-दरवाज़ा

hatchback
tīn-darvāzā
तीन-दरवाज़ा

four-door
chār-darvāzā
चार-दरवाज़ा

manual
mānav-chālit
मानव-चालित

automatic
svachālit
स्वचालित

ignition
ignīśan
इग्नीशन

brake
brek
ब्रेक

clutch
klach
क्लच

accelerator
aiksīlreṭar
ऐक्सीलरेटर

air-conditioning
vātānukūlan
वातानुकूलन

Can you tell me the way to...?
kyā āp mujhe... jāne kā rāstā batāeṅge?
क्या आप मुझे... जाने का रास्ता बताएंगे?

Where is the parking lot?
kār pārkiṅg kahāṃ hai?
कार पार्किंग कहां है?

Can I park here?
kyā maiṃ yahāṃ gāṛī khaṛī kar saktā hūṃ?
क्या मैं यहां गाड़ी खड़ी कर सकता हूँ?

controls • niyantraṇ • नियंत्रण

steering wheel
sṭīyariṅg
स्टीयरिंग

horn
horn
हॉर्न

dashboard
ḍaiśborḍ
डैशबोर्ड

hazard lights
saṅkaṭ sūchak battī
संकट सूचक बत्ती

satellite navigation
upgrah mārgdarśan
उपग्रह मार्गदर्शन

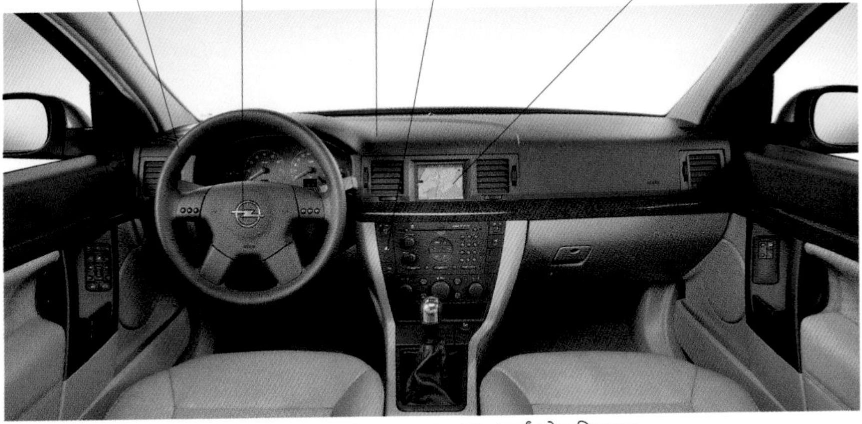

left-hand drive | bāīṃ or kī ḍrāiv | बाईं ओर की ड्राइव

temperature gauge
tāpmān māpak
तापमान मापक

tachometer
parikramaṇ gaṇak
परिक्रमण गणक

speedometer
spīḍ mīṭar
स्पीड मीटर

fuel gauge
īndhan māpī
ईंधन मापी

car stereo
sṭīriyo
स्टीरियो

light switch
lāiṭ baṭan
लाइट बटन

heater controls
hīṭar kanṭrol
हीटर कंट्रोल

odometer
pathmāpak yantr
पथमापक यंत्र

gearshift
geyar
गेयर

air bag
eyar baig
एयर बैग

right-hand drive | dāīṃ or kī ḍrāiv | दाईं ओर की ड्राइव

car 3 • kār • कार 3

mechanics • yāntrikī • यांत्रिकी

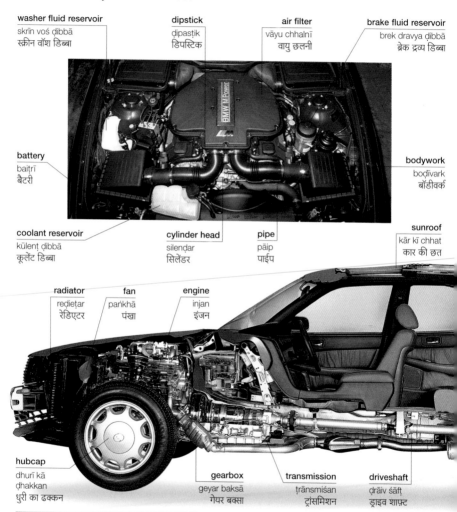

washer fluid reservoir
skrīn voś ḍibbā
स्क्रीन वॉश डिब्बा
dipstick
ḍipasṭik
डिपस्टिक
air filter
vāyu chhalnī
वायु छलनी
brake fluid reservoir
brek dravya ḍibbā
ब्रेक द्रव्य डिब्बा
battery
baiṭrī
बैटरी
bodywork
boḍīvark
बॉडीवर्क
coolant reservoir
kūlenṭ ḍibbā
कूलेंट डिब्बा
cylinder head
silenḍar
सिलेंडर
pipe
pāip
पाईप

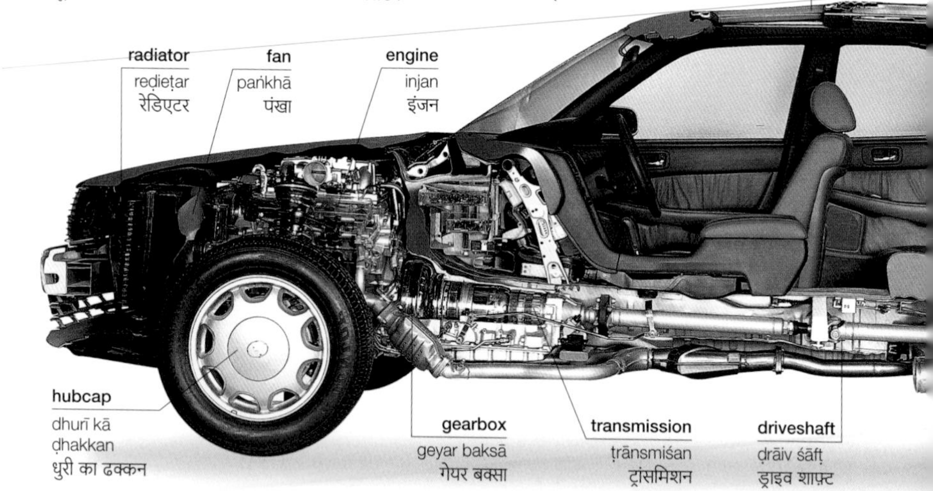
sunroof
kār kī chhat
कार की छत
radiator
reḍieṭar
रेडिएटर
fan
paṅkhā
पंखा
engine
injan
इंजन
hubcap
dhurī kā
ḍhakkan
धुरी का ढक्कन
gearbox
geyar baksā
गेयर बक्सा
transmission
ṭrānsmiśan
ट्रांसमिशन
driveshaft
ḍrāiv śāfṭ
ड्राइव शाफ़्ट

flat tire • paṅkchar • पंक्चर

spare tire
atirikt ṭāyar
अतिरिक्त टायर
tire iron
pānā
पाना
lug nuts
ṭāyar ke pech
टायर के पेच
jack
jaik
जैक

change a tire (v)
ṭāyar badalnā | टायर बदलना

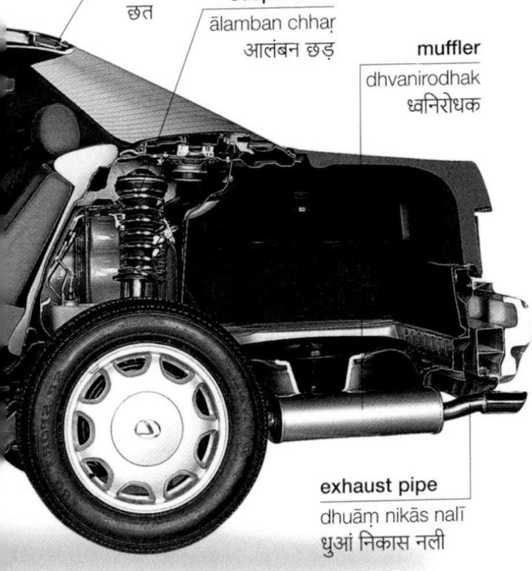
roof
chhat
छत
suspension
ālamban chhaṛ
आलंबन छड़
muffler
dhvanirodhak
ध्वनिरोधक
exhaust pipe
dhuāṃ nikās nalī
धुआं निकास नली

vocabulary • śabdāvalī • शब्दावली

car accident
kār durghaṭnā
कार दुर्घटना

breakdown
brek ḍāun
ब्रेक डाउन

insurance
bīmā
बीमा

tow truck
ṭo ṭrak
टो ट्रक

mechanic
maikenik
मैकेनिक

tire pressure
ṭāyar preśar
टायर प्रेशर

fuse box
fyūz boks
फ़्यूज़ बॉक्स

spark plug
spārk plag
स्पार्क प्लग

fan belt
fain belṭ
फ़ैन बेल्ट

turbocharger
ṭarbo chārjar
टर्बो चार्जर

distributor
vitrak
वितरक

chassis
chesis
चेसिस

parking brake
haiṇḍ brek
हैंड ब्रेक

alternator
pratyāvartak
प्रत्यावर्तक

cam belt
kem belṭ
केम बेल्ट

timing
ṭāimiṅg
टाइमिंग

gas tank
peṭrol ṭaṅkī
पेट्रोल टंकी

My car won't start.
merī kār sṭārṭ nahīṃ ho rahī
मेरी कार स्टार्ट नही हो रही।

My car has broken down.
merī gāṛī ḳharāb ho gaī hai
मेरी गाड़ी खराब हो गई है।

motorcycle • moṭarbāik • मोटरबाइक

turn signal
saṅketak
संकेतक
speedometer
gatimāpak
गतिमापक
brake
brek
ब्रेक
clutch
klach
क्लच
horn
horn
हॉर्न
throttle
gati niyantrak
गति नियंत्रक

controls
niyantraṇ yantr | नियंत्रण यंत्र

helmet
hailmeṭ
हैलमेट

carrier
samvāhak
संवाहक

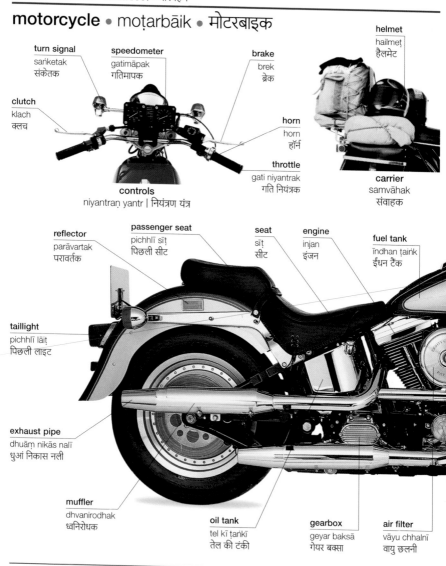

reflector
parāvartak
परावर्तक
passenger seat
pichhlī sīṭ
पिछली सीट
seat
sīṭ
सीट
engine
injan
इंजन
fuel tank
īndhan ṭaiṅk
ईंधन टैंक
taillight
pichhlī lāiṭ
पिछली लाइट
exhaust pipe
dhuāṃ nikās nalī
धुआं निकास नली
muffler
dhvanirodhak
ध्वनिरोधक
oil tank
tel kī ṭaṅkī
तेल की टंकी
gearbox
geyar baksā
गेयर बक्सा
air filter
vāyu chhalnī
वायु छलनी

visor
hailmeṭ kā śīśā
हैलमेट का शीशा
leathers
laidar vastr
लैदर वस्त्र
knee pad
nī paiḍ
नी पैड
reflector strap
parāvartak paṭṭī
परावर्तक पट्टी

clothing | vastr | वस्त्र

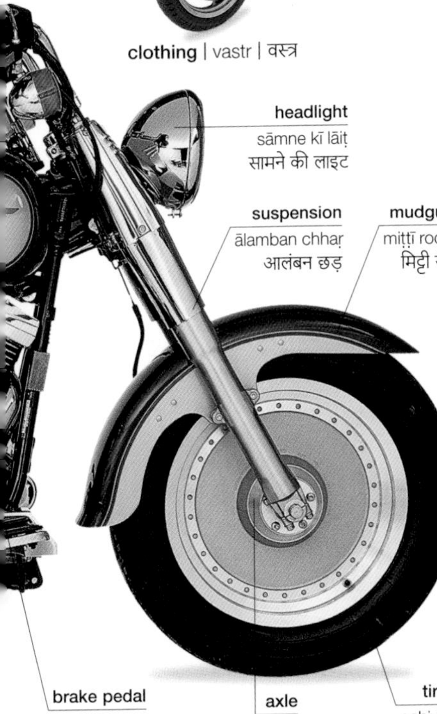
headlight
sāmne kī lāiṭ
सामने की लाइट
suspension
ālamban chhaṛ
आलंबन छड़
mudguard
miṭṭī rodhak
मिट्टी रोधक
brake pedal
brek paiḍal
ब्रेक पैडल
axle
dhurī
धुरी
tire
pahiyā
पहिया

types • prakār • प्रकार

racing bike | resiṅg bāik | रेसिंग बाइक

windshield
vinḍśīlḍ
विंडशील्ड

tourer | moṭar sāikil | मोटर साइकिल

dirt bike | ḍarṭ bāik | डर्ट बाइक

stand
sṭainḍ | स्टैंड

scooter | skūṭar | स्कूटर

bicycle • sāikil • साइकिल

tandem | do sīṭoṃ vālī sāikil
दो सीटों वाली साइकिल

racing bike
resiṅg bāik
रेसिंग बाइक

mountain bike
māunṭen bāik
माउंटेन बाइक

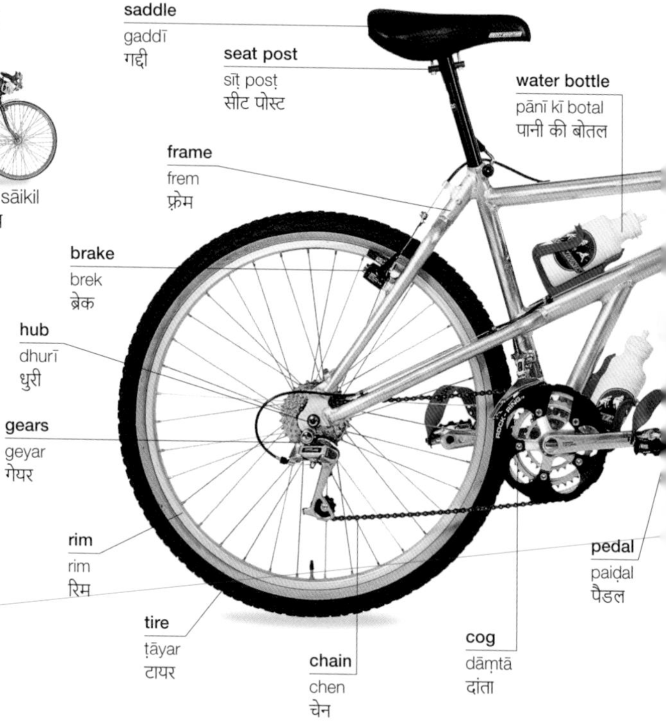
saddle
gaddī
गद्दी
seat post
sīṭ posṭ
सीट पोस्ट
water bottle
pānī kī botal
पानी की बोतल
frame
frem
फ़्रेम
brake
brek
ब्रेक
hub
dhurī
धुरी
gears
geyar
गेयर
rim
rim
रिम
pedal
paiḍal
पैडल
tire
ṭāyar
टायर
chain
chen
चेन
cog
dāṃtā
दांता

touring bike
ṭūriṅg bāik | टूरिंग बाइक

helmet
hailmeṭ
हैलमेट

road bike
roḍ bāik | रोड बाइक

bike lane | sāikil len | साइकिल लेन

crossbar
krosbār
क्रॉसबार
handlebar
haiṇḍal
हैंडल
gear lever
geyar līvar
गेयर लीवर
brake lever
brek līvar
ब्रेक लीवर
fork
chimṭā
चिमटा
spoke
tīlī
तीली
wheel
pahiyā
पहिया
valve
vālv
वाल्व
tread
ṭāyar par ḍizāin
टायर पर डिज़ाइन

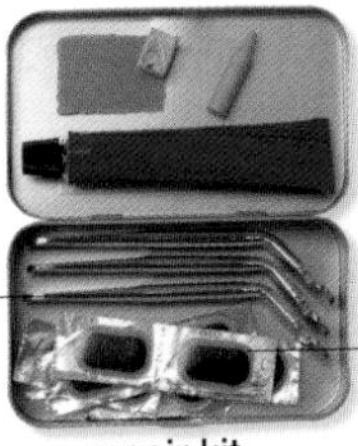
tire lever
ṭāyar līvar
टायर लीवर
patch
ṭyūb chippī
ट्यूब चिप्पी

repair kit
marammat kā sāmān | मरम्मत का सामान

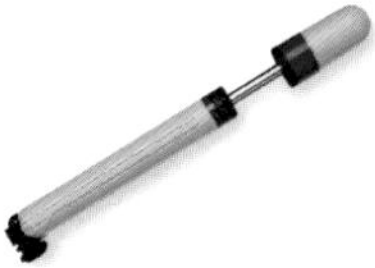

pump
pamp
पंप

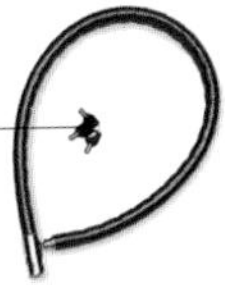
key
chābī
चाबी

lock
tālā
ताला

inner tube
bhītrī ṭyūb
भीतरी ट्यूब

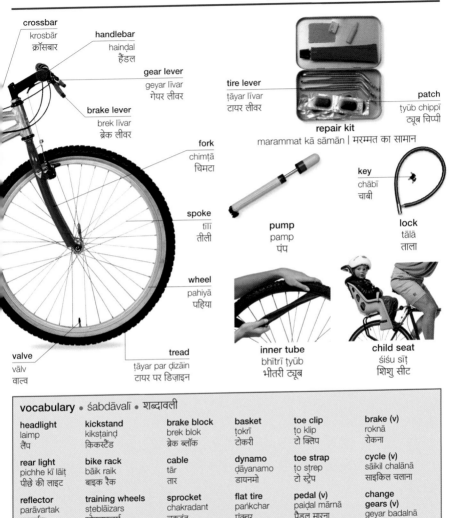

child seat
śiśu sīṭ
शिशु सीट

vocabulary • śabdāvalī • शब्दावली

headlight laimp लैंप	**kickstand** kiksṭaiṇḍ किकस्टैंड	**brake block** brek blok ब्रेक ब्लॉक	**basket** ṭokrī टोकरी	**toe clip** ṭo klip टो क्लिप	**brake (v)** roknā रोकना
rear light pichhe kī lāiṭ पीछे की लाइट	**bike rack** bāik raik बाइक रैक	**cable** tār तार	**dynamo** ḍāyanamo डायनमो	**toe strap** ṭo sṭrep टो स्ट्रेप	**cycle (v)** sāikil chalānā साइकिल चलाना
reflector parāvartak परावर्तक	**training wheels** sṭeblāizars स्टेबलाइज़र्स	**sprocket** chakradant चक्रदंत	**flat tire** paṅkchar पंक्चर	**pedal (v)** paiḍal mārnā पैडल मारना	**change gears (v)** geyar badalnā गेयर बदलना

train • relgāṛī • रेलगाड़ी

railcar
relgāṛī ḍibbā
रेलगाड़ी डिब्बा

cart
trolī
ट्रॉली

platform number
pletform saṃkhyā
प्लेटफ़ॉर्म संख्या

commuter
yātrī
यात्री

platform
pletform
प्लेटफ़ॉर्म

train station | relve sṭeśan | रेलवे स्टेशन

types of train • relgaṛī ke prakār • रेलगाड़ी के प्रकार

steam train | bhāp chālit relgāṛī
भाप चालित रेलगाड़ी

engine
injan
इंजन

engineer's cab
chālak kakṣ
चालक कक्ष

rail
paṭrī
पटरी

diesel train | ḍīzal relgāṛī | डीज़ल रेलगाड़ी

electric train
vidyut relgāṛī | विद्युत रेलगाड़ी

high-speed train
tez gati relgāṛī | तेज़ गति रेलगाड़ी

monorail | ekpaṭrī relgāṛī
एकपटरी रेलगाड़ी

subway | bhūmigat relgāṛī
भूमिगत रेलगाड़ी

tram
ṭrām | ट्राम

freight train
mālgāṛī | मालगाड़ी

luggage rack
sāmān kī jagah
सामान की जगह
window
khiṛkī
खिड़की
track
paṭrī
पटरी
door
darvāzā
दरवाज़ा
seat
sīṭ
सीट

compartment | ḍibbā | डिब्बा

ticket gates
ṭikaṭ bairiyar | टिकट बैरियर

ticket
ṭikaṭ | टिकट

dining car | bhojanyān | भोजनयान

public address system
jan sūchnā praṇālī
जन सूचना प्रणाली
schedule
samaya sārṇī
समय-सारणी

concourse | relve parisar | रेलवे परसिर

sleeping compartment
śayan yān | शयन यान

vocabulary • śabdāvalī • शब्दावली

railroad network
rel neṭvark
रेल नेटवर्क

express train
antar nagarīya relgāṛī
अंतर नगरीय रेलगाड़ी

rush hour
vyast samaya
व्यस्त समय

subway map
bhūmigat nakśā
भूमिगत नक़्शा

delay
vilamb
विलंब

fare
kirāyā
किराया

ticket office
ṭikaṭ ghar
टिकट घर

ticket inspector
ṭikaṭ nirīkṣak
टिकट निरीक्षक

transfer (v)
badalnā
बदलना

live rail
chālū paṭrī
चालू पटरी

signal
signal
सिग्नल

emergency lever
āpātkālīn līvar
आपातकालीन लीवर

aircraft • vāyuyān • वायुयान

airliner • yātrī vimān • यात्री विमान

cockpit
chālak kakṣ
चालक कक्ष

exit
nikās dvār
निकास द्वार

engine
injan
इंजन

fuselage
fyūzilej
फ़्यूज़िलेज

wing
paṅkh
पंख

tail
sirā
सिरा

rudder
raḍar | रडर

nose
agra bhāg
अग्र भाग

nosewheel
nāsā pahiyā
नासा पहिया

landing gear
lainḍiṅg giyar
लैंडिंग गियर

aileron
pichhlī patvār
पिछली पतवार

fin
paṅkh
पंख

tailplane
pichhlā samtal paṅkh
पिछला समतल पंख

cabin • kebin • केबिन

emergency exit
āpātkālīn nikās
आपातकालीन निकास

flight attendant
vimān parichārikā
विमान परिचारिका

overhead bin
ūprī lokar
ऊपरी लॉकर

window
khiṛkī
खिड़की

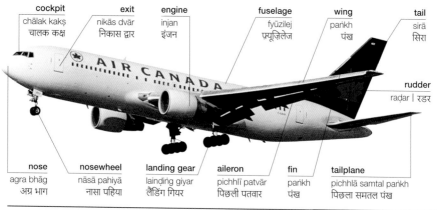

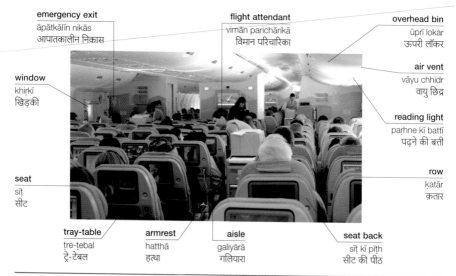

air vent
vāyu chhidr
वायु छिद्र

reading light
paṛhne kī battī
पढ़ने की बत्ती

seat
sīṭ
सीट

row
ḳatār
क़तार

tray-table
ṭre-ṭebal
ट्रे-टेबल

armrest
hatthā
हत्था

aisle
galiyārā
गलियारा

seat back
sīṭ kī pīṭh
सीट की पीठ

ultralight
māikrolāiṭ
माइक्रोलाइट

glider
glāiḍar
ग्लाइडर

biplane
bāiplen
बाइप्लेन

propeller
chālak yantr
चालक यंत्र

hot-air balloon
garm havā kā gubbārā
गर्म हवा का गुब्बारा

light aircraft
halkā vayuyān
हल्का वायुयान

seaplane
naukā vimān
नौका विमान

private jet
nijī vimān | निजी विमान

fighter plane
laṛākū vimān | लड़ाकू विमान

missile
misāil | मिसाइल

rotor blade
roṭar bleḍ
रोटर ब्लेड

helicopter
hailīkopṭar | हैलीकॉप्टर

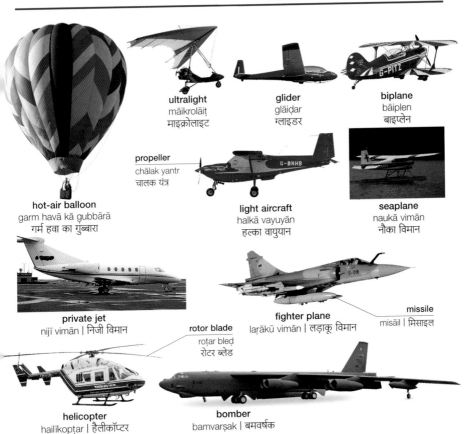

bomber
bamvarṣak | बमवर्षक

vocabulary • śabdāvalī • शब्दावली

pilot
vimān chālak
विमान चालक

copilot
sah-vimān chālak
सह-विमान चालक

take off (v)
uṛān bharnā
उड़ान भरना

fly (v)
uṛnā
उड़ना

land (v)
utarnā
उतरना

altitude
ūṃchāī
ऊंचाई

economy class
sāmānya śreṇī
सामान्य श्रेणी

business class
vyāvasāyik śreṇī
व्यावसायिक श्रेणी

carry-on luggage
hāth kā sāmān
हाथ का सामान

seat belt
sīṭ belṭ
सीट बेल्ट

airport • havāī aḍḍā • हवाई अड्डा

apron
epran
एप्रन

baggage trailer
sāmān gāṛī
सामान गाड़ी

terminal
ṭarminal
टर्मिनल

service vehicle
sevā vāhan
सेवा वाहन

jetway
mārg
मार्ग

airliner | vāyuyān | वायुयान

vocabulary • śabdāvalī • शब्दावली

runway
havāī paṭṭī
हवाई पट्टी

international flight
antarrāṣṭrīya uṛān
अंतरराष्ट्रीय उड़ान

domestic flight
gharelū uṛān
घरेलू उड़ान

connection
sanyojan
संयोजन

flight number
uṛān nambar
उड़ान नंबर

immigration
āpravās
आप्रवास

customs
sīmā śulk
सीमा शुल्क

excess baggage
atirikt sāmān
अतिरिक्त सामान

baggage carousel
sāmān kī chal paṭṭī
सामान की चल पट्टी

security
surakṣā
सुरक्षा

x-ray machine
eks-re maśīn
एक्स-रे मशीन

travel brochure
paryaṭan sūchnā pustikā
पर्यटन सूचना पुस्तिका

vacation
chhuṭṭiyāṃ
छुट्टियां

check in (v)
chek in
चेक इन

control tower
niyantraṇ ṭovar
नियंत्रण टॉवर

book a flight (v)
uṛān buk karnā
उड़ान बुक करना

carry-on luggage
hāth kā sāmān
हाथ का सामान

luggage
sāmān
सामान

cart
ṭrolī
ट्रॉली

check-in desk
chek-in ḍesk
चेक-इन डेस्क

visa
vīzā
वीज़ा

passport | pāsporṭ | पासपोर्ट

passport control
pāsporṭ kanṭrol
पासपोर्ट कंट्रोल

boarding pass
borḍiṅg pās
बोर्डिंग पास

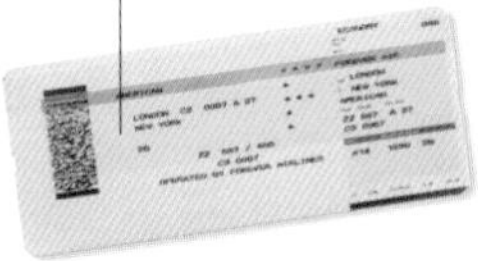

ticket
ṭikaṭ
टिकट

gate number
dvār saṃkhyā
द्वार संख्या

departures
prasthān
प्रस्थान

departure lounge
prasthān kakṣ | प्रस्थान कक्ष

destination
gantavya sthān
गंतव्य स्थान

arrivals
āgman
आगमन

information screen
sūchnā skrīn | सूचना स्क्रीन

duty-free shop
śulk mukt dukān
शुल्क मुक्त दुकान

baggage claim
sāmān vāpsī
सामान वापसी

taxi stand
ṭaiksī ḳatār
टैक्सी-क़तार

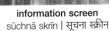

car rental
kirāe kī kār
किराए की कार

ship • jahāz • जहाज़

radio antenna
reḍiyo enṭīnā
रेडियो एंटीना
radar
rāḍār
राडार
deck
ḍek
डेक
funnel
chimnī
चिमनी
quarterdeck
kvārṭar ḍek
क्वार्टर डेक
prow
potāgr
पोताग्र
Plimsoll mark
tal rekhā
तल रेखा
porthole
gavākṣ
गवाक्ष
hull
peṭā
पेटा
lifeboat
rakṣā naukā
रक्षा नौका
keel
nautal
नौतल
propeller
chālak yantr
चालक यंत्र

ocean liner | samudrī jahāz | समुद्री जहाज़

bridge
potādhikārī kakṣ
पोताधिकारी कक्ष

engine room
injan kakṣ
इंजन कक्ष

cabin
kaibin | कैबिन

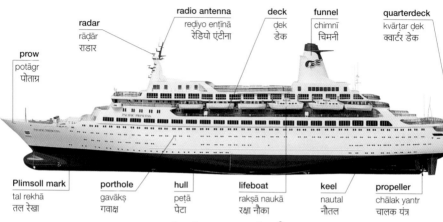

galley
pot | पोत

vocabulary • śabdāvalī • शब्दावली

dock
dok
डॉक

port
bandargāh
बंदरगाह

gangway
mārgikā
मार्गिका

anchor
laṅgar
लंगर

bollard
rakṣā stambh
रक्षा-स्तंभ

windlass
charkhī
चरखी

captain
kaptān
कप्तान

speedboat
moṭar naukā
मोटर नौका

rowboat
chappū vālī nāv
चप्पू वाली नाव

canoe
ḍoṅgī
डोंगी

other ships • anya jahāz • अन्य जहाज़

ferry | yātrī vāhak jahāz | यात्री वाहक जहाज़

outboard motor
āuṭborḍ moṭar
आउटबोर्ड मोटर

inflatable dinghy | havā bharī ḍoṅgī | हवा भरी डोंगी

hydrofoil | jal patrak
जल पत्रक

yacht
krīṛā naukā | क्रीड़ा नौका

catamaran
donāvā | दोनावा

tugboat
karṣ naukā | कर्ष नौका

hovercraft
hovar krāfṭ | होवर क्राफ़्ट

container ship
māl pot | माल पोत

rigging
sāj sāmān
साज सामान

sailboat
pāl naukā | पाल नौका

hold
māl kakṣ
माल कक्ष

freighter | mālvāhak
मालवाहक

oil tanker
tel pot | तेल पोत

aircraft carrier | vāyuyān vāhak | वायुयान वाहक

battleship
jaṅgī jahāz | जंगी जहाज़

conning tower
chālak kakṣ
चालक कक्ष

submarine
panḍubbī | पनडुब्बी

port • bandargāh • बंदरगाह

warehouse
mālgodām
मालगोदाम

crane
kren
क्रेन

forklift
kren
क्रेन

access road
praveś mārg
प्रवेश मार्ग

customs house
sīmā śulk chaukī
सीमा शुल्क चौकी

dock
godī
गोदी

container
māl ḍibbā
माल डिब्बा

quay
jahāz ghāṭ
जहाज़ घाट

cargo
kārgo
कार्गो

container port | māl vāhak bandargāh
माल वाहक बंदरगाह

ferry terminal
yātrī jahāz ṭarminal
यात्री जहाज़ टर्मिनल

ferry
yātrī jahāz
यात्री जहाज़

ticket office
ṭikaṭ ghar
टिकट घर

passenger
yātrī
यात्री

passenger port
yātrī bandargāh | यात्री बंदरगाह

net
jāl
जाल

fishing boat
machhuārī nāv
मछुआरी नाव

fishing port | matsya bandargāh | मत्स्य बंदरगाह

mooring
laṅgargāh
लंगरगाह

marina | taṭvartī ḳasbā | तटवर्ती क़स्बा

harbor | bandargāh | बंदरगाह

pier | potghāṭ | पोतघाट

jetty | jeṭī | जेटी

shipyard | pot nirmāṇ ghāṭ
पोत निर्माण घाट

lamp
laimp
लैंप

lighthouse | prakāś stambh | प्रकाश स्तंभ

buoy
boyā | बोया

vocabulary • śabdāvalī • शब्दावली

coast guard
taṭrakṣak
तटरक्षक

harbor master
bandargāh pramukh
बंदरगाह प्रमुख

drop anchor (v)
laṅgar ḍālnā
लंगर डालना

dry dock
sūkhā bandargāh
सूखा बंदरगाह

moor (v)
nāv bāṅdhnā
नाव बांधना

dock (v)
bandargāh meṃ lānā
बंदरगाह में लाना

board (v)
chaṛhnā
चढ़ना

disembark (v)
jahāz se utarnā
जहाज़ से उतरना

set sail (v)
yātrā ārambh karnā
यात्रा आरंभ करना

DUNLOP
DDH III
4
DUNLOP
MOLITOR
ULTRA
3
TOUR
EDITION
1
ProStaff
4
TOP-FLITE
HOT XL
4
ProStaff
4
RAM TOUR
1
MAXFLI
TOP-FLITE
STRATA
3
DISTANCE

sports
khelkūd
खेलकूद

football • fuṭbol • फ़ुटबॉल

goalpost
gol posṭ
गोल पोस्ट

sideline
sāiḍ lāin
साइड लाइन

referee
refrī
रेफ़री

goal line
gol lāin
गोल लाइन

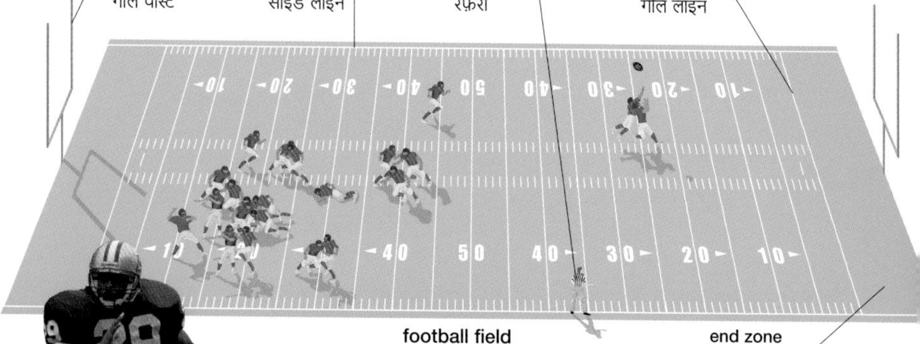

football field
fuṭbol kā maidān | फ़ुटबॉल का मैदान

end zone
samāpti kṣetr
समाप्ति क्षेत्र

football
fuṭbol | फ़ुटबॉल

pads
paid | पैड

helmet
hailmeṭ | हैलमेट

cleat
jūtā
जूता

football player
fuṭbol khilāṛī
फ़ुटबॉल खिलाड़ी

tackle (v)
pratirodh karnā | प्रतिरोध करना

pass (v)
pās denā | पास देना

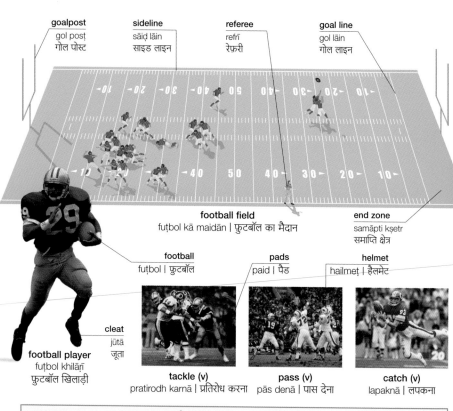

catch (v)
lapaknā | लपकना

vocabulary • śabdāvalī • शब्दावली

time out
samaya samāpt
समय समाप्त

fumble
binā soche kik mārnā
बिना सोचे किक मारना

team
ṭīm
टीम

attack
hamlā
हमला

defense
bachāv
बचाव

score
skor
स्कोर

cheerleader
protsāhak ṭīm netā
प्रोत्साहक टीम नेता

touchdown
gend se zamīn chhūnā
गेंद से ज़मीन छूना

What is the score?
kyā skor huā hai?
क्या स्कोर हुआ है?

Who is winning?
kaun jīt rahā hai?
कौन जीत रहा है?

rugby • ragbī • रग्बी

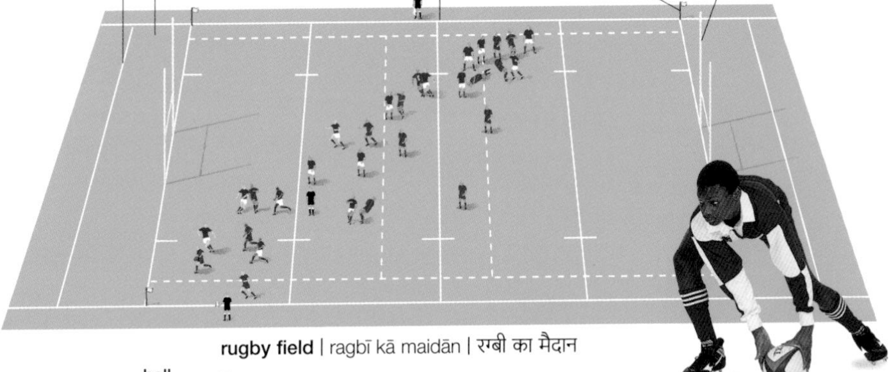
dead ball line
ḍeḍ bol lāin
डेड बॉल लाइन
in-goal area
gol kā kṣetr
गोल का क्षेत्र
touch line
pārśv rekhā
पार्श्व रेखा
flag
jhanḍā
झंडा
goal
gol
गोल

rugby field | ragbī kā maidān | रग्बी का मैदान

throw (v)
bol pheṃknā
बॉल फेंकना

ball
bol
बॉल

kick (v)
kik mārnā
किक मारना

rugby uniform
ragbī sṭrip
रग्बी स्ट्रिप

pass (v)
bol ek-dūsre ko denā
बॉल एक-दूसरे को देना

tackle (v)
pratirodh karnā
प्रतिरोध करना

try
ṭrāi
ट्राइ

player
khilāṛī
खिलाड़ी

ruck | khilāṛiyoṃ kā dal | खिलाड़ियों का दल

scrum | bol ko ghernā | बॉल को घेरना

soccer • sokar • सॉकर

soccer ball
fuṭbol
फुटबॉल

forward
agrim paṅkti kā khilāṛī
अग्रिम पंक्ति का खिलाड़ी

referee
refrī
रेफ़री

center circle
kendrīya gherā
केंद्रीय घेरा

goalkeeper
golkīpar
गोलकीपर

soccer uniform
fuṭbol sṭrip
फुटबॉल स्ट्रिप

soccer player
fuṭbolar
फुटबॉलर

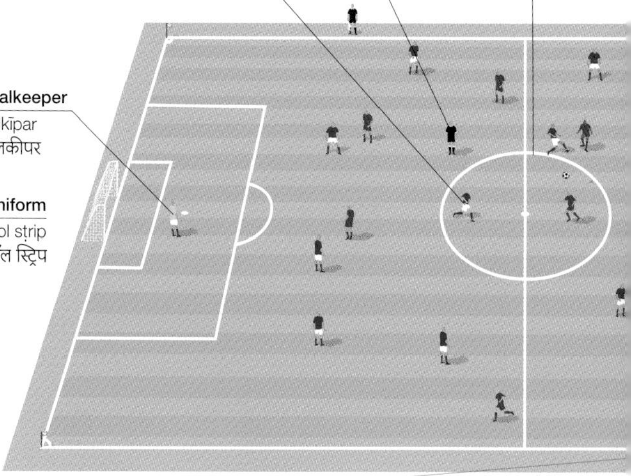

soccer field
fuṭbol maidān | फुटबॉल मैदान

goalpost
gol posṭ
गोल पोस्ट

net
jāl
जाल

crossbar
krosbār
क्रॉसबार

goal | gol | गोल

dribble (v) | gend dhakelnā
गेंद धकेलना

head (v)
sir se mārnā | सिर से मारना

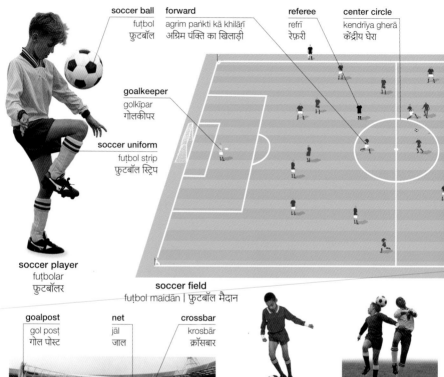

wall
pratirakṣak
paṅkti
प्रतिरक्षक पंक्ति

free kick | frī kik | फ़्री किक

penalty area
penaltī kṣetr
पेनल्टी क्षेत्र

goal line
gol sīmā
गोल सीमा

goal area
gol kṣetr
गोल क्षेत्र

goal
gol
गोल

defender
pratirakṣak
प्रतिरक्षक

linesman
lāins main
लाइन्स मैन

corner flag
kornar jhaṇḍā
कॉर्नर-झंडा

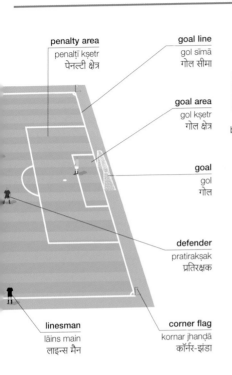

throw-in
bol pheṃknā | बॉल फेंकना

kick (v) | kik mārnā
किक मारना

cleat
jūtā
जूता

pass (v) | pās denā
पास देना

shoot (v) | zor se
mārnā | ज़ोर से मारना

save (v) | gol roknā
गोल रोकना

tackle (v) | pratirodh karnā
प्रतिरोध करना

---

vocabulary • śabdāvalī • शब्दावली

stadium
sṭeḍiyam
स्टेडियम

foul
niyam ullaṅghan
नियम उल्लंघन

yellow card
pīlā kārḍ
पीला कार्ड

league
līg
लीग

extra time
atirikt samaya
अतिरिक्त समय

score a goal (v)
gol dāgnā
गोल दाग़ना

corner
kornar
कॉर्नर

offside
of sāiḍ
ऑफ़ साइड

tie
anirṇit maich
अनिर्णित मैच

substitute
vaikalpik khilāṛī
वैकल्पिक खिलाड़ी

penalty
penalṭī
पैनल्टी

red card
lāl kārḍ
लाल कार्ड

send off
seṇḍ of
सेंड ऑफ़

halftime
ādhā vaḳt
आधा वक़्त

substitution
vikalp bulānā
विकल्प बुलाना

hockey • hokī • हॉकी

ice hockey • āis hokī • आइस हॉकी

goal line
gol lāin
गोल लाइन
attack zone
ākramaṇ kṣetr
आक्रमण क्षेत्र
neutral zone
taṭasth kṣetr
तटस्थ क्षेत्र
defending zone
rakṣā kṣetr
रक्षा क्षेत्र
goalkeeper
golkīpar
गोलकीपर
goal
gol
गोल
face-off circle
fes of sarkal
फ़ेस ऑफ़ सर्कल
center circle
kendrīya gherā
केंद्रीय घेरा

ice hockey rink
āis hokī kā maidān
आइस हॉकी का मैदान

pad
paiḍ
पैड
glove
dastānā
दस्ताना
ice skate
āis skeṭ
आइस स्केट
stick
sṭik | स्टिक
puck
ḍisk | डिस्क

ice hockey player | āis hokī khilāṛī
आइस हॉकी खिलाड़ी

field hockey • fīlḍ hokī • फ़ील्ड हॉकी

hockey stick
hokī sṭik
हॉकी स्टिक
ball
bol
बॉल

skate (v) | skeṭiṅg karnā | स्केटिंग करना

hit (v)
bol mārnā | बॉल मारना

cricket • kriket̩ • क्रिकेट

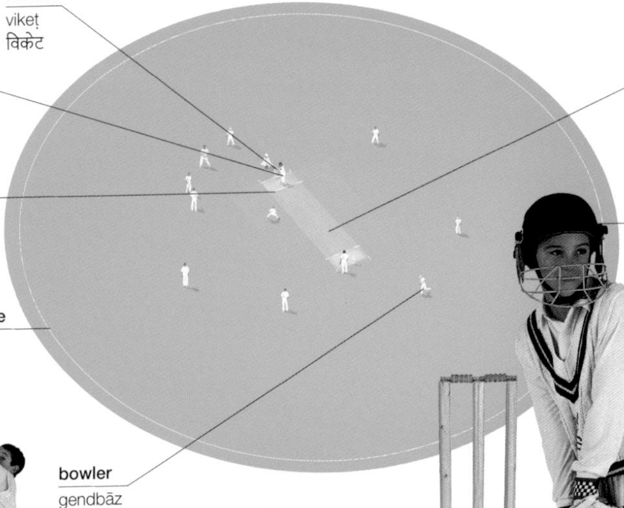
wicket
viket̩
विकेट
batsman
ballebāz
बल्लेबाज़
crease
krīz
क्रीज़
boundary line
sīmā rekhā
सीमा रेखा
bowler
gendbāz
गेंदबाज़
pitch
pich
पिच
face mask
hailmet̩
हैलमेट
stump
st̩amp
स्टंप
leg pad
paid̩
पैड
bat
ballā
बल्ला

cricket player
kriket̩ khilāṛī | क्रिकेट खिलाड़ी

bowl (v)
gendbāzī karnā
गेंदबाज़ी करना

bat (v)
ballebāzī karnā | बल्लेबाज़ी करना

cricket ball
kriket̩ gend
क्रिकेट गेंद

field (v) | fīld̩iṅg karnā | फ़ील्डिंग करना

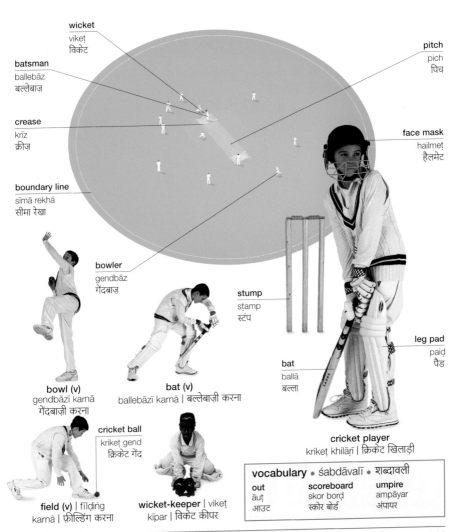

wicket-keeper | viket̩ kīpar | विकेट कीपर

vocabulary • śabdāvalī • शब्दावली

out āut̩ आउट	**scoreboard** skor bord̩ स्कोर बोर्ड	**umpire** ampāyar अंपायर

basketball • bāsket bol • बास्केट बॉल

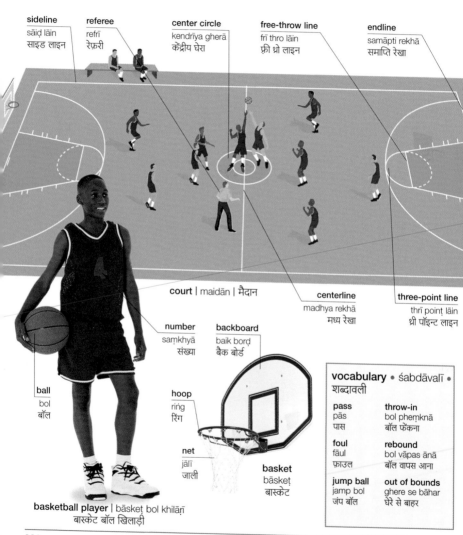

sideline
sāiḍ lāin
साइड लाइन
referee
refrī
रेफ़री
center circle
kendrīya gherā
केंद्रीय घेरा
free-throw line
frī thro lāin
फ़्री थ्रो लाइन
endline
samāpti rekhā
समाप्ति रेखा
court | maidān | मैदान
centerline
madhya rekhā
मध्य रेखा
three-point line
thrī poinṭ lāin
थ्री पॉइन्ट लाइन

number
saṃkhyā
संख्या
ball
bol
बॉल
basketball player | bāsket bol khilāṛī
बास्केट बॉल खिलाड़ी

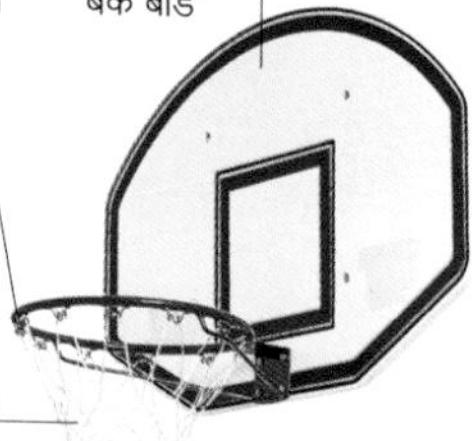
backboard
baik borḍ
बैक बोर्ड
hoop
riṅg
रिंग
net
jālī
जाली
basket
bāskeṭ
बास्केट

vocabulary • śabdāvalī • शब्दावली

pass
pās
पास

foul
fāul
फ़ाउल

jump ball
jamp bol
जंप बॉल

throw-in
bol pheṃknā
बॉल फेंकना

rebound
bol vāpas ānā
बॉल वापस आना

out of bounds
ghere se bāhar
घेरे से बाहर

actions • gatividhiyāṃ • गतिविधियां

throw (v)
bol pheṃknā
बॉल फेंकना

catch (v)
bol pakaṛnā
बॉल पकड़ना

shoot (v)
gol mārnā
गोल मारना

jump (v)
kūdnā
कूदना

mark (v) | bol niśāne par mārnā | बॉल निशाने पर मारना

block (v) | bol roknā | बॉल रोकना

dribble (v) | ṭappā mārnā | टप्पा मारना

dunk (v) | bol bāskeṭ meṃ ḍālnā | बॉल बास्केट में डालना

volleyball • volībol • वॉलीबॉल

block (v)
bol roknā
बॉल रोकना

net
jāl
जाल

dig (v)
bol lapakne ko taiyār rahnā
बॉल लपकने को तैयार रहना

referee
refrī
रेफ़री

knee support
nī saporṭ
नी सपोर्ट

court | maidān | मैदान

baseball • besbol • बेसबॉल

field • maidān • मैदान

left field
left fīlḍ
लेफ्ट फ़ील्ड

infield
in fīlḍ
इन फ़ील्ड

center field
senṭar fīlḍ
सेंटर फ़ील्ड

bat
ballā
बल्ला

helmet
hailmeṭ
हैलमेट

baseman
besmain
बेसमैन

pitcher's mound
pichar kā sthān
पिचर का स्थान

home plate
vāpas apne sthān par pahuṃchnā
वापस अपने स्थान पर पहुंचना

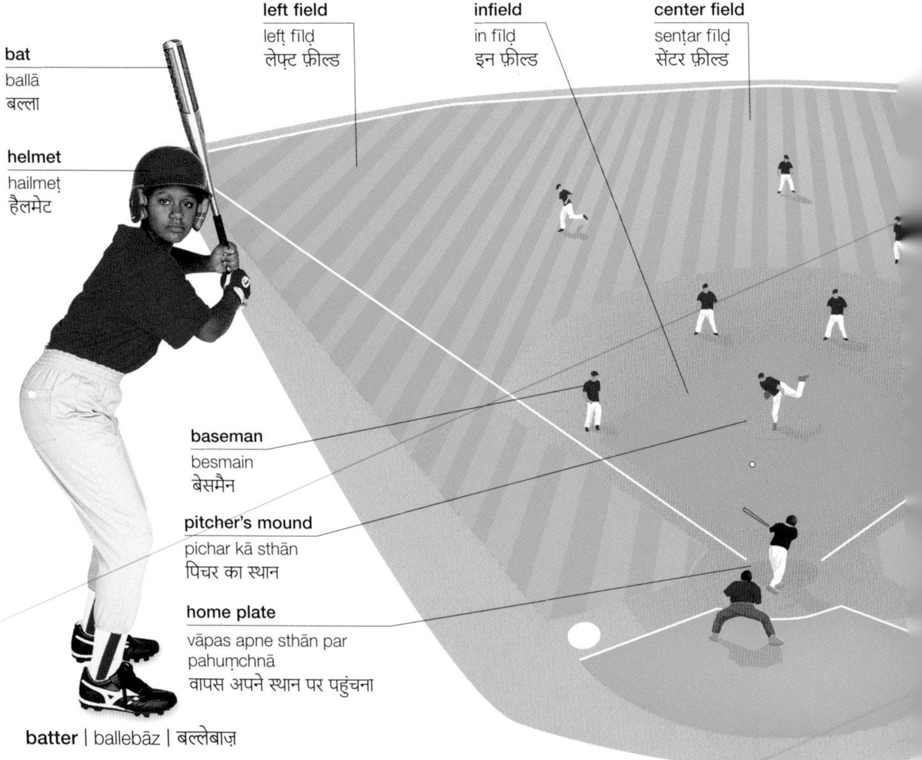

batter | ballebāz | बल्लेबाज़

---

vocabulary • śabdāvalī • शब्दावली

inning	**safe**	**foul ball**
pārī	surakṣit	fāul gend
पारी	सुरक्षित	फ़ाउल गेंद
run	**out**	**strike**
ran	āuṭ	sṭrāik
रन	आउट	स्ट्राइक

ball
gend
गेंद

glove | dastānā
दस्ताना

mask | mukhauṭā
मुखौटा

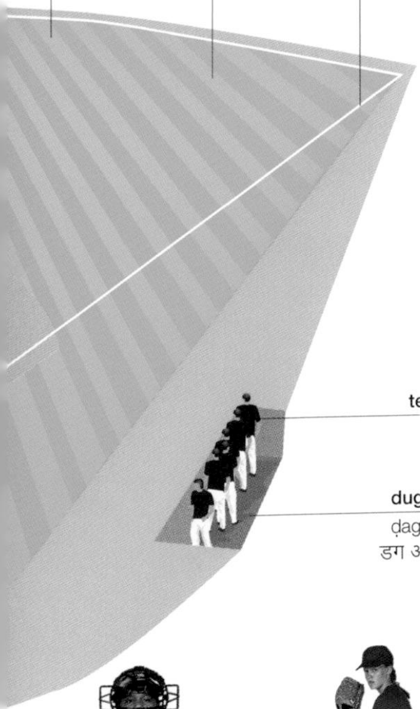
outfield
āuṭ fīlḍ
आउट फ़ील्ड
right field
rāiṭ fīlḍ
राइट फ़ील्ड
foul line
fāul lāin
फ़ाउल लाइन
team
ṭīm
टीम
dugout
ḍag āuṭ
डग आउट

catcher
kaichar | कैचर

pitcher
pichar | पिचर

actions • kriyāeṃ • क्रियाएं

throw (v) | bol pheṃknā
बॉल फेंकना

catch (v) | gend
pakaṛnā | गेंद पकड़ना

run (v)
dauṛnā | दौड़ना

field (v) | fīlḍiṅg karnā
फ़ील्डिंग करना

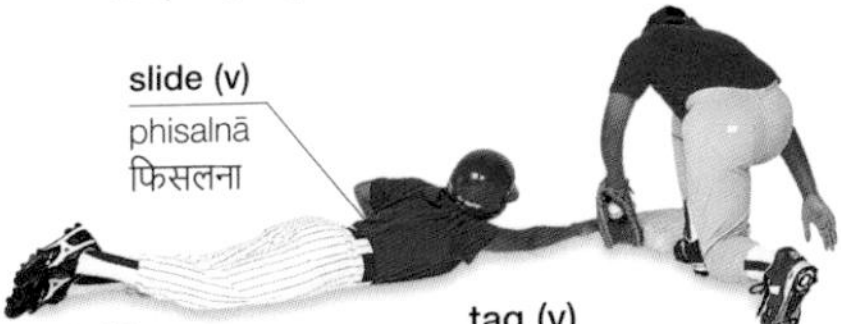
slide (v)
phisalnā
फिसलना
tag (v)
pīchhe dauṛnā | पीछे दौड़ना

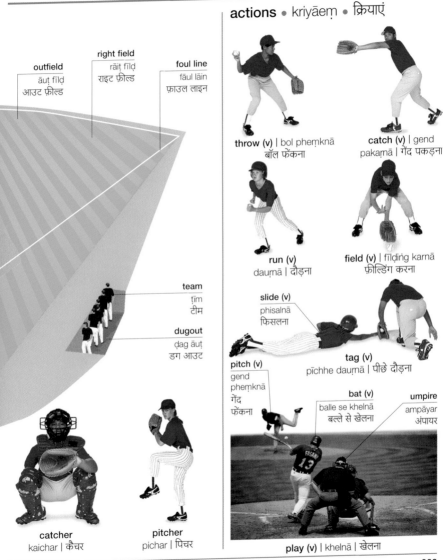

pitch (v)
gend
pheṃknā
गेंद
फेंकना
bat (v)
balle se khelnā
बल्ले से खेलना
umpire
ampāyar
अंपायर
play (v) | khelnā | खेलना

tennis • ṭenis • टेनिस

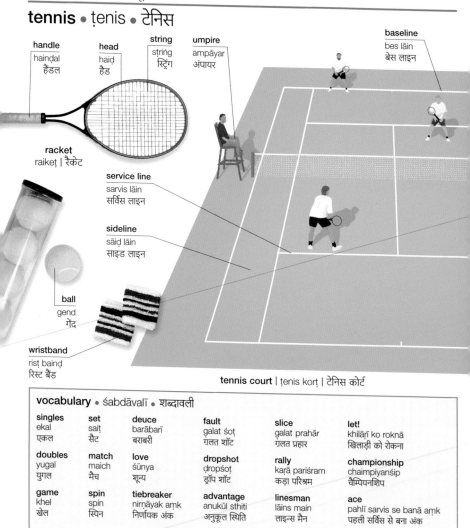

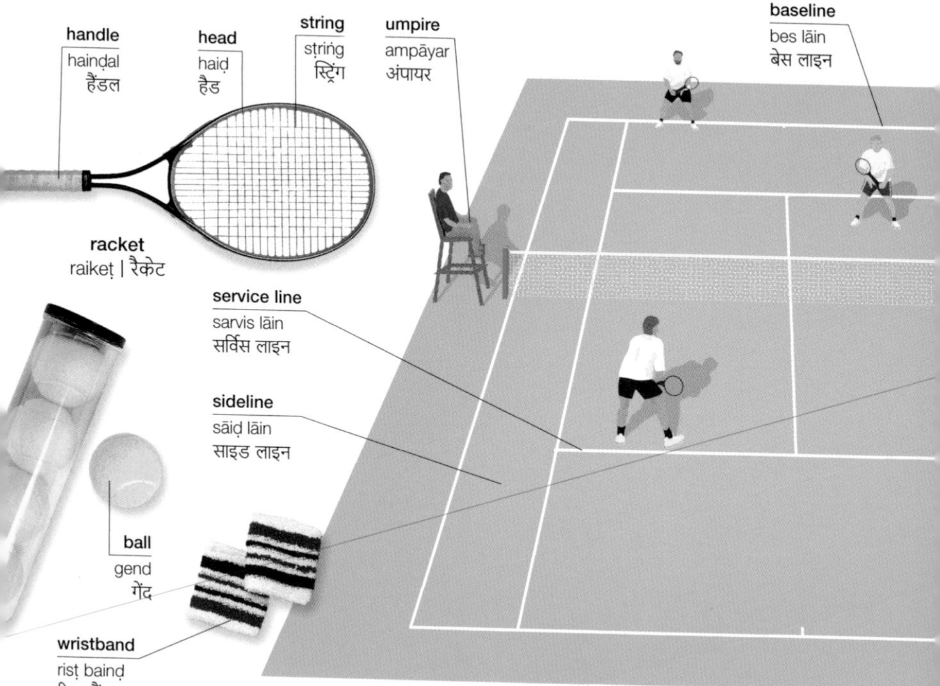
handle
haindal
हैंडल
head
haiḍ
हैड
string
string
स्ट्रिंग
umpire
ampāyar
अंपायर
baseline
bes lāin
बेस लाइन
racket
raikeṭ | रैकेट
service line
sarvis lāin
सर्विस लाइन
sideline
sāiḍ lāin
साइड लाइन
ball
gend
गेंद
wristband
risṭ bainḍ
रिस्ट बैंड

tennis court | ṭenis korṭ | टेनिस कोर्ट

vocabulary • śabdāvalī • शब्दावली

singles
ekal
एकल

doubles
yugal
युगल

game
khel
खेल

set
saiṭ
सैट

match
maich
मैच

spin
spin
स्पिन

deuce
barābarī
बराबरी

love
śūnya
शून्य

tiebreaker
nirṇāyak aṃk
निर्णायक अंक

fault
galat śoṭ
ग़लत शॉट

dropshot
ḍropśoṭ
ड्रॉप शॉट

advantage
anukūl sthiti
अनुकूल स्थिति

slice
galat prahār
ग़लत प्रहार

rally
kaṛā pariśram
कड़ा परिश्रम

linesman
lāins main
लाइन्स मैन

let!
khilāṛī ko roknā
खिलाड़ी को रोकना

championship
chaimpiyanśip
चैम्पियनशिप

ace
pahlī sarvis se banā aṃk
पहली सर्विस से बना अंक

net
neṭ
नेट

smash
zor se mārnā
ज़ोर से मारना

ballboy
bol bvoya
बॉल ब्वॉय

serve (v)
sarvis karnā
सर्विस करना

tennis shoes
ṭenis jūte
टेनिस जूते

player
khilāṛī | खिलाड़ी

strokes • sṭroks • स्ट्रोक्स

serve
sarv | सर्व

volley
volī | वॉली

return
riṭarn | रिटर्न

lob | lob
लोब

forehand
forhainḍ | फ़ोरहैंड

backhand
baikhainḍ | बैकहैंड

racket games • raikeṭ ke khel • रैकेट के खेल

shuttlecock
chiṛiyā
चिड़िया

badminton
baiḍminṭan | बैडमिंटन

paddle
baiṭ
बैट

table tennis
ṭebal ṭenis | टेबल टेनिस

squash
skvaiś | स्क्वैश

racquetball
raikeṭ bol | रैकेट बॉल

golf • golf • गोल्फ़

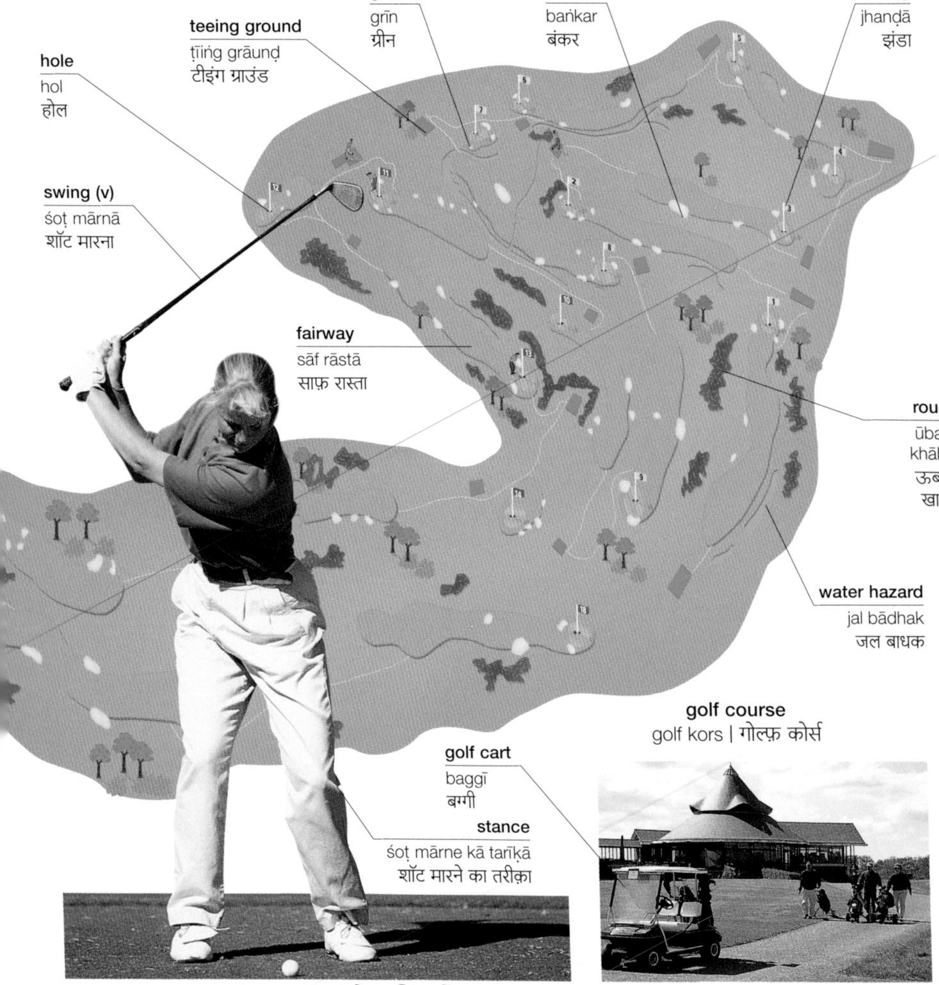
green
grīn
ग्रीन
bunker
baṅkar
बंकर
flag
jhaṇḍā
झंडा
teeing ground
ṭīiṅg grāuṇḍ
टीइंग ग्राउंड
hole
hol
होल
swing (v)
śoṭ mārnā
शॉट मारना
fairway
sāf rāstā
साफ़ रास्ता
water hazard
jal bādhak
जल बाधक
golf course
golf kors | गोल्फ़ कोर्स
golf cart
baggī
बग्गी
stance
śoṭ mārne kā tarīḳā
शॉट मारने का तरीक़ा

golfer | golf khilāṛī | गोल्फ़ खिलाड़ी

clubhouse | klab hāus | क्लब हाउस

equipment • upkaraṇ • उपकरण

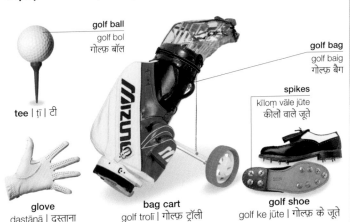

golf ball
golf bol
गोल्फ़ बॉल

tee | ṭī | टी

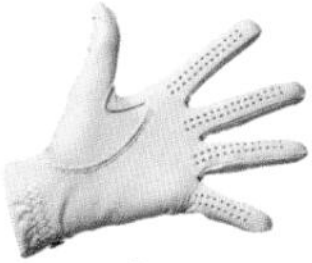

glove
dastānā | दस्ताना

golf bag
golf baig
गोल्फ़ बैग

bag cart
golf trolī | गोल्फ़ ट्रॉली

spikes
kīloṃ vāle jūte
कीलों वाले जूते

golf shoe
golf ke jūte | गोल्फ़ के जूते

golf clubs • golf klab • गोल्फ़ क्लब

wood
vuḍ | वुड

putter
paṭar | पटर

iron
āyaran | आयरन

wedge
vej | वेज

actions • gatividhiyāṃ • गतिविधियां

tee-off (v) | khel ārambh karnā
खेल आरंभ करना

drive (v)
ḍrāiv mārnā
ड्राइव मारना

putt (v) | gend par prahār karnā
गेंद पर प्रहार करना

chip (v)
chip śoṭ lenā
चिप शॉट लेना

vocabulary • śabdāvalī • शब्दावली

par
ausat khel
औसत खेल

under par
nimn khel
निम्न खेल

over par
utkṛṣṭ khel
उत्कृष्ट खेल

hole in one
hol in van
होल इन वन

handicap
haindīkaip
हैंडीकैप

tournament
khel pratiyogitā
खेल प्रतियोगिता

caddy
golf sahāyak
गोल्फ़ सहायक

spectators
darśak
दर्शक

backswing
baiksviṅg
बैकस्विंग

practice swing
praikṭis śoṭ
प्रैक्टिस शॉट

stroke
sṭrok
स्ट्रोक

line of play
khel rekhā
खेल रेखा

track and field • ethleṭiks • एथलेटिक्स

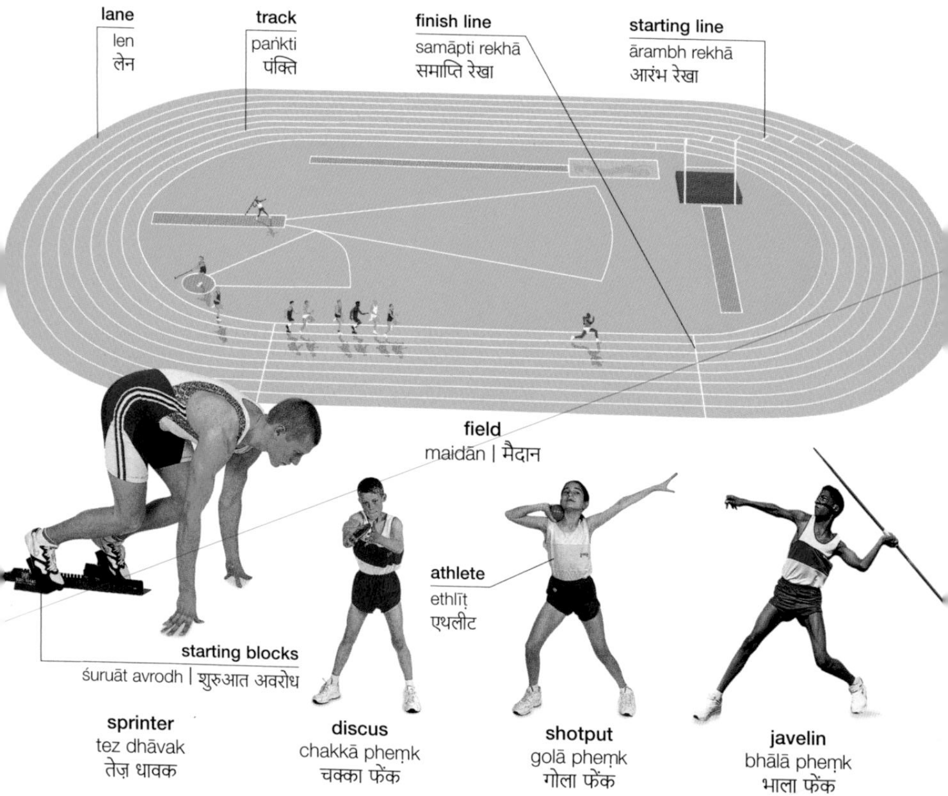
lane
len
लेन
track
paṅkti
पंक्ति
finish line
samāpti rekhā
समाप्ति रेखा
starting line
ārambh rekhā
आरंभ रेखा
field
maidān | मैदान
athlete
ethlīṭ
एथलीट
starting blocks
śuruāt avrodh | शुरुआत अवरोध
sprinter
tez dhāvak
तेज़ धावक
discus
chakkā pheṃk
चक्का फेंक
shotput
golā pheṃk
गोला फेंक
javelin
bhālā pheṃk
भाला फेंक

vocabulary • śabdāvalī • शब्दावली

race daur̤ दौड़	**record** rikorḍ रिकॉर्ड	**photo finish** barābarī kī daur̤ बराबरी की दौड़	**personal best** apnā viśeṣ pradarśan अपना विशेष प्रदर्शन
time samaya समय	**pole vault** bāṃs kūd बांस-कूद	**marathon** mairāthan मैराथन	**break a record (v)** rikorḍ toṛnā रिकॉर्ड तोड़ना

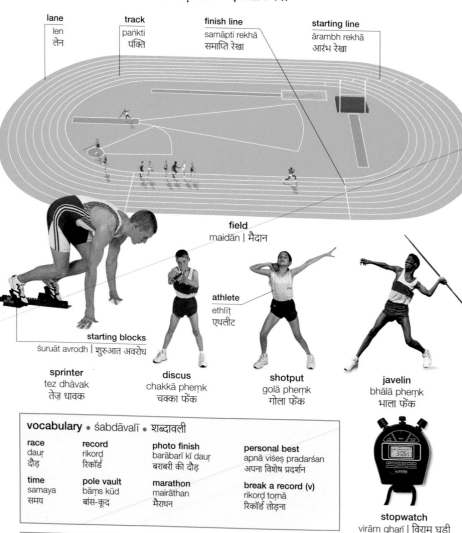

stopwatch
virām ghaṛī | विराम घड़ी

baton
ḍanḍī
डंडी

relay race
rile dauṛ | रिले दौड़

crossbar
chhaṛ
छड़

high jump
ūṃchī kūd | ऊंची कूद

long jump
lambī kūd | लंबी कूद

hurdles | bādhā dauṛ | बाधा दौड़

gymnastics • jimnāsṭik • जिमनास्टिक

springboard
spriṅgborḍ
स्प्रिंगबोर्ड

somersault
kalābāzī | कलाबाज़ी

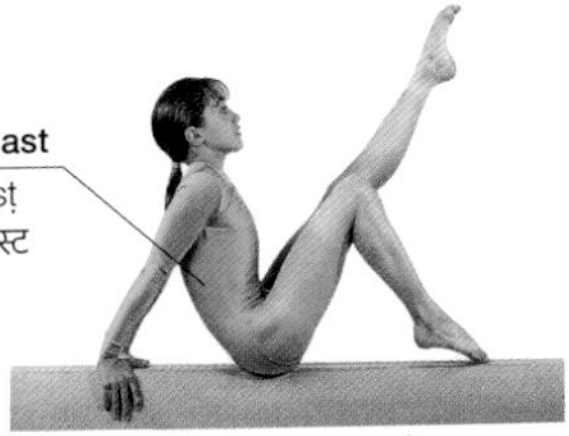
gymnast
jimnāsṭ
जिमनास्ट

beam | bīm | बीम

horse
hors
हॉर्स

vault
chhalāṅg mārnā
छलांग मारना

mat
chaṭāī | चटाई

floor exercises
zamīnī vyāyām
ज़मीनी व्यायाम

cartwheel
kalābāzī
कलाबाज़ी

ribbon
fītā
फ़ीता

rhythmic gymnastics
saṅgītmaya jimnāsṭik
संगीतमय जिमनास्टिक

vocabulary • śabdāvalī • शब्दावली

horizontal bar
āṛī chhaṛ
आड़ी छड़

parallel bars
samānāntar chhaṛeṃ
समानांतर छड़ें

pommel horse
pomel hors
पॉमेल हॉर्स

asymmetric bars
asamān chhaṛeṃ
असमान छड़ें

rings
riṅg
रिंग

podium
poḍiyam
पोडियम

medals
padak
पदक

gold
svarṇ
स्वर्ण

silver
rajat
रजत

bronze
kāṃsya
कांस्य

combat sports • mall krīṛā • मल्ल क्रीड़ा

opponent
pratidvaṅdī
प्रतिद्वंद्वी
guard
hailmeṭ
हैलमेट
glove
dastānā
दस्ताना
belt
peṭī
पेटी

tae kwon do | tāikvāṅḍo | ताइक्वांडो

karate | karāṭe | कराटे

judo | jūḍo | जूडो

aikido
ekāiḍo | एकाइडो

mask
mukhauṭā
मुखौटा
sword
talvār
तलवार

kendo
kenḍo | केनडो

kung fu
kūṅg fū | कूंग-फू

kickboxing
kik boksiṅg | किक बॉक्सिंग

wrestling
kuśtī | कुश्ती

boxing
mukkebāzī | मुक्केबाज़ी

actions • daṃvpeṃch • दांवपेंच

fall
girnā | गिरना

hold
pakaṛnā | पकड़ना

throw
girānā | गिराना

pin | paṭkanī denā | पटकनी देना

kick
kik | किक

punch
mukkā | मुक्का

strike
mukkā mārnā | मुक्का मारना

chop | nīche vār karnā | नीचे वार करना

jump
kūdnā | कूदना

block
prahār roknā | प्रहार रोकना

vocabulary • śabdāvalī • शब्दावली

boxing ring
boksiṅg riṅg
बॉक्सिंग रिंग

boxing gloves
boksiṅg dastāne
बॉक्सिंग दस्ताने

mouth guard
māuth gārḍ
माउथ गार्ड

round
charaṇ
चरण

bout
śakti parīkṣā
शक्ति परीक्षा

sparring
paiṃtrebāzī
पैंतरेबाज़ी

fist
muṭṭhī
मुट्ठी

knockout
paṭkanī
पटकनी

punching bag
panch baig
पंच बैग

black belt
blaik belṭ
ब्लैक बेल्ट

self-defense
ātmrakṣā
आत्मरक्षा

martial arts
mārśal ārṭs
मार्शल आर्ट्स

capoeira
kepoirā
केपोइरा

sumo wrestling
sūmo kuśtī
सूमो कुश्ती

Tai-Chi
tāī chī
ताई ची

swimming • tairākī • तैराकी

equipment • upkaraṇ • उपकरण

water wings
bāzū paṭṭī | बाजू पट्टी

nose clip
noz klip
नोज़ क्लिप

goggles
chaśmā | चश्मा

kickboard
floṭ | फ़्लोट

swimsuit
svimsūṭ | स्विमसूट

lane
len
लेन

water
pānī
पानी

starting block
ārambh sthal
आरंभ स्थल

swimming pool | taranṭāl | तरणताल

swimming cap
ṭopī
टोपी

trunks
jāṅghiyā
जांघिया

swimmer | tairāk | तैराक

diving board
spriṅgborḍ
स्प्रिंगबोर्ड

diver
gotāḳhor
ग़ोताख़ोर

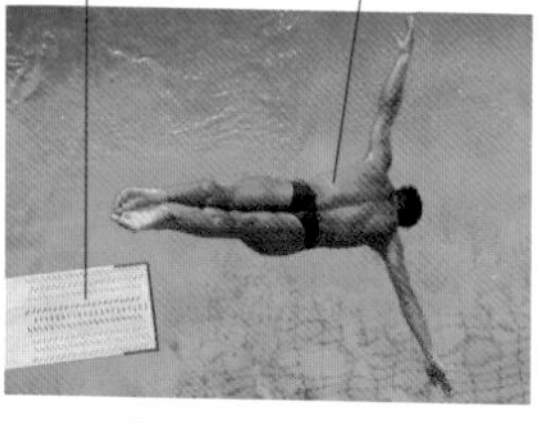

dive (v) | ḍāiv mārnā | डाइव मारना

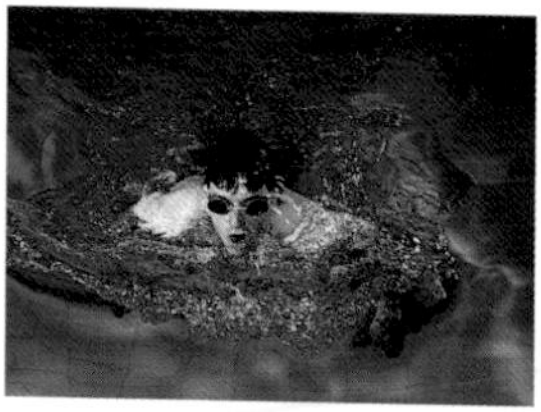

swim (v) | tairnā | तैरना

turn | palaṭnā | पलटना

styles • śailiyāṃ • शैलियां

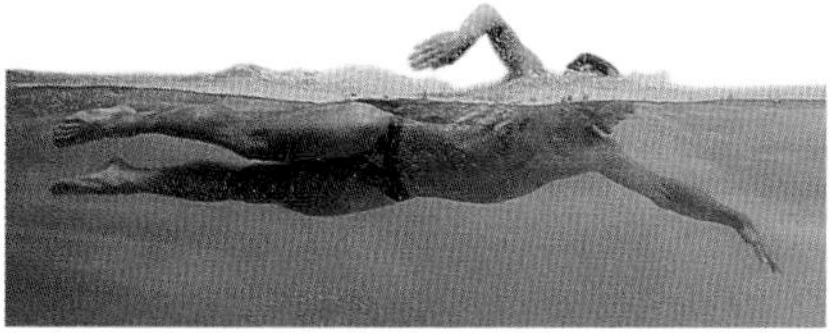

front crawl | franṭ crol | फ़्रंट क्रॉल

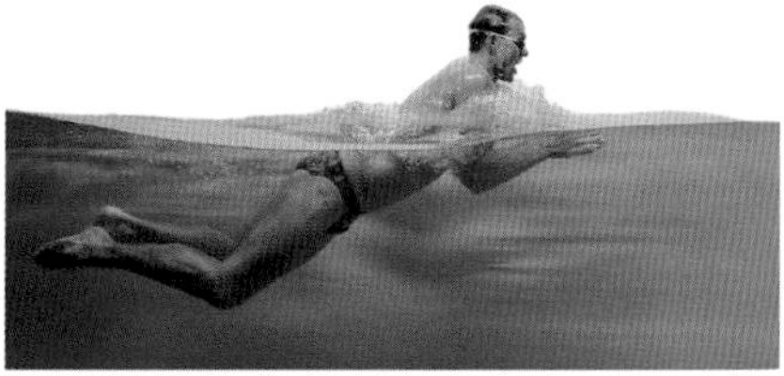

breaststroke | breṣṭsṭrok | ब्रेस्टस्ट्रोक

stroke
sṭrok | स्ट्रोक

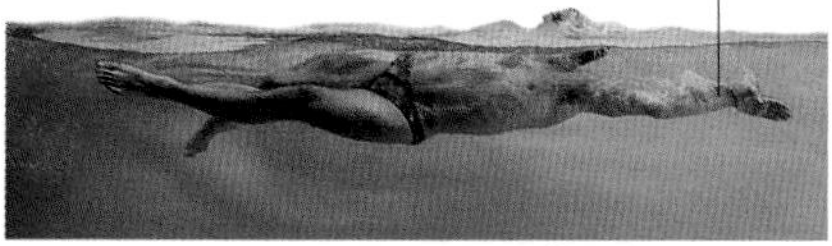

backstroke | baiksṭrok | बैकस्ट्रोक

kick
kik | किक

butterfly | baṭarflāī | बटरफ्लाई

scuba diving • skūbā ḍāiving • स्कूबा डाइविंग

wetsuit
veṭ sūṭ
वेट सूट

fin
flipar
फ़्लिपर

weight belt
vazanī peṭī
वज़नी पेटी

air cylinder
oksījan silenḍar
ऑक्सीजन सिलेंडर

mask
nakāb
नक़ाब

regulator
regyūleṭar
रेग्यूलेटर

snorkel
śvās nalī
श्वास नली

vocabulary • śabdāvalī • शब्दावली

dive	**racing dive**	**lockers**	**water polo**	**shallow end**	**cramp**
ḍāiv	resiṅg ḍāiv	lokar	voṭar polo	uthlā chhor	nas charhnā
डाइव	रेसिंग डाइव	लॉकर	वॉटर पोलो	उथला छोर	नस चढ़ना
high dive	**tread water (v)**	**lifeguard**	**deep end**	**synchronized**	**drown (v)**
ūmchī ḍāiv	pānī mem pair	jīvan rakṣak	gahrā chhor	**swimming**	ḍūbnā
ऊंची डाइव	mārnā	जीवन रक्षक	गहरा छोर	sinkronāizḍ tairākī	डूबना
	पानी में पैर मारना			सिंक्रोनाइज्ड तैराकी	

sailing • pāl naukāyan • पाल नौकायन

compass
kampās | कंपास

anchor
laṅgar | लंगर

cleat
phannī
फन्नी
sidedeck
sāiḍ ḍek
साइड डेक
tiller
patvār hatthā
पतवार हत्था

navigate (v) | mārg nirdeśan karnā | मार्ग निर्देशन करना

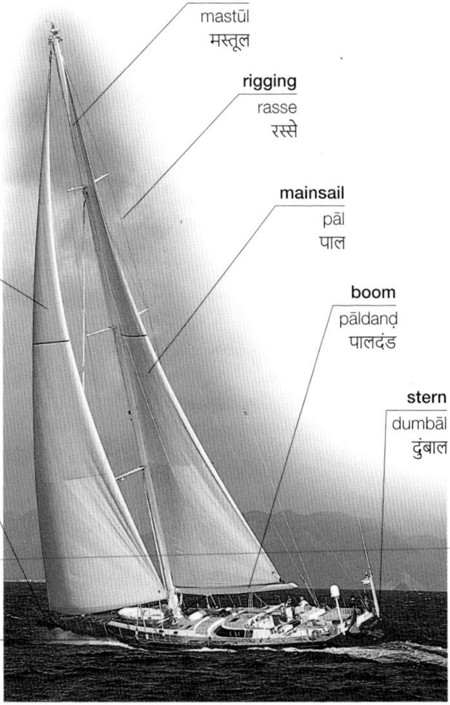
mast
mastūl
मस्तूल
rigging
rasse
रस्से
mainsail
pāl
पाल
headsail
aglā pāl
अगला पाल
boom
pāldanḍ
पालदंड
bow
galhī
गलही
stern
dumbāl
दुंबाल
hull
peṭā
पेटा

yacht | krīṛā naukā | क्रीड़ा-नौका

safety • surakṣā • सुरक्षा

flare
tīvr prakaś saṅketak
तीव्र प्रकाश संकेतक

life buoy
jīvan rakṣā ṭyūb
जीवन रक्षा ट्यूब

life jacket
rakṣā jaikeṭ
रक्षा जैकेट

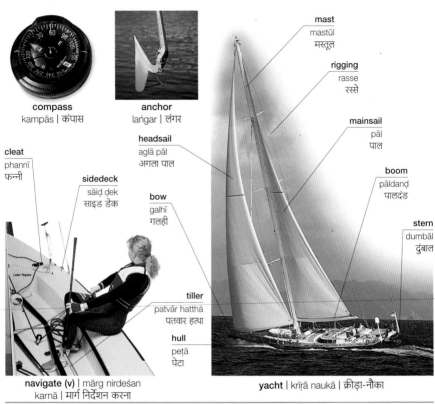

life raft
jīvan rakṣā naukā
जीवन रक्षा नौका

watersports • jalkrīṛā • जलक्रीड़ा

rower
nāvik
नाविक
oar
chappū
चप्पू

row (v) | nāv khenā | नाव खेना

kayak
pansuiyā
पनसुइया
paddle
chhoṭā chappū
छोटा चप्पू

kayaking | naukā vihār | नौका विहार

sail
pāl
पाल
windsurfer
viṇḍ sarfar
विंड सर्फ़र
board
borḍ
बोर्ड
footstrap
fuṭ sṭrep
फ़ुट स्ट्रेप

windsurfing | viṇḍ sarfiṅg | विंड सर्फ़िंग

surfboard
sarf borḍ
सर्फ़ बोर्ड

surfing
sarfiṅg | सर्फ़िंग

ski
skī | स्की

waterskiing | voṭar skīiṅg | वॉटर स्कीइंग

speedboating | spīḍ boṭiṅg | स्पीड बोटिंग

rafting
naukāyan | नौकायन

jet skiing
jeṭ skīiṅg | जेट स्कीइंग

vocabulary • śabdāvalī • शब्दावली

waterskier
voṭar skīar
वॉटर स्कीअर

crew
karmīdal
कर्मीदल

wind
havā
हवा

surf
samudrī lahreṃ
समुद्री लहरें

sheet
naukā pāl
नौका पाल

centerboard
senṭar borḍ
सेंटर बोर्ड

surfer
sarfar
सर्फ़र

tack (v)
diśā badalnā
दिशा बदलना

wave
lahar
लहर

rapids
tīvr nadī
तीव्र नदी

rudder
patvār
पतवार

capsize (v)
nāv ulaṭnā
नाव उलटना

horseback riding • ghuṛsavārī • घुड़सवारी

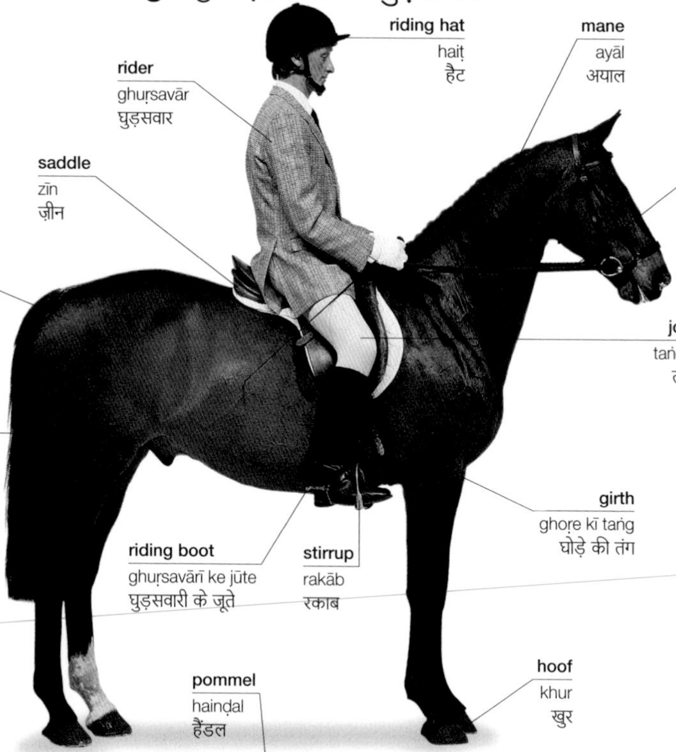
riding hat
haiṭ
हैट
mane
ayāl
अयाल
rider
ghuṛsavār
घुड़सवार
saddle
zīn
ज़ीन
reins
lagām
लगाम
horse
ghoṛā
घोड़ा
jodhpurs
taṅg pajāmī
तंग पजामी
tail
pūṃchh
पूंछ
girth
ghoṛe kī taṅg
घोड़े की तंग
riding boot
ghuṛsavārī ke jūte
घुड़सवारी के जूते
stirrup
rakāb
रकाब
hoof
khur
खुर

pommel
haiṇḍal
हैंडल
seat
sīṭ
सीट

sidesaddle
sāiḍ zīn | साइड ज़ीन

horseshoe
ghuṛnāl | घुड़नाल

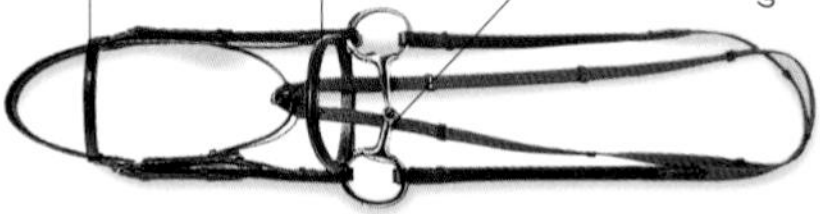
browband
sir paṭṭā
सिर-पट्टा
noseband
nakel
नकेल
bit
lagām kī
mukhrī
लगाम की
मुखरी

bridle | lagām | लगाम

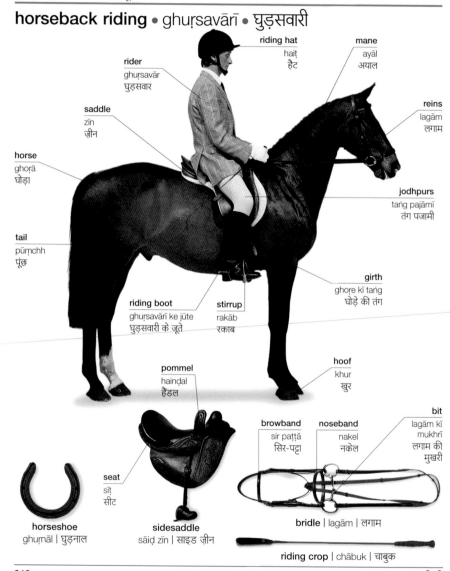

riding crop | chābuk | चाबुक

events • pratispardhā • प्रतिस्पर्धा

racehorse
dauṛ kā ghoṛā | दौड़ का घोड़ा

fence
bāṛ | बाड़

horse race
ghuṛdauṛ | घुड़दौड़

steeplechase
bādhā dauṛ | बाधा दौड़

harness race | ghoṛā gāṛī
dauṛ | घोड़ा गाड़ी दौड़

rodeo
ghuṛsavārī khel | घुड़सवारी खेल

showjumping
śo jamping | शो जंपिंग

carriage race
baggī dauṛ | बग्गी दौड़

trail riding
ṭraiking | ट्रैकिंग

dressage
ghoṛā sadhānā | घोड़ा सधाना

polo
polo | पोलो

---

vocabulary • śabdāvalī • शब्दावली

walk	**canter**	**jump**	**halter**	**paddock**	**flat race**
chāl	ghoṛe kī mand chāl	kūd	rassī	ghoṛoṃ kā bāṛā	sīdhī dauṛ
चाल	घोड़े की मंद चाल	कूद	रस्सी	घोड़ों का बाड़ा	सीधी दौड़
trot	**gallop**	**groom**	**stable**	**arena**	**racecourse**
dulkī	sarpaṭ chāl	sāīs	astabal	khel kā maidān	dauṛ kā maidān
दुलकी	सरपट चाल	साईस	अस्तबल	खेल का मैदान	दौड़ का मैदान

---

fishing • machhlī pakaṛnā • मछली पकड़ना

sinker | bhār | भार

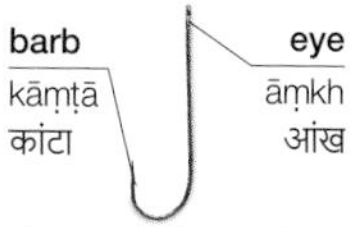
barb
kāṃṭā
कांटा
eye
āṃkh
आंख

fishhook | machhlī huk | मछली हुक

bait | machhlī chārā
मछली चारा

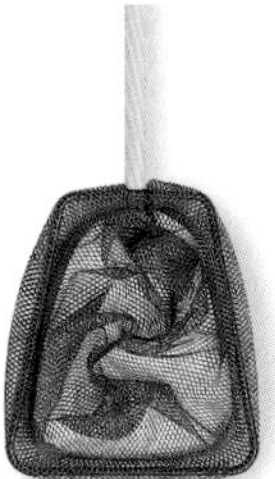

landing net | machhlī pakaṛne kā jāl | मछली पकड़ने का जाल

float
floṭ | फ़्लोट

fly | kṛtrim makkhī
कृत्रिम मक्खी

tackle box
upkaraṇ baksā
उपकरण बक्सा

lure
chārā | चारा

keep net | machhlī rakhne kā jāl | मछली रखने का जाल

fishing rod
machhlī pakaṛne ka kāṃṭā
मछली पकड़ने का कांटा
line
ḍorī | डोरी
reel
rīl
रील
waders
jalsah jūte
जलसह जूते

angler | machhlī pakaṛne vālā | मछली पकड़ने वाला

types of fishing • machhlī pakaṛne ke prakār • मछली पकड़ने के प्रकार

freshwater fishing | nadī meṃ machhlī pakaṛnā | नदी में मछली पकड़ना

fly fishing | makkhī se machhlī pakaṛnā | मक्खी से मछली पकड़ना

sport fishing
śaukiyā machhlī pakaṛnā
शौक़िया मछली पकड़ना

deep sea fishing
gahre samudr meṃ machhlī pakaṛnā
गहरे समुद्र में मछली पकड़ना

surfcasting | samudr kināre machhlī pakaṛnā
समुद्र किनारे मछली पकड़ना

activities • gatividhiyāṃ • गतिविधियां

cast (v)
jāl ḍālnā
जाल डालना

catch (v)
pakaṛnā
पकड़ना

reel in (v)
ḍorī khīṃchnā
डोरी खीचना

net (v)
jāl se pakaṛnā
जाल से पकड़ना

release (v)
pānī meṃ chhoṛnā
पानी में छोड़ना

vocabulary • śabdāvalī • शब्दावली

bait (v)
chārā lagānā
चारा लगाना

bite (v)
chārā khānā
चारा खाना

tackle
upkaraṇ
उपकरण

spool
charkhī
चरखी

rain gear
jalrodhak
जलरोधक

pole
bāṃs
बांस

fishing license
fiśiṅg parmiṭ
फ़िशिंग परमिट

marine fishing
samudr meṃ machhlī pakaṛnā
समुद्र में मछली पकड़ना

creel
machhlī kī ṭokrī
मछली की टोकरी

spearfishing
bhāle se machhlī pakaṛnā
भाले से मछली पकड़ना

skiing • skīiṅg • स्कीइंग

ski slope
skī slop
स्की स्लोप
chairlift
cheyarlifṭ
चेयरलिफ़्ट
cable car
kebal kār
केबल कार
ski run
skī mārg
स्की मार्ग
glove
dastānā
दस्ताना
ski pole
skī pol
स्की पोल
safety barrier
surakṣā bairiyar
सुरक्षा बैरियर
ski
skī
स्की
edge
kinārā
किनारा
tip
nok
नोक
ski jacket
skī jaikeṭ
स्की जैकेट
skier
skīyar | स्कीयर
ski boot
skī būṭ
स्की बूट

events • pratispardhāeṃ • प्रतिस्पर्धाएं

downhill skiing | ḍāun hil skīiṅg | डाउन हिल स्कीइंग

gate
prārambh sthān
प्रारंभ स्थान

slalom | barfānī dauṛ | बर्फ़ानी दौड़

ski jump
skī kūd | स्की कूद

cross-country skiing
kros-kanṭrī skīiṅg
क्रॉस-कंट्री स्कीइंग

winter sports • śaradiya krīṛāeṃ • शरदीय क्रीड़ाएं

ice climbing
āis klāimbiṅg
आइस क्लाइम्बिंग

ice-skating
āis skeṭiṅg
आइस स्केटिंग

skate
skeṭ
स्केट

figure skating
figar skeṭiṅg
फ़िगर स्केटिंग

goggles
chaśmā
चश्मा

snowboarding
sno borḍiṅg | स्नो बोर्डिंग

bobsled
slej gāṛī | स्लेज गाड़ी

luge
him vāhan | हिम वाहन

snowmobile
sno mobāil | स्नो मोबाइल

sledding | slej par phisalnā | स्लेज पर फिसलना

vocabulary • śabdāvalī • शब्दावली

alpine skiing
ucch parvatīya skīiṅg
उच्च पर्वतीय स्कीइंग

giant slalom
baṛī barfānī dauṛ
बड़ी बर्फ़ानी दौड़

off-piste
ṭhos barf par skīiṅg
ठोस बर्फ़ पर स्कीइंग

curling
karliṅg khel
कर्लिंग खेल

dogsledding
ḍog slejiṅg
डॉग स्लेजिंग

speed skating
spīḍ skeṭiṅg
स्पीड स्केटिंग

biathlon
skīiṅg pratiyogitā
स्कीइंग प्रतियोगिता

avalanche
him skhalan
हिम स्खलन

other sports • anya khelkūd • अन्य खेलकूद

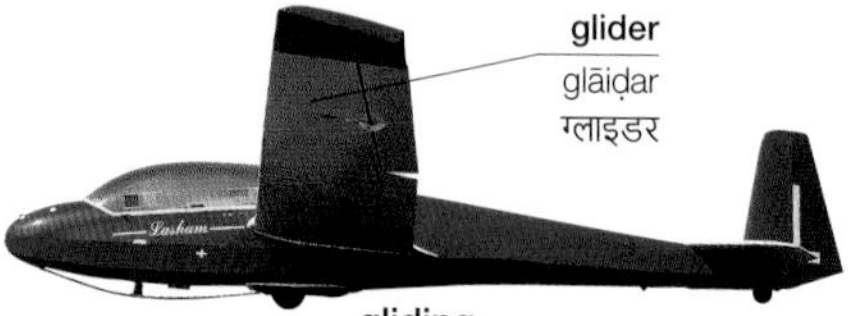
glider
glāiḍar
ग्लाइडर

gliding
glāiḍiṅg
ग्लाइडिंग

hang-glider
haiṅg glāiḍar
हैंग-ग्लाइडर

hang-gliding
haiṅg glāiḍiṅg
हैंग-ग्लाइडिंग

rope
rassī
रस्सी

rock climbing
parvatārohaṇ | पर्वतारोहण

parachute
pairāśūṭ
पैराशूट

parachuting
pairāśūṭ se utarnā | पैराशूट से उतरना

paragliding
pairāglāiḍiṅg | पैराग्लाइडिंग

skydiving
skāiḍāiving | स्काइडाइविंग

rappelling
parvat avrohaṇ | पर्वत अवरोहण

bungee jumping
banjī kūd | बंजी कूद

rally driving
railī ḍrāiviṅg
रैली ड्राइविंग

race-car driver
resiṅg ḍrāivar
रेसिंग ड्राइवर

auto racing
moṭar res
मोटर रेस

motocross
moṭar kros
मोटर क्रॉस

motorcycle racing
moṭarbāik res
मोटरबाइक रेस

skateboard
skeṭ borḍ
स्केट बोर्ड

skateboarding
skeṭ borḍiṅg
स्केट बोर्डिंग

inline skating
inalāin skeṭiṅg
इनलाइन स्केटिंग

stick
sṭik
स्टिक

lacrosse
kros balle kā khel
क्रॉस बल्ले का खेल

mask
naḳāb
नक़ाब

foil
talvār
तलवार

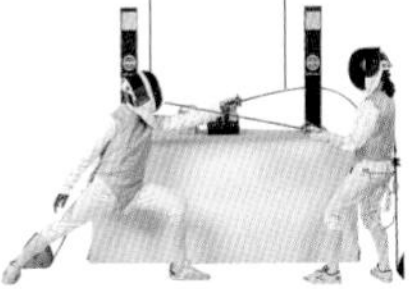

fencing
talvārbāzī
तलवारबाज़ी

pin
pin | पिन

bowling ball
boliṅg bol
बोलिंग बॉल

bowling
boliṅg | बोलिंग

bow
dhanuṣ | धनुष

arrow
tīr
तीर

quiver
tarkaś
तरकश

archery
dhanurvidyā
धनुर्विद्या

target
niśānā | निशाना

target shooting
niśānebāzī
निशानेबाज़ी

pool
pūl biliyarḍ | पूल बिलियर्ड

snooker
snūkar | स्नूकर

fitness • svasthtā • स्वस्थता

exercise bike
vyāyām
sāikil
व्यायाम
साइकिल

free weights
vazan
वज़न

bar
chhaṛ
छड़

gym machine
jim maśīn
जिम मशीन

bench
bench
बेंच

gym
jim
जिम

rowing machine
roiṅg maśīn
रोइंग मशीन

treadmill
ṭredmil
ट्रेडमिल

elliptical trainer
kros ṭrenar
क्रॉस ट्रेनर

personal trainer
nijī praśikṣak
निजी प्रशिक्षक

stair machine
sṭep maśīn
स्टेप मशीन

swimming pool
taraṇtāl
तरणताल

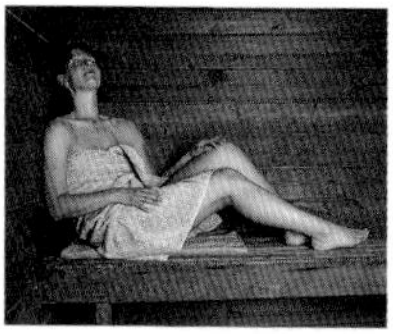

sauna
vāṣp snān
वाष्प स्नान

exercises • vyāyām • व्यायाम

stretch | sṭrech | स्ट्रेच

lunge
āge jhuknā | आगे झुकना

tights
taṅg pajāmī
तंग पजामी

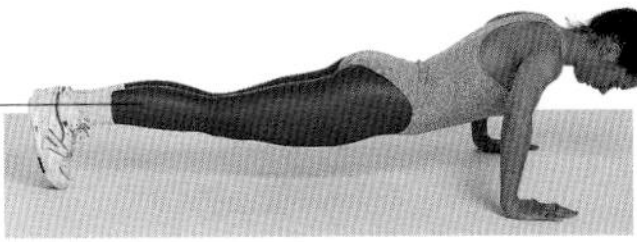

push-up
pres ap | प्रेस अप

squat
skvāṭ
स्क्वॉट

sit-up
siṭ-ap
सिट-अप

dumb bell
ḍamb bel
डंब बेल

bicep curl
ḍole
डोले

leg press
leg pres
लेग प्रेस

chest press
chesṭ pres
चेस्ट प्रेस

sneakers
ṭrenars
ट्रेनर्स

weight bar
vazan chhaṛ
वज़न छड़

weight training
bhārottolan
भारोत्तोलन

jogging
jogiṅg
जॉगिंग

Pilates
pilāṭez
पिलाटेज़

vocabulary • śabdāvalī • शब्दावली

train (v)
abhyās karnā
अभ्यास करना

warm up (v)
māṃspeśiyāṃ garmānā
मांसपेशियां गरमाना

circuit training
sarkiṭ ṭreniṅg
सर्किट ट्रेनिंग

flex (v)
jhukānā
झुकाना

extend (v)
baṛhānā
बढ़ाना

pull up (v)
pul-ap karnā
पुल-अप करना

boxercise
boksiṅg vyāyām
बॉक्सिंग व्यायाम

jumping rope
rassī kūd
रस्सी कूद

jog in place (v)
ek jagah jog karnā
एक जगह जॉग करना

leisure
manoranjan
मनोरंजन

theater • thieṭar • थिएटर

curtain
pardā
पर्दा
wings
pārśv
पार्श्व
set
seṭ
सेट
audience
darśak
दर्शक
orchestra
orkesṭrā
ऑर्केस्ट्रा

stage | manch | मंच

seat
sīṭ
सीट
balcony seats
ūprī dīrghā
ऊपरी दीर्घा
row
ḳatār
क़तार
box
boks
बॉक्स
mezzanine
dīrghā
दीर्घा
balcony
bālkanī
बालकनी
aisle
vīthikā
वीथिका
orchestra seats
sṭol
स्टॉल

seating
baiṭhne kī vyavasthā | बैठने की व्यवस्था

vocabulary • śabdāvalī • शब्दावली

cast
pātr chayan
पात्र चयन

actor
abhinetā
अभिनेता

actress
abhinetrī
अभिनेत्री

play
nāṭak
नाटक

script
paṭkathā
पटकथा

backdrop
pṛṣṭhpaṭ
पृष्ठपट

director
nirdeśak
निर्देशक

producer
nirmātā
निर्माता

opening night
prīmiyar
प्रीमियर

intermission
antarāl
अंतराल

program
kāryakram
कार्यक्रम

orchestra pit
orkesṭrā sthal
ऑर्केस्ट्रा स्थल

concert
konsarṭ | कॉन्सर्ट

musical
myūzikal | म्यूज़िकल

ballet
baile | बैले

opera
operā | ऑपेरा

vocabulary • śabdāvalī • शब्दावली

usher
praveśak
प्रवेशक

classical music
śāstrīya saṅgīt
शास्त्रीय संगीत

musical score
svarlipi
स्वरलिपि

soundtrack
dhvani paṭṭī
ध्वनि पट्टी

applaud (v)
tālī bajānā
ताली बजाना

encore
punaḥ prastuti
पुन: प्रस्तुति

What time does it start?
yah kis samaya śurū hogā?
यह किस समय शुरू होगा?

I'd like two tickets for tonight's performance.
mujhe āj rāt ke kāryakram kī do ṭikṭeṃ chāhie
मुझे आज रात के कार्यक्रम की दो टिकटें चाहिए।

movies • sinemā • सिनेमा

popcorn
popkorn
पॉपकॉर्न

box office
boks ofis
बॉक्स ऑफ़िस

lobby
lobī
लॉबी

poster
posṭar
पोस्टर

movie theater
sinemā hol | सिनेमा हॉल

screen
pardā | पर्दा

vocabulary • śabdāvalī • शब्दावली

comedy
komeḍī
कॉमेडी

thriller
thrilar
थ्रिलर

horror movie
ḍarāvanī film
डरावनी फ़िल्म

western
paśchimī
पश्चिमी

romance
romāns
रोमांस

science fiction movie
vijñān kathā film
विज्ञान कथा फ़िल्म

adventure movie
romānch kathā
रोमांच कथा

animated movie
ainimeṭeḍ film
ऐनिमेटेड फ़िल्म

orchestra • vādyavṛnd • वाद्यवृंद

strings • tantrī vādya • तंत्री वाद्य

harp
hārp
हार्प

conductor
sanchālak
संचालक

double bass
ḍabal bās
डबल बास

violin
vāyalin
वायलिन

podium
poḍiyam
पोडियम

viola
vāyolā
वायोला

cello
chelo
चेलो

score
svar lipi
स्वर लिपि

treble clef
ṭrebal klaif
ट्रेबल क्लैफ़

note
svar
स्वर

staff
sṭāf
स्टाफ़

bass clef
bās klaif
बास क्लैफ़

piano | piyāno | पियानो

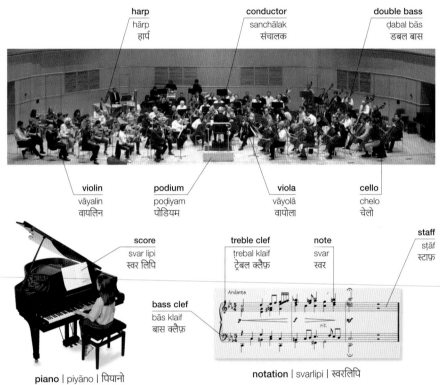

notation | svarlipi | स्वरलिपि

vocabulary • śabdāvalī • शब्दावली

overture	sonata	rest	sharp	natural	scale
pūrvraṅg	sonāṭā	virām	ucch svar	piyāno kā śvet pardā	saptak
पूर्वरंग	सोनाटा	विराम	उच्च स्वर	पियानो का श्वेत पर्दा	सप्तक

symphony	instruments	pitch	flat	bar	baton
svar saṅgati	vādya yantr	svarmān	komal sur	tālkhaṇḍ	chhaṛī
स्वर संगति	वाद्य यंत्र	स्वरमान	कोमल सुर	तालखंड	छड़ी

woodwind • kāṣṭh vādya yantr • काष्ठ वाद्य यंत्र

piccolo
pikolo | पिकॉलो

flute
bāṃsurī | बांसुरी

oboe
obo | ओबो

English horn
aṅgrezī bīn | अंग्रेज़ी बीन

clarinet
klairineṭ
क्लैरिनेट

bass clarinet
mandr klairineṭ
मंद्र क्लैरिनेट

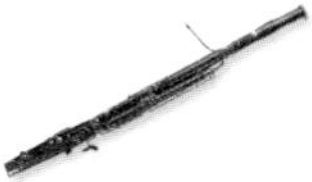

bassoon
basūn
बसून

double bassoon
ḍabal basūn
डबल बसून

saxophone
saiksofon
सैक्सोफ़ोन

percussion • tāl vādya • ताल वाद्य

kettledrum
nagāṛā | नगाड़ा

gong
ghanṭā | घंटा

vibraphone
vāibrāfon | वाइब्राफ़ोन

foot pedal
fuṭ paiḍal
फुट पैडल

bongos
baumgo
बौंगो

snare drum
chhoṭā ḍram
छोटा ड्रम

cymbals
manjīrā | मंजीरा

tambourine
ḍaphlī | डफली

triangle
ṭrāieṅgal
ट्राइएंगल

maracas
marākas
मराकस

brass • pītal ke vādya • पीतल के वाद्य

trumpet
ṭrampeṭ | ट्रम्पेट

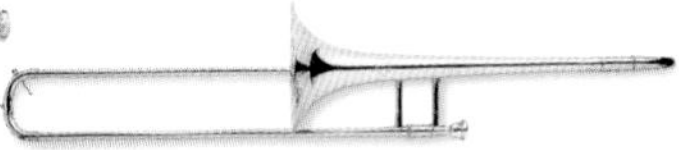

trombone
ṭrombon | ट्रॉमबोन

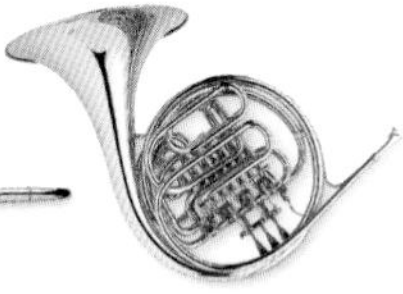

French horn
french horn | फ़्रेंच हॉर्न

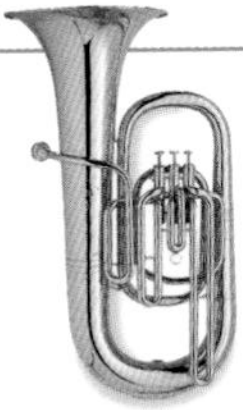

tuba
ṭyūbā | ट्यूबा

concert • konsarṭ • कॉन्सर्ट

fans
praśansak
प्रशंसक
lead singer
pramukh gāyak
प्रमुख गायक
guitarist
giṭār vādak
गिटार वादक
microphone
māikrofon
माइक्रोफ़ोन
drummer
ḍramar
ड्रमर
speaker
spīkar | स्पीकर

rock concert | rok konsarṭ | रॉक कॉन्सर्ट

instruments • vādya yantr • वाद्य यंत्र

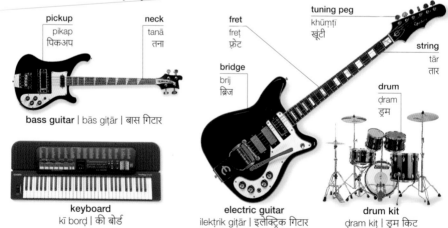

pickup
pikap
पिकअप
neck
tanā
तना

bass guitar | bās giṭār | बास गिटार

keyboard
kī borḍ | की बोर्ड

tuning peg
khūṃṭī
खूंटी
fret
freṭ
फ़्रेट
string
tār
तार
bridge
brij
ब्रिज

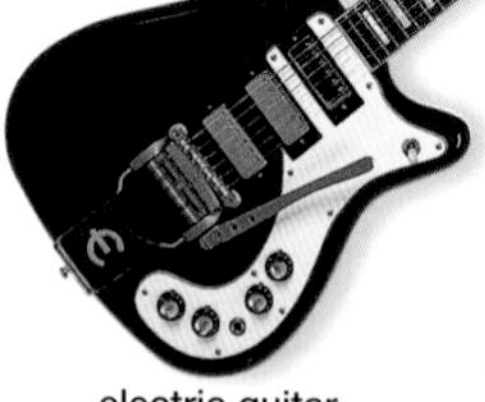

electric guitar
ilekṭrik giṭār | इलेक्ट्रिक गिटार

drum
ḍram
ड्रम

drum kit
ḍram kiṭ | ड्रम किट

musical styles • saṅgīt śailiyāṃ • संगीत शैलियां

jazz | jaiz | जैज़

blues | blūz | ब्लूज़

punk | paṅk | पंक

folk music
lok saṅgīt | लोक संगीत

pop | pop | पॉप

dance | nṛitya | नृत्य

rap
raip | रैप

heavy metal
rok | रॉक

classical music
śāstrīya saṅgīt | शास्त्रीय संगीत

vocabulary • śabdāvalī • शब्दावली

song	lyrics	melody	beat	reggae	country	spotlight
gānā	gīt	madhur saṅgīt	thāp	raige	kanṭrī myūzik	spoṭ lāiṭ
गाना	गीत	मधुर संगीत	थाप	रैगे	कंट्री म्यूज़िक	स्पॉट लाइट

sightseeing • sair-sapāṭā • सैर-सपाटा

tourist
paryaṭak
पर्यटक

tourist attraction
paryaṭan sthal | पर्यटन स्थल

This is an official London Sightseeing Bus.
LONDON
PRIDE

itinerary
mārg nirdeśikā
मार्ग निर्देशिका

open-top
khulī chhat
खुली छत

tour bus | paryaṭan bas | पर्यटन बस

tour guide
paryaṭan gāiḍ
पर्यटन-गाइड

guided tour
mārgdarśit paryaṭan
मार्गदर्शित पर्यटन

figurine
laghu pratimā
लघु-प्रतिमा

souvenirs
smṛti chihn
स्मृति चिह्न

vocabulary • śabdāvalī • शब्दावली

open
khulā
खुला

entrance fee
praveś śulk
प्रवेश शुल्क

film
film
फ़िल्म

guide book
nirdeśikā
निर्देशिका

closed
band
बंद

batteries
baitriyāṃ
बैटरियां

camcorder
haiṇḍīkaim
हैंडीकैम

camera
kaimrā
कैमरा

directions
nirdeśan
निर्देशन

left
bāyāṃ
बायां

right
dāyāṃ
दायां

straight ahead
sīdh meṃ
सीध में

Where is...?
... kahāṃ hai?
...कहां है?

I'm lost.
maiṃ kho gayā hūṃ
मैं खो गया हूं।

Can you tell me the way to...?
kyā āp mujhe... jāne kā rāstā batā sakte haiṃ?
क्या आप मुझे... जाने का रास्ता बता सकते हैं?

attractions • ramaṇīya sthal • रमणीय स्थल

painting
penṭiṅg
पेंटिंग

exhibit
pradarśit vastu
प्रदर्शित वस्तु

art gallery
kalā dīrghā | कला दीर्घा

monument
smārak | स्मारक

exhibition
pradarśanī | प्रदर्शनी

museum
saṅgrahālaya | संग्रहालय

famous ruin
prasiddh khanḍahar
प्रसिद्ध खंडहर

historic building
aitihāsik imārat
ऐतिहासिक इमारत

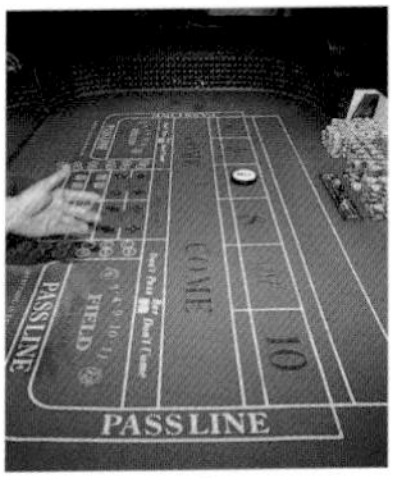

casino
juāghar | जुआघर

gardens
bāg̣ | बाग़

national park
rāṣṭrīya udyān | राष्ट्रीय उद्यान

information • jānkarī • जानकारी

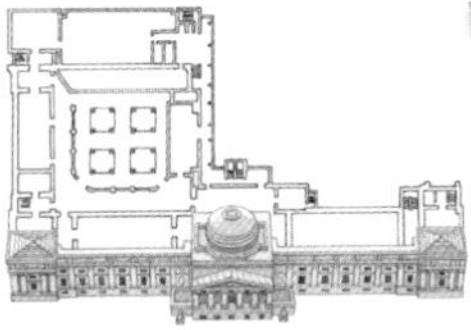

floor plan
bhavan nakśā | भवन नक़्शा

map
nakśā | नक़्शा

times
samaya
समय

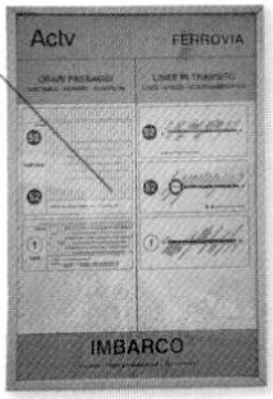

schedule
samaya sāriṇī
समय-सारिणी

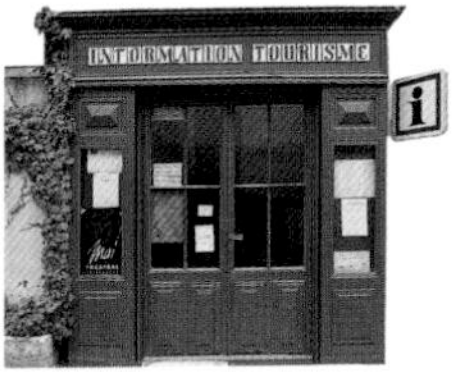

tourist information
paryaṭak sūchnā kendr
पर्यटक सूचना केंद्र

outdoor activities • bāhrī gatividhiyāṃ • बाहरी गतिविधियां

footpath
paidal rāstā
पैदल रास्ता

sundial
dhūp ghaṛī
धूप घड़ी

café
kaife
कैफ़े

park | udyān | उद्यान

grass
ghās
घास

bench
bench
बेंच

formal gardens
bagīchā
बग़ीचा

roller coaster
rolar kosṭar
रोलर कोस्टर

fairground
melā sthal | मेला स्थल

theme park
thīm pārk | थीम पार्क

safari park
safārī pārk | सफ़ारी पार्क

zoo
chiṛiyāghar | चिड़ियाघर

activities • gatividhiyāṃ • गतिविधियां

cycling | sāikil chalānā
साइकिल चलाना

jogging
joging | जॉगिंग

skateboarding | skeṭ borḍiṅg | स्केट बोर्डिंग

rollerblading | rolar bleḍiṅg | रोलर ब्लेडिंग

bridle path
aśv mārg
अश्व मार्ग

bird-watching | pakṣī nihārnā | पक्षी निहारना

horseback riding
ghuṛsavārī | घुड़सवारी

hiking
padyātrā | पदयात्रा

hamper
ṭokrī
टोकरी

picnic
piknik | पिकनिक

playground • khel kā maidān • खेल का मैदान

sandbox
ret kā akhāṛā
रेत का अखाड़ा

wading pool
kṛtrim tālāb
कृत्रिम तालाब

swing
jhūlā | झूला

climbing frame
sīṛhīnumā jhūlā | सीढ़ीनुमा झूला

seesaw | sīso | सीसॉ

slide | phisal paṭṭī | फिसल पट्टी

beach • taṭ • तट

hotel
hoṭal
होटल
beach umbrella
taṭīya chhātā
तटीय छाता
beach hut
taṭīya jhopṛī
तटीय झोपड़ी
sand
ret
रेत
wave
lahar
लहर
sea
samudr
समुद्र
beach bag
bīch thailā
बीच थैला
bikini
biknī
बिकनी

sunbathe (v) | sūrya snān karnā | सूर्य स्नान करना

lifeguard
jīvan rakṣak
जीवन रक्षक

lifeguard tower
jīvan rakṣak ṭāvar
जीवन रक्षक टावर

windbreak | havā rodhak | हवा रोधक

boardwalk | vihār sthal
विहार स्थल

deck chair | ḍaik kursī | डैक कुर्सी

sunglasses | dhūp kā chaśmā | धूप का चश्मा

sun hat
haiṭ | हैट

suntan lotion | santain lośan | सनटैन लोशन

sunblock | san blok
सन ब्लॉक

beach ball
bīch bol | बीच बॉल

inflatable ring | rabaṛ kī ṭyūb | रबड़ की ट्यूब

beach towel
bīch tauliyā | बीच तौलिया

swimsuit
tairākī sūṭ
तैराकी सूट
shovel
khurpī
खुरपी
pail
ṭokrī
टोकरी
sandcastle
ret kā mahal
रेत का महल
shell
sīp
सीप

camping • śivir lagānā • शिविर लगाना

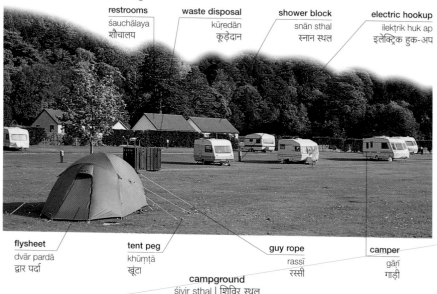

restrooms
śauchālaya
शौचालय
waste disposal
kūṛedān
कूड़ेदान
shower block
snān sthal
स्नान स्थल
electric hookup
ilekṭrik huk ap
इलेक्ट्रिक हुक-अप
flysheet
dvār pardā
द्वार पर्दा
tent peg
khūṃṭā
खूंटा
guy rope
rassī
रस्सी
camper
gāṛī
गाड़ी
campground
śivir sthal | शिविर स्थल

vocabulary • śabdāvalī • शब्दावली

camp (v)
śivir lagānā
शिविर लगाना

site manager's office
sāiṭ prabandhak kāryālaya
साइट प्रबंधक कार्यालय

sites available
sthān uplabdh
स्थान उपलब्ध

full
pūrā
पूरा

site
sthān
स्थान

pitch a tent (v)
tambū gāṛnā
तंबू गाड़ना

tent pole
tambū kā khambhā
तंबू का खंभा

camp bed
safrī palaṅg
सफ़री पलंग

picnic bench
piknik bench
पिकनिक बेंच

hammock
jhūlā
झूला

camper van
śivir vāhan
शिविर वाहन

trailer
ṭrelar
ट्रेलर

charcoal
kacchā koyalā
कच्चा कोयला

firelighter
āg jalāne kā upkaraṇ
आग जलाने का उपकरण

light a fire (v)
āg jalānā
आग जलाना

campfire
alāv
अलाव

frame
frem
फ़्रेम

ground sheet
darī
दरी

backpack
piṭṭhū
पिट्ठू

vacuum flask
vaikyūm flāsk
वैक्यूम फ़्लास्क

water bottle
pānī kī botal
पानी की बोतल

tent
śivir | शिविर

insect repellent
macchhar avrodhak
मच्छर अवरोधक

flashlight
ṭorch | टॉर्च

mosquito net
macchhardānī
मच्छरदानी

thermal underwear
garm kapṛe
गर्म कपड़े

sleeping bag
slīpiṅg baig | स्लीपिंग बैग

hiking boots
jūte | जूते

rain gear
voṭarprūf | वॉटरप्रूफ़

camping stove
safrī sṭov | सफ़री स्टोव

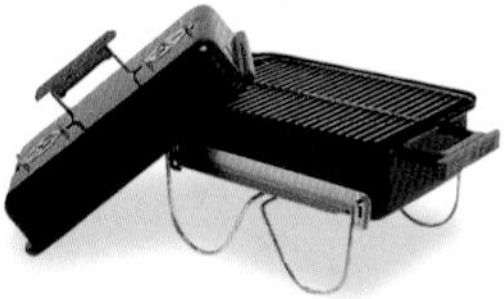

barbecue grill
gril | ग्रिल

sleeping mat
gaddā
गद्दा

air mattress | havā bharā gaddā | हवा भरा गद्दा

home entertainment • gharelū manoranjan • घरेलू मनोरंजन

digital radio
ḍijiṭal reḍiyo | डिजिटल रेडियो

DVD
ḍīvīḍī
डीवीडी

DVD player
ḍīvīḍī pleyar | डीवीडी प्लेयर

record player
rikorḍ pleyar
रिकॉर्ड प्लेयर

CD player
sīḍī pleyar
सीडी प्लेयर

radio
reḍiyo
रेडियो

amplifier
emplīfāyar
ऐम्प्लीफ़ायर

headphones
haiḍfon
हैडफ़ोन

stand
sṭainḍ
स्टैंड

stereo system
hāī fāī sisṭam | हाई-फ़ाई सिस्टम

speaker
spīkar | स्पीकर

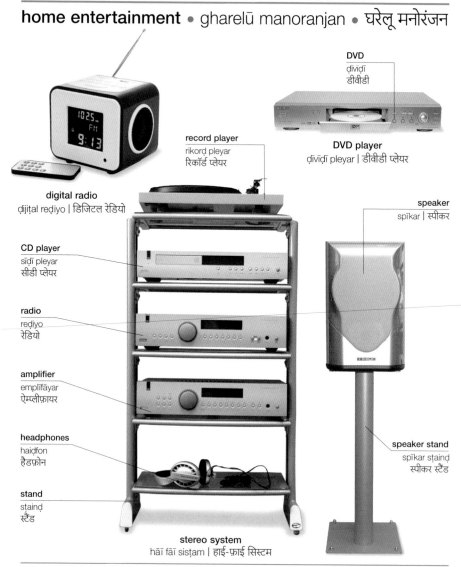

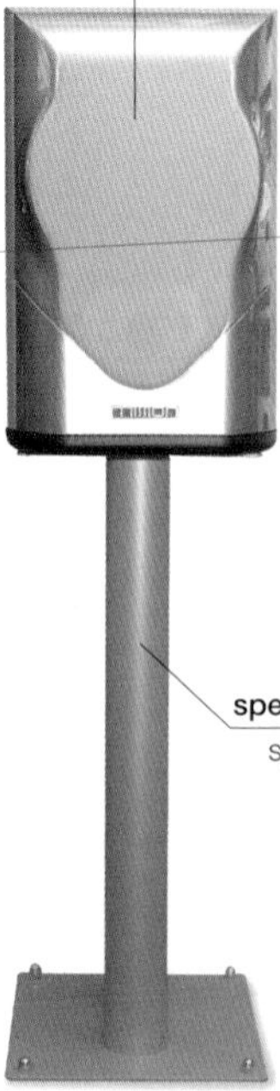

speaker stand
spīkar sṭainḍ
स्पीकर स्टैंड

screen
skrīn
स्क्रीन

eyecup
aī kap
आई कप

DTV converter box
ḍijiṭal boks | डिजिटल बॉक्स

camcorder
haindīkaim | हैंडीकैम

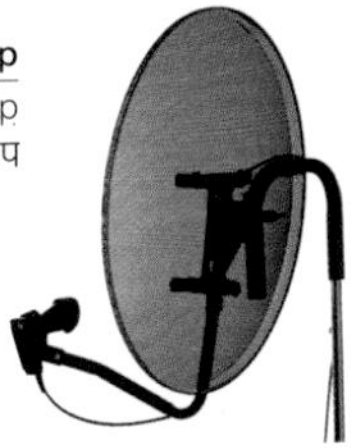

satellite dish
upgrah ḍiś | उपग्रह डिश

flatscreen TV
flaiṭskrīn ṭīvī
फ़्लैटस्क्रीन टीवी

console
konsol
कॉन्सोल

controller
kanṭrolar
कंट्रोलर

video game | vīḍiyo gem | वीडियो गेम

fast-forward
fāsṭ forvarḍ
फ़ास्ट फ़ॉरवर्ड

pause
poz
पॉज़

record
rikorḍ
रिकॉर्ड

volume
volyūm star
वॉल्यूम स्तर

rewind
rivāinḍ
रिवाइंड

play
ple
प्ले

stop
sṭop
स्टॉप

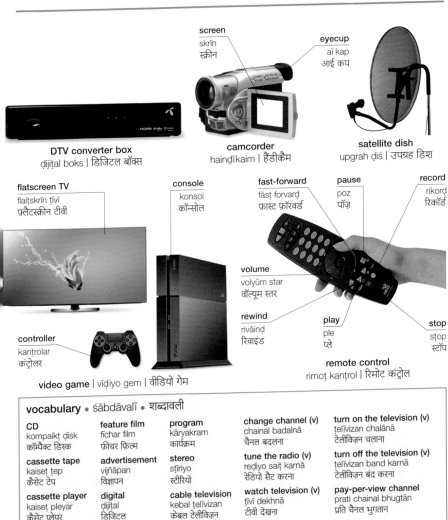

remote control
rimoṭ kanṭrol | रिमोट कंट्रोल

vocabulary • śābdāvalī • शब्दावली

CD
kompaikṭ ḍisk
कॉम्पैक्ट डिस्क

cassette tape
kaiseṭ ṭep
कैसेट टेप

cassette player
kaiseṭ pleyar
कैसेट प्लेयर

streaming
sṭrīmiṅg
स्ट्रीमिंग

feature film
fīchar film
फ़ीचर फ़िल्म

advertisement
vijñāpan
विज्ञापन

digital
ḍijiṭal
डिजिटल

Wi-Fi
wāī fāī
वाई फ़ाई

program
kāryakram
कार्यक्रम

stereo
sṭīriyo
स्टीरियो

cable television
kebal ṭelīvizan
केबल टेलीविज़न

high definition
haī ḍefiniśan
हाइ डेफ़िनिशन

change channel (v)
chainal badalnā
चैनल बदलना

tune the radio (v)
reḍiyo saiṭ karnā
रेडियो सैट करना

watch television (v)
ṭīvī dekhnā
टीवी देखना

turn on the television (v)
ṭelīvizan chalānā
टेलीविज़न चलाना

turn off the television (v)
ṭelīvizan band karnā
टेलीविज़न बंद करना

pay-per-view channel
prati chainal bhugtān
प्रति चैनल भुगतान

photography • foṭogrāfī • फ़ोटोग्राफ़ी

shutter release
śaṭar rilīz
शटर रिलीज़

aperture dial
aparchar niyantrak
अपर्चर नियंत्रक

lens
lens
लेंस

SLR camera | es el ār kaimrā | एस एल आर कैमरा

filter
filṭar | फ़िल्टर

lens cap
lens kaip | लेंस कैप

flash gun
flaiś gan | फ़्लैश गन

light meter
lāiṭmīṭar | लाइटमीटर

zoom lens
zūm lens | ज़ूम लेंस

tripod
tipāyā sṭainḍ | तिपाया स्टैंड

types of camera • kaimre ke prakār • कैमरे के प्रकार

Polaroid camera
polaroeḍ kaimrā
पोलरॉएड कैमरा

flash
flaiś
फ़्लैश

digital camera
ḍijiṭal kaimrā
डिजिटल कैमरा

camera phone
kaimrāfon
कैमराफ़ोन

disposable camera
ḍispozebal kaimrā
डिस्पोज़ेबल कैमरा

photograph (v) • foṭo khīṃchnā • फ़ोटो खीचना

film roll
film rīl
फ़िल्म रील

film
film | फ़िल्म

focus (v) | kendrit karnā | केंद्रित करना

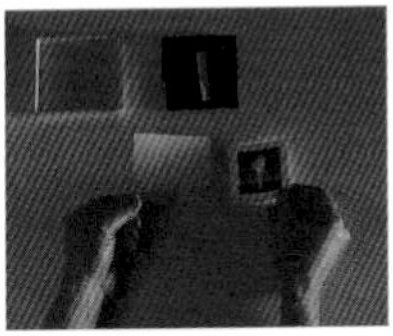

develop (v)
film dhonā | फ़िल्म धोना

negative
negeṭiv | नेगेटिव

landscape
prākṛtik dṛśya
प्राकृतिक दृश्य

portrait
vyakti chitr
व्यक्ति चित्र

photograph | tasvīr | तस्वीर

photo album
foṭo elbam | फ़ोटो एल्बम

picture frame | foṭo frem | फ़ोटो फ़्रेम

problems • samasyāeṃ • समस्याएं

underexposed
kam udbhāsit
कम उद्भासित

overexposed
atyadhik udbhāsit
अत्यधिक उद्भासित

out of focus | fokas se bāhar | फ़ोकस से बाहर

red eye
reḍ āī | रेड आई

vocabulary • śabdāvalī • शब्दावली

viewfinder
dṛśyadarśī
दृश्यदर्शी

camera case
kaimrā kes
कैमरा केस

exposure
udbhāsan
उद्भासन

darkroom
ḍārk rūm
डार्क रूम

print
foṭo prati
फ़ोटो प्रति

matte
khurdarā
खुरदरा

gloss
chiknā
चिकना

enlargement
foṭo baṛī karānā
फ़ोटो बड़ी कराना

I'd like this film processed.
maiṃ yah rīl dhulvānā chāhtā hūṃ
मैं यह रील धुलवाना चाहता हूं।

games • khel • खेल

chessboard
bisāt
बिसात

black
kālā
काला

white
safed
सफ़ेद

queen
vazīr
वज़ीर

king
rājā
राजा

bishop
ūṃṭ
ऊंट

pawn
pyādā
प्यादा

knight
ghoṛā
घोड़ा

rook
hāthī
हाथी

chess
śatranj | शतरंज

square
ḳhānā
ख़ाना

piece
goṭī
गोटी

tile
ṭāil
टाइल

checkers | droṭs | ड्रॉट्स

Scrabble | skraibal | स्क्रैबल

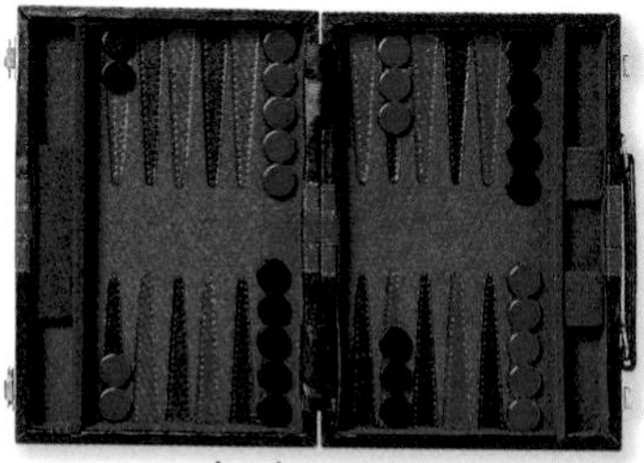

backgammon
baik gaiman | बैक गैमन

dice
pāsā
पासा

counter
mohrā | मोहरा

Monopoly
monopolī
मोनोपोली

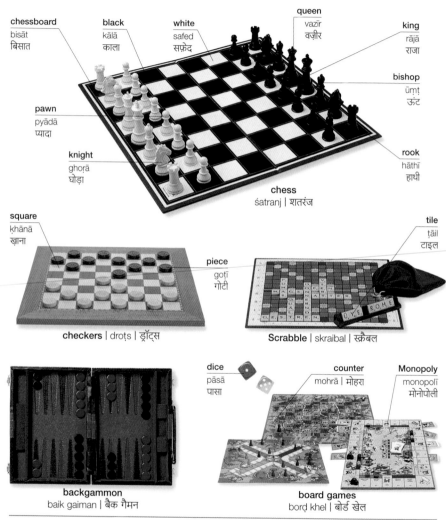

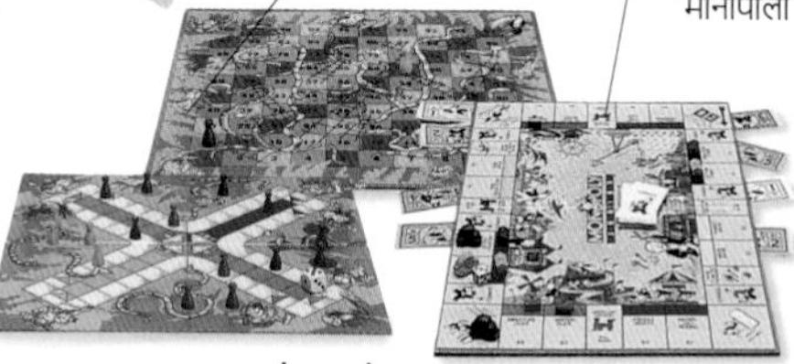

board games
borḍ khel | बोर्ड खेल

dartboard
ḍārṭ borḍ
डार्टबोर्ड

bullseye
lakṣya
लक्ष्य

stamp collecting
ḍāk ṭikaṭ saṅgrah
डाक टिकट संग्रह

jigsaw puzzle | chitrakhaṇḍ
pahelī | चित्रखंड पहेली

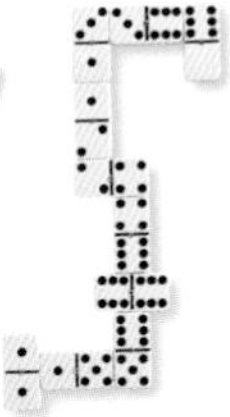

dominoes
ḍominos | डोमिनोस

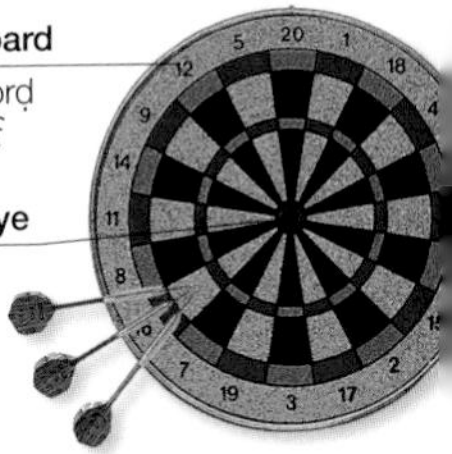

darts
ḍārṭs | डार्ट्स

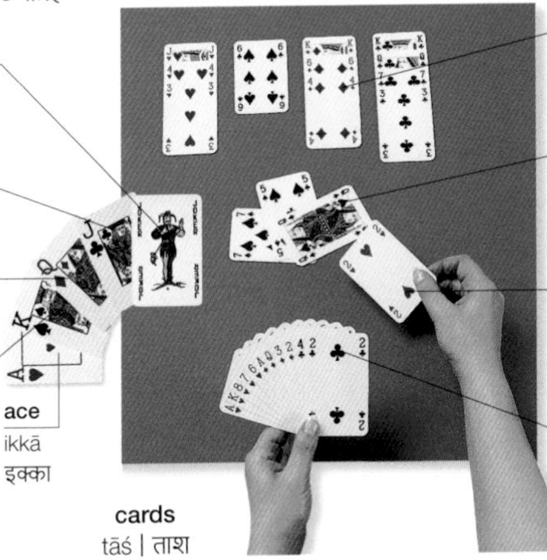

joker
jokar
जोकर

jack
gulām
गुलाम

queen
begam
बेगम

king
bādśāh
बादशाह

ace
ikkā
इक्का

cards
tāś | ताश

diamond
īṇṭ
ईंट

spade
hukum
हुकुम

heart
pān
पान

club
chiṛī
चिड़ी

shuffle (v)
tāś phemṭnā | ताश फेंटना

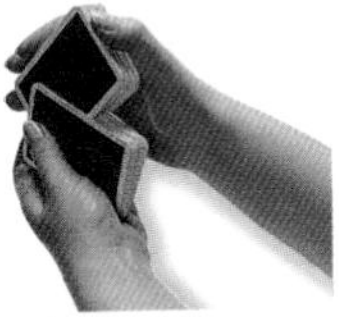

deal (v)
patte bāṃṭnā | पत्ते बांटना

---

vocabulary • śabdāvalī • शब्दावली

move chāl चाल	**win (v)** jītnā जीतना	**loser** parājit पराजित	**point** nambar नंबर	**bridge** brij ब्रिज	**Roll the dice.** pāsā phemko पासा फेंको
play (v) khelnā खेलना	**winner** vijetā विजेता	**game** khel खेल	**score** arjit aṃk अर्जित अंक	**deck of cards** tāś kī gaḍḍī ताश की गड्डी	**Whose turn is it?** kiskī bārī hai? किसकी बारी है?
player khilāṛī खिलाड़ी	**lose (v)** hārnā हारना	**bet** śart शर्त	**poker** pokar पोकर	**suit** tāś raṅg ताश रंग	**It's your move.** ab tumhārī chāl hai अब तुम्हारी चाल है।

---

arts and crafts 1 • kalā aur śilp • कला और शिल्प 1

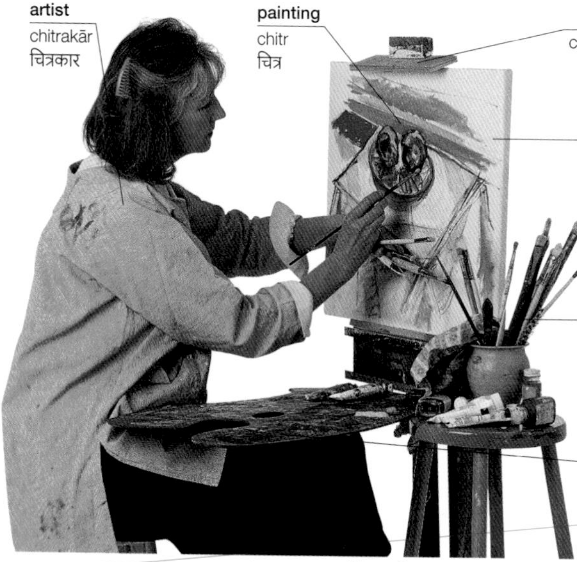
artist
chitrakār
चित्रकार
painting
chitr
चित्र
easel
chitrādhār
चित्राधार
canvas
kainvas
कैनवस
brush
braś
ब्रश
palette
tūlikā
तूलिका

painting | chitrakārī | चित्रकारी

paints • raṅg • रंग

oil paint
tail raṅg | तैल रंग

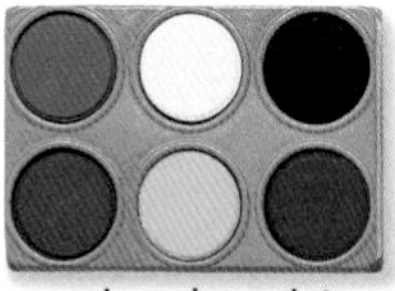

watercolor paint
pānī ke raṅg | पानी के रंग

pastels
raṅgīn khaṛiyā | रंगीन खड़िया

acrylic paint
ekrelik raṅg | एक्रेलिक रंग

poster paint
pōsṭar raṅg | पोस्टर रंग

colors • raṅg • रंग

red
lāl | लाल

blue
nīlā | नीला

yellow
pīlā | पीला

green
harā | हरा

orange
nāraṅgī | नारंगी

purple
baiṅganī | बैंगनी

white
safed | सफ़ेद

black
kālā | काला

gray
slēṭī | स्लेटी

pink
gulābī | गुलाबी

brown
bhūrā | भूरा

indigo
nīl | नील

other crafts • anya kalāeṃ • अन्य कलाएं

sketch pad
rekhāṅkan paṭal
रेखांकन पटल
sketch
ḳhākā
ख़ाका
pencil
pensil
पेंसिल
charcoal
koyalā battī
कोयला बत्ती

drawing | rekhāṅkan | रेखांकन

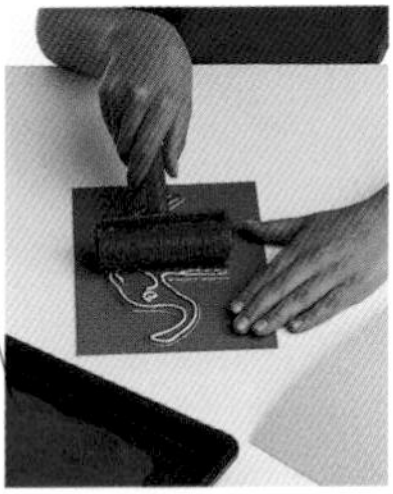
ink
syāhī
स्याही

printing
chhapāī | छपाई

engraving
utkīrṇan | उत्कीर्णन

stone
patthar
पत्थर
mallet
muṅgrā
मुंगरा

sculpting
mūrti śilp | मूर्ति शिल्प

chisel
chhainī
छैनी
wood
lakṛī
लकड़ी

woodworking
kāṣṭh-kalā | काष्ठ-कला

modeling tool
hastkalā upkaraṇ
हस्तकला उपकरण
potter's wheel
chāk
चाक
clay
chiknī miṭṭī
चिकनी मिट्टी

pottery
kumhār karm | कुम्हार कर्म

glue
gond
गोंद
cardboard
gattā
गत्ता

collage | kolāj | कोलाज

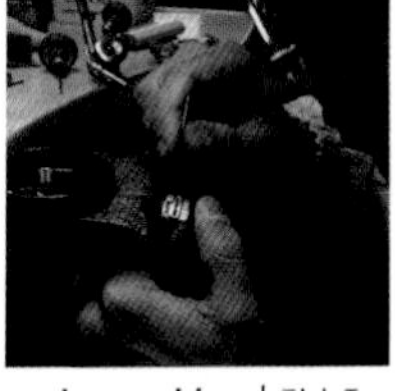

jewelry-making | ābhūṣaṇ-nirmāṇ | आभूषण निर्माण

papier-mâché | pepar māśe | पेपर माशे

origami
origemī | ऑरिगेमी

model-making | moḍal banānā | मॉडल बनाना

arts and crafts 2 • kalā aur śilp • कला और शिल्प 2

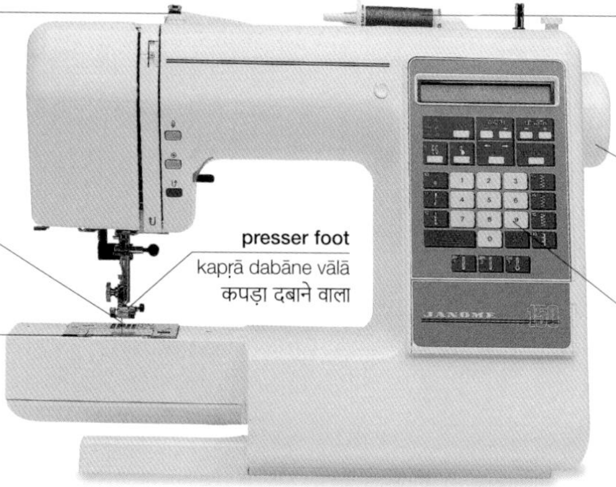

thread guide
dhāgā
धागा

needle
sūī
सूई

presser foot
kapṛā dabāne vālā
कपड़ा दबाने वाला

needle plate
sūī ke nīche
kī pattī
सूई के नीचे
की पत्ती

spool of thread
dhāge kī rīl
धागे की रील

balance wheel
pahiyā
पहिया

stitch selector
silāī chayan baṭan
सिलाई चयन बटन

sewing machine
silāī maśīn | सिलाई मशीन

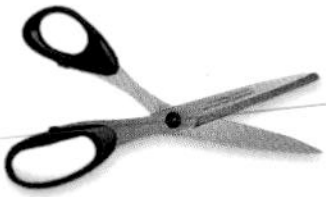

scissors
kaiṃchī
क़ैंची

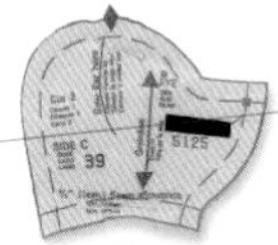

pattern
ḳhākā
ख़ाका

pincushion
pinkuśan
पिनकुशन

pin
pin
पिन

sewing basket
silāī kī ṭokrī | सिलाई की टोकरी

tape measure
inch ṭep
इंच टेप

material
kapṛā | कपड़ा

bobbin
phirkī
फिरकी

thread
dhāgā
धागा

eye
āī | आई

hook
huk
हुक

thimble
aṃguśtānā
अंगुश्ताना

tailor's chalk
darzī kā chok
दर्ज़ी का चॉक

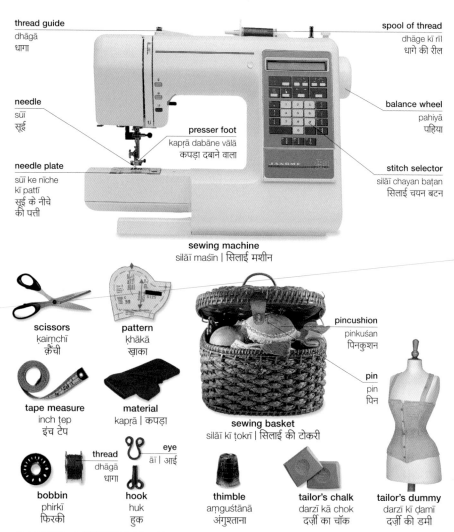

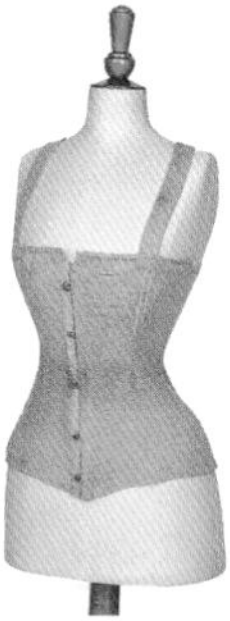

tailor's dummy
darzī kī ḍamī
दर्ज़ी की डमी

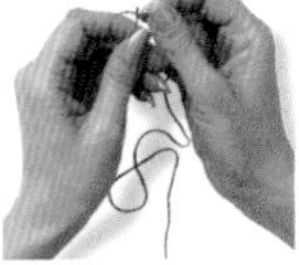

thread (v)
dhāgā ḍālnā
धागा डालना

stitch
bakhiyā
बखिया

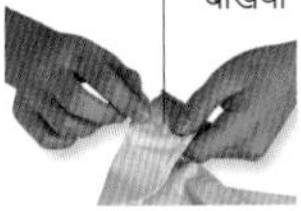

sew (v)
silnā
सिलना

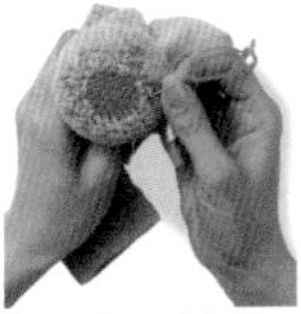

darn (v)
rafū karnā
रफू करना

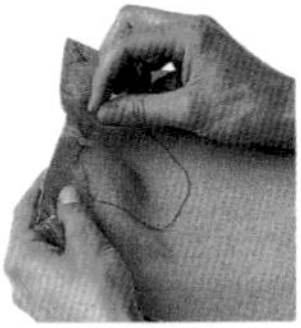

tack (v)
ṭāṃknā
टांकना

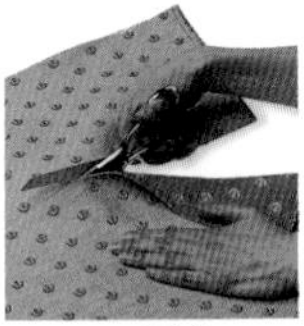

cut (v)
kāṭnā
काटना

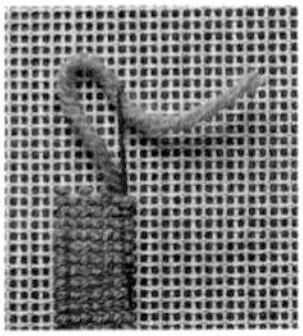

needlepoint
sūī kī nok
सूई की नोक

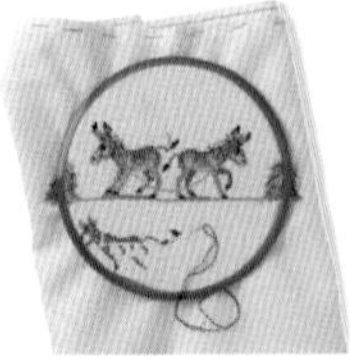

embroidery
kaṛhāī
कढ़ाई

crochet hook
krośiyā huk
क्रोशिया हुक

crochet
krośiyā
क्रोशिया

macramé
jhālar
झालर

patchwork
paiband
पैबंद

lace bobbin
les bobin
लेस बॉबिन

loom
karghā
करघा

quilting
parat lagānā
परत लगाना

lace-making
les banānā
लेस बनाना

weaving
bunnā
बुनना

knitting needle
bunne kī salāī
बुनने की सलाई

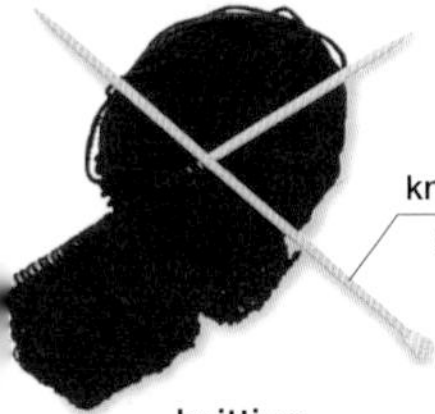

knitting
bunāī | बुनाई

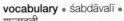

skein
lacchhī | लच्छी

yarn
ūn
ऊन

vocabulary • śabdāvalī • शब्दावली

unpick (v)	nylon
udheṛnā	nāyalon
उधेड़ना	नायलोन
fabric	silk
kapṛā	reśam
कपड़ा	रेशम
cotton	designer
sūtī kapṛā	ḍizāinar
सूती कपड़ा	डिज़ाइनर
linen	fashion
linen	faiśan
लिनेन	फ़ैशन
polyester	zipper
poliesṭar	zip
पॉलीएस्टर	ज़िप

environment
paryāvaraṇ
पर्यावरण

space • antarikṣ • अंतरिक्ष

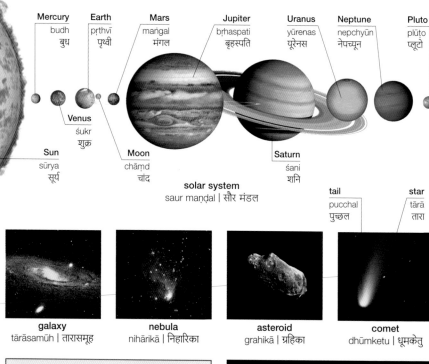

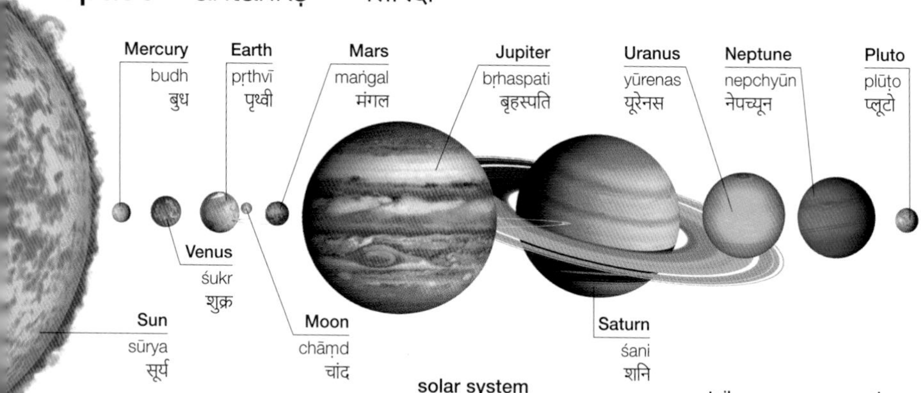
Mercury
budh
बुध
Earth
pṛthvī
पृथ्वी
Mars
maṅgal
मंगल
Jupiter
bṛhaspati
बृहस्पति
Uranus
yūrenas
यूरेनस
Neptune
nepchyūn
नेपच्यून
Pluto
plūṭo
प्लूटो
Venus
śukr
शुक्र
Sun
sūrya
सूर्य
Moon
chāṃd
चांद
Saturn
śani
शनि

solar system
saur maṇḍal | सौर मंडल

galaxy
tārāsamūh | तारासमूह

nebula
nihārikā | निहारिका

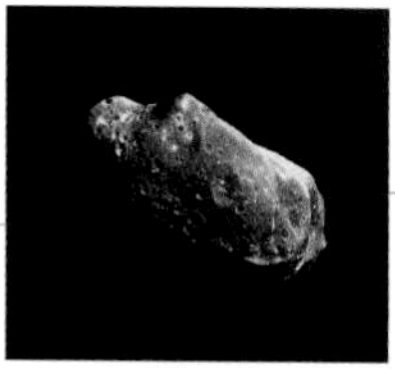

asteroid
grahikā | ग्रहिका

tail
pucchal
पुच्छल
star
tārā
तारा

comet
dhūmketu | धूमकेतु

vocabulary • śabdāvalī • शब्दावली

universe brahmāṇḍ ब्रह्मांड	**black hole** blaik hol ब्लैक होल	**full moon** pūrā chāṃd पूरा चांद
orbit kakṣā कक्षा	**planet** grah ग्रह	**new moon** pratipadā kā chāṃd प्रतिपदा का चांद
gravity gurutv गुरुत्व	**meteor** ulkā उल्का	**crescent moon** ardhchandr अर्धचंद्र

eclipse | grahaṇ | ग्रहण

space exploration • antarikṣ anveṣaṇ • अंतरिक्ष अन्वेषण

radar
rāḍār
राडार

thruster
thrasṭar
थ्रस्टर

crew hatch
updvār
उपद्वार

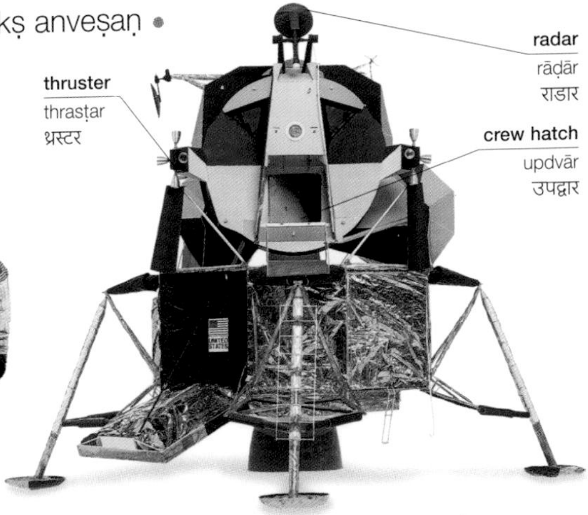

lunar module | chandryān | चंद्रयान

space shuttle
antarikṣ yān
अंतरिक्ष यान

booster
būsṭar
बूस्टर

launch pad
prakṣepaṇ sthal
प्रक्षेपण स्थल

launch
prakṣepaṇ | प्रक्षेपण

space suit
antarikṣ sūṭ
अंतरिक्ष सूट

astronaut | antarikṣ yātrī | अंतरिक्ष यात्री

satellite
upgrah | उपग्रह

space station | antarikṣ kendr
अंतरिक्ष केंद्र

astronomy • khagol vijñān • खगोल विज्ञान

constellation
tārāmaṇḍal | तारामंडल

binoculars
dūrbīn | दूरबीन

telescope
ṭelīskop
टेलीस्कोप

tripod
tipāyā sṭaiṇḍ
तिपाया स्टैंड

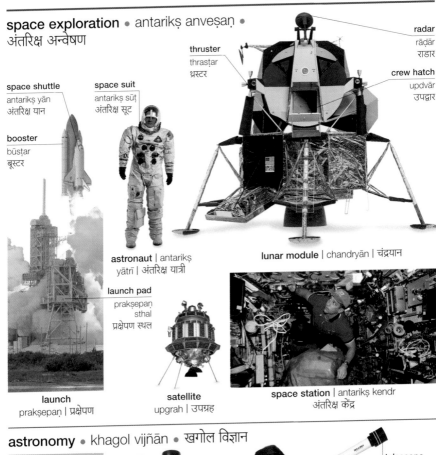

Earth • pṛthvī • पृथ्वी

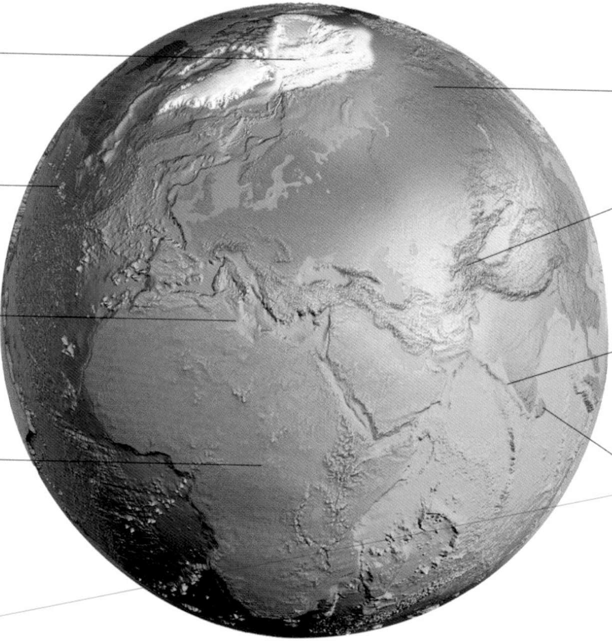
pole
dhruv
ध्रुव
land
bhūmi
भूमि
ocean
mahāsāgar
महासागर
mountain range
parvat śreṇī
पर्वत श्रेणी
sea
sāgar
सागर
peninsula
prāyadvīp
प्रायद्वीप
continent
mahādvīp
महाद्वीप
island
dvīp
द्वीप

planet | grah | ग्रह

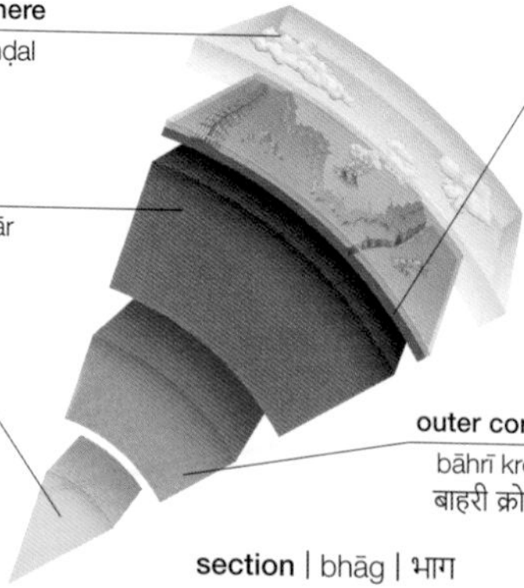
atmosphere
vāyumanḍal
वायुमंडल
crust
bhūparpaṭī
भूपर्पटी
mantle
bhūprāvār
भूप्रावार
inner core
āntarik kroṛ
आंतरिक क्रोड़
outer core
bāhrī kroṛ
बाहरी क्रोड़

section | bhāg | भाग

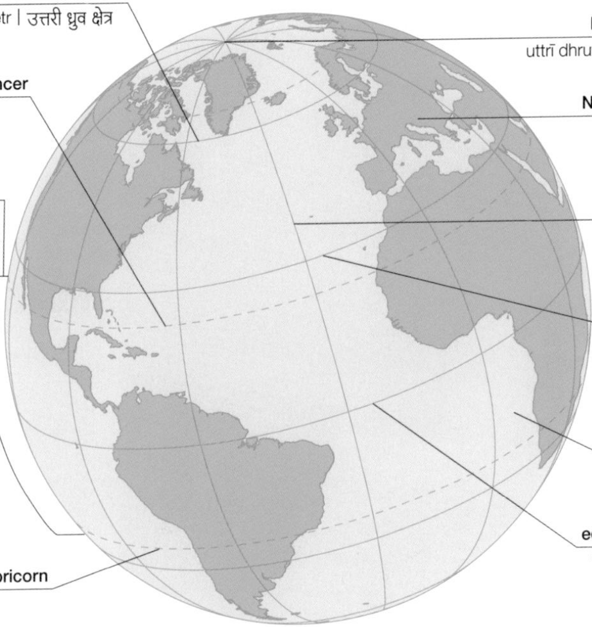
Arctic Circle
uttrī dhruv kṣetr | उत्तरी ध्रुव क्षेत्र
North Pole
uttrī dhruv | उत्तरी ध्रुव
Tropic of Cancer
kark rekhā
कर्क रेखा
Northern Hemisphere
uttrī golārdh
उत्तरी गोलार्ध
tropics
uṣṇ kaṭibandh
उष्ण कटिबंध
longitude
deśāntar rekhāṅś
देशांतर रेखांश
latitude
akṣāṅś
अक्षांश
Southern Hemisphere
dakṣiṇī golārdh
दक्षिणी गोलार्ध
equator
viṣuvat
विषुवत
Tropic of Capricorn
makar rekhā
मकर रेखा

zones | kaṭibandh | कटिबंध

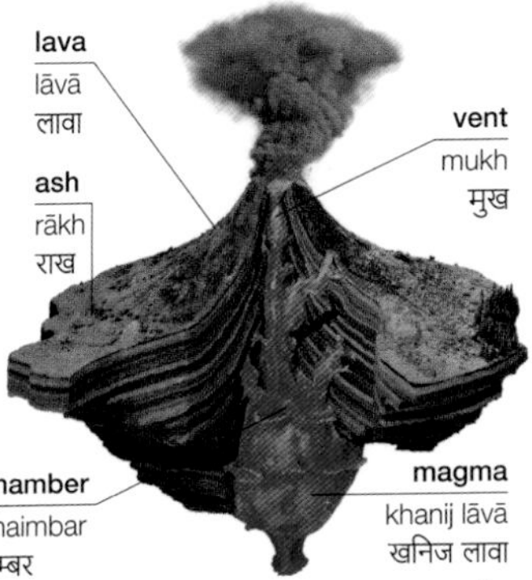
lava
lāvā
लावा
vent
mukh
मुख
ash
rākh
राख
chamber
chaimbar
चैम्बर
magma
khanij lāvā
खनिज लावा

volcano | jvālāmukhī | ज्वालामुखी

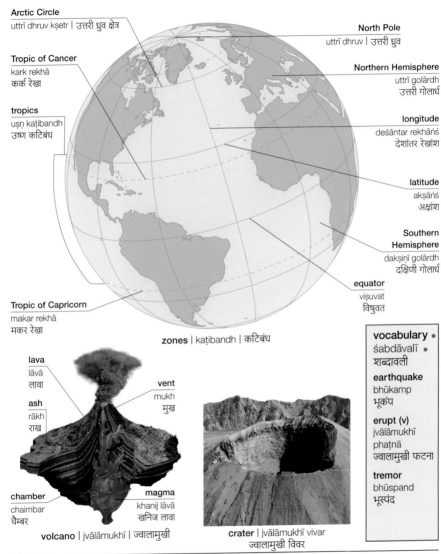

crater | jvālāmukhī vivar
ज्वालामुखी विवर

vocabulary • śabdāvalī • शब्दावली

earthquake
bhūkamp
भूकंप

erupt (v)
jvālāmukhī phaṭnā
ज्वालामुखी फटना

tremor
bhūspand
भूस्पंद

landscape • bhūdṛṣya • भूदृष्य

mountain
parvat
पर्वत

slope
ḍhalān
ढलान

bank
kinārā
किनारा

river
nadī
नदी

rapids
tīvr dhārā
तीव्र धारा

rocks
chaṭṭān
चट्टान

glacier
himnad | हिमनद

valley | ghāṭī | घाटी

hill
pahāṛī | पहाड़ी

plateau
paṭhār | पठार

gorge
darrā | दर्रा

cave
guphā | गुफा

plain | maidān | मैदान

desert | registān
रेगिस्तान

forest | jaṅgal | जंगल

woods | van | वन

rain forest
varṣā van | वर्षा वन

swamp
daldal | दलदल

meadow
charāgāh | चरागाह

grassland | ghās kā maidān | घास का मैदान

waterfall
jalprapāt | जलप्रपात

stream
dhārā | धारा

lake
jhīl | झील

geyser
garm jalsrot | गर्म जलस्रोत

coast
samudr taṭ | समुद्र तट

cliff | kharī chaṭṭān
खड़ी चट्टान

coral reef
pravāl dvīp | प्रवाल द्वीप

estuary | sāgar vilyan
सागर विलयन

weather • mausam • मौसम

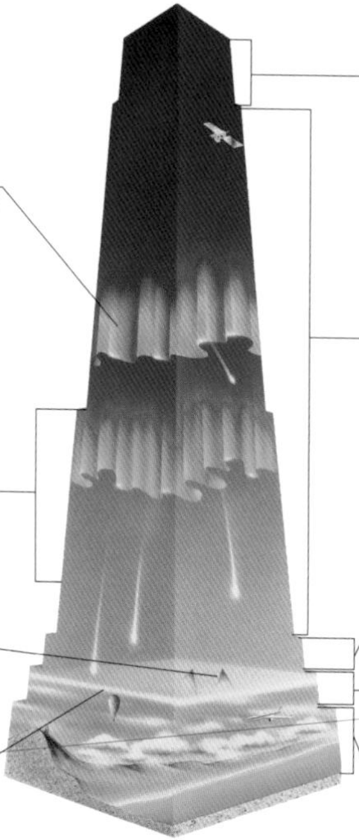
exosphere
parāmanḍal
परामंडल
aurora
dhruvjyoti
ध्रुवज्योति
thermosphere
tāpmanḍal
तापमंडल
ionosphere
āyan manḍal
आयन मंडल
mesosphere
madhya
manḍal
मध्य मंडल
ultraviolet
rays
parābaiṅganī
kirṇeṃ
पराबैंगनी किरणें
stratosphere
samtāp manḍal
समताप मंडल
ozone layer
ozon parat
ओज़ोन परत
troposphere
nimntāp manḍal
निम्नताप मंडल

atmosphere | vayumanḍal | वायुमंडल

sunshine | dhūp | धूप

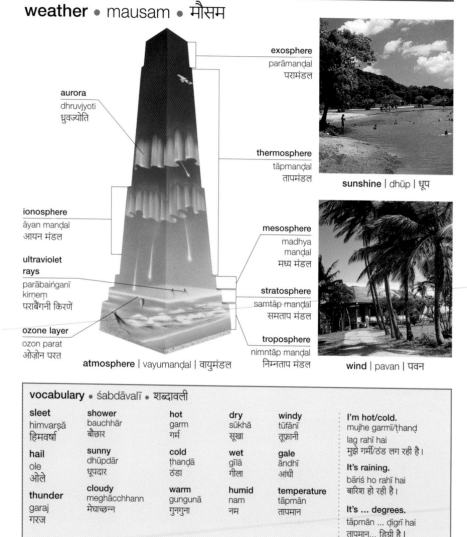

wind | pavan | पवन

vocabulary • śabdāvalī • शब्दावली

sleet himvarṣā हिमवर्षा	**shower** bauchhār बौछार	**hot** garm गर्म	**dry** sūkhā सूखा	**windy** tūfānī तूफ़ानी
hail ole ओले	**sunny** dhūpdār धूपदार	**cold** ṭhanḍā ठंडा	**wet** gīlā गीला	**gale** āndhī आंधी
thunder garaj गरज	**cloudy** meghācchhann मेघाच्छन्न	**warm** gungunā गुनगुना	**humid** nam नम	**temperature** tāpmān तापमान

I'm hot/cold.
mujhe garmī/ṭhanḍ lag rahī hai
मुझे गर्मी/ठंड लग रही है।

It's raining.
bāriś ho rahī hai
बारिश हो रही है।

It's ... degrees.
tāpmān ... ḍigrī hai
तापमान... डिग्री है।

cloud | bādal | बादल

rain | bāriś | बारिश

lightning
bijlī | बिजली

storm | tūfān | तूफ़ान

mist | kohrā | कोहरा

fog | dhundh | धुंध

rainbow | indrdhanuṣ | इंद्रधनुष

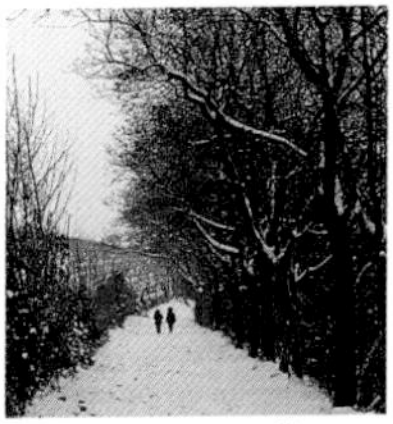

snow | him | हिम

frost | tuṣār | तुषार

icicle
āisikal | आइसिकल

ice | barf | बर्फ़

freeze | ṭhanḍ | ठंड

hurricane
chakrvāt | चक्रवात

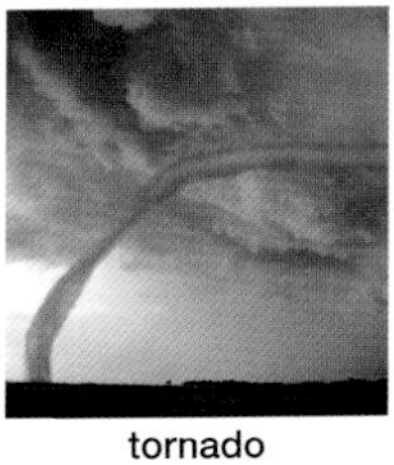

tornado
bavanḍar | बवंडर

monsoon
varṣā | वर्षा

flood
bāṛh | बाढ़

rocks • pāṣāṇ • पाषाण

igneous • jvalāmukhīya śail • ज्वालामुखीय शैल

granite
grenāiṭ
ग्रेनाइट

obsidian
obsiḍiyan
ओबसिडियन

basalt
kālā patthar
काला पत्थर

pumice
jhāmak
झामक

sedimentary • avsādī śail • अवसादी शैल

sandstone
baluā patthar
बलुआ पत्थर

limestone
chūnā patthar
चूना पत्थर

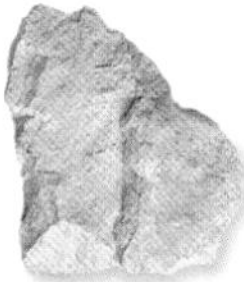

chalk
khaṛiyā
खड़िया

flint
chakmak
चकमक

conglomerate
pāṣāṇit kaṅkaṛ
पाषाणित कंकड़

coal
koyalā
कोयला

metamorphic • rūpāntarit śail • रूपांतरित शैल

slate
sleṭ
स्लेट

schist
starit chaṭṭān
स्तरित चट्टान

gneiss
śail
शैल

marble
saṅgmarmar
संगमरमर

gems • ratan • रत्न

ruby
māṇik
माणिक

amethyst
jambumaṇi
जंबुमणि

jet
lāvā maṇi
लावा मणि

opal
upal
उपल

moonstone
chandrakānt maṇi
चंद्रकांत मणि

diamond
hīrā
हीरा

garnet
raktmaṇi
रक्तमणि

topaz
pukhrāj
पुखराज

aquamarine
haritnīl
हरितनील

jade
jeḍ
जेड

emerald
pannā
पन्ना

sapphire
nīlam
नीलम

tourmaline
turmalī
तुरमली

minerals • khanij • खनिज

quartz
sphaṭik
स्फटिक

mica
abhrak
अभ्रक

sulfur
gandhak
गंधक

hematite
hemeṭāiṭ
हेमेटाइट

calcite
kailsāiṭ
कैल्साइट

malachite
melākāiṭ
मेलाकाइट

turquoise
fīrojā
फ़ीरोजा

onyx
sarpmaṇi
सर्पमणि

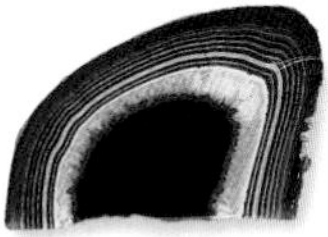

agate
akīk
अकीक

graphite
grefāiṭ
ग्रेफ़ाइट

metals • dhātu • धातु

gold
sonā | सोना

silver
chāndī
चांदी

platinum
pleṭinam
प्लेटिनम

nickel
nikal | निकल

iron
lohā | लोहा

copper
tāmbā | तांबा

tin
ṭin | टिन

aluminium
alyūminiyam
अल्यूमिनियम

mercury
pārā | पारा

zinc
jastā | जस्ता

animals 1 • paśu • पशु 1

mammals • standhārī jīv • स्तनधारी जीव

rabbit
ḳhargoś
ख़रगोश

hamster
haimsṭar | हैमस्टर

whiskers
mūṃchheṃ
मूंछें

mouse
mūṣak | मूषक

tail
pūṃchh
पूंछ

rat
chūhā | चूहा

hedgehog
sāhī | साही

squirrel
gilahrī
गिलहरी

bat
chamgādaṛ
चमगादड़

raccoon
raikūn
रैकून

fox
lomṛī
लोमड़ी

wolf
bheṛiyā
भेड़िया

puppy
pillā
पिल्ला

dog
kuttā | कुत्ता

kitten
billī kā bacchā
बिल्ली का बच्चा

cat
billī | बिल्ली

otter
ūdbilāv | ऊदबिलाव

pup
śiśu sīl
शिशु सील

seal
sīl | सील

sea lion
samudr siṅh
समुद्र सिंह

flipper
mīn paṅkh
मीन पंख

walrus
hāthī sīl
हाथी सील

blowhole
śvās chhidr
श्वास छिद्र

whale
vhel | व्हेल

dolphin
dolfin
डॉल्फ़िन

antler
sīng
सींग

deer
hiran | हिरन

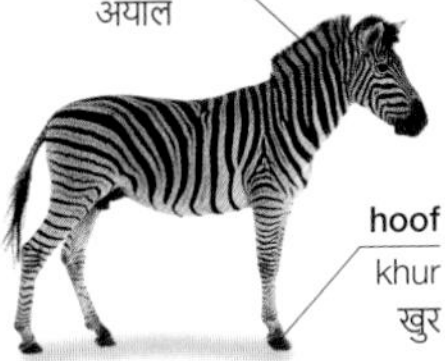
mane
ayāl
अयाल
hoof
khur
खुर

zebra
zebrā | ज़ेबरा

giraffe
jirāf | जिराफ़

hump
kūbaṛ
कूबड़

camel
ūṃṭ | ऊंट

hippopotamus
dariyāī ghoṛā | दरियाई घोड़ा

trunk
sūṃṛ | सूंड़
tusk
hāthī dāṃt
हाथी दांत

elephant
hāthī | हाथी

horn
sīng | सींग

rhinoceros
gaiṇḍā | गैंडा

tiger
bāgh | बाघ

mane
ayāl | अयाल

lion
babbar śer | बब्बर शेर

monkey
bandar | बंदर

gorilla
gorillā | गोरिल्ला

koala
koālā | कोआला

pouch
thailī
थैली

kangaroo
kaṅgārū | कंगारू

claw
panjā
पंजा

bear
bhālū | भालू

polar bear
dhruvīya bhālū | ध्रुवीय भालू

panda
pāṃḍā
पांडा

animals 2 • paśu • पशु 2

birds • pakṣī • पक्षी

canary
chhoṭī pīlī chiṛiyā
छोटी पीली चिड़िया

sparrow
goraiyā | गोरैया

hummingbird | marmar pakṣī | मर्मर पक्षी

swallow
abābīl | अबाबील

crow
kauā | कौआ

pigeon
kabūtar | कबूतर

woodpecker
kaṭhphoṛvā
कठफोड़वा

falcon
bāz | बाज़

owl
ullū | उल्लू

gull
ghomrā | घोमरा

eagle
ukāb | उक़ाब

pelican
pelikan | पेलिकन

flamingo
rājhaṃs | राजहंस

stork
bagulā | बगुला

crane
sāras | सारस

penguin
peṅguin | पेंगुइन

ostrich
śuturmurg | शुतुरमुर्ग

goose
bataḳh | बतख़

swan
haṃs | हंस

peacock
mor | मोर

pheasant
tītar | तीतर

turkey
ṭarkī | टर्की

cockatoo
kākātū totā
काकातू तोता

beak
chomch
चोंच
feather
far
फ़र
wing
paṅkh
पंख
claw
panjā
पंजा

parrot
totā | तोता

reptiles • sarīsṛp • सरीसृप

scales
sūkhī chamṛī
सूखी चमड़ी

alligator
ghaṛiyāl | घड़ियाल

lizard
chhipkalī | छिपकली

iguana
goh | गोह

shell
kavach
कवच

turtle | samudrī
kachhuā | समुद्री कछुआ

tortoise
kachhuā | कछुआ

snake
sāṃp | सांप

snout
thūthnī
थूथनी

crocodile
magarmacchh | मगरमच्छ

animals 3 • paśu • पशु 3

amphibians • ubhayachar jīv • उभयचर जीव

frog
meṃḍhak | मेंढक

toad
thal meṃḍhak | थल मेंढक

tadpole
śiśu meṃḍhak | शिशु मेंढक

salamander
sarṭak | सरटक

fish • machhlī • मछली

eel
bām machhlī | बाम मछली

shark
śārk | शार्क

seahorse
aśvmīn | अश्वमीन

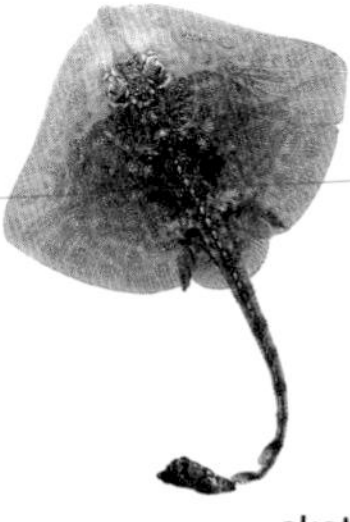

skate
skeṭ machhlī | स्केट मछली

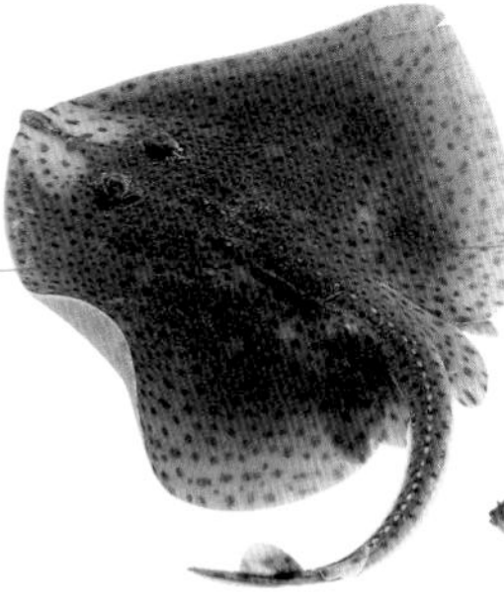

ray
re | रे

goldfish
sonmāchhī | सोनमाछी

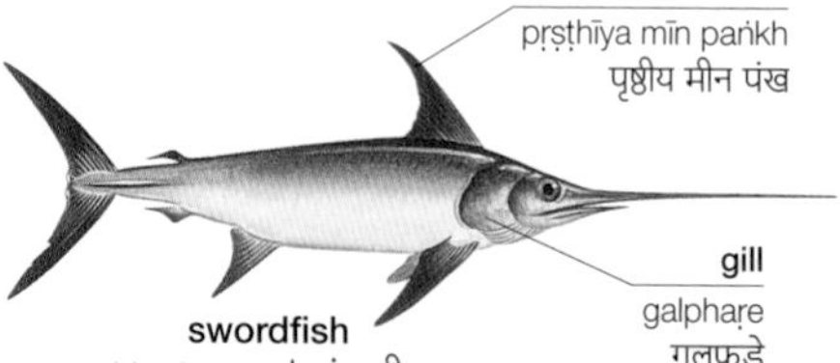
dorsal fin
pṛṣṭhīya mīn paṅkh
पृष्ठीय मीन पंख
gill
galphaṛe
गलफड़े

swordfish
khaṅg mīn | खंग मीन

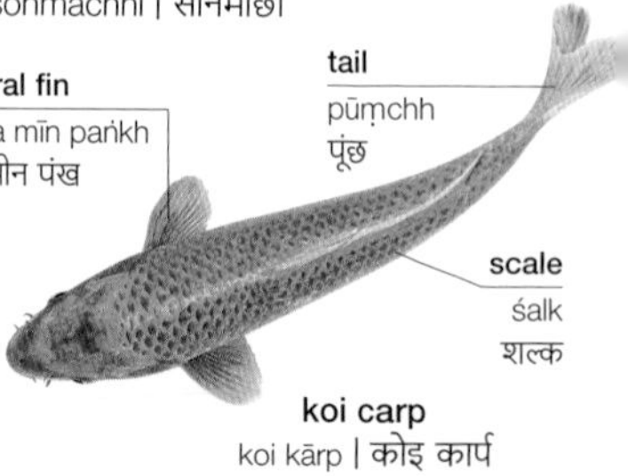
pectoral fin
vakṣīya mīn paṅkh
वक्षीय मीन पंख
tail
pūṃchh
पूंछ
scale
śalk
शल्क

koi carp
koi kārp | कोइ कार्प

invertebrates • akaśerukī jīv • अकशेरुकी जीव

ant
chīṃṭī | चींटी

termite
dīmak | दीमक

bee
madhumakkhī | मधुमक्खी

wasp
barr | बर्र

beetle
phūṅgā | फूंगा

cockroach
tilchaṭṭā | तिलचट्टा

moth
pataṅgā | पतंगा

butterfly
titlī | तितली

cocoon
koyā | कोया

caterpillar
illī | इल्ली

cricket
jhīṅgur | झींगुर

grasshopper
ṭiḍḍā | टिड्डा

praying mantis
mantris | मंत्रिस

scorpion
bicchhū | बिच्छू

centipede
kankhajūrā | कनखजूरा

dragonfly
ḍraigan flāī
ड्रैगन फ़्लाई

fly
makkhī | मक्खी

mosquito
macchhar | मच्छर

ladybug
leḍībarḍ | लेडीबर्ड

spider
makṛī | मकड़ी

slug
kambu | कंबु

snail
ghoṃghā | घोंघा

worm
kṛmi | कृमि

starfish
sṭār fiś | स्टार फ़िश

mussel
śambuk | शंबुक

crab
kekṛā | केकड़ा

lobster
lobsṭar | लॉबस्टर

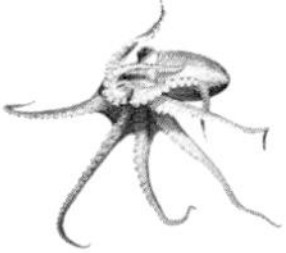

octopus
aṣṭbhuj | अष्टभुज

squid
skviḍ | स्क्विड

jellyfish
jelī fiś | जेली फ़िश

plants • vanaspati • वनस्पति

tree • peṛ • पेड़

branch
śākhā
शाखा
bark
chhāl
छाल
root
jaṛ
जड़
trunk
tanā
तना

oak | bāṃj | बांज

leaf
pattī
पत्ती
twig
ṭahnī
टहनी

willow
śarpat | शरपत

poplar | vilāyatī pīpal | विलायती पीपल

eucalyptus
nīlgiri | नीलगिरि

larch
śrīdāru | श्रीदारु

beech
bīch | बीच

birch
bhojvṛkṣ | भोजवृक्ष

pine
chīṛ | चीड़

cedar
devdār | देवदार

maple
mepal | मेपल

elm
chirābel | चिराबेल

lime | nīmbū kā vṛkṣ | नीबू का वृक्ष

berry
saras phal
सरस फल

holly
śūlparṇī | शूलपर्णी

palm
tāṛ | ताड़

flowering plant • puṣpī paudhe • पुष्पी पौधे

flower
phūl
फूल
stamen
puṅkesar
पुंकेसर
petal
paṅkhuṛī
पंखुड़ी
calyx
karṇikā
कर्णिका
stalk
ḍanṭhal
डंठल
bud
kalī
कली
stem
ḳalam
क़लम

buttercup
baṭarkap | बटरकप

daisy
ḍezī | डेज़ी

thistle
ikṣugandhā
इक्षुगंधा

dandelion
kukraumdhā
कुकरौंधा

heather
haidar
हैदर

poppy
ahipuṣp
अहिपुष्प

foxglove
apsaroṅguli
अप्सरोंगुलि

honeysuckle
hanīsakal
हनीसकल

sunflower
sūryamukhī
सूर्यमुखी

clover
tinpatiyā
तिनपतिया

bluebells
jaṅglī gomed
जंगली गोमेद

primrose
primroz
प्रिमरोज़

lupines
lyūpin
ल्यूपिन

nettle
bicchhū-būṭī
बिच्छू-बूटी

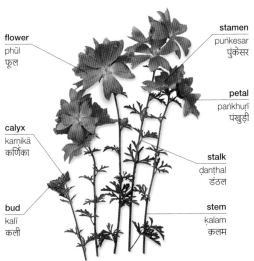

city • śahar • शहर

street
saṛak
सड़क

curb
paṭrī
पटरी

street corner
galī kā nukkaṛ
गली का नुक्कड़

store
dukān
दुकान

intersection
chaurāhā
चौराहा

one-way system
iktarfā rāstā
इकतरफ़ा रास्ता

sidewalk
fuṭpāth
फ़ुटपाथ

office building
kāryālaya khanḍ
कार्यालय खंड

apartment building
apārṭmenṭ khanḍ
अपार्टमेंट खंड

alley
galī
गली

parking lot
kār pārk
कार पार्क

street sign
mārg saṅketak
मार्ग संकेतक

barrier
khambhā
खंभा

street light
sṭrīṭ lāiṭ
स्ट्रीट लाइट

buildings • imārat • इमारत

town hall
ṭāun hol | टाउन हॉल

library
pustakālaya | पुस्तकालय

movie theater
sinemā | सिनेमा

theater
thieṭar | थिएटर

university
viśvvidyālaya | विश्वविद्यालय

school
vidyālaya | विद्यालय

skyscraper
gaganchumbī imārat
गगनचुंबी इमारत

areas • kṣetr • क्षेत्र

industrial park
audyogik kṣetr
औद्योगिक क्षेत्र

city
śahar | शहर

suburb
upnagar | उपनगर

village
gāṃv | गांव

vocabulary • śabdāvalī • शब्दावली

pedestrian zone
paidal rāstā
पैदल रास्ता

side street
galī
गली

manhole
mainhol
मैनहोल

gutter
nālā
नाला

church
charch
चर्च

avenue
rāstā
रास्ता

square
chauk
चौक

bus stop
bas sṭop
बस स्टॉप

factory
kārḳhānā
कारख़ाना

drain
nālī
नाली

architecture • vāstuśilp • वास्तुशिल्प

buildings and structures • bhavan evam imāratem̩ • भवन एवं इमारतें

skyscraper | gaganchumbī imārat | गगनचुंबी इमारत

turret
burj
बुर्ज

moat
khāī
खाई

castle
ḳilā | क़िला

church
girjāghar | गिरजाघर

dome
gumbad
गुम्बद

mosque
masjid | मस्जिद

temple
mandir | मंदिर

vault
mehrābdār chhat
मेहराबदार छत

synagogue | yahūdī pūjāsthal
यहूदी पूजास्थल

dam
bāndh | बांध

bridge
pul | पुल

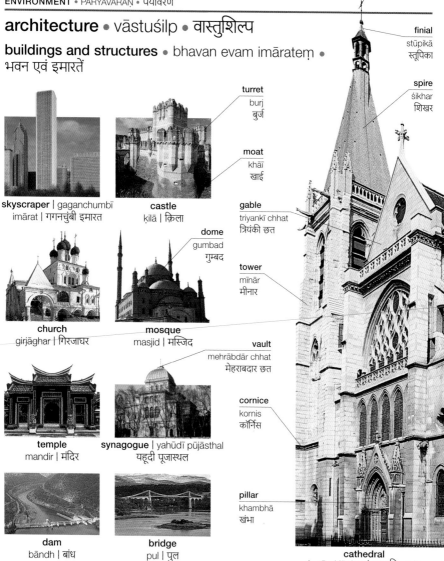

finial
stūpikā
स्तूपिका

spire
śikhar
शिखर

gable
triyankī chhat
त्रियंकी छत

tower
mīnār
मीनार

cornice
kornis
कॉर्निस

pillar
khambhā
खंभा

cathedral
baṛā girjāghar | बड़ा गिरजाघर

styles • śailī • शैली

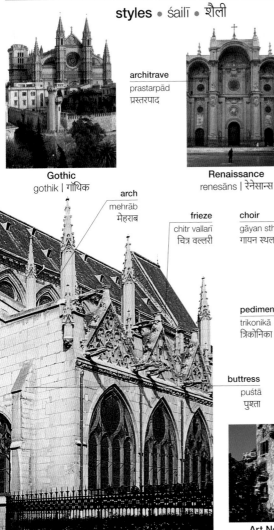

Gothic
gothik | गॉथिक

architrave
prastarpād
प्रस्तरपाद

Renaissance
renesāns | रेनेसान्स

Baroque
bārok | बारोक

arch
mehrāb
मेहराब

frieze
chitr vallarī
चित्र वल्लरी

buttress
puśtā
पुश्ता

choir
gāyan sthal
गायन स्थल

Rococo
rokoko | रोकोको

pediment
trikonikā
त्रिकोनिका

Neoclassical
navśāstrīya | नवशास्त्रीय

Art Nouveau
ārṭ nūvo | आर्ट नूवो

Art Deco
ārṭ ḍeko | आर्ट डेको

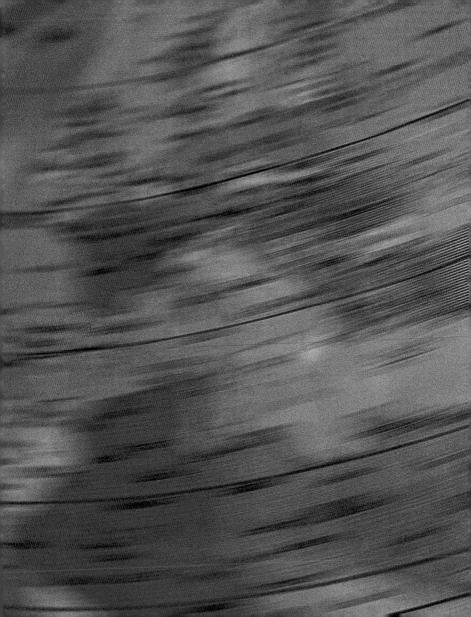

reference
sandarbh
संदर्भ

time • samaya • समय

minute hand
minaṭ kī suī
मिनट की सुई

hour hand
ghanṭe kī suī
घंटे की सुई

clock | ghaṛī | घड़ी

vocabulary • śabdāvalī • शब्दावली

second
sekanḍ
सेकंड

minute
minaṭ
मिनट

hour
ghanṭā
घंटा

now
abhī
अभी

later
bād meṃ
बाद में

half an hour
ādhā ghanṭā
आधा घंटा

a quarter of an hour
pandrah minaṭ
पंद्रह मिनट

twenty minutes
bīs minaṭ
बीस मिनट

forty minutes
chālīs minaṭ
चालीस मिनट

What time is it?
kyā samaya huā hai?
क्या समय हुआ है?

It's three o'clock.
tīn baj gae haiṃ
तीन बज गए हैं।

five past one
ek baj kar pāṃch minaṭ
एक बज कर पांच मिनट

ten past one
ek baj kar das minaṭ
एक बज कर दस मिनट

quarter past one
savā ek
सवा एक

twenty past one
ek baj kar bīs minaṭ
एक बज कर बीस मिनट

second hand
saikanḍ kī suī
सेकंड की सुई

twenty-five past one
ek baj kar pacchīs minaṭ
एक बज कर पच्चीस मिनट

one thirty
ḍeṛh
डेढ़

twenty-five to two
do bajne meṃ pacchīs minaṭ
दो बजने में पच्चीस मिनट

twenty to two
do bajne meṃ bīs minaṭ
दो बजने में बीस मिनट

quarter to two
paune do
पौने दो

ten to two
do bajne meṃ das minaṭ
दो बजने में दस मिनट

five to two
do bajne meṃ pāṃch minaṭ
दो बजने में पांच मिनट

two o'clock
do baje
दो बजे

night and day • rāt aur din • रात और दिन

midnight
ardhrātri | अर्धरात्रि

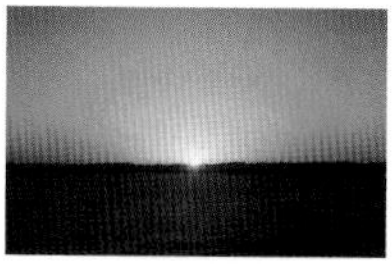

sunrise
sūryodaya | सूर्योदय

dawn
bhor | भोर

morning
subah | सुबह

sunset
sūryāst | सूर्यास्त

noon
madhyāhn | मध्याह्न

dusk
sāyaṃkāl | सायंकाल

evening
sandhyā | संध्या

afternoon
dopahar | दोपहर

vocabulary • śabdāvalī • शब्दावली

early
jaldī
जल्दी

on time
samaya par
समय पर

late
der
देर

You're early.
āp jaldī ā gae haiṃ
आप जल्दी आ गए हैं।

You're late.
āp der se āe haiṃ
आप देर से आए हैं।

I'll be there soon.
maiṃ jaldī hī pahuṃch jāūṃgā
मैं जल्दी ही पहुंच जाऊंगा।

Please be on time.
kṛpyā samaya par pahuṃcheṃ
कृपया समय पर पहुंचें।

It's getting late.
der ho rahī hai
देर हो रही है।

I'll see you later.
maiṃ āpse bād meṃ milūṅgā
मैं आपसे बाद में मिलूंगा।

What time does it start?
yah kis samaya śurū hogā?
यह किस समय शुरू होगा?

How long will it last?
yah kab tak chalegā?
यह कब तक चलेगा?

What time does it end?
yah kab samāpt hogā?
यह कब समाप्त होगा?

calendar • kailenḍar • कैलेंडर

month
mās
मास

year
varṣ
वर्ष

January
janvarī
जनवरी

2010

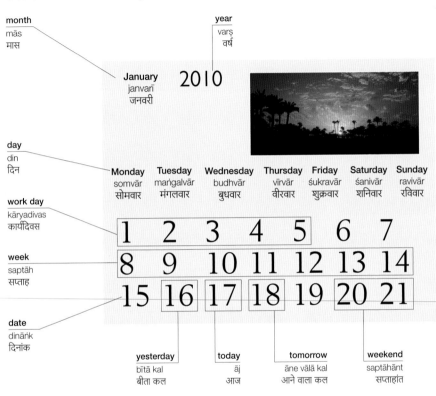

day
din
दिन

Monday	**Tuesday**	**Wednesday**	**Thursday**	**Friday**	**Saturday**	**Sunday**
somvār	maṅgalvār	budhvār	vīrvār	śukravār	śanivār	ravivār
सोमवार	मंगलवार	बुधवार	वीरवार	शुक्रवार	शनिवार	रविवार
1	2	3	4	5	6	7
8	9	10	11	12	13	14
15	16	17	18	19	20	21

work day
kāryadivas
कार्यदिवस

week
saptāh
सप्ताह

date
dināṅk
दिनांक

yesterday
bītā kal
बीता कल

today
āj
आज

tomorrow
āne vālā kal
आने वाला कल

weekend
saptāhānt
सप्ताहांत

vocabulary • śabdāvalī • शब्दावली

January janvarī जनवरी	**March** mārch मार्च	**May** maī मई	**July** julāī जुलाई	**September** sitambar सितंबर	**November** navambar नवंबर
February farvarī फ़रवरी	**April** aprail अप्रैल	**June** jūn जून	**August** agast अगस्त	**October** akṭūbar अक्टूबर	**December** disambar दिसंबर

years • varṣ • वर्ष

1900 nineteen hundred • unnīs sau • उन्नीस सौ

1901 nineteen hundred and one • unnīs sau ek • उन्नीस सौ एक

1910 nineteen ten • unnīs sau das • उन्नीस सौ दस

2000 two thousand • do hazār • दो हज़ार

2001 two thousand and one • do hazār ek • दो हज़ार एक

seasons • ṛtueṃ • ऋतुएं

spring
basant
बसंत

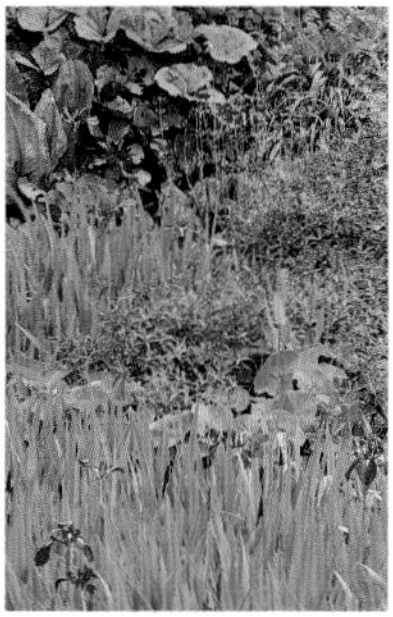
summer
grīṣm
ग्रीष्म

fall
patjhaṛ
पतझड़

winter
śarad
शरद

vocabulary • śabdāvalī • शब्दावली

century
śatābdī
शताब्दी

decade
daśak
दशक

two weeks
pakhvāṛā
पखवाड़ा

this week
is hafte
इस हफ़्ते

last week
pichhle hafte
पिछले हफ़्ते

the day before yesterday
bītā parsoṃ
बीता परसों

weekly
sāptāhik
साप्ताहिक

monthly
māsik
मासिक

annual
vārṣik
वार्षिक

millennium
sahsrābdī
सहस्राब्दी

next week
agle hafte
अगले हफ़्ते

the day after tomorrow
parsoṃ
परसों

What's the date today?
āj kyā tārīkh hai?
आज क्या तारीख़ है?

It's February seventh, two thousand and seventeen.
āj 7 farvarī 2017 hai
आज 7 फ़रवरी, 2017 है।

numbers • aṃk • अंक

0 zero • śūnya • शून्य

1 one • ek • एक

2 two • do • दो

3 three • tīn • तीन

4 four • chār • चार

5 five • pāṃch • पांच

6 six • chhah • छह

7 seven • sāt • सात

8 eight • āṭh • आठ

9 nine • nau • नौ

10 ten • das • दस

11 eleven • gyārah • ग्यारह

12 twelve • bārah • बारह

13 thirteen • terah • तेरह

14 fourteen • chaudah • चौदह

15 fifteen • pandrah • पंद्रह

16 sixteen • solah • सोलह

17 seventeen • satrah • सत्रह

18 eighteen • aṭhārah • अठारह

19 nineteen • unnīs • उन्नीस

20 twenty • bīs • बीस

21 twenty-one • ikkīs • इक्कीस

22 twenty-two • bāīs • बाईस

30 thirty • tīs • तीस

40 forty • chālīs • चालीस

50 fifty • pachās • पचास

60 sixty • sāṭh • साठ

70 seventy • sattar • सत्तर

80 eighty • assī • अस्सी

90 ninety • nabbe • नब्बे

100 one hundred • sau • सौ

110 one hundred and ten • ek sau das • एक सौ दस

200 two hundred • do sau • दो सौ

300 three hundred • tīn sau • तीन सौ

400 four hundred • chār sau • चार सौ

500 five hundred • pāṃch sau • पांच सौ

600 six hundred • chhah sau • छह सौ

700 seven hundred • sāt sau • सात सौ

800 eight hundred • āṭh sau • आठ सौ

900 nine hundred • nau sau • नौ सौ

1,000 one thousand • ek hazār • एक हज़ार

10,000 ten thousand • das hazār • दस हज़ार

20,000 twenty thousand • bīs hazār • बीस हज़ार

50,000 fifty thousand • pachās hazār • पचास हज़ार

55,500 fifty-five thousand five hundred • pachpan hazār pāṃch sau • पचपन हज़ार पांच सौ

100,000 one hundred thousand • ek lākh • एक लाख

1,000,000 one million • das lākh • दस लाख

1,000,000,000 one billion • ek arab • एक अरब

first
pahlā
पहला
second
dūsrā
दूसरा
third
tīsrā
तीसरा

fourth • chauthā • चौथा

fifth • pāṃchvāṃ • पांचवा

sixth • chhaṭhā • छठा

seventh • sātvāṃ • सातवां

eighth • āṭhvāṃ • आठवां

ninth • nauvāṃ • नौवां

tenth • dasvāṃ • दसवां

eleventh • gyārahavāṃ • ग्यारहवां

twelfth • bārhavāṃ • बारहवां

thirteenth • terhavāṃ • तेरहवां

fourteenth • chaudhavāṃ • चौदहवां

fifteenth • pandrahavāṃ • पंद्रहवां

sixteenth • solahavāṃ • सोलहवां

seventeenth • satrahavāṃ • सत्रहवां

eighteenth • aṭhārahavāṃ • अठारहवां

nineteenth • unnīsvāṃ • उन्नीसवां

twentieth • bīsvāṃ • बीसवां

twenty-first • ikkīsvāṃ • इक्कीसवां

twenty-second • bāisvāṃ • बाइसवां

twenty-third • teisvāṃ • तेइसवां

thirtieth • tīsvāṃ • तीसवां

fortieth • chālīsvāṃ • चालीसवां

fiftieth • pachāsvāṃ • पचासवां

sixtieth • sāṭhvāṃ • साठवां

seventieth • sattarvāṃ • सत्तरवां

eightieth • assīvāṃ • अस्सीवां

ninetieth • nabbevāṃ • नब्बेवां

(one) hundredth • sauvāṃ • सौवां

weights and measures • bhār aur māpak • भार और मापक

area • kṣetr • क्षेत्र

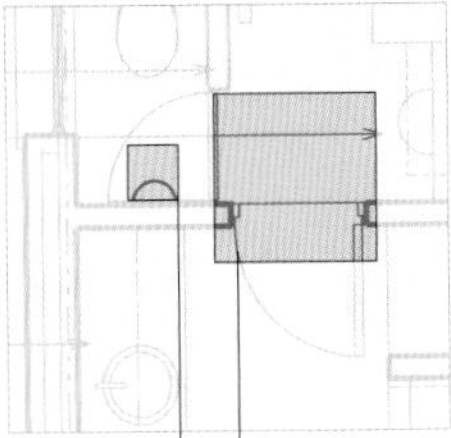

square foot
varg fuṭ
वर्ग फुट

square meter
vargmīṭar
वर्गमीटर

distance • dūrī • दूरी

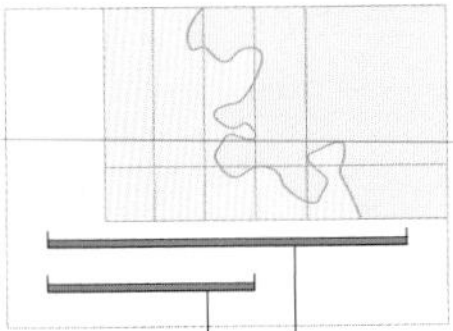

kilometer
kilomīṭar
किलोमीटर

mile
mīl
मील

pan
pain
पैन

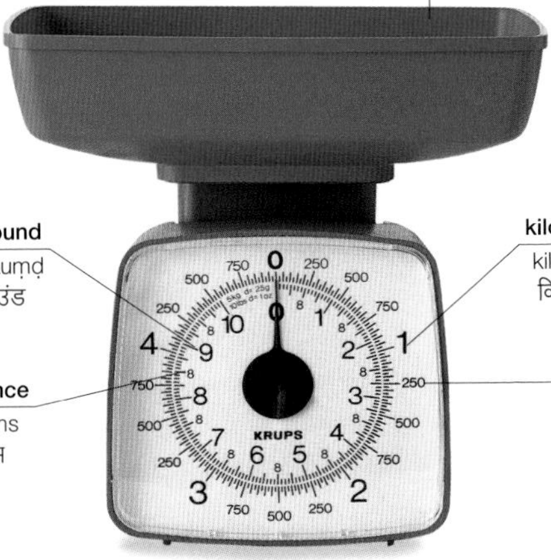

pound
pāuṃḍ
पाउंड

kilogram
kilogrām
किलोग्राम

ounce
auṃs
औंस

gram
grām
ग्राम

scale | tarāzū | तराज़ू

vocabulary • śabdāvalī • शब्दावली

yard gaz गज़	**ton** ṭan टन	**measure (v)** māpnā मापना
meter mīṭar मीटर	**milligram** milīgrām मिलीग्राम	**weigh (v)** taulnā तौलना

length • lambāī • लंबाई

foot
fuṭ
फुट

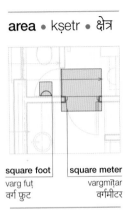

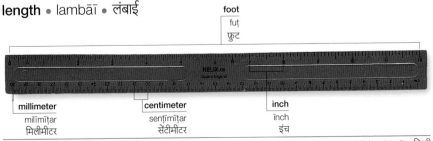

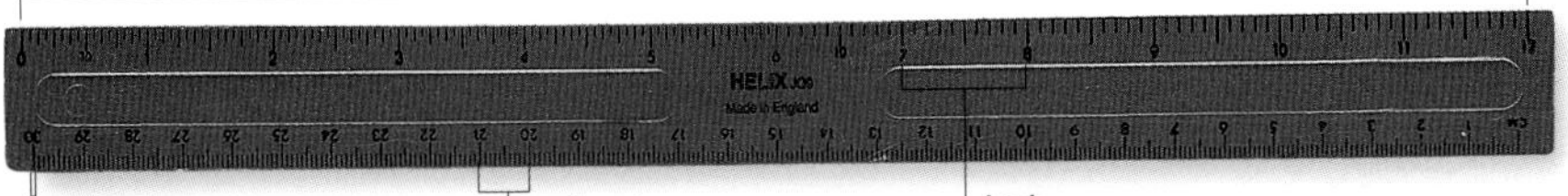

millimeter
milīmīṭar
मिलीमीटर

centimeter
senṭīmīṭar
सेंटीमीटर

inch
īnch
इंच

capacity • kṣamtā • क्षमता

half-liter
ādhā līṭar
आधा लीटर

pint
pāinṭ | पाइंट

milliliter
milīlīṭar
मिलीलीटर

measuring cup
māpak jag | मापक जग

volume
āyatan
आयतन

liquid measure
drav māp | द्रव माप

vocabulary • śabdāvalī • शब्दावली

gallon
gailan
गैलन

quart
kvārṭ
क्वार्ट

liter
līṭar
लीटर

container • kanṭenar • कंटेनर

carton
kārṭan | कार्टन

packet
paikeṭ | पैकेट

bottle
botal | बोतल

bag
thailā
थैला

tub | ṭab | टब

jar | jār | जार

can
kain
कैन

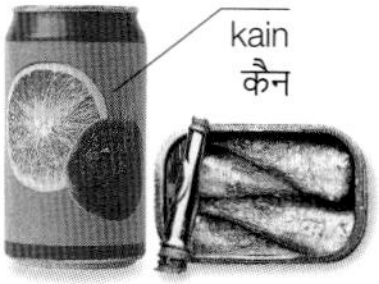

tin | ṭin | टिन

spray bottle
ḍispensar | डिस्पेंसर

bar
ṭikiyā
टिकिया

tube | ṭyūb | ट्यूब

roll | rol | रोल

pack | paik | पैक

spray can
spre kain | स्प्रे कैन

world map • viśv mānchitr • विश्व मानचित्र

North Sea
uttarī sāgar
उत्तरी सागर

Arctic Ocean
ārkṭik mahāsāgar
आर्कटिक महासागर

Rocky Mountains
chaṭṭānī parvatmālā
चट्टानी पर्वतमाला

Caribbean Sea
kairebiyan sāgar
कैरेबियन सागर

Amazonia
amezoniyā
अमेज़ोनिया

Pacific Ocean
praśānt mahāsāgar
प्रशांत महासागर

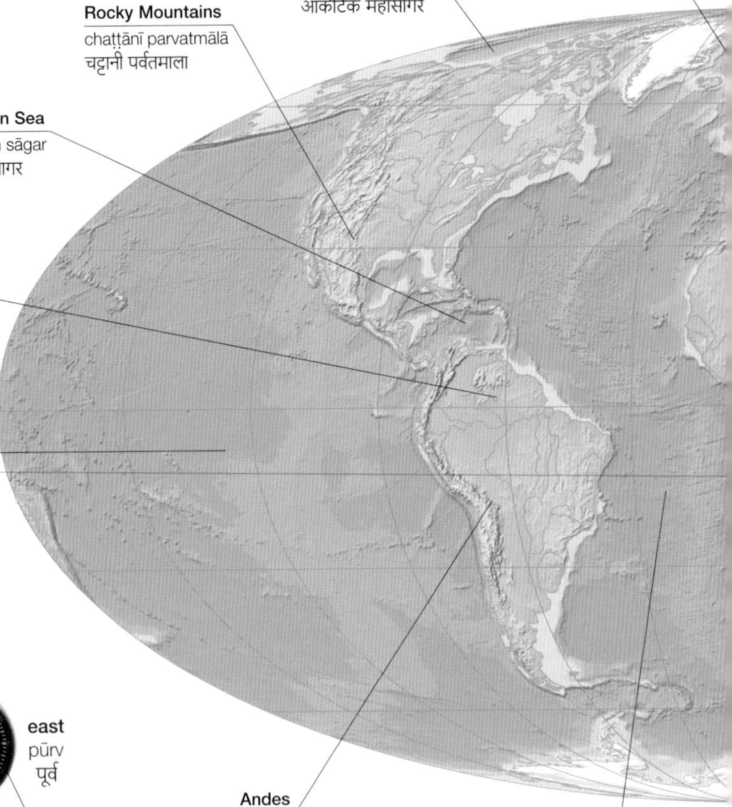

north
uttar
उत्तर

west
paśchim
पश्चिम

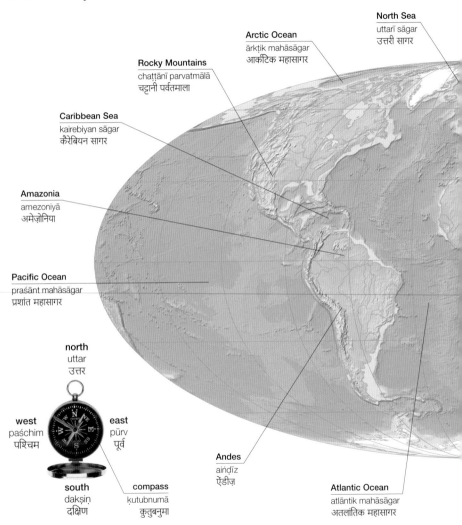

east
pūrv
पूर्व

south
dakṣiṇ
दक्षिण

compass
kutubnumā
कुतुबनुमा

Andes
aiṅḍīz
ऐंडीज़

Atlantic Ocean
atlāntik mahāsāgar
अतलांतिक महासागर

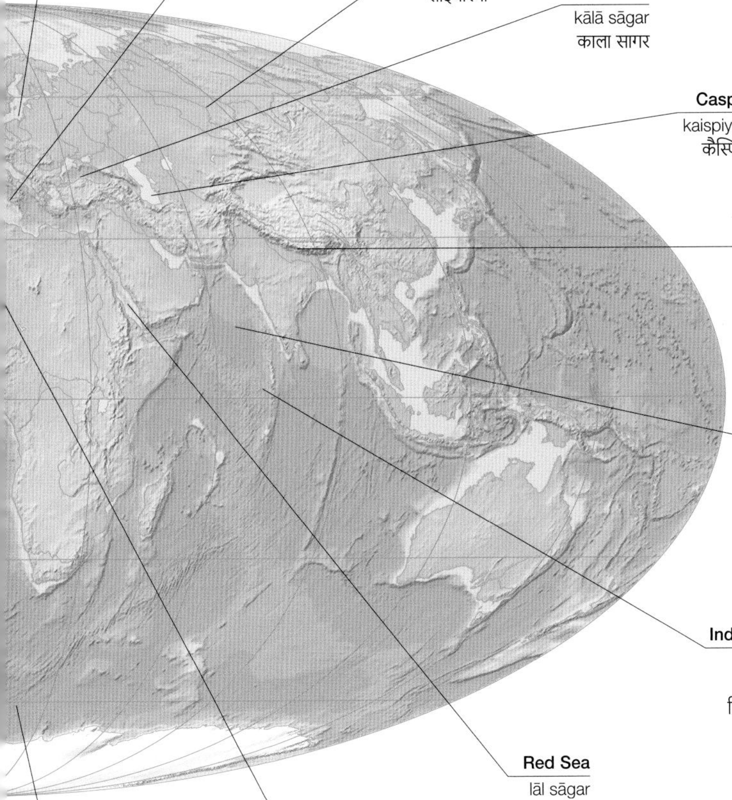
Baltic Sea
bāltịk sāgar
बाल्टिक सागर
Mediterranean Sea
bhūmadhya sāgar
भूमध्य सागर
Siberia
sāiberiyā
साइबेरिया
Black Sea
kālā sāgar
काला सागर
Caspian Sea
kaispiyan sāgar
कैस्पियन सागर
Himalayas
himālaya
हिमालय
Arabian Sea
arab sāgar
अरब सागर
Indian Ocean
hind
mahāsāgar
हिंद महासागर
Red Sea
lāl sāgar
लाल सागर
Sahara Desert
sahārā registān
सहारा रेगिस्तान
Southern Ocean
dakṣiṇī mahāsāgar
दक्षिणी महासागर

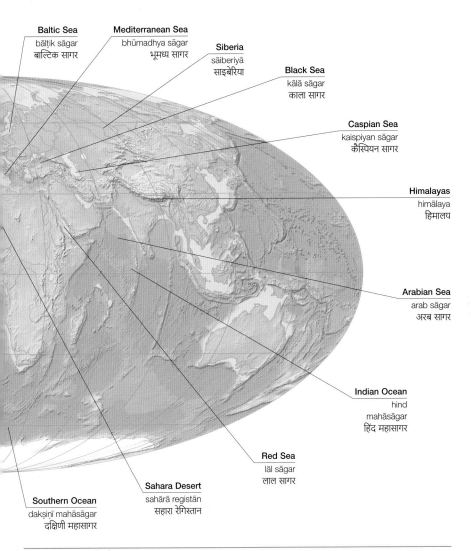

North and Central America • uttar aur madhya amerikā • उत्तर और मध्य अमेरिका

Barbados • bārbāḍos • बारबाडोस

Canada • kanāḍā • कनाडा

Costa Rica • kosṭā rīkā • कोस्टा रीका

Cuba • kyūbā • क्यूबा

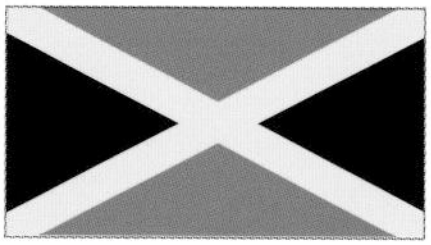

Jamaica • jamaikā • जमैका

Mexico • maiksiko • मैक्सिको

Panama • panāmā • पनामा

Trinidad and Tobago • trinidād aur ṭobāgo • त्रिनिदाद और टोबागो

United States of America • saṃyūkt rājya amerikā • संयुक्त राज्य अमेरिका

Alaska • alāskā • अलास्का

Antigua and Barbuda • enṭīguā aur bārbuḍā • एंटीगुआ और बारबुडा

Bahamas • bahāmās • बहामास

Barbados • bārbāḍos • बारबाडोस

Belize • belīz • बेलीज़

Canada • kanāḍā • कनाडा

Costa Rica • kosṭā rīkā • कोस्टा रीका

Cuba • kyūbā • क्यूबा

Dominica • ḍominikā • डोमिनिका

Dominican Republic • ḍominik gaṇrājya • डोमिनिक गणराज्य

El Salvador • el selvāḍor • एल सेल्वाडोर

Greenland • grīnlainḍ • ग्रीनलैंड

Grenada • grenāḍā • ग्रेनाडा

Guatemala • gvāṭemālā • ग्वाटेमाला

Haiti • haitī • हैती

Hawaii • havāī • हवाई

Honduras • honḍurās • हॉन्डुरास

Jamaica • jamaikā • जमैका

Mexico • maiksiko • मैक्सिको

Nicaragua • nikārāguā • निकारागुआ

Panama • panāmā • पनामा

Puerto Rico • pyūrto rīko • प्यूर्तो रीको

St Kitts and Nevis • senṭ kiṭs aur nevis • सेंट किट्स और नेविस

St Lucia • senṭ lūśiyā • सेंट लूशिया

St Vincent and The Grenadines • senṭ vinsenṭ aur da grenāḍins • सेंट विन्सेंट और द ग्रेनाडिन्स

Trinidad and Tobago • trinidād aur ṭobāgo • त्रिनिदाद और टोबागो

United States of America • saṃyūkt rājya amerikā • संयुक्त राज्य अमेरिका

South America • dakṣiṇ amerikā • दक्षिण अमेरिका

Argentina • arjenṭīnā • अर्जेंटीना

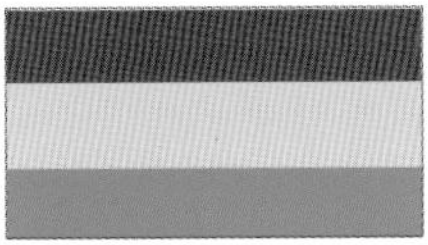

Bolivia • bolīviyā • बोलीविया

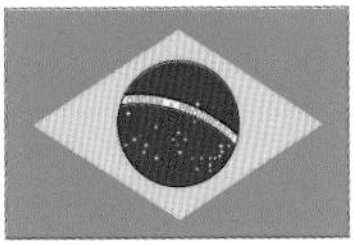

Brazil • brāzīl • ब्राज़ील

Chile • chilī • चिली

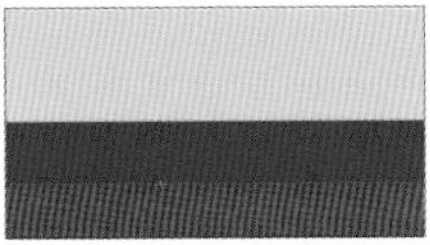

Colombia • kolambiyā • कोलम्बिया

Ecuador • ikveḍor • इक्वेडोर

Peru • perū • पेरू

Uruguay • urūgue • उरूगुए

Venezuela • venezuelā • वेनेज़ुएला

Argentina • arjenṭīnā • अर्जेंटीना
Bolivia • bolīviyā • बोलीविया
Brazil • brāzīl • ब्राज़ील
Chile • chilī • चिली
Colombia • kolambiyā • कोलम्बिया
Ecuador • ikveḍor • इक्वेडोर
Falkland Islands • foklainḍ dvīp samūh • फ़ॉकलैंड द्वीप समूह
French Guiana • French gayānā • फ्रेंच गयाना
Galápagos Islands • gālāpāgos dvip samūh • गालापागोस द्वीप समूह
Guyana • guyānā • गुयाना
Paraguay • pairāgue • पैरागुए
Peru • perū • पेरू
Suriname • sūrīnām • सूरीनाम
Uruguay • urūgue • उरूगुए
Venezuela • venezuelā • वेनेज़ुएला

vocabulary • śabdāvalī • शब्दावली

country deś देश	**province** prānt प्रांत	**zone** anchal अंचल
continent mahādvīp महाद्वीप	**territory** ilākā इलाक़ा	**district** zilā ज़िला
nation rāṣṭr राष्ट्र	**colony** kolonī कॉलोनी	**region** kṣetra क्षेत्र
state rājya राज्य	**principality** sāmrājya साम्राज्य	**capital** rājdhānī राजधानी

Europe • yūrop • यूरोप

France • frāṃs • फ्रांस

Germany • jarmanī • जर्मनी

Italy • iṭlī • इटली

Poland • polaiṇḍ • पोलैंड

Portugal • purtgāl • पुर्तगाल

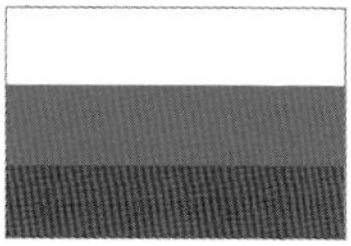

Russian Federation • rūs • रूस

Spain • spen • स्पेन

Albania • albāniyā • अल्बानिया

Andorra • anḍorā • अन्डोरा

Austria • osṭriyā • ऑस्ट्रिया

Balearic Islands • bailirik dvīp samūh • बैलिरिक द्वीप समूह

Belarus • belārūs • बेलारूस

Belgium • beljiyam • बेल्जियम

Bosnia and Herzogovina • bosniyā aur harzogovinā • बोस्निया और हर्ज़ोगोविना

Bulgaria • bulgāriyā • बुल्गारिया

Corsica • korsikā • कॉरसिका

Croatia • kroeśiyā • क्रोएशिया

Czech Republic • chek gaṇrājya • चेक गणराज्य

Denmark • ḍenmārk • डेनमार्क

Estonia • esṭoniyā • एस्टोनिया

Finland • finlaiṇḍ • फ़िनलैंड

France • frāṃs • फ्रांस

Germany • jarmanī • जर्मनी

Greece • grīs • ग्रीस

Hungary • haṇgarī • हंगरी

Iceland • aaislaiṇḍ • आइसलैंड

Ireland • āyarlaiṇḍ • आयरलैंड

Italy • iṭlī • इटली

Kaliningrad • kailinin grāḍ • कैलिनिनग्राड

Kosovo • kosovo • कोसोवो

Latvia • lātviyā • लातविया

Liechtenstein • likṭensṭāin • लिक्टेन्स्टाइन

Lithuania • lithuāniyā • लिथुआनिया

Luxembourg • lakzambarg • लक्ज़मबर्ग

Macedonia • meseḍoniyā • मेसेडोनिया

Malta • mālṭā • माल्टा

Moldova • molḍova • मॉल्डोवा

Monaco • monāko • मोनाको

Montenegro • monṭenegro • मोंटेनेग्रो

Netherlands • nīdarlaiṇḍ • नीदरलैंड

Norway • nārve • नार्वे

Poland • polaiṇḍ • पोलैंड

Portugal • purtgāl • पुर्तगाल

Romania • romāniyā • रोमानिया

Russian Federation • rūs • रूस

San Marino • sān marīno • सान मरीनो

Sardinia • sārḍīniyā • सार्डीनिया

Serbia • sarbiyā • सर्बिया

Sicily • sisilī • सिसिली

Slovakia • slovākiyā • स्लोवाकिया

Slovenia • sloveniyā • स्लोवेनिया

Spain • spen • स्पेन

Sweden • svīḍan • स्वीडन

Switzerland • sviṭzarlaind. • स्विटज़रलैंड

Ukraine • yūkren • यूक्रेन

United Kingdom • yūnāiṭeḍ kiṅgḍam • यूनाइटेड किंगडम

Vatican City • veṭikan siṭī • वेटिकन सिटी

Africa • afrīkā • अफ़्रीका

Egypt • misr • मिस्र

Ethiopia • ithiyopiyā • इथियोपिया

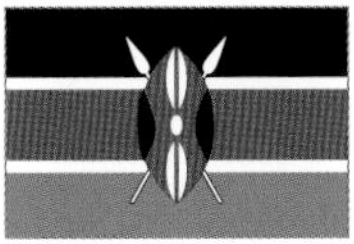

Kenya • kenyā • केन्या

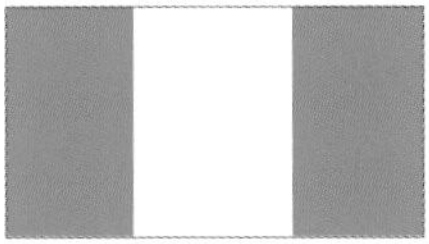

Nigeria • nāijīriyā • नाइजीरिया

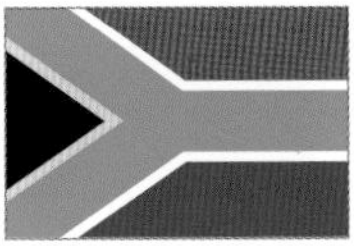

South Africa • dakṣiṇ afrīkā • दक्षिण अफ़्रीका

Uganda • yugāṇḍā • युगांडा

Algeria • aljīriyā • अल्जीरिया

Angola • aṅgolā • अंगोला

Benin • benin • बेनिन

Botswana • botsvānā • बोत्सवाना

Burkina Faso • burkinā fāso • बुर्किना फ़ासो

Burundi • burūṇḍī • बुरूंडी

Cabinda • kebindā • केबिंदा

Cameroon • kaimrūn • कैमरून

Central African Republic • madhya afrīkī gaṇrajya • मध्य अफ़्रीकी गणराज्य

Chad • chāḍ • चाड

Comoros • komoros • कोमोरॉस

Congo • koṅgo • कॉन्गो

Democratic Republic of the Congo • koṅgo loktāntrik gaṇrājya • कॉन्गो लोकतांत्रिक गणराज्य

Djibouti • jibūtī • जिबूती

Egypt • misr • मिस्र

Equatorial Guinea • ekveṭoriyal ginī • एक्वेटोरियल गिनी

Eritrea • eriṭriyā • एरिट्रिया

Ethiopia • ithiyopiyā • इथियोपिया

Gabon • gaibon • गैबोन

Gambia • gaimbiyā • गैंबिया

Ghana • ghānā • घाना

Guinea • ginī • गिनी

Guinea-Bissau • ginībissāū • गिनीबिस्साऊ

Ivory Coast • āivarī kosṭ • आइवरी कोस्ट

Kenya • kenyā • केन्या

Lesotho • lesotho • लेसोथो

Liberia • lāiberiyā • लाइबेरिया

Libya • lībiyā • लीबिया

Madagascar • maiḍāgāskar • मैडागास्कर

Malawi • malāvī • मलावी

Mali • mālī • माली

Mauritania • maurīteniā • मॉरीटेनिया

Mauritius • morīśas • मॉरीशस

Morocco • morokko • मोरोक्को

Mozambique • mozāmbīk. • मोज़ाम्बीक़

Namibia • nāmībiyā • नामीबिया

Niger • nāijar • नाइजर

Nigeria • nāijīriyā • नाइजीरिया

Rwanda • ruāṇḍā • रुआंडा

São Tomé and Principe • sāo ṭome aur prinsipe • साओ टोमे और प्रिंसिपे

Senegal • senegal • सेनेगल

Sierra Leone • sierā lione • सिएरा लिओने

Somalia • somāliyā • सोमालिया

South Africa • dakṣiṇ afrīkā • दक्षिण अफ़्रीका

South Sudan • dakṣiṇ sūḍān • दक्षिण सूडान

Sudan • sūḍān • सूडान

Swaziland • svāzīlaiṇḍ • स्वाज़ीलैंड

Tanzania • tanzāniyā • तंज़ानिया

Togo • ṭogo • टोगो

Tunisia • ṭyūnīśiyā • ट्यूनीशिया

Uganda • yugāṇḍā • युगांडा

Western Sahara • paśchim sahārā • पश्चिम सहारा

Zambia • zāmbiyā • ज़ाम्बिया

Zimbabwe • zimbābve • ज़िम्बाब्वे

Asia • eśiyā • एशिया

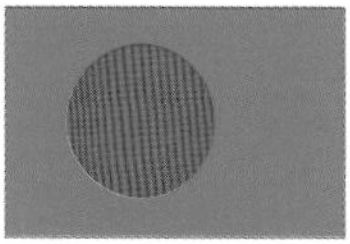

Bangladesh • bāṅglādeś • बांग्लादेश

China • chīn • चीन

India • bhārat • भारत

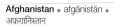

Japan • jāpān • जापान

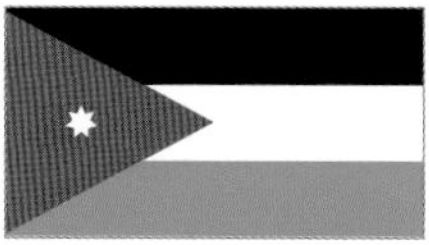

Jordan • jordan • जॉर्डन

Philippines • filīpīns • फ़िलीपीन्स

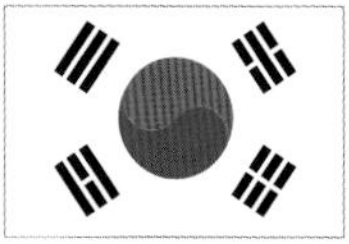

South Korea • dakṣiṇ koriyā • दक्षिण कोरिया

Thailand • thāilaiṇḍ • थाइलैंड

Turkey • turkī • तुर्की

Afghanistan • afġānistān • अफ़ग़ानिस्तान

Armenia • ārmeniyā • आर्मेनिया

Azerbaijan • azarbaijān • अज़रबैजान

Bahrain • bahareen • बहरीन

Bangladesh • bāṅglādeś • बांग्लादेश

Bhutan • bhūṭān • भूटान

Brunei • bruneī • ब्रुनेई

Cambodia • kamboḍiyā • कंबोडिया

China • chīn • चीन

Cyprus • sāipras • साइप्रस

East Timor • pūrvī timor • पूर्वी तिमोर

Fiji • fijī • फ़िजी

Georgia • jorjiyā • जॉर्जिया

India • bhārat • भारत

Indonesia • iṇḍoneśiyā • इंडोनेशिया

Iran • īrān • ईरान

Iraq • irāḳ • इराक़

Israel • izrāil • इज़राइल

Japan • jāpān • जापान

Jordan • jorḍan • जॉर्डन

Kazakhstan • kazākistān • कज़ाकिस्तान

Kuwait • ḳuvait • कुवैत

Kyrgyzstan • kirgistān • किर्गिस्तान

Laos • lāos • लाओस

Lebanon • lebnān • लेबनान

Malaysia • maleśiyā • मलेशिया

Maldives • māldīv • मालदीव

Mongolia • maṅgoliyā • मंगोलिया

Myanmar (Burma) • myānmār (barmā) • म्यांमार (बर्मा)

Nepal • nepāl • नेपाल

North Korea • uttar koriyā • उत्तर कोरिया

Oman • omān • ओमान

Pakistan • pākistān • पाकिस्तान

Papua New Guinea • papuā nyū ginī • पपुआ न्यू गिनी

Philippines • filīpīns • फ़िलीपीन्स

Qatar • ḳatar • क़तर

Saudi Arabia • saūdī arab • सऊदी अरब

Singapore • siṅgāpur • सिंगापुर

Solomon Islands • soloman dvip samūh • सोलोमन द्वीप समूह

South Korea • dakṣiṇ koriyā • दक्षिण कोरिया

Indonesia • iṅḍoneśiyā • इंडोनेशिया

Saudi Arabia • saūdī arab • सऊदी अरब

Vietnam • viyatnām • वियतनाम

Sri Lanka • śrīlaṅkā • श्रीलंका

Syria • sīriyā • सीरिया

Tajikistan • tajākistān • तजाकिस्तान

Thailand • thāilaiṇḍ • थाइलैंड

Turkey • turkī • तुर्की

Turkmenistan • turkmenistān • तुर्कमेनिस्तान

United Arab Emirates • sanyukt arab amīrāt • संयुक्त अरब अमीरात

Uzbekistan • uzbekistān • उज़्बेकिस्तान

Vanuatu • vanuātū • वनुआतू

Vietnam • viyatnām • वियतनाम

Yemen • yaman • यमन

Australasia • osṭreleśiyā • ऑस्ट्रेलेशिया

Australia • osṭreliā • ऑस्ट्रेलिया

New Zealand • nyūzīlaiṇḍ • न्यूज़ीलैंड

Australia • osṭreliā • ऑस्ट्रेलिया

New Zealand • nyūzīlaiṇḍ • न्यूज़ीलैंड

Tasmania • tasmāniyā • तस्मानिया

particles and antonyms • upsarg, pratyaya aur vilom śabd • उपसर्ग, प्रत्यय और विलोम शब्द

to
ko • को

from
se • से

over
ūpar • ऊपर

under
nīche • नीचे

in front of
ke sāmne • के सामने

behind
pīchhe • पीछे

onto
ke ūpar • के ऊपर

into
ke andar • के अंदर

in
andar • अंदर

out
bāhar • बाहर

above
ūpar • ऊपर

below
nīche • नीचे

inside
andar • अंदर

outside
bāhar • बाहर

up
ūpar • ऊपर

down
nīche • नीचे

at
par • पर

beyond
pare • परे

on top of
ke ūpar • के ऊपर

beside
ke pās • के पास

between
ke bīch • के बीच

opposite
viprīt • विपरीत

near
nikaṭ • निकट

far
dūr • दूर

here
yahāṃ • यहां

there
vahāṃ • वहां

through
ārampār • आरम्पार

around
ghūm kar • घूम कर

for
ke lie • के लिए

toward
kī taraf • की तरफ़

with
sāth • साथ

without
bagair • बग़ैर

before
pahle • पहले

after
bād meṃ • बाद में

by
tab tak • तब तक

until
jab tak • जब तक

early
jaldī • जल्दी

late
der • देर

now
abhī • अभी

later
bād meṃ • बाद में

always
hameśā • हमेशा

never
kabhī nahīṃ • कभी नही

often
aksar • अक्सर

rarely
kabhī-kabhī • कभी-कभी

yesterday
bītā kal • बीता कल

tomorrow
āgāmī kal • आगामी कल

first
pahlā • पहला

last
ākhrī • आख़री

every
pratyek • प्रत्येक

some
kuchh • कुछ

about
lagbhag • लगभग

exactly
saṭīk • सटीक

a little
thoṛā sā • थोड़ा सा

a lot
bahut sā • बहुत सा

along
sāth-sāth • साथ-साथ

across
ke pār • के पार

large
baṛā • बड़ा

small
chhoṭā • छोटा

hot
garm • गर्म

cold
ṭhanḍā • ठंडा

wide
chauṛā • चौड़ा

narrow
saṅkrā • संकरा

open
khulā • खुला

closed
band • बंद

tall
lambā • लंबा

short
chhoṭā • छोटा

full
bharā • भरा

empty
ḳhālī • ख़ाली

high
ūṃchā • ऊंचा

low
nīchā • नीचा

new
nayā • नया

old
purānā • पुराना

thick
moṭā • मोटा

thin
patlā • पतला

light
halkā • हल्का

dark
gahrā • गहरा

light
halkā • हल्का

heavy
bhārī • भारी

easy
āsān • आसान

difficult
kaṭhin • कठिन

hard
kaṭhor • कठोर

soft
mulāyam • मुलायम

free
ḳhālī • ख़ाली

occupied
vyast • व्यस्त

wet
gīlā • गीला

dry
sūkhā • सूखा

fat
moṭā • मोटा

thin
patlā • पतला

good
acchhā • अच्छा

bad
burā • बुरा

young
javān • जवान

old
būṛhā • बूढ़ा

fast
tez • तेज़

slow
dhīre • धीरे

better
behtar • बेहतर

worse
badtar • बदतर

correct
sahī • सही

wrong
ġalat • ग़लत

black
kālā • काला

white
safed • सफ़ेद

clean
sāf • साफ़

dirty
gandā • गंदा

interesting
rochak • रोचक

boring
ubāū • उबाऊ

beautiful
ḳhūbsūrat • खूबसूरत

ugly
badsūrat • बदसूरत

sick
bīmār • बीमार

well
svasth • स्वस्थ

expensive
mahaṅgā • महंगा

cheap
sastā • सस्ता

beginning
ārambh • आरंभ

end
ant • अंत

quiet
śānt • शांत

noisy • śor karne vālā
शोर करने वाला

strong
mazbūt • मज़बूत

weak
kamzor • कमज़ोर

useful phrases • upyogī vākyāṅś • उपयोगी वाक्यांश

essential phrases
āvaśyak vākyāṅś
आवश्यक वाक्यांश

Yes • hāṃ • हां

No • nahīṃ • नही

Maybe • ho saktā hai
हो सकता है

Please • kṛpyā
कृपया

Thank you
dhanyavād
धन्यवाद

You're welcome.
āpkā svāgat hai
आपका स्वागत है।

Excuse me
māf kījiegā
माफ़ कीजिएगा।

I'm sorry.
māf karie
माफ़ करिए।

Don't
mat karo
मत करो।

OK • acchhā
अच्छा

That's fine
yah ṭhīk hai
यह ठीक है।

That's correct.
yah sahī hai
यह सही है।

That's wrong.
yah galat hai
यह ग़लत है।

greetings
abhivādan
अभिवादन

Hello
namaskār • नमस्कार

Goodbye
namaskār • नमस्कार

Good morning
suprabhāt • सुप्रभात

Good afternoon
namaskār • नमस्कार

Good evening
namaskār • नमस्कार

Good night
śubh rātri
शुभ रात्रि

How are you?
āp kaise haiṃ?
आप कैसे हैं?

My name is ...
merā nām ... hai
मेरा नाम ... है।

What is your name?
āpkā kyā nām hai?
आपका क्या नाम है?

What is his/her name?
unkā kyā nām hai?
उनका क्या नाम है?

May I introduce ...
inse milie...
इनसे मिलिए...

This is ...
ye ... haiṃ
ये ... हैं।

Pleased to meet you
āpse milkar ḳhuśī huī
आपसे मिलकर खुशी हुई।

See you later
bād meṃ milte haiṃ
बाद में मिलते हैं।

signs • chihn • चिह्न

Tourist information
paryaṭak jānkārī
पर्यटक जानकारी

Entrance • praveś • प्रवेश

Exit • nikās • निकास

Emergency exit
saṅkaṭ dvār • संकट द्वार

Push • dhakeleṃ • धकेलें

Danger • ḳhatrā • ख़तरा

No smoking • dhūmrpān varjit • धूम्रपान वर्जित

Out of order
ḳharāb • ख़राब

Opening times
khulne kā samaya
खुलने का समय

Free admission • muft praveś • मुफ़्त प्रवेश

Reduced • kam mūlya par • कम मूल्य पर

Sale • sel • सेल

Knock before entering
praveś karne se pahle dastak deṃ • प्रवेश करने से पहले दस्तक लें

Keep off the grass
kṛpyā ghās par na chaleṃ
कृपया घास पर न चलें

help • sahāyatā • सहायता

Can you help me?
kyā āp merī sahāyatā kar sakte/saktī haiṃ?
क्या आप मेरी सहायता कर सकते/सकती हैं?

I don't understand.
samajh nahīṃ āyā
समझ नही आया।

I don't know.
mujhe patā nahīṃ hai
मुझे पता नही है।

Do you speak English?
kyā āp aṅgrezī bolte haiṃ?
क्या आप अंग्रेज़ी बोलते हैं?

I speak English.
maiṃ aṅgrezī boltā/boltī hūṃ
मैं अंग्रेज़ी बोलता/बोलती हूँ।

Please speak more slowly.
kṛpyā aur dhīre boleṃ
कृपया और धीरे बोलें।

Please write it down for me.
kṛpyā ye mere lie likh deṃ
कृपया ये मेरे लिए लिख दें।

I have lost ...
merā ... kho gayā hai
मेरा ... खो गया है।

directions • nirdeś • निर्देश

I am lost • maiṃ bhaṭak gayā/gayī hūṃ • मैं भटक गया/गयी हूँ।

Where is the...?
... kahāṃ haiṃ?
... कहां हैं?

Where is the nearest ...?
nazdīkī ... kahāṃ hai?
नज़दीकी ... कहां है?

Where is the restroom?
śauchālaya kahāṃ hai?
शौचालय कहां है?

How do I get to ...?
maiṃ kaise pahuṃchū?
मैं कैसे पहुंचू?

To the right
dāīṃ taraf
दाईं तरफ़

To the left
bāīṃ taraf
बाईं तरफ़

Straight ahead
āge jākar sīdhā
आगे जाकर सीधा

How far is...?
... kitnī dūr hai?
... कितनी दूर है?

road signs • mārg chihn • मार्ग चिह्न

Caution • sāvdhānīt
सावधानी

Do not enter
praveś varjit
प्रवेश वर्जित

Slow down
raftār dhīmī kareṃ
रफ़्तार धीमी करें

Detour • parivartit mārg • परिवर्तित मार्ग

Keep right
dāīṃ taraf raheṃ
दाईं तरफ़ रहें

Freeway • hāīve
हाईवे

No parking
pārkiṅg niṣedh hai
पार्किंग निषेध है

Dead end
ām rāstā nahīṃ hai
आम रास्ता नही है

One-way street
iktarfā rāstā
इकतरफ़ा रास्ता

Residents only
keval nivāsiyoṃ ke lie
केवल निवासियों के लिए

Yield • rāstā denā
रास्ता देना

Roadwork
saṛak nirmāṇ kārya
सड़क निर्माण कार्य

Dangerous curve
ḳhatarnāk moṛ
ख़तरनाक मोड़

accommodation
āvās • आवास

I have a reservation.
mere pās ārakṣaṇ hai
मेरे पास आरक्षण है।

Where is the dining room?
bhojan kakṣ kahāṃ hai?
भोजन कक्ष कहां है?

What time is breakfast?
nāśte kā kyā samaya hai?
नाश्ते का क्या समय है?

I'll be back at... o'clock.
maiṃ ... baje lauṭūṅgā/lauṭūṅgī
मैं... बजे लौटूंगा/लौटूंगी।

I'm leaving tomorrow.
maiṃ kal jā rahā/rahī hūṃ
मैं कल जा रहा/रही हूं।

eating and drinking
khānā-pīnā
खाना-पीना

Cheers! • chiyars • चियर्स!

It's delicious/awful.
yah svādiṣṭ/besvād hai
यह स्वादिष्ट/बेस्वाद है।

I don't drink/smoke.
maiṃ śarāb/sigreṭ nahīṃ pītā/pītī
मैं शराब/सिगरेट नही पीता/पीती।

I don't eat meat.
maiṃ māṃs nahīṃ khātā
मैं मांस नही खाता।

No more for me, thank you.
mujhe aur nahīṃ chāhie, dhanyavād
मुझे और नहीं चाहिए, धन्यवाद।

May I have some more?
kyā mujhe thoṛā aur mil saktā hai?
क्या मुझे थोड़ा और मिल सकता है?

May we have the check? • kyā hameṃ bil mil saktā hai? • क्या हमें बिल मिल सकता है?

Can I have a receipt?
kyā mujhe rasīd mil saktī hai?
क्या मुझे रसीद मिल सकती है?

Smoking area
dhūmrapān kṣetr
धूम्रपान क्षेत्र

health • svāsthya
स्वास्थ्य

I don't feel well.
merī tabīyat ṭhīk nahīṃ hai
मेरी तबीयत ठीक नही है।

I feel sick.
maiṃ bīmār mahsūs kar rahā/rahī hūṃ
मैं बीमार महसूस कर रहा/रही हूं।

It hurts here.
yahāṃ dukhtā hai
यहां दुखता है।

I have a fever.
mujhe bukhār hai
मुझे बुखार है।

I'm ... months pregnant.
mujhe ... mahīne kā garbh hai
मुझे ... महीने का गर्भ है।

I need a prescription for ...
mujhe ... ke lie ḍokṭarī nuskhā chāhie
मुझे ... के लिए डॉक्टरी नुस्ख़ा चाहिए।

I normally take ...
sāmānyataḥ maiṃ ... letā/letī hūṃ
सामान्यत: मैं ... लेता/लेती हूं।

I'm allergic to ...
mujhe ... se elarjī hai
मुझे ... से एलर्जी है।

Will he/she be all right?
kyā vah ṭhīk ho jāegā/jāegī?
क्या वह ठीक हो जाएगा/जाएगी?

English index • aṅgrezi tālikā • अंग्रेज़ी तालिका

A

à la carte 152
abdomen 12
abdominals 16
above 320
acacia 110
accelerator 200
access road 216
accessories 36, 38
accident 46
account number 96
accountant 97, 190
accounting department 175
accused 180
ace 230, 273
Achilles tendon 16
acorn squash 125
acquaintance 24
acquitted 181
across 320
acrylic paints 274
actions 237, 229, 227, 233, 183
activities 263, 245, 162, 77
actor 254, 191
actors 179
actress 254
acupressure 55
acupuncture 55
Adam's apple 19
add *v* 165
addition 58
address 98
adhesive bandage 47
adhesive tape 47
adjustable wrench 80
admissions office 168
admitted 48
adult 23
advantage 230
adventure movie 255
advertisement 269
adzuki beans 131
aerate *v* 91
Afghanistan 318
Africa 317
after 320
afternoon 305
aftershave 73
aftersun lotion 108
agate 289
agenda 174
aikido 236
aileron 210
air bag 201
air-conditioning 200
air cylinder 239
air filter 202, 204
air letter 98
air mattress 267
air vent 210
aircraft 210
aircraft carrier 215
airliner 210, 212
airport 212
aisle 106, 168, 210, 254
alarm clock 70
Alaska 314
Albania 316
alcoholic drinks 145
alfalfa 184
Algeria 317
all meals included 101
all-purpose flour 139
Allen wrench 80
allergy 44
alley 298
alligator 293
alligator clip 167
allspice 132
almond 129
almond oil 134
almonds 151
along 320
alpine 87
alpine skiing 247
alternating current 60
alternative therapy 54
alternator 203
altitude 211
aluminium 289
Amazonia 312
ambulance 94
amethyst 288
amniocentesis 52
amniotic fluid 52
amount 96
amp 60
amphibians 294
amplifier 268
analog 179
anchor 179, 191, 214, 240
Andes 312
Andorra 316
anesthetist 48
angle 164
angler 244
Angola 317
angry 25
animals 292, 294
animated movie 255
ankle 13, 15
ankle length 34
anniversary 26
annual 86, 307
answer 163
answer *v* 99, 163
answering machine 99
ant 295
antenna 295
antifreeze 199, 203
Antigua and Barbuda 314
anti-inflammatory 109
antique store 114
antiseptic 47
antiseptic wipe 47
antiwrinkle 41
antler 291
apartment 59
apartment building 59, 298
apéritif 153
aperture dial 270
apex 165
app 99
appeal 181
appearance 30
appendix 18
appetizer 153
applaud *v* 255
apple 126
apple corer 68
apple juice 149
appliances 66
application 176
appointment 45, 175
apricot 126
April 306
apron 30, 50, 69, 212
aquamarine 288
Arabian Sea 313
arbor 84
arborio rice 130
arc 164
arch 15, 85, 301
archery 249
architect 190
architecture 300
architrave 301
Arctic Circle 283
Arctic Ocean 312
area 165, 310
areas 299
arena 243
Argentina 315
arithmetic 165
arm 13
armchair 63
Armenia 318
armpit 13
armrest 200, 210
aromatherapy 55
around 320
arrangements 111
arrest 94
arrivals 213
arrow 249
art 162
art college 169
Art Deco 301
art gallery 261
art history 169
Art Nouveau 301
art supply store 115
artery 19
artichoke 124
artist 274
arts and crafts 274, 276
arugula 123
ash 283
ashtray 150
Asia 318
asparagus 124
asphalt 187
assault 94
assistant 24
assisted delivery 53
asteroid 280
asthma 44
astigmatism 51
astronaut 281
astronomy 281
asymmetric bars 235
at 320
athlete 234
athletic shoes 31
Atlantic Ocean 312
ATM 97
atmosphere 282, 286
atrium 104
attachment 177
attack 220
attack zone 224
attend *v* 174
attic 58
attractions 261
auburn 39
audience 254
August 306
aunt 22
aurora 286
Australasia 319
Australia 319
Austria 316
auto racing 249
automatic 200
automatic door 196
automatic payment 96
avalanche 247
avenue 299
avocado 128
awning 148
ax 95
axle 205
ayurveda 55
Azerbaijan 318

B

baby 23, 30
baby bath 74
baby care 74
baby carriage 75
baby changing room 104
baby monitor 75
baby products 107
baby sling 75
back 13
back brush 73
backboard 226
backdrop 254
backgammon 272
backhand 231
backpack 31, 37, 267
backseat 200
backsplash 66
backstroke 239
backswing 233
bacon 118, 157
bacon strip 119
bad 321
badge 94, 189
badminton 231
bag 311
bag cart 233
bagel 139
baggage carousel 212
baggage claim 213
baggage trailer 212
bags 37
baguette 138
Bahamas 314
bail 181
bailiff 180
bait 244
bait *v* 245
bake *v* 67, 138
baked 159
baker 139
bakery 107, 114, 138
baking 69
balance wheel 276
balcony 59
balcony seats 254
bald 39
bale 184
Balearic Islands 316
ball 15, 75, 221, 224, 226, 228, 230
ball boy 231

ballet 255
balsamic vinegar 135
Baltic Sea 313
bamboo 86,122
banana 128
Bangladesh 318
banister 59
bank 96, 284
bank charge 96
bank transfer 96
bar 150, 152, 250, 256, 311
bar code 106
bar counter 150
bar mitzvah 26
bar snacks 151
bar stool 150
barb 244
Barbados 314
barbecue grill 267
barber 39, 188
bark 296
barley 130, 184
barn 182
Baroque 301
barrier 298
bars 74
bartender 150, 191
basalt 288
base 164, 229
base station 99
baseball 228
baseline 230
baseman 228
basement 58
basil 133
basket 95, 106, 207, 226
basket of fruit 126
basketball 226
basketball player 226
bass clarinet 257
bass clef 256
bass guitar 258
bassinet 74
bassoon 257
bat 225, 228, 290
bat *v* 225, 229
bath mat 72
bath towel 73
bathrobe 73
bathroom 72
bathtub 72
baton 235, 256
batsman 225
batter 228
batteries 260
battery 167, 202
battery pack 78
battleship 215
bay leaf 133
be born *v* 26
beach 264
beach bag 264
beach ball 265
beach hut 264
beach towel 265
beach umbrella 264
beak 293
beaker 167
beam 186, 235
bean sprout 122
beans 131, 144
bear 291
beat 259
beauty 40
beauty treatments 41
bed 70
bed and breakfast 101
bed linen 71
bedding 74
bedroom 70
bedside lamp 70
bedspread 70
bedspring 71
bee 295
beech 296
beef 118
beer 145,151
beer tap 150
beet 125
beetle 295
before 320
beginning 321
behind 320
Belarus 316
Belgium 316
Belize 314
bell 197
below 320
belt 32, 36, 236
bench 250, 262
Benin 317
berry 296
beside 320
bet 273
between 320
beyond 320
Bhutan 318
biathlon 247
bib 30
bicep curl 251
biceps 16
bicycle 206
bidet 72
biennial 86
bifocal 51
big toe 15
bike lane 207
bike rack 207
bikini 264
bill 97, 152
binder 173
binoculars 281
biology 162
biplane 211
birch 296
bird-watching 263
birds 292
birth 52
birth certificate 26
birth weight 53
birthday 27
birthday cake 141
birthday candles 141
birthday party 27
bishop 272
bit 242
bit brace 78
bite 46
bite *v* 245
bitter 124, 145
black 39, 272, 274
black belt 237
black coffee 148
black currant 127
black-eyed peas 131
black hole 280
black olive 143
black pudding 157
Black Sea 313
black tea 149
blackberry 127
bladder 20
blade 60, 66, 78, 89
blanket 71, 74
blazer 33
bleach 77
blender 66
blister 46
block 237
block *v* 227
blonde 39
blood pressure 44
blood test 48
blouse 34
blow-dry *v* 38
blow-dryer 38
blow out *v* 141
blowhole 290
blue 274
blue cheese 136
bluebells 297
blueberry 127
blues 259
blush 40
board 241
board *v* 217
board games 272
boarding pass 213
boardwalk 265
bob 39
bobbin 276
bobby pins 38
bobsled 247
body 12
body lotion 73
body systems 19
bodysuit 30
bodywork 202
boil *v* 67
bok choy 123
Bolivia 315
bolt 59
bomber 211
bone 17, 119, 121
bone meal 88
bongos 257
book 168
bookshelf 63, 168
bookstore 115
boom 95, 240
booster 281
boot 37
booties 30
bored 25
borrow *v* 168
Bosnia and Herzegovina 316
Botswana 317
bottle 61, 75, 135, 311
bottle opener 68, 150
bottled foods 134
bottled water 144
bottom tier 141
boundary line 225
bouquet 35, 111
bouquet garni 132
bout 237
boutique 115
bow 240, 249
bow tie 36
bowl 61, 65, 112
bowl *v* 225
bowler 225
bowling 249
bowling ball 249
box 254
box file 173
box of chocolates 113
box of tissues 70
box office 255
boxer shorts 33
boxercise 251
boxing 236
boxing gloves 237
boxing ring 237
boy 23
boyfriend 24
bra 35
bracelet 36
braces 50
braid 39
brain 19
brake 200, 204, 206
brake *v* 207
brake block 207
brake fluid reservoir 202
brake lever 207
brake pedal 205
bran 130
branch 296
branch manager 96
brandy 145
brass 256
Brazil 315
brazil nut 129
bread 157
bread flour 139
bread knife 68
bread roll 143
breadcrumbs 139
breadfruit 124
breads 138
break a record *v* 234
break water *v* 52
breakdown 203
breakfast 64, 156
breakfast buffet 156
breakfast cereals 107
breakfast table 156
breakfast tray 101
breast 12, 119
breastbone 17
breast pump 53
breastfeed *v* 53
breaststroke 239
breathing 47
breech birth 52
brick 187
bridge 15, 214, 258, 273, 300
bridle 242
bridle path 263
Brie 142
briefcase 37
briefs 33, 35
brioche 157
broadcast 179
broadcast *v* 178
broccoli 123
brochures 96
broil *v* 67
bronze 235
brooch 36
broom 77
broth 158
brother 22
brother-in-law 23
browband 242
brown 274
brown bread 139
brown flour 138
brown lentils 131
brown rice 130
browse *v* 177
browser 177
bruise 46
Brunei 319
brunette 39
brush 38, 40, 77, 83, 274
brush *v* 38, 50
brussels sprout 123
bubble bath 73
bucket 77, 82
buckle 36
bud 111, 297
buffet 152
build *v* 186

buildings 299
bulb 86
Bulgaria 316
bull 185
bull-nose pliers 80
bulldog clip 173
bullet train 209
bulletin board 173
bullseye 273
bumper 74, 198
bun 39, 139, 140, 155
bunch 111
bungalow 58
bungee jumping 248
bunker 232
bunsen burner 166
buoy 217
burger 154
burger bar 154
burger meal 154
burglar alarm 58
burglary 94
Burkina Faso 317
burn 46
burner 61, 67
Burundi 317
bus 196
bus driver 190
bus shelter 196
bus station 197
bus stop 197, 299
bus ticket 197
buses 196
business 175
business class 211
business deal 175
business lunch 175
business partner 24
business suit 32
business trip 175
businessman 175
businesswoman 175
bustier 35
busy 99
butcher 118, 188
butcher shop 114
butter 137, 156
butter beans 131
buttercup 297
butterfly 239, 295
buttermilk 137
butternut squash 125
buttock 13, 16
button 32
buttonhole 32
buttress 301
by 320
by airmail 98
bytes 176

C

cab 95
cabbage 123
cabin 210, 214
Cabinda 317
cabinet 66
cable 79, 207
cable car 246
cable television 269
cactus 87
caddy 233
caesarean section 52
café 148, 262
cafeteria 168
cake pan 69
cakes 140
calcite 289
calcium 109
calculator 165
calendar 306
calf 13, 16, 185
call button 48
calyx 297
cam belt 203
Cambodia 318
camcorder 260, 269
camel 291
Camembert 142
camera 178, 260, 270
camera case 271
camera crane 178
camera phone 270
camera store 115
cameraman 178
Cameroon 317
camisole 35
camp *v* 266
camp bed 266
Campari 145
camper 266
camper van 266
campfire 266
campground 266
camping 266
camping stove 267
campus 168
can 145, 311
can opener 68
Canada 314
canary 292
candied fruit 129
candies 113
candy 107, 113
candy store 113
cane 91
canes 89
canine 50
canned drink 154
canned food 107
canning jar 135
canoe 214
canola oil 135
canter 243
canvas 274
cap 36
capacity 311
Cape gooseberry 128
capers 143
capital 315
capoeira 237
cappuccino 148
capsize *v* 241
capsule 109
captain 94, 214
car 198, 200
car accident 203
car rental 213
car seat 198, 207
car stereo 201
car wash 198
caramel 113
caraway 131
card 27
card reader 97
cardamom 132
cardboard 275
cardigan 32
cardiology 49
cardiovascular 19
cards 273
cargo 216
Caribbean Sea 312
carnation 110
carnival 27
carpenter 188
carpentry bits 80
carpet 71
carriage 208
carriage race 243
carrier 75, 204
carrot 124
carry-on luggage 211, 213
cart 100, 208, 213
cartilage 17
carton 311
cartoon 178
cartwheel 235
carve *v* 79
carving fork 68
case 51
cash *v* 97
cash register 106, 150
cashew 129
cashews 151
casino 261
Caspian Sea 313
cassava 124
casserole dish 69
cassette player 269
cassette tape 269
cast 254
cast *v* 245
castle 300
casual 34
casual wear 33, 34
cat 290
catamaran 215
cataract 51
catch *v* 220, 227, 229, 245
catcher 229
caterpillar 295
cathedral 300
catheter 53
cattail 86
cauliflower 124
cave 284
CD 269
CD player 268
CEO 175
cedar 296
ceiling 62
celebration 140
celebration cakes 141
celebrations 27
celeriac 124
celery 122
cell 94, 181
cell phone 99
cello 256
cement 186
cement mixer 186
center 164
center circle 222, 224, 226
center field 228
centerboard 241
centerline 226
centimeter 310
centipede 295
Central African Republic 317
century 307
ceramic stovetop 66
cereal 130, 156
cervical cap 21
cervical vertebrae 17
cervix 20, 52
Chad 317
chain 36, 206
chair 64
chair *v* 174
chairlift 246
chalk 85, 162, 288
chamber 283
chamomile tea 149
champagne 145
championship 230
change a tire *v* 203
change channel *v* 269
change gears *v* 207
change purse 37
changing mat 74
channel 178
charcoal 266, 275
charge 94, 180
chart 48
chassis 203
check 96, 152
checkbook 96
checker 106
checkers 272
check-in *v* 212
check-in desk 213
checking account 96
checkout 106
checkup 50
cheddar 142
cheek 14
cheerleader 220
cheese 136, 156
chef 152, 190
chef's hat 190
chemistry 162
cherry 126
cherry tomato 124
chess 272
chessboard 272
chest 12
chest of drawers 70
chest press 251
chestnut 129
chewing gum 113
chick 185
chicken 119, 185
chicken burger 155
chicken coop 185
chicken nuggets 155
chicken pox 44
chickpeas 131
chicory 122
child 23, 31
child lock 75
child's meal 153
childbirth 53
children 23
children's clothing 30
children's department 104
children's ward 48
Chile 315
chili pepper 124, 143
chili powder 132
chill 44
chimney 58
chin 14
China 318
china 105
chip *v* 233
chiropractic 54
chisel 81, 275
chives 133
chocolate 113
chocolate bar 113
chocolate cake 140
chocolate chip 141
chocolate-covered 140
chocolate milkshake 149
chocolate spread 135
choir 301

choke *v* 47
chop 119, 237
chorizo 143
choux pastry 140
christening 26
Christmas 27
chrysanthemum 110
chuck 78
church 298, 300
chutney 134
cider vinegar 135
cigar 112
cigarettes 112
cilantro 133
cinder block 187
cinnamon 133
circle 165
circuit training 251
circular saw 78
circulation desk 168
circumference 164
citrus fruit 126
city 298, 299
clam 121
clamp 78, 166
clapper board 179
clarinet 257
clasp 36
classical music 255, 259
classroom 162
claw 291
clay 85, 275
clean *v* 77
clean clothes 76
cleaned 121
cleaner 188
cleaning equipment 77
cleaning fluid 51
cleanser 41
clear honey 134
cleat 220, 223, 240
cleaver 68
clementine 126
client 38, 175, 180
cliff 285
climber 87
climbing frame 263
clinic 48
clipboard 173
clitoris 20
clock radio 70
closed 260, 321
closet 71
cloth diaper 30
clothesline 76
clothespin 76
clothing 205
cloud 287
cloudy 286
clove 125
clover 297
cloves 133
club 273
club sandwich 155
clubhouse 232
clutch 200, 204
coal 288
coast 285
coast guard 217
coaster 150
coat 32
coat hanger 70
cockatoo 293
cockle 121
cockpit 210
cockroach 295
cocktail 151
cocktail shaker 150
cocoa powder 148
coconut 129
cocoon 295
cod 120
coffee 144, 148, 153, 156, 184
coffee cup 65
coffee machine 148, 150
coffee milkshake 149
coffee table 62
coffee with milk 148
cog 206
coin 97
coin return 99
cola 144
colander 68
cold 44, 286, 321
cold faucet 72
cold-pressed oil 135
collage 275
collar 32
collarbone 17
colleague 24
collect call 99
college 168
Colombia 315
colony 315
coloring pencil 163
colors 39, 274
comb 38
comb *v* 38
combat sports 236
combine 182
comedy 255
comet 280
comforter 71
comic book 112
commission 97
communications 98
commuter 208
Comoros 317
compact 40
company 175
compartment 209
compass 165, 312, 240
complaint 94
complexion 41
compliments slip 173
composite sketch 181
compost 88
compost pile 85
computer 176
concealer 40
conceive *v* 20
conception 52
concert 255, 258
concourse 209
concussion 46
condensed milk 136
conditioner 38
condom 21
conductor 256
cone 164, 187
confectioner 113
candy 107, 113
confident 25
confused 25
conglomerate 288
Congo 317
conifer 86
connect *v* 177
connection 212
conning tower 215
console 269
constellation 281
construction 186
construction site 186
construction worker 186, 188
consultation 45
contact lenses 51
container 216, 311
container port 216
container ship 215
continent 282, 315
contraception 21, 52
contraction 52
control tower 212
controller 269
controls 201, 204
convector heater 60
convertible 199
conveyer belt 106
cooked meat 118, 143
cookie sheet 69
cookies 113, 141
cooking 67
coolant reservoir 202
cooling rack 69
copilot 211
copper 289
copy *v* 172
coral reef 285
cordless drill 78
cordless phone 99
core 127
cork 134
corkscrew 150
corn 122, 130, 184
corn bread 139
corn oil 135
cornea 51
corner 223
corner flag 223
cornice 300
corset 35
Corsica 316
cosmetics 105
Costa Rica 314
costume 255
cottage cheese 136
cottage garden 84
cotton 184, 277
cotton balls 41
cough 44
cough medicine 108
counselor 55
count *v* 165
counter 96, 98, 100, 142, 272
countertop 66
country 259, 315
couple 24
courier 99
courses 153
court 226
court case 180
court clerk 180
court date 180
courtroom 180
courtyard 58, 84
couscous 130
cousin 22
coveralls 82
cow 185
cow's milk 136
crab 121, 295
cracked wheat 130
craft knife 81
crafts 275
cramp 239
cramps 44
cranberry 127
crane 187, 216, 292
crater 283
crayfish 121
cream 109, 137, 140
cream cheese 136
cream pie 141
crease 225
credit card 96
creel 245
creeper 87
crème caramel 141
crème pâtissière 140
crepes 155, 157
crescent moon 280
crew 241
crew hatch 281
crew neck 33
crib 74
cricket 225, 295
cricket ball 225
cricket player 225
crime 94
criminal 181
criminal record 181
crisp 127
crispbread 139, 156
crisper 67
Croatia 316
crochet 277
crochet hook 277
crockery 64
crockery 65
crocodile 293
croissant 156
crop 39, 183
crop farm 183
crops 184
crossbar 207, 222, 235
cross-country skiing 247
crosswalk 195
crow 292
crown 50
crucible 166
crushed 132
crust 139, 282
cry *v* 25
crystal healing 55
Cuba 314
cube 164
cucumber 125
cuff 32, 45
cuff links 36
cultivate *v* 91
cultivator 182
cumin 132
curb 298
cured 118, 159, 143
curling 247
curling iron 38
curly 39
currant 129
currency exchange 97
curry 158
curry powder 132
curtain 63, 254
curved 165
cushion 62
custard 140
customer 96, 104, 106, 152
customer service department 175
customer services 104
customs 212
customs house 216
cut 46
cut *v* 38, 79, 277
cuticle 15
cutlery 65
cuts 119

english

cutting 91
cutting board 68
cuttlefish 121
cycle *v* 207
cycling 263
cylinder 164
cylinder head 202
cymbals 257
Cyprus 318
Czech Republic 316

D

daffodil 111
dairy 107
dairy farm 183
dairy products 136
daisy 110, 297
dam 300
dance 259
dance academy 169
dancer 191
dandelion 123, 297
dandruff 39
dark 41, 321
dark chocolate 113
darkroom 271
darn *v* 277
dartboard 273
darts 273
dashboard 201
date 129, 306
daughter 22
daughter-in-law 22
dawn 305
day 305, 306
day planner 175
dead ball line 221
deadhead *v* 91
deal *v* 273
debit card 96
decade 307
decay 50
December 306
deciduous 86
decimal 165
deck 85, 214
deck chair 265
deck of cards 273
decorating 82
decoration 141
decorator 82
deep end 239
deep-fried 159
deep sea fishing 245
deer 291
defense 181, 220
defendant 181
defender 223
defending zone 224
defrost *v* 67
degree 169
delay 209
deli 107
delicatessen 142
delivery 52, 98
deltoid 16
Democratic Republic of the Congo 317
Denmark 316
denomination 97
denominator 165
dental care 108
dental floss 50, 72
dental hygiene 72
dental X-ray 50
dentist 50, 189
dentist's chair 50
dentures 50
deodorant 73
deodorants 108
department 169
department store 105
departments 49
departure lounge 213
departures 213
deposit *v* 96
deposit slips 96
depth 165
dermatology 49
desert 285
desiccated 129
designer 191, 277
desk 162, 172
desktop 177
desktop organizer 172
dessert 140, 153
dessert cart 152
destination 213
detective 94
detergent 77
detour 195
deuce 230
develop *v* 271
diabetes 44
diagonal 164
dial *v* 99
diameter 164
diamond 273, 288
diaper 75
diaper bag 75
diaphragm 19, 21
diarrhea 44, 109
dice 272
dictionary 163
die *v* 26
diesel 199
diesel train 208
difficult 321
dig *v* 90, 227
digestive 19
digital 179, 269
digital camera 270
digital projector 163
digital radio 268
dilation 52
dill 133
dimensions 165
dimple 15
dining car 209
dining room 64
dinner 64, 158
dinner menu 152
dinner plate 65
diopter 51
diploma 169
dipstick 202
direct current 60
directions 260
director 254
directory assistance 99
dirt bike 205
dirty laundry 76
disabled parking 195
discharged 48
disconnected 99
discus 234
discuss *v* 163
disembark *v* 217
dishwasher 66
disinfectant solution 51
dispenser 150
disposable 109
disposable camera 270
disposable diaper 30
disposable razor 73
dissertation 169
distance 310
distributor 203
district 315
dive 239
dive *v* 238
diver 238
divide *v* 165
divided by 165
divided highway 195
dividends 97
divider 173, 194
diving board 238
divorce 26
Diwali 27
DJ 179
Djibouti 317
do not bend *v* 98
do not enter 195
dock 214, 216
dock *v* 217
doctor 45, 189
doctor's office 45
doctorate 169
documentary 178
dog 290
dogsledding 247
doll 75
dollhouse 75
dolphin 290
dome 300
domestic flight 212
Dominica 314
Dominican Republic 314
dominoes 273
donkey 185
door 196, 198, 209
door chain 59
door knob 59
door knocker 59
door lock 200
doorbell 59
doormat 59
dormer 58
dorsal fin 294
dosage 109
double 151
double bass 256
double bassoon 257
double-decker bus 196
double room 100
doubles 230
dough 138
Dover sole 120
down 320
downhill skiing 247
download *v* 177
dragonfly 295
drain 61, 72, 299
drain valve 61
drainage 91
draining board 67
draw *v* 162
drawer 66, 70, 172
drawing 275
dress 31, 34
dress shoe 37
dressage 243
dressed 159
dressed chicken 119
dressing 47, 158
dressing table 71
dribble *v* 223, 227
dried flowers 111
dried fruit 156
drill 50
drill *v* 79
drill bit 78, 80
drinking cup 75
drinking fountain 262
drinks 107, 144, 156
drip 53
drive *v* 195, 233
driver 196
driver's seat 196
driveshaft 202
drop anchor *v* 217
drop cloth 83
dropper 109, 167
drops 109
dropshot 230
drown *v* 239
drugstore 108
drum 258
drum kit 258
drummer 258
dry 39, 41, 130, 145, 286, 321
dry *v* 76
dry cleaner 115
dry dock 217
DTV converter 269
duck 119, 185
duck egg 137
duckling 185
due date 168
duffel bag 37
duffel coat 31
dugout 229
dumbbell 251
dump truck 187
dunk *v* 227
duodenum 18
duplex 58
dusk 305
dust *v* 77
dust cloth 77
dust ruffle 71
dustpan 77
duty-free shop 213
DVD 269
DVD player 268
dyed 39
dynamo 207

E

eagle 292
ear 14
early 305, 320
earrings 36
Earth 280, 282
earthenware dish 69
earthquake 283
easel 174, 274
east 312
East Timor 319
Easter 27
easy 321
eat *v* 64
eat-in 154
eating 75
eau de toilette 41
eaves 58
éclair 140
eclipse 280
economics 169
economy class 211
Ecuador 315
eczema 44
Edam 142
edge 246
editor 191
eel 294
egg 20
egg white 137
eggcup 65, 137
eggplant 125
eggs 137

Egypt 317
eight 308
eight hundred 308
eighteen 308
eighteenth 309
eighth 309
eightieth 309
eighty 308
ejaculatory duct 21
El Salvador 314
elbow 13
electric blanket 71
electric blood pressure monitor 45
electric car 199
electric drill 78
electric guitar 258
electric kettle 66
electric meter 60
electric razor 73
electric shock 46
electric train 208
electrical goods 107
electrical tape 81
electrician 188
electricity 60
electronics 105
elephant 291
elevator 59, 100, 104
eleven 308
eleventh 309
elliptical trainer 250
elm 296
email 98, 177
email account 177
email address 177
embarrassed 25
embossed paper 83
embroidery 277
embryo 52
emerald 288
emergency 46
emergency exit 210
emergency lever 209
emergency phone 195
emergency room 48
emergency services 94
emigrate *v* 26
emotions 25
employee 24
employer 24
empty 321
enamel 50
encore 255
encyclopedia 163
end 321
end zone 220
endive 123
endline 226
endocrine 19
endocrinology 49
energy-saving bulb 60
engaged couple 24
engine 202, 204, 208, 210
engine room 214
engineer's cab 208
engineering 169
English breakfast 157
English horn 257
English mustard 135
engraving 275
enlarge *v* 172
enlargement 271
ENT 49
entrance 59
entrance fee 260
entrée 153
envelope 98, 173
environment 280
epidural 52
epiglottis 19
epilepsy 44
episiotomy 52
equals 165
equation 165
equator 283
equipment 165, 233, 238
Equitorial Guinea 317
equity 97
eraser 163
Eritrea 317
erupt *v* 283
escalator 104
esophagus 19
espresso 148
essay 163
essential oils 55
Estonia 316
estuary 285
Ethiopia 317
eucalyptus 296
Europe 316
evening 305
evening dress 34
events 243, 247
evergreen 86
evidence 181
excavator 187
excess baggage 212
exchange rate 97
excited 25
excuse me 322
executive 174
exercise bike 250
exercises 251
exfoliate *v* 41
exhaust pipe 203, 204
exhibit *v* 261
exhibition 261
exit 210
exosphere 286
expanding file 173
expecting 52
experiment 166
expiration date 109
exposure 271
express train 209
extend *v* 251
extension cord 78
exterior 198
external hard drive 176
extra time 223
extraction 50
eye 14, 51, 244, 276
eye shadow 40
eye test 51
eyebrow 14, 51
eyebrow brush 40
eyebrow pencil 40
eyecup 269
eyelash 14, 51
eyelet 37
eyelid 51
eyeliner 40
eyepiece 167

F

fabric 277
fabric conditioner 76
face 14
face cream 73
face mask 41, 225
face-off circle 224
face powder 40
facial 41
factory 299
faint *v* 25, 44
fair 41
fairground 262
fairway 232
falcon 292
Falkland Islands 315
fall 237
fall (autumn) 31, 307
fall in love *v* 26
fallopian tube 20
family 22
famous ruin 261
fan 60, 202
fan belt 203
fans 258
far 320
fare 197, 209
farm 182, 183, 184
farmer 182, 189
farmhouse 182
farmland 182
farmyard 182
farsighted 51
fashion 277
fast 321
fast food 154
fast-forward 269
fat 119, 321
fat-free 137
father 22
father-in-law 23
faucet 61, 66
fault 230
fava bean 122, 131
feather 293
feature film 269
February 306
feed *v* 183
feijoa 128
female 12, 20
feminine hygiene 108
femur 17
fence 85, 182, 243
fencing 249
feng shui 55
fennel 122, 133
fennel seeds 133
fenugreek 132
fern 86
ferry 215, 216
ferry terminal 216
fertilize *v* 91
fertilization 20
fertilizer 91
festivals 27
fetus 52
fever 44
fiancé 24
fiancée 24
fiber 127
fibula 17
field 182, 222, 228, 234
field *v* 225, 229
field hockey 224
fifteen 308
fifteenth 309
fifth 309
fiftieth 309
fifty 308
fifty five thousand, five hundred 309
fifty thousand 309
fig 129
fighter plane 211
figure skating 247
Fiji 319
file 81, 177
filing cabinet 172
fill *v* 82
filler 83
fillet 119, 121
filleted 121
filling 50, 140, 155
film 260, 271
film roll 271
filter 270
filter coffee 148
filter paper 167
fin 210, 239
finance 97
financial advisor 97
fingerprint 94
finial 300
finishing line 234
Finland 316
fire 95
fire alarm 95
fire department 95
fire engine 95
fire escape 95
fire extinguisher 95
fire station 95
firefighters 95, 189
firelighter 266
fireplace 63
firm 124
first 309
first-aid 47
first-aid kit 47
fish 107, 120, 294
fish and chips 155
fish counter 114, 120
fish farm 183
fish seller 120, 188
fisherman 189
fishhook 244
fishing 244, 245
fishing boat 217
fishing license 245
fishing port 217
fishing rod 244
fist 15, 237
fitness 250
fitting rooms 104
five 308
five hundred 308
flag 221, 232
flageolet beans 131
flakes 132
flamingo 292
flare 240
flash 270
flash gun 270
flashlight 267
flask 166
flat 256
flat bread 139
flat race 243
flat tyre 203, 207
flat wood bit 80
flatscreen TV 269
flavored oil 134
flax 184
fleece 74
flesh 124, 127, 129
flex *v* 251
flight attendant 190, 210
flight number 213
flint 288
flip chart 174
flip-flop 37
flipper 290
float ball 61
flock 183
flood 287

floor 58, 62, 71
floor exercises 235
floor plan 261
Florentine 141
floret 122
florist 110, 188
floss *v* 50
flours 138
flower 110, 297
flowerbed 85, 90
flowering plant 297
flowering shrub 87
flu 44
flute 139, 257
fly 244, 295
fly *v* 211
fly fishing 245
flysheet 266
foal 185
focus *v* 271
focusing knob 167
fog 287
foil 249
folder 177
foliage 110
folk music 259
follicle 20
font 177
food 118, 130, 149
food processor 66
foot 12, 15, 310
foot pedal 257
football 220, 222
football player 220
footboard 71
footpath 262
footstrap 241
for 320
forceps 53, 167
forearm 12
forecourt 199
forehand 231
forehead 14
foreign currency 97
foreskin 21
forest 285
fork 65, 88, 207
forklift 186, 216
formal 34
formal garden 84, 262
fortieth 309
forty 308
forty minutes 304
forward 222
foul 222, 226
foul ball 228
foul line 229
foundation 40
fountain 85
four 308
four-door 200
four hundred 308
four-wheel drive 199
fourteen 308
fourteenth 309
fourth 309
fox 290
foxglove 297
foyer 59
fraction 165
fracture 46
fragile 98
fragranced 130
frame 51, 62, 206, 267
frame counter 270
France 316
freckle 15
free 321
free kick 222
free range 118
free-throw line 226
free weights 250
freesia 110
freeway 194
freeze 287
freeze *v* 67
freezer 67
freight train 208
freighter 215
French bean 122
French fries 154
French Guiana 315
French horn 257
French mustard 135
French press 65
French toast 157
French twist 39
frequency 179
fresh 121, 127, 130
fresh cheese 136
fresh fruit 157
freshwater fishing 245
fret 258
fretsaw 81
Friday 306
fried 159
fried chicken 155
fried egg 157
friend 24
frieze 301
frog 294
from 320
front crawl 239
front door 58
front wheel 196
frontal 16
frost 287
frosting 141
froth 148
frown 25
frozen 121, 124
frozen food 107
frozen yogurt 137
fruit 107, 126, 128
fruit bread 139
fruit farm 183
fruit juice 127, 156
fruit tart 140
fruit yogurt 157
fruitcake 140
fry *v* 67
frying pan 69
fuel gauge 201
fuel tank 204
full 64, 266, 321
full bed 71
full moon 280
fumble 220
funeral 26
funnel 166, 214
furniture store 115
furrow 183
fuse 60
fuse box 60, 203
fuselage 210

G

gable 300
Gabon 317
Galápagos Islands 315
galaxy 280
gale 286
galley 214
gallon 311
gallop 243
galvanized 79
Gambia 317
game 119, 230, 273
game show 178
games 272
gangway 214
garage 58, 199
garbage can 67
garden 84, 261
garden center 115
garden features 84
garden plants 86
garden styles 84
garden tools 88
gardener 188
gardening 90
gardening basket 88
gardening gloves 89
garland 111
garlic 125, 132
garlic press 68
garnet 288
garter 35
garter straps 35
gas pump 199
gas station 199
gas tank 203
gasket 61
gasoline 199
gate 85, 182, 247
gate number 213
gauze 47, 167
gear lever 207
gearbox 202, 204
gears 206
gearshift 201
gel 38, 109
gems 288
generation 23
generator 60
genitals 12
geography 162
geometry 165
Georgia 318
gerbera 110
Germany 316
get a job *v* 26
get married *v* 26
get up *v* 71
geyser 285
Ghana 317
giant slalom 247
gifts shop 114
gill 294
gin 145
gin and tonic 151
ginger 125, 133
giraffe 291
girder 186
girl 23
girlfriend 24
girth 242
glacier 284
gladiolus 110
gland 19
glass 69, 152
glass bottle 166
glass rod 167
glasses 51, 150
glassware 64
glaze *v* 139
glider 211, 248
gliding 248
gloss 83, 271
glove 36, 224, 228, 233, 236, 246
glue 275
glue gun 78
gneiss 288
go to bed *v* 71
go to sleep *v* 71
goal 221, 223, 224
goal area 223
goal line 220, 223, 224
goalkeeper 222, 224
goalpost 220, 222
goat 185
goat cheese 142
goat's milk 136
goggles 238, 247
going out 75
gold 235, 289
goldfish 294
golf 232
golf bag 233
golf ball 233
golf cart 232
golf clubs 233
golf course 232
golf shoe 233
golf trolley 233
golfer 232
gong 257
good 321
good afternoon 322
good evening 322
good morning 322
good night 322
goodbye 322
goose 119, 293
goose egg 137
gooseberry 127
gorge 284
gorilla 291
Gothic 301
gown 169
grade 163
graduate 169
graduate *v* 26
graduation ceremony 169
graft *v* 91
grains 130
gram 310
grandchildren 23
granddaughter 22
grandfather 22
grandmother 22
grandparents 23
grandson 22
granite 288
grape juice 144
grapefruit 126
grapeseed oil 134
graphite 289
grass 86, 262
grass bag 88
grasshopper 295
grassland 285
grate *v* 67
grated cheese 136
grater 68
gratin dish 69
gravel 88
gravity 280
graze 46
greasy 39
Greece 316
green 129, 232, 274
green olive 143
green peas 131
green salad 158
green tea 149
greenhouse 85
Greenland 314
Grenada 314
gray 39, 274
grill pan 69
grilled 159
groceries 106
grocery cart 106
grocery store 114
groin 12

groom 243
ground 60, 132
ground coffee 144
ground cover 87
ground floor 104
ground meat 119
ground sheet 267
group therapy 55
grout 83
guard 236
guardrail 195
Guatemala 314
guava 128
guest 64, 100
guidebook 260
guided tour 260
guilty 181
Guinea 317
Guinea-Bissau 317
guitarist 258
gull 292
gum 50
gumdrop 113
gun 94
gurney 48
gutter 58, 299
guy rope 266
Guyana 315
gym 101, 250
gym machine 250
gymnast 235
gymnastics 235
gynecologist 52
gynecology 49
gypsophila 110

H

hacksaw 81
haddock 120
hemorrhage 46
hail 286
hair 14, 38
hair dye 40
hair straightener 38
hairdresser 38, 188
hairspray 38
Haiti 314
half an hour 304
half-and-half 137
half-liter 311
halftime 223
hallibut fillets 120
Halloween 27
halter 243
halter neck 35
ham 119, 143, 156
hammer 80
hammer *v* 79
hammock 266
hamper 263
hamster 290
hamstring 16
hand 13, 15
hand drill 81
hand fork 89
hand rail 59, 196
hand towel 73
handbag 37
handcuffs 94
handicap 233
handkerchief 36
handle 36, 88, 106, 187, 200, 230
handlebar 207
handles 37
handsaw 81, 89
handset 99
hang *v* 82
hang-glider 248
hang-gliding 248
hanging basket 84
hanging file 173
happy 25
harbor 217
harbor master 217
hard 129, 321
hard candy 113
hard cheese 136
hard cider 145
hard hat 186
hardboard 79
hardware 176
hardware store 114
hardwood 79
haricot beans 131
harness race 243
harp 256
harvest *v* 91, 183
hat 36
hatchback 199, 200
have a baby *v* 26
Hawaii 314
hay 184
hay fever 44
hazard 195
hazard lights 201
hazelnut 129
hazelnut oil 134
head 12, 19, 81, 230
head *v* 222
head injury 46
head office 175
headache 44
headband 39
headboard 70
headlight 198, 205, 207
headphones 268
headrest 200
headsail 240
health 44
health center 168
health food store 115
heart 18, 119, 122, 273
heart attack 44
heater controls 201
heather 297
heating element 61
heavy 321
heavy cream 137
heavy metal 259
hedge 85, 90, 182
hedgehog 290
heel 13, 15, 37
height 165
helicopter 211
hello 322
helmet 95, 204, 206, 220, 224, 228
help desk 168
hem 34
hematite 289
hen's egg 137
herb 55, 86
herb garden 84
herbaceous border 85
herbal remedies 108
herbal tea 149
herbalism 55
herbicide 183
herbs 133, 134
herbs and spices 132
herd 183
hexagon 164
high 321
high chair 75
high definition 269
high dive 239
high-heeled shoe 37
high jump 235
high speed train 208
highlights 39
hiking 263
hiking boot 37, 267
hill 284
Himalayas 313
hip 12
hippopotamus 291
historic building 261
history 162
hit *v* 224
hob 67
hockey 224
hockey stick 224
hoe 88
hold 215, 237
hole 232
hole in one 233
hole punch 173
holly 296
home 58
home delivery 154
home entertainment 268
home furnishings 105
home plate 228
homeopathy 55
homework 163
homogenized 137
Honduras 314
honeycomb 135
honeymoon 26
honeysuckle 297
hood 31, 75, 198
hoof 242, 291
hook 187, 276
hoop 226, 277
horizontal bar 235
hormone 20
horn 201, 204, 291
horror movie 255
horse 185, 235, 242
horse race 243
horseback riding 242, 263
horseradish 125
horseshoe 242
hose 89, 95
hose reel 89
hosepipe 89
hospital 48
host 64, 178
hostess 64
hot 124, 286, 321
hot-air balloon 211
hot chocolate 144, 156
hot dog 155
hot drinks 144
hot faucet 72
hot-water bottle 70
hotel 100, 264
hour 304
hour hand 304
house 58
household current 60
household products 107
hovercraft 215
hub 206
hubcap 202
hull 214, 240
human resources department 175
humerus 17
humid 286
hummingbird 292
hump 291
hundred 308
hundred and ten 308
hundred thousand 308
hundredth 309
Hungary 316
hungry 64
hurdles 235
hurricane 287
husband 22
husk 130
hydrant 95
hydrofoil 215
hydrotherapy 55
hypnotherapy 55
hypoallergenic 41
hypotenuse 164

I

ice 120, 287
ice and lemon 151
ice bucket 150
ice climbing 247
ice cream 137, 149
ice-cream scoop 68
ice cube 151
ice hockey 224
ice hockey player 224
ice hockey rink 224
ice maker 67
ice skate 224
ice-skating 247
iced coffee 148
iced tea 149
Iceland 316
icicle 287
icon 177
identity tag 53
igneous 288
ignition 200
iguana 293
illness 44
immigration 212
impotent 20
in 320
in brine 143
in front of 320
in oil 143
in sauce 159
in syrup 159
inbox 177
inch 310
incisor 50
incubator 53
index finger 15
India 318
Indian Ocean 312
indigo 274
Indonesia 319
induce labour *v* 53
industrial park 299
infection 44
infertile 20
infield 228
inflatable dinghy 215
inflatable ring 265
information 261
information screen 213
in-goal area 221
inhaler 44, 109
injection 48
injury 46
ink 275
ink pad 173
inlet 61
inline skating 249
inner core 282
inner tube 207
inning 228
innocent 181

english

insect repellent 108, 267
inside 320
insomnia 71
install *v* 177
instep 15
instructions 109
instruments 256, 258
insulation 61
insulin 109
insurance 203
intensive care unit 48
interchange 194
intercom 59
intercostal 16
intercourse 20
interest rate 96
interior 200
intermission 254
internal systems 60
international flight 212
internet 177
intersection 298
interviewer 179
into 320
in-tray 172
invertebrates 295
investigation 94
investment 97
ionosphere 286
Iran 318
Iraq 318
Ireland 316
iris 51, 110
iron 76, 109, 233, 289
iron *v* 76
ironing board 76
island 282
Israel 318
Italy 316
itinerary 260
IUD 21
Ivory Coast 317

J

jack 203, 273
jacket 32, 34
jackhammer 187
jade 288
jam 134, 156
Jamaica 314
January 306
Japan 318
jar 134, 311
javelin 234
jaw 14, 17
jazz 259
jeans 31, 33
jelly bean 113
jellyfish 295
Jerusalem artichoke 125
jet 288
jet skiing 241
jetty 217
jetway 212
jeweler 114, 188
jewelry 36
jewelry box 36
jewelry-making 275
jewelry store 114
jigsaw 78
jigsaw puzzle 273
jodhpurs 242
jog in place 251
jogging 251, 263
jogging suit 31
joint 17, 119
joker 273
Jordan 318
journal 168
journalist 190
judge 180
judo 236
juices and milkshakes 149
juicy 127
July 306
jump 237, 243
jump *v* 227
jump ball 226
jumping rope 251
June 306
Jupiter 280
jury 180
jury box 180

K

kale 123
Kaliningrad 316
kangaroo 291
karate 236
kayak 241
kayaking 241
Kazakhstan 318
kebab 155, 158
keel 214
keep net 244
kendo 236
Kenya 317
kernel 122, 129, 130
ketchup 135, 154
kettle 66
kettledrum 257
key 59, 176, 207
keyboard 176, 258
keypad 97, 99
kick 237, 239
kick *v* 221, 223
kickboard 238
kickboxing 236
kickstand 207
kid 185
kidney 18, 119
kilogram 310
kilometer 310
kimono 35
king 272, 273
king shrimp 121
kippers 157
kitchen 66, 152
kitchen knife 68
kitchenware 68, 105
kitten 290
kiwifruit 128
knead *v* 138
knee 12
knee length 34
knee pad 205
knee support 227
kneecap 17
knife 65
knife sharpener 68, 118
knight 272
knitting 277
knockout 237
knuckle 15
koala 291
kohlrabi 123
koi carp 294
Kosovo 316
kumquat 126
kung fu 236
Kuwait 318
Kyrgyzstan 318

L

labels 89
labia 20
laboratory 166
lace 35, 37
lace bobbin 277
lace making 277
lace-up 37
lacrosse 249
lactose 137
ladder 95, 186
ladle 68
ladybug 295
ladyfinger 141
lake 285
lamb 118, 185
lamp 62, 217
land 282
land *v* 211
landing 59
landing gear 210
landing net 244
landlord 58
landscape 271, 284
landscape *v* 91
lane 234, 238
languages 162
Laos 318
lapel 32
laptop 172, 176
larch 296
large 321
large intestine 18
larynx 19
last week 307
late 16, 305
later 304
latex paint 83
latitude 283
Latvia 316
laugh *v* 25
launch 281
launch pad 281
laundromat 115
laundry 76
laundry service 101
lava 283
law 169, 180
lawn 85, 90
lawn rake 88
lawnmower 88, 90
lawyer 180, 190
lawyer's office 180
laxative 109
lead singer 258
leaded 199
leaf 122, 296
league 223
lean meat 118
learn *v* 163
leather shoes 32
leathers 205
Lebanon 318
lecture hall 169
leek 125
left 260
left field 228
left-hand drive 201
left lane 194
leg 12, 119
leg pad 225
leg press 251
legal advice 180
legal department 175
leggings 31
legumes 130
leisure 258, 254, 264
lemon 126
lemon curd 134
lemon grass 133
lemon sole 120
lemonade 144
length 165, 310
lens 270
lens (eye) 51
lens (glasses) 51
lens cap 270
lens case 51
Lesotho 317
lesson 163
let! 231
letter 98
letter slot 58, 99
letterhead 173
lettuce 123
level 80, 187
lever 61, 150
Liberia 317
librarian 168, 190
library 168, 299
library card 168
Libya 317
license plate 198
licorice 113
liquor store 115
lid 61, 66
Liechtenstein 316
life buoy 240
life events 26
life jacket 240
life raft 240
lifeboat 214
lifeguard 239, 265
lifeguard tower 265
ligament 17
light 178, 321
light a fire *v* 266
light aircraft 211
light meter 270
light switch 201
lighter 112
lighthouse 217
lighting 105
lightning 287
lights 94
lily 110
lime 126, 296
limestone 288
limousine 199
line 244
line of play 233
linen 105, 277
lines 165
linesman 223, 230
lingerie 35, 105
lining 32
lining paper 83
link 36
lintel 186
lion 291
lip 14
lip brush 40
lip gloss 40
lip liner 40
lipstick 40
liqueur 145
liquid 77
liquid measure 311
literature 162, 169
Lithuania 316
liter 311
little finger 15
little toe 15
live 60, 178
live rail 209
liver 18, 118
livestock 183, 185
living room 62
lizard 293

load *v* 76
loaf 139
loan 96, 168
lob 230
lobby 100, 255
lobster 121, 295
lock 59, 207
lockers 239
log on *v* 177
loganberry 127
logo 31
loin 121
lollipop 113
long 32
long-distance bus 196
long-grain 130
long-handled shears 88
long jump 235
long wave 179
longitude 283
loom 277
loose-leaf tea 144
lose *v* 273
loser 273
love 230
low 321
lug nuts 203
luge 247
luggage 100, 198, 213
luggage department 104
luggage hold 196
luggage rack 209
lumbar vertebrae 17
lumber 187
lunar module 281
lunch 64
lung 18
lunge 251
lupines 297
lure 244
Luxembourg 316
lychee 128
lymphatic 19
lyrics 259

M

macadamia 129
mace 132
Macedonia 316
machine gun 189
machinery 187
mackerel 120
macramé 277
Madagascar 317
magazine 107, 112
magma 283
magnesium 109
magnet 167
maid service 101
mail carrier 98, 190
mailbag 98, 190
mailbox 58, 99
mainsail 240
make a will *v* 26
make friends *v* 26
make the bed *v* 71
makeup 40
making bread 138
malachite 288
Malawi 317
Malaysia 318
Maldives 318
male 12, 21
Mali 317
mallet 78, 275
Malta 316
malt vinegar 135
malted drink 144
mammals 290
man 23
manager 24, 174
Manchego 142
mane 242, 291
mango 128
manhole 299
manicure 41
mantle 282
manual 200
map 261
maple 296
maple syrup 134
maracas 257
marathon 234
marble 288
March 306
margarine 137
marina 217
marinated 143, 159
marine fishing 245
marjoram 133
mark *v* 227
market 115
marketing department 175
marmalade 134, 156
marrow squash 124
Mars 280
marshmallow 113
martial arts 237
martini 151
marzipan 141
mascara 40
mashed 159
masher 68
mask 189, 228, 236, 239, 249
masking tape 83
masonry bit 80
massage 54
mast 240
master's 169
mat 54, 235
match 230
material 79, 187, 276
maternity 49
maternity ward 48
math 162, 164
matte 83, 271
mattress 70, 74
Mauritiana 317
Mauritius 317
May 306
maybe 322
mayonnaise 135
MDF 79
meadow 285
meal 64
measles 44
measure 150, 151
measure *v* 310
measurements 165
measuring cup 69, 311
measuring spoon 109
meat 119
meat and poultry 106
meat tenderizer 68
meatballs 158
meathook 118
mechanic 188, 203
mechanics 202
medals 235
media 178
median stripe 194
medical examination 45
medication 109
medicine 109, 169
medicine cabinet 72
meditation 54
Mediterranean Sea 313
medium wave 179
meeting 174
meeting room 174
melody 259
melon 127
memory 176
memory stick 176
men's clothing 32
menstruation 20
menswear 105
menu 148, 153, 154
menubar 177
mercury 289
Mercury 280
meringue 140
mesophere 286
messages 100
metacarpal 17
metal 79, 289
metal bit 80
metamorphic 288
metatarsal 17
meteor 280
meter 310
Mexico 314
mezzanine 254
mica 289
microphone 179, 258
microscope 167
microwave oven 66
middle finger 15
middle lane 194
midnight 305
midwife 53
migraine 44
mile 310
milk 136, 156
milk *v* 183
milk carton 136
milk chocolate 113
milk shake 137
millennium 307
millet 130
milligram 310
milliliter 311
millimeter 310
mineral 144, 289
minibar 101
minibus 197
minivan 199
mint 113, 133
mint tea 149
minus 165
minute 304
minute hand 304
minutes 174
mirror 40, 71, 167
miscarriage 52
Miss/Ms. 23
missile 211
mist 287
miter block 81
mittens 30
mix *v* 67, 138
mixing bowl 66, 69
mixing desk 179
moat 300
mobile 74
model 169, 190
model-making 275
modeling tool 275
moisturizer 41
molar 50
molding 63
Moldova 316
mole 14
Monaco 316
Monday 306
money 97
money order 98
Mongolia 318
monitor 53, 172
monkey 291
monkfish 120
Monopoly 272
monorail 208
monsoon 287
Montenegro 316
month 306
monthly 307
monument 261
Moon 280
moonstone 288
moor *v* 217
mooring 217
mop 77
morning 305
Morocco 317
mortar 68, 167, 187
mortgage 96
mosque 300
mosquito 295
mosquito net 267
moth 295
mother 22
mother-in-law 23
motocross 249
motor 88
motorcycle 204
motorcycle racing 249
mountain 284
mountain bike 206
mountain range 282
mouse 176, 290
mousse 141
mouth 14
mouth guard 237
mouthwash 72
move 273
movie set 179
movie theater 255, 299
movies 255
mow *v* 90
Mozambique 317
mozzarella 142
Mr. 23
Mrs. 23
mudguard 205
muffin 140
muffin pan 69
muffler 203, 204
mug 65
mulch *v* 91
multigrain bread 139
multiply *v* 165
multivitamin tablets 109
mumps 44
mung beans 131
muscles 16
museum 261
mushroom 125
music 162
music school 169
musical 255
musical score 255
musical styles 259
musician 191
mussel 121, 295
mustard 155
mustard seed 131
Myanmar (Burma) 318

N

naan bread 139
nail 15, 80
nail clippers 41
nail file 41
nail scissors 41
nail polish 41
nail polish remover 41
Namibia 317
nape 13
napkin 65
napkin ring 65
nappy rash cream 74
narrow 321
nation 315
national park 261
natural 256
natural fiber 31
naturopathy 55
nausea 44
navel 12
navigate *v* 240
near 320
nearsighted 51
nebula 280
neck 12, 258
neck brace 46
necklace 36
nectarine 126
needle 109, 276
needle-nose pliers 80
needle plate 276
needlepoint 277
negative 271
negative electrode 167
neighbor 24
Neoclassical 301
Nepal 318
nephew 23
Neptune 280
nerve 19, 50
nervous 19, 25
net 217, 222, 226, 227, 231
net *v* 245
Netherlands 316
nettle 297
network 176
neurology 49
neutral 60
neutral zone 224
new 321
new moon 280
new potato 124
New Year 27
New Zealand 319
newborn baby 53
news 178
newsstand 112
newspaper 112
next week 306
nib 163
Nicaragua 314
nickel 289
niece 23
Niger 317
Nigeria 317
night 305
nightgown 31, 35
nightwear 31
nightstand 70
nightstick 94
nine 308
nine hundred 308
nineteen 308
nineteen hundred 307
nineteen hundred and one 307
nineteen ten 307
nineteenth 309
ninetieth 309
ninety 308
ninth 309
nipple 12, 75
no 322
no right turn 195
no stopping 195
nonstick 69
noodles 158
noon 305
normal 39
north 312
North and Central America 314
North Korea 318
North Pole 283
North Sea 312
Northern Hemisphere 283
Norway 316
nose 14, 210
nose clip 238
noseband 242
nosebleed 44
nosewheel 210
nostril 14
notation 256
note 256
notebook 163, 172
notepad 173
notes 191
notions 105
nougat 113
November 306
now 304
nozzle 89
number 226, 308
numerator 165
nurse 45, 48, 189
nursery 74
nursing 53
nursing bra 53
nursing pads 53
nut 80
nutmeg 132
nuts 151
nuts and dried fruit 129
nylon 277

O

oak 296
oar 241
oatmeal 157
oats 130
objective lens 167
oboe 257
obsidian 288
obstetrician 52
occupations 188, 190
occupied 321
ocean 282
ocean liner 215
octagon 164
October 306
octopus 121, 295
odometer 201
off-piste 247
off-ramp 194
office 24, 172, 174
office building 298
office equipment 172
office supplies 173
offside 223
oil 142, 199
oil paint 274
oil tank 204
oil tanker 215
oils 134
oily 41
ointment 47, 109
okra 122
old 321
olive oil 134
olives 151
Oman 318
omelet 158
on-ramp 194
on time 305
on top of 320
oncology 49
one 308
one billion 309
one million 309
one thousand 309
one-way street 194
one-way system 298
onesie 30
onion 124
online 177
onto 320
onyx 289
opal 288
open 260, 321
open-faced sandwich 155
open-top 260
opening night 254
opera 255
operating room 48
operation 48
operator 99
ophthalmology 49
opponent 236
opposite 320
optic nerve 51
optometrist 51, 189
orange 126, 274
orange juice 148
orangeade 144
orbit 280
orchestra 256
orchestra pit 254
orchestra seats 254
orchid 111
order *v* 153
oregano 133
organic 91, 118, 122
organic waste 61
origami 275
ornamental 87
orthopedics 49
osteopathy 54
ostrich 292
otter 290
ounce 310
out 225, 228, 320
out of bounds 226
out of focus 271
outboard motor 215
outbuilding 182
outdoor activities 262
outer core 282
outfield 229
outlet 60, 61
outpatient 48
outside 320
out-tray 172
oval 164
ovary 20
oven 66
oven mitt 69
ovenproof 69
over 320
over par 233
overalls 30
overdraft 96
overexposed 271
overflow pipe 61
overhead bin 210
overpass 194
overture 256
ovulation 20, 52
owl 292
oyster 121
ozone layer 286

P

Pacific Ocean 312
pack 311
pack of cigarettes 112
package 99
packet 311
pad 220, 224
paddle 231, 241
paddock 242
pail 265
painkillers 47, 109
paint 83
paint *v* 83
paint can 83
paint thinner 83
paint tray 83
painter 191
painting 62, 261, 274
paints 274
pajamas 33
Pakistan 318
palate 19
palette 274
pallet 186
palm 15, 86, 296
palm hearts 122
pan 310
pan fried 159
Panama 314
pancreas 18
panda 291
panties 35
pants 32, 34
panty hose 35, 251
panty liner 108
papaya 128
paper clip 173
paper napkin 154
paper tray 172
papier-maché 275
paprika 132
Papua New Guinea 319
par 233
parachute 248
parachuting 248
paragliding 248
Paraguay 315
parallel 165
parallel bars 235
parallelogram 164
paramedic 94
parents 23
park 262
park *v* 195
parka 31, 33
parking brake 203
parking lot 298
parking meter 195
Parmesan 142
parole 181
parrot 293
parsley 133

parsnip 125
particle board 79
partner 23
pass 226
pass *v* 195, 220, 223
passcode 99
passenger 216
passenger port 216
passenger seat 204
passion fruit 128
Passover 27
passport 213
passport control 213
pasta 158
pastels 274
pasteurized 137
pasting brush 82
pasting table 82
pastry 140, 149
pastry brush 69
pastry shop 114
pasture 182
patch 207
patchwork 277
pâté 142, 156
path 58, 85
pathology 49
patient 45
patio café 148
patio garden 85
pattern 276
pause 269
paving 85
pawn 272
pay *v* 153
pay-per-view channel 269
payment 96
payphone 99
payroll 175
pea 122, 131
peach 126, 128
peacock 293
peanut 129, 151
peanut butter 135
peanut oil 135
pear 127
pecan 129
pectoral 16
pectoral fin 294
pedal 61, 206
pedal *v* 207
pedestrian zone 299
pediatrics 49
pedicure 41
pediment 301
peel 128
peel *v* 67
peeled shrimp 120
peeler 68
pelican 292
pelvis 17
pen 163, 185
pen pal 24
penalty 222
penalty area 223
pencil 163, 275
pencil case 163
pencil sharpener 163
pendant 36
penguin 292
peninsula 282
penis 21
pentagon 164
peony 111
people 12, 16
pepper 64, 124, 152
peppercorn 132
pepperoni 142
percentage 165
percussion 257
perennial 86
perfume 41, 105
periodical 168
perm 39
perpendicular 165
persimmon 128
personal best 234
personal organizer 173, 175
personal trainer 250
Peru 315
pesticide 89, 183
pestle 68, 167
pet food 107
pet store 115
petal 297
petri dish 166
pharmacist 108, 189
pharmacy 108
pharynx 19
pheasant 119, 293
Phillips screwdriver 80
philosophy 169
Philippines 319
phone booth 99
photo album 271
photo finish 234
photograph 271
photograph *v* 271
photographer 191
photography 270
phyllo dough 140
physical education 162
physics 162, 169
physiotherapy 49
piano 256
piccolo 257
pick *v* 91
pick and mix 113
pickax 187
pickled 159
pickup 98, 258
picnic 263
picnic bench 266
picture frame 271
pie pan 69
piece 272
pier 217
pig 185
pig farm 183
pigeon 292
pigeonhole 100
piglet 185
pigsty 185
pigtails 39
Pilates 251
pill 21, 109
pillar 300
pillow 70
pillowcase 71
pilot 190, 211
PIN 96
pin 60, 237, 249, 276
pincushion 276
pine 296
pine nut 129
pineapple 128
pineapple juice 149
pink 274
pint 311
pinto beans 131
pipe 112, 202
pipe cutter 81
pipette 167
piping bag 69
pistachio 129
pita bread 139
pitch 225, 256, 266
pitch *v* 229
pitch a tent *v* 266
pitcher 65, 151, 229
pitcher's mound 228
pitches available 266
pith 126
pizza 154
pizzeria 154
place setting 65
placemat 64
placenta 52
plain 285
plane 81
plane *v* 79
planet 280, 282
plant *v* 183
plant pot 89
plants 86, 296
plaque 50
plaster 83
plaster *v* 82
plastic bag 122
plastic pants 30
plastic surgery 49
plate 65, 283
plateau 284
platform 208
platform number 208
platinum 289
play 254, 269
play *v* 229, 273
player 221, 231, 273
playground 263
playhouse 75
playing 75
playing field 168
playpen 75
plea 180
please 322
Plimsoll mark 214
plow *v* 183
plug 60, 72
plum 126
plumb line 82
plumber 188
plumbing 61
plunger 81
plus 165
Pluto 280
plywood 79
poach *v* 67
poached 159
pocket 32
pod 122
podium 235, 256
point 273
poisoning 46
poker 273
Poland 316
polar bear 291
Polaroid camera 270
pole 245, 282
pole vault 234
police 94
police car 94
police officer 94, 184
police station 94
polish 77
polish *v* 77
political science 169
polo 243
polyester 277
pomegranate 128
pommel 242
pommel horse 235
pond 85
ponytail 39
pool 249
pop 259
popcorn 255
poplar 296
poppy 297
poppy seeds 138
porch 58
porch light 58
pore 15
pork 118
port 145, 176, 214, 216
porter 100
portfolio 97
porthole 214
portion 64
portrait 271
Portugal 316
positive electrode 167
post office 98
postage 98
postal worker 98
postgraduate 169
poster 255
poster paint 274
postcard 112
postmark 98
pot *v* 91
potpourri 111
potato 124
potato chips 113, 151
potpie 143, 158
potted plant 87, 110
potter's wheel 275
pottery 275
potty 74
pouch 291
poultry 119
poultry farm 183
pound 310
pour *v* 67
powder 77, 109
powder puff 40
powdered milk 137
power 60
power cord 176
power outage 60
practice swing 233
praying mantis 295
pregnancy 52
pregnancy test 52
pregnant 52
premature 52
premolar 50
prenatal 52
prepared food 107
prerecorded 178
prescription 45
present 27
presentation 174
preservative 83
preserved fruit 134
press 178
press-up 251
presser foot 276
pressure valve 61
price 152, 199
price list 154
prickly pear 128
primer 83
primrose 297
principal 163
principality 315
print 271
print *v* 172
printer 172, 176
printing 275
prison 181
prison guard 181
private bathroom 100
private jet 211
private room 48
probe 50

english

problems 271
processed grains 130
procession 27
processor 176
produce seller 188
produce stand 114
producer 254
professor 169
program 176, 254, 269
programming 178
propagate v 91
propeller 211, 214
proposal 174
prosciutto 143
prosecution 180
prostate 21
protractor 165
proud 25
prove v 139
province 315
prow 215
prune 129
prune v 91
pruners 89
psychiatry 49
psychotherapy 55
public address system 209
puck 224
Puerto Rico 314
puff pastry 140
pull up v 251
pulp 127
pulse 47
pumice 288
pumice stone 73
pump 37, 207
pumpkin 125
pumpkin seed 131
punch 237
punching bag 237
pup 290
pupil 51
puppy 290
purple 274
push-up 251
putt v 233
putter 233
pyramid 164

Q

Qatar 318
quadriceps 16
quail 119
quail egg 137
quart 311
quarter of an hour 304
quarterdeck 214
quartz 289
quay 216
queen 272, 273
question 163
question v 163
quiche 142
quiche pan 69
quick cooking 130
quilt 71
quilting 277
quince 128
quinoa 130
quiver 249

R

rabbit 118, 290
raccoon 290
race 234
race-car driver 249
racecourse 243
racehorse 243
racing bike 205, 206
racing dive 239
rack 166
racket 230
racket games 231
racquetball 231
radar 214, 281
radiator 60, 202
radicchio 123
radio 179, 268
radio antenna 214
radio station 179
radiology 49
radish 124
radius 17, 164
rafter 186
rafting 241
rail 208
railcar 208
railroad network 209
rain 287
rain boots 31
rain forest 285
rain gear 245, 267
rainbow 287
rainbow trout 120
raincoat 31, 32
raisin 129
rake 88
rake v 90
rally 230
rally driving 249
RAM 176
Ramadan 26
ramekin 69
rap 259
rapeseed 184
rapids 240, 284
rappelling 248
rash 44
raspberry 127
raspberry jam 134
rat 290
rattle 74
raw 124, 129
ray 294
razor blade 73
razorshell clam 121
read v 162
reading light 210
reading list 168
reading room 168
real estate office 115
realtor 189
reamer 80
rear light 207
rear wheel 197
rearview mirror 198
receipt 152
receive v 177
receiver 99
reception 100
receptionist 100, 190
record 234, 269
record player 268
record store 115
recording studio 179
rectangle 164
rectum 21
recycling bin 61
red 274
red (wine) 145
red card 223
red currant 127
red eye 271
red kidney beans 131
red lentils 131
red meat 118
red mullet 120
Red Sea 313
reduce v 172
reduced-fat milk
reel 244
reel in v 245
referee 220, 222, 226
referral 49
reflector 50, 204, 207
reflector strap 205
reflexology 54
reggae 259
region 315
regional office 175
register 100
registered mail 98
regulator 239
reheat v 154
reiki 55
reins 242
relationships 24
relatives 23
relaxation 55
relay race 235
release v 245
remote control 269
Renaissance 301
renew v 168
rent 58
rent v 58
repair kit 207
report 174
reporter 179
reproduction 20
reproductive 19
reproductive organs 20
reptiles 293
research 169
reserve v 168
residence hall 168
respiratory 19
rest 256
restaurant 101, 152
restrooms 104, 266
result 49
resuscitation 47
retina 51
retire v 26
return 231
return address 98
reverse v 195
rewind 269
rhinoceros 291
rhombus 164
rhubarb 127
rhythmic gymnastics 235
rib 17, 119, 155
rib cage 17
ribbon 27, 39, 111, 141, 235
rice 130, 158, 184
rice pudding 140
rider 242
riding boot 242
riding crop 242
riding hat 242
rigging 215, 240
right 260
right field 229
right-hand drive 201
right lane 194
rim 206
rind 119, 127, 136, 142
ring 36
ring finger 15
ring ties 89
rings 235
rinse v 38, 76
ripe 129
rise v 139
river 284
road bike 206
road markings 194
road roller 83, 187
road signs 195
roads 194
roadwork 187, 195
roast 158
roast v 67
roasted 129
robe 31, 32, 35, 38
rock climbing 248
rock concert 258
rock garden 84
rocks 284, 288
Rocky Mountains 312
Rococo 301
rodeo 243
roll 139, 311
roll v 67
roller coaster 262
roller shade 63
rollerblading 263
rolling pin 69
romance 255
Romania 316
romper 30
roof 58, 203
roof garden 84
roof rack 198
roof tile 187
rook 272
room 58
room key 100
room number 100
room service 101
rooms 100
rooster 185
root 50, 124, 296
roots 39
rope 248
rose 89, 110
rosé 145
rosemary 133
rotor blade 211
rotten 127
rough 232
round 237
roundabout 195
route number 196
router 78
row 210, 254
row v 241
row boat 214
row house 58
rower 241
rowing machine 250
rubber band 173
rubber boots 89
rubber stamp 173
ruby 288
ruck 221
rudder 210, 241
rug 63
rugby 221
rugby field 221
ruler 163, 165
rum 145
rum and cola 151
rump steak 119
run 228
run v 228

runner bean 122
runway 212
Russian Federation 318
rutabaga 125
Rwanda 317
rye bread 138

S

sad 25
saddle 206, 242
safari park 262
safe 228
safety 75, 240
safety barrier 246
safety goggles 81, 167
safety pin 47
saffron 132
sage 133
Sahara Desert 313
sail 241
sailboat 215
sailing 240
sailor 189
salad 149
salamander 294
salami 142
salary 175
sales assistant 104
sales department 175
salesclerk 188
salmon 120
salon 115
salt 64, 152
salted 121, 129, 137, 143
San Marino 316
sand 85, 264
sand *v* 82
sandal 31, 37
sandbox 263
sandcastle 265
sander 78
sandpaper 81, 83
sandstone 288
sandwich 155
sandwich counter 143
sanitary napkin 108
São Tomé and Principe 317
sapphire 288
sardine 120
Sardinia 316
sashimi 121
satellite 281
satellite dish 269
satellite navigation (satnav) 195, 201
satsuma 126
Saturday 306
Saturn 280
sauce 134, 143, 155
saucepan 69
Saudi Arabia 318
sauna 250
sausage 118, 155, 157
sauté *v* 67
save *v* 177, 223
savings 96
savings account 97
savory 155
saw *v* 79
saxophone 257
scaffolding 186
scale 45, 69, 98, 118, 121, 166, 212, 256, 293, 294, 310
scaled 121
scallion 125
scallop 121
scalp 39
scalpel 167
scan 48, 52
scanner 106, 176
scarecrow 184
scared 25
scarf 31, 36
schedule 197, 209, 261
schist 288
scholarship 169
school 162, 169, 299
school bus 196
schoolbag 162
schoolboy 162
schoolgirl 162
science 162, 166
science fiction movie 255
scientist 190
scissors 38, 47, 82, 276
scoop 149
scooter 205
score 220, 256, 273
score a goal *v* 223
scoreboard 225
scorpion 295
scotch and water 151
Scrabble 272
scrambled eggs 157
scrape *v* 77
scraper 82
screen 97, 176, 255, 269
screw 80
screwdriver 80, 151
screwdriver bits 80
script 254
scrollbar 177
scrotum 21
scrub *v* 77
scrum 221
scuba diving 239
sculpting 275
sculptor 191
sea 264, 282
sea bass 120
sea bream 120
sea horse 294
sea lion 290
seafood 121
seal 290
sealant 83
seam 34
seamstress 191
seaplane 211
search *v* 177
seasonal 129
seasons 306
seat 61, 204, 209, 210, 242, 254
seat back 210
seat belt 198, 211
seat post 206
seating 254
second 304, 309
second floor 104
second hand 304
secondhand store 115
section 282
security 212
security bit 80
security guard 189
sedan 199
sedative 109
sedimentary 288
seed 122, 127, 128, 130
seed tray 89
seeded bread 139
seedless 127
seedling 91
seeds 88, 131
seesaw 263
segment 126
self defence 237
self-rising flour 139
self-tanning lotion 41
semi-hard cheese 136
semi-soft cheese 136
seminal vesicle 21
semolina 130
send *v* 177
send off *v* 223
Senegal 317
sensitive 41
sentence 181
September 306
Serbia 316
serve 231
serve *v* 64, 231
server 148,152, 176
service charge included 152
service charge not included 152
service line 230
service provider 177
service vehicle 212
serving spoon 68
sesame seed 131
sesame seed oil 134
set 178, 230, 254
set *v* 38
set honey 134
set sail *v* 217
set the alarm *v* 71
seven 308
seven hundred 308
seventeen 308
seventeenth 309
seventh 309
seventieth 309
seventy 308
sew *v* 277
sewing basket 276
sewing machine 276
sexually transmitted disease 20
shade 41
shade plant 87
shallot 125
shallow end 239
shampoo 38
shapes 164
share price 97
shares 97
shark 294
sharp 256
shaving 73
shaving foam 73
shears 89
shed 84
sheep 185
sheep farm 183
sheep's milk 137
sheer curtain 63
sheet 71, 74, 241
shelf 67, 106
shell 129, 137, 265, 293
shelled 129
shelves 66
sherbet 141
sherry 145
shiatsu 54
shield 88
shin 12
shingle 58
ship 214
shipyard 217
shirt 33
shock 47
shocked 25
shoe department 104
shoe store 114
shoes 34, 37
shoot *v* 223, 227
shopping 104
shopping bag 106
shopping center 104
shops 114
short 32, 321
short-grain 130
short wave 179
shorts 30, 33
shot 151
shotput 234
shoulder 13, 194
shoulder bag 37
shoulder blade 17
shoulder pad 35
shoulder strap 37
shout *v* 25
shovel 88, 187, 265
shower 72, 286
shower block 266
shower curtain 72
shower door 72
shower gel 73
shower head 72
showjumping 243
shredder 172
shuffle *v* 273
shutoff valve 61
shutter 58
shutter release 270
shuttle bus 197
shuttlecock 231
shy 25
Siberia 313
Sicily 316
side 164
side-by-side refrigerator 67
side effects 109
side mirror 198
side order 153
side plate 65
side saddle 242
side street 299
sidedeck 240
sideline 220, 226, 230
sidewalk 298
sidewalk café 148
Sierra Leone 317
sieve 68, 89
sift *v* 91, 138
sigh *v* 25
sightseeing 260
sign 104
signal 209
signature 96, 98
silk 277
silo 183
silt 85
silver 235, 289
simmer *v* 67
Singapore 319
singer 191
single 151

english

single-family 58
single room 100
singles 230
sink 38, 50, 61, 66, 72
sinker 244
sinus 19
siren 94
sirloin steak 119
sister 22
sister-in-law 23
site 266
site manager's office 266
sit-up 251
six 308
six hundred 308
sixteen 308
sixteenth 309
sixth 309
sixtieth 309
sixty 308
skate 120, 247, 294
skate *v* 224
skate wings 120
skateboard 249
skateboarding 249, 263
skein 277
skeleton 17
sketch 275
sketch pad 275
skewer 68
ski 241, 246
ski boot 246
ski jacket 246
ski jump 247
ski pole 246
ski run 246
ski slope 246
skier 246
skiing 246
skim milk 136
skin 14, 119
skin care 108
skinned 121
skirt 30, 34
skull 17
skydiving 248
skyscraper 299, 300
slalom 247
slate 288
sledding 247
sledgehammer 187
sleeper 30
sleeping 74
sleeping bag 267
sleeping compartment 209
sleeping mat 267
sleeping pill 109
sleet 286
sleeve 34
sleeveless 34
slice 119, 139, 140, 230
slice *v* 67
sliced bread 138
slicer 139
slide 167, 263
slide *v* 229
sling 46
slip 35
slip-on 37
slippers 31
slope 284
slotted spatula 68
slotted spoon 68
Slovakia 316
Slovenia 316
slow 321
slug 295
small 321
small intestine 18
small of back 13
smartphone 99, 176
smash 231
smile 25
smoke 95
smoke alarm 95
smoked 118, 121, 143, 159
smoked fish 143
smoking 112
snack bar 113, 148
snail 295
snake 293
snap 30
snare drum 257
sneaker 37, 251
sneeze 44
snooker 249
snore *v* 71
snorkel 239
snout 293
snow 287
snowboarding 247
snowmobile 247
snowsuit 30
soak *v* 130
soap 73
soap dish 73
soap opera 178
soccer 222
soccer ball 220
soccer field 220
soccer player 220, 222
soccer uniform 31, 222
socket 80
socket wrench 80
socks 33
sod *v* 90
soda bread 139
soda water 144
sofa 62
sofa bed 63
soft 129, 321
soft-boiled egg 137, 157
soft cheese 136
soft drink 144, 154
software 176
softwood 79
soil 85
solar system 280
solder 79, 80
solder *v* 79
soldering iron 81
soldier 189
sole 15, 37
solids 164
Soloman Islands 319
soluble 109
solvent 83
Somalia 317
some meals included 101
somersault 235
son 22
son-in-law 22
sonata 256
song 259
sorrel 123
sorting unit 61
soufflé 158
soufflé dish 69
sound boom 179
sound technician 179
soundtrack 255
soup 153, 158
soup bowl 65
soup spoon 65
sour 127
sour cream 137
sourdough bread 139
sous chef 152
south 312
South Africa 317
South Korea 318
South Sudan 317
Southern Hemisphere 283
Southern Ocean 313
souvenirs 260
sow *v* 90, 183
soybeans 131
space 280
space exploration 281
space heater 60
space shuttle 281
space station 281
space suit 281
spade 273
Spain 316
spare tire 203
spark plug 203
sparkling 144
sparring 237
sparrow 292
spatula 68, 167
speaker 174, 176, 258, 268
speaker stand 268
spearfishing 245
specialist 49
specials 106, 152
spectators 233
speed limit 195
speed skating 247
speedboat 214
speedboating 241
speedometer 201, 204
spell *v* 162
sperm 20
sphere 164
spices 132
spicy sausage 142
spider 295
spike *v* 90
spikes 233
spin 230
spin *v* 76
spin dryer 76
spinach 123
spine 17
spire 300
spleen 18
splint 47
splinter 46
split ends 39
split peas 131
spoke 207
sponge 73, 74, 83
sponge cake 140
spool 245
spool of thread 276
spoon 65
sport coat 33
sport fishing 245
sports 220, 236, 248
sports car 198
sportsman 191
sportswear 105
spotlight 259
sprain 46
spray 109
spray *v* 91
spray bottle 89, 311
spray can 311
spring 307
spring balance 166
spring greens 123
springboard 235
sprinkler 89
sprinter 234
sprocket 207
square 164, 272, 299
square foot 310
square meter 310
squash 231
squat 251
squid 121, 295
squirrel 290
Sri Lanka 318
St. Kitts and Nevis 314
St. Lucia 314
St. Vincent and the Grenadines 314
stable 185, 243
stadium 223
staff 175, 256
stage 167, 254
stages 23
stainless steel 79
stair gate 75
stair machine 250
staircase 59
stake 90
stake *v* 91
stalk 122, 297
stalls 254
stamen 297
stamp 98
stamp collecting 273
stamps 112
stance 232
stand 88, 205, 268
stapler 173
staples 173
star 280
star anise 133
star fruit 128
starfish 295
start school *v* 26
starting block 234, 238
starting line 234
state 315
statement 180
stationery 105
station wagon 199
steak 121
steam *v* 67
steam train 208
steamed 159
steel wool 81
steeplechase 243
steering wheel 201
stem 111, 112, 297
stencil 83
stenographer 181
step machine 250
stepdaughter 23
stepfather 23
stepladder 82
stepmother 23
stepson 23
stereo 269
stereo system 268
sterile 47
stern 240
stew 158
stick 224, 249
sticks 133
still 144
sting 46, 295
stir *v* 67
stir-fry 158
stirrer 150
stirrup 242

stitch 277
stitch selector 276
stitches 52
stock broker 97
stock exchange 97
stocking 35
stocks 97, 110
stomach 18
stomachache 44
stone 36, 275
stone fruit 126
stop 269
stop button 197
stopper 166
stopwatch 234
store 298
store directory 104
stork 292
storm 287
stout 145
stovetop 67
straight 39, 165
straight ahead 260
straighten *v* 39
strand of pearls 36
strap 35
strapless 34
stratosphere 286
straw 144, 154
strawberry 127
strawberry milkshake 149
stream 285
streaming 260
street 298
street corner 298
street sign 298
street vendor 154
streetcar 196
streetlight 298
stress 55
stretch 251
stretcher 94
strike 228, 237
string 230, 256, 258
strip *v* 82
stroke 44, 231, 233, 239
stroller 75
strong 321
stub 96
student 162
study 63, 162
stuffed 159
stuffed olive 143
stuffed toy 75
stump 225
styles 39, 239, 301
submarine 215
subsoil 91
substitute 223
substitution 223
subtract *v* 165
suburb 299
subway 208
subway map 209
succulent 87
suction cup 53
suction hose 77
Sudan 317
sugarcane 184
suit 273
sulfur 289
sultana 129
summer 31, 307
summons 180
sumo wrestling 237
Sun 280
sunbathe *v* 264
sunbed 41
sunblock 108, 265
sunburn 46
Sunday 306
sunflower 184, 297
sunflower oil 134
sunflower seed 131
sunglasses 51, 265
sun hat 30, 265
sunny 286
sunrise 305
sunroof 202
sunscreen 108
sunset 305
sunshine 286
suntan lotion 265
supermarket 106
supplement 55
supply pipe 61
support 187
suppository 109
surf 241
surfboard 241
surfcasting 245
surfer 241
surfing 241
surgeon 48
surgery 48
Suriname 315
surprised 25
sushi 121
suspect 94, 181
suspension 203, 205
swallow 292
swamp 285
swan 293
Swaziland 317
sweater 33
sweatshirt 33
Sweden 316
sweep *v* 77
sweet 124, 127, 155
sweet potato 125
sweet spreads 134
sweetcorn 124
sweets 113
swim *v* 238
swimmer 238
swimming 238
swimming cap 238
swimming pool 101, 238, 250
swimsuit 238, 265
swing *v* 232
swings 263
swiss chard 123
switch 60
Switzerland 316
swivel chair 172
sword 236
swordfish 120, 294
symphony 256
synagogue 300
synchronized swimming 239
synthetic fiber 31
Syria 318
syringe 109, 167
syrup 109
system 176

T

T-shirt 30, 33
tab 173
table 64, 148
table tennis 231
tablecloth 64
tablet 176
tachometer 201
tack *v* 241, 277
tackle 245
tackle *v* 220, 223
tackle box 244
tadpole 294
tae kwon do 236
tag *v* 229
tai chi 236
tail 121, 210, 242, 280, 290, 294
tailbone 17
tailgate 198
taillight 204
tailor 191
tailor shop 115
tailor's chalk 276
tailor's dummy 276
tailored 35
tailplane 210
Tajikstan 318
take a shower *v* 72
take notes *v* 163
take off *v* 211
talcum powder 73
tall 321
tamarillo 128
tambourine 257
tampon 108
tan 41
tandem 206
tangerine 126
tank 61
Tanzania 317
tap water 144
tape 173
tape dispenser 173
tape measure 80, 276
target 249
target shooting 249
taro root 124
tarragon 133
Tasmania 319
tattoo 41
tax 96
taxi driver 190
taxi stand 213
tea 144, 149, 184
tea with lemon 149
tea with milk 149
teabag 144
teacher 162, 190
teacup 65
team 220, 229
teapot 65
tear 51
teaspoon 65
techniques 79, 159
teddy bear 75
tee 233
tee-off *v* 233
teeing ground 232
teenager 23
telegram 98
telephone 99
teleprompter 179
telescope 281
television series 178
television studio 178
teller 96
temperature 286
temperature gauge 201
temple 14, 300
ten 308
ten thousand 309
tenant 58
tend *v* 91
tendon 17
tennis 230
tennis court 230
tennis shoes 231
tenon saw 81
tent 267
tent peg 266
tent pole 266
tenth 309
tequila 145
terminal 212
termite 295
territory 315
test 49, 163
test tube 166
testicle 21
text (SMS) 99
textbook 163
Thailand 318
thank you 322
Thanksgiving 27
the day after tomorrow 307
the day before yesterday 307
theater 254, 299
theme park 262
therapist 55
thermal underwear 35, 267
thermometer 45, 167
thermosphere 286
thermostat 61
thesis 169
thick 321
thigh 12, 119
thimble 276
thin 321
third 309
third floor 104
thirteen 308
thirteenth 309
thirtieth 309
thirty 308
this way up 98
this week 307
thistle 297
thoracic vertebrae 17
thread 276
thread *v* 277
thread guide 276
three 308
three hundred 308
three-point line 226
thriller 255
throat 19
throat lozenge109
throttle 204
through 320
throw 237
throw *v* 221, 227, 229
throw-in 223, 226
thruster 281
thumb 15
thumbtack 173
thunder 286
Thursday 306
thyme 133
thyroid gland 18
tibia 17
ticket 209, 213
ticket gates 209
ticket inspector 209
ticket office 209, 216
tie 32, 223
tiebreaker 230
tiepin 36
tiger 291
tile 272
tile *v* 82
tiller 240
time 234, 304
time out 220
timer 166
times 165, 261

english

timing 203
tin 289, 311
tip 36, 122, 246
tissue 108
title 23, 168
to 320
to go 154
toad 294
toast 157
toasted sandwich 149
toaster 66
tobacco 112, 184
today 306
toddler 30
toe 15
toe clip 207
toe strap 207
toenail 15
toffee 113
toggle 31
Togo 317
toilet 60, 72
toilet brush 72
toilet paper 72
toilet seat 72
toiletries 41, 107
toll booth 194
tomato 125, 157
tomato juice 144, 149
tomorrow 306
toner 41
tongs 150, 167
tongue 19, 37, 118
tonic water 144
tonne 310
tool rack 78
toolbar 177
toolbelt 186
toolbox 80
tools 187
tooth 50
toothache 50
toothbrush 72
toothpaste 72
top coat 83
top-dress *v* 90
top tier 141
topaz 288
topiary 87
topping 155
topsoil 85
tornado 287
tortoise 293
tossed salad 158
touch line 221
touchdown 221
tour bus 197, 260
tour guide 260
tourer 205
touring bike 206
tourist 260
tourist attraction 260
tourist information 261
tourmaline 288
tournament 233
tow away *v* 195
towards 320
tow truck 203
towel rack 72
towels 73
tower 300
town hall 299
townhouse 58
toy 75
toy basket 75
toys 105
track 208, 234
track and field 235
tracksuit 32
tractor 182
traffic 194
traffic jam 195
traffic light 194
traffic policeman 195
trail-riding 243
trailer 266
train 35, 208
train *v* 91, 251
train station 208
training wheels 207
tram 196, 208
transfer 223
transfer *v* 207
transformer 60
transmission 202
transplant *v* 91
transportation 194
trapezius 16
trapezoid 164
trash 177
trash can 61
travel agency 114, 190
travel brochure 212
travel-sickness pills 109
traveler's check 97
tray 152, 154
tray-table 210
tread 207
tread water *v* 239
treadmill 250
treble clef 256
tree 86, 296
trellis 84
tremor 283
triangle 165, 257
triceps 16
trifle 141
trim *v* 39, 90
trimester 52
trimmer 88
Trinidad and Tobago 314
tripod 166, 270, 281
trombone 257
Tropic of Cancer 283
Tropic of Capricorn 283
tropical fruit 128
tropics 283
troposphere 286
trot 243
trough 183
trout 120
trowel 89, 187
truck 194
truck driver 190
truffle 113, 125
trumpet 257
truncheon 94
trunk 198, 291, 296
trunks 238
try 221
tub 311
tuba 257
tube 311
Tuesday 306
tugboat 215
tulip 111
tumble dryer 76
tumbler 65
tuna 120
tune *v* 179
tune the radio *v* 269
tuning peg 258
Tunisia 317
turbocharger 203
Turkey 318
turkey 119, 185, 293
Turkmenistan 318
turmeric 132
turn 238
turn *v* 79
turn signal 198, 204
turn off the television *v* 269
turn on the television *v* 269
turnip 124
turpentine 83
turquoise 289
turret 300
turtle 293
tusk 291
tutu 191
tweezers 40, 47, 167
twelfth 309
twelve 308
twentieth 309
twenty 308
twenty-first 309
twenty minutes 304
twenty-one 308
twenty-second 309
twenty-third 309
twenty thousand 309
twenty-two 308
twig 296
twin bed 71
twin room 100
twine 89
twins 23
twist ties 89
two 308
two-door 200
two hundred 308
two o'clock 304
two thousand 307
two thousand and one 307
two weeks 307
tire 198, 205, 206
tire iron 203
tire lever 207
tire pressure 203

U

Uganda 317
ugli 126
Ukraine 316
ulna 17
ultralight 211
ultrasound 52
ultraviolet rays 286
umbilical cord 52
umbrella 36
umpire 225, 229, 230
uncle 22
unconscious 47
uncooked meat 142
under 320
under par 233
undercoat 83
underexposed 271
undergraduate 169
underpass 194
undershirt 33
underwear 32, 35
underwire 35
uniform 94, 189
United Arab Emirates 318
United Kingdom 316
United States of America 314
universe 280
university 299
unleaded 199
unpasteurised 137
unpick *v* 277
unsalted 137
until 320
up 320
upset 25
Uranus 280
ureter 21
urethra 20
urinary 19
urology 49
Uruguay 315
usher 255
uterus 20, 52
utility knife 80, 82
utility room 76
Uzbekistan 318

V

V-neck 33
vacation 212
vaccination 45
vacuum cleaner 77, 188
vacuum flask 267
vagina 20
valley 284
valve 207
vanilla 132
Vanuatu 319
variety meat 118
varnish 79, 83
vas deferens 21
vase 63, 111
Vatican City 316
vault 235, 300
veal 118
vegetable garden 85, 182
vegetable oil 135
vegetables 107, 122, 124
veggie burger 155
veil 35
vein 19
Venetian blind 63
Venezuela 315
venison 118
vent 283
ventilation hood 66
Venus 280
verdict 181
vest 33, 35
veterinarian 189
vibraphone 257
video game 269
video phone 99
video tape 269
Vietnam 318
viewfinder 271
village 299
vine 183
vinegar 135, 142
vineyard 183
vintage 199
viola 256
violin 256
virus 44
visa 213
vise 78
vision 51
visiting hours 48
visor 205
vitamins 108

vocal cords 19
vodka 145
voice message 99
volcano 283
volley 231
volleyball 227
voltage 60
volume 165, 179, 269, 311
vomit *v* 44

W

waders 244
wading pool 263
waffles 157
waist 12
waistband 35
waiting room 45
waitress 191
wake up *v* 71
walk 243
wall 58, 186, 222
wall light 62
wallet 37
wallpaper 82, 177
wallpaper *v* 82
wallpaper brush 82
wallpaper paste 82
walnut 129
walnut oil 134
walrus 290
ward 48
wardrobe 70
warehouse 216
warm 286
warm up *v* 251
warrant 180
wash *v* 38, 77
washer 80
washer-dryer 76
washer fluid reservoir 202
washing machine 76
wasp 295
waste disposal 61, 266
waste disposal unit 61
waste pipe 61
wastebasket 172
watch 36
watch television *v* 269
water 144, 238
water *v* 90, 183
water bottle 206, 267
water chamber 61
water chestnut 124
water closet 61
water garden 84
water hazard 232
water heater 61
water jet 95
water plant 86
water polo 239
water wings 238
watercolor paint 274
watercress 123
waterfall 285
watering 89
watering can 89
watermelon 127
waterskier 241
waterskiing 241
watersports 241
wave 241, 264
wavelength 179
wax 41
weak 321
weather 286
weaving 277
website 177
wedding 26, 35
wedding cake 141
wedding dress 35
wedding reception 26
wedge 37, 233
Wednesday 306
weed *v* 91
weed killer 91
weeds 86
week 306
weekend 306
weekly 307
weigh *v* 310
weight 166
weight bar 251
weight belt 239
weight training 251
west 312
Western 255
Western sahara 317
wet 286, 321
wet wipe 75, 108
wetsuit 239
whale 290
wheat 130, 184
wheel 198, 207
wheelbarrow 88
wheelchair 48
wheelchair access 197
whetstone 81
whiplash 46
whipped cream 137, 157
whisk 68
whisk *v* 67
whiskers 290
whiskey 145
white 39, 272, 274
white (wine) 145
white bread 139
white chocolate 113
white currant 127
white flour 138
white meat 118
white rice 130
whiteboard 162
whiting 120
whole 129, 132
whole-grain 131
whole-grain mustard 135
whole milk 136
whole-wheat bread 139, 149
whole-wheat flour 138
Wi-Fi 269
wicket 225
wicket-keeper 225
wide 321
width 165
wife 22
wig 39
wild rice 130
willow 296
win *v* 273
wind 241, 286
windbreak 265
windlass 214
window 58, 96, 98, 177, 186, 197, 209, 210
windpipe 18
windshield 198
windshield washer fluid 199
windshield wiper 198
windsurfer 241
windsurfing 241
windy 286
wine 145, 151
wine glass 65
wine list 152
wine vinegar 135
wing 119, 210, 293
wings 254
winner 273
winter 31, 307
winter sports 247
wipe *v* 77
wire 79
wire cutter 80
wire strippers 81
wires 60
with 320
withdrawal slip 96
without 320
witness 180
wok 69
wolf 290
woman 23
womb 52
women's clothing 34
womenswear 105
wood 79, 233, 275
wood glue 78
wood shavings 78
wood stain 79
wooden spoon 68
woodpecker 292
woods 285
woodwind 257
woodworking 275
work 172
workbench 78
workday 306
workshop 78
world map 312
worm 295
worried 25
wound 46
wrap 155
wrapping 111
wreath 111
wrench 81
wrestling 236
wrinkle 15
wrist 13, 15
wristband 230
writ 180
write *v* 162

X

X-ray 48
X-ray film 50
X-ray machine 212
X-ray viewer 45

Y

yacht 215, 240
yam 125
yard 310
yarn 277
yawn *v* 25
year 163, 306
yeast 138
yellow 274
yellow card 223
Yemen 318
yes 322
yesterday 306
yoga 54
yoga pose 54
yogurt 137
yolk 137, 157
you're welcome 322

Z

Zambia 317
zebra 291
zero 308
zest 126
Zimbabwe 317
zinc 289
zip 277
zip code 98
zone 315
zones 283
zoo 262
zoology 169
zoom lens 270
zucchini 125

Hindi index • hindī tālikā • हिन्दी तालकि

अ

अंक *m* 308
अंकगणित *m* 165
अकशेरुकी जीव *m* 295
अकीक *m* 289
अंकुरित फली *f* 122
अक्टूबर *m* 306
अक्षांश *m* 283
अख़रोट *m* 129
अख़रोट का तेल *m* 134
अगला पाल 240
अगली फ़्रूट 126
अगले हफ़्ते 307
अगस्त *m* 306
अंगिया *f* 35
अंगुश्ताना *m* 276
अंगूठा *m* 15
अंगूठी *f* 36
अंगूर *m* 127
अंगूर का जूस *m* 144
अंगूर का बाग़ *m* 183
अंगूर के बीज का तेल *m* 134
अंगोला *m* 317
अग्र भाग *m* 210
अग्रिम पंक्ति का खिलाड़ी *m* 222
अंग्रेज़ी नाश्ता *m* 157
अंग्रेज़ी बीन 257
अंचल *m* 315
अचारित *m* 159
अज़रबैजान *m* 318
अजवायन *f* 133
अंजीर *m* 129
अटारी *f* 58
अटैचमेंट 177
अठारह *m* 308
अठारहवां *m* 309
अंडकोश *m* 21
अंडग्रंथि *f* 21
अंडरवायर्ड 35
अंडा *m* 20
अंडाकार 164
अंडाशय *m* 20
अडुकी बीन 131
अंडे *m* 137
अंडे का कप *m* 65, 137
अंडे की भुर्जी *f* 157
अंतःप्रकोष्ठिका *f* 17
अंतर नगरीय रेलगाड़ी *f* 209
अंतरराष्ट्रीय उड़ान *f* 212
अंतराल *m* 254
अंतरिक्ष *m* 280
अंतरिक्ष अन्वेषण 281
अंतरिक्ष केंद्र *m* 281
अंतरिक्ष यान *m* 281
अंतरिक्ष यात्री *m* 281
अंतरिक्ष सूट *m* 281
अंतर्निर्मित अलमारी *f* 71
अतलांतिक महासागर *m* 312
अंतः वस्त्र *m* 32
अंतः संचार *m* 59
अतिरिक्त टायर *m* 203
अतिरिक्त तार *m* 78
अतिरिक्त भाग *m* 58
अतिरिक्त समय *m* 223
अतिरिक्त सामान *m* 212
अत्यधिक उद्भासित *m* 271
अंत्येष्टि *f* 26
अंतः स्राविकी 49
अंतः स्रावी 19
अदरक *m* 125, 133
अधोवस्त्र *m* 35, 105
अध्यक्षता करना *tr* 174
अध्ययन *m* 161
अध्ययन कक्ष *m* 168
अध्ययन सूची *f* 168
अध्यापक *m* 190
अध्यापिका *f* 162
अध्याय *m* 163
अनाज *m* 107, 130
अनाज एवं दालें 130
अनामिका *f* 15
अनार *m* 128
अनिद्रा *f* 71
अनिर्णित मैच *m* 223
अनुकूल स्थिति 230
अनुमानित तस्वीर *f* 181
अनुर्वर *m* 20
अनुसंधान *m* 169
अन्डोरा *m* 316
अन्य कलाएं *f* 275
अन्य खेलकूद *m* 248
अन्य जहाज़ *m* 215
अन्य दुकानें *f* 114
अनन्नास *m* 128
अनन्नास का जूस *m* 149
अपना विशेष प्रदर्शन 234
अपराधी *m* 181
अपर्चर नियंत्रक *m* 270
अंपायर *m* 225, 229, 230
अपारदर्शी टेप *m* 83
अपार्टमेंट *m* 59
अपार्टमेंट खंड *m* 298
अपास्चरीकृत 137
अपील *f* 181
अप्रैल *m* 306
अप्सरोंगुलि 297
अफ़ग़ानिस्तान *m* 318
अफ़्रीका *m* 317
अबाबील *m* 292
अभिनेता *m* 179, 254
अभिनेत्री *f* 191, 254
अभिमुक्त 181
अभियांत्रिकी *f* 169
अभियुक्त *m* 180
अभियोग *m* 180
अभियोजन *m* 180
अभी 304
अभ्यास करना *tr* 251
अभ्रक *m* 289
अमरूद *m* 128
अमेज़ोनिया *m* 312
अमेरिकन फुटबॉल *m* 220
अयाल *m* 242, 291
अरब सागर *m* 313
अर्जित अंक *m* 273
अर्जेंटीना *m* 315
अर्थशास्त्र *m* 169
अर्थिंग *f* 60
अर्धचंद्र *m* 280
अर्ध-मलाईरहित दूध *m* 136
अर्ध मुलायम चीज़ 136
अर्धरात्रि *f* 305
अर्ध सख़्त चीज़ 136
अलगनी *f* 76
अलमारी *f* 66, 70
अलसी *f* 184
अलार्म घड़ी *f* 70
अलार्म लगाना *tr* 71
अलाव *m* 266
अलास्का *m* 314
अल्जीरिया *m* 317
अल्ट्रासाउंड *m* 52
अल्प दृष्टि 51
अल्फ़ाल्फ़ा *m* 184
अल्बानिया *m* 316
अल्यूमिनियम *m* 289
अवमृदा *f* 91
अवसादी शैल *m* 288
अवस्थाएं 23
अविकसित भ्रूण *m* 52
अवोकाडो *m* 128
अंश *m* 165
अष्टभुज *m* 121, 164, 295
अंसच्छद पेशी *f* 16
अंसपेशी *f* 16
असमान छड़ें *m* 235
अस्तबल *m* 185, 243
अस्तर *m* 32
अस्थि *f* 17
अस्थि चिकित्सा 49, 54
अस्थि चूर्ण *m* 88
अस्थिपंजर *m* 17
अस्पताल *m* 48
अस्सी *m* 308
अस्सीवां *m* 309
अहाता *m* 182
अहिपुष्प *m* 297
अस्तर *m* 83
अग्निशामक उपकरण *m* 95
अग्निशामक कर्मी *m* 95
अग्नाशय *m* 18
अश्व मार्ग *m* 263
अश्वमीन 294

आ

आइकन *m* 177
आइवरी कोस्ट 317
आइसक्रीम *f* 137, 149
आइस क्लाइम्बिंग 247
आइस बकेट 150
आइसलैंड *m* 316
आइस स्केट 224
आइस स्केटिंग 247
आइस हॉकी *f* 224
आइस हॉकी का मैदान *m* 22
आइस हॉकी खिलाड़ी *m* 224
आइसिकल 287
आइसिंग 141
आइस्ड कॉफ़ी *f* 148
आई *f* 276
आई कप *m* 269
आई ब्रो पेंसिल *f* 40
आई ब्रो ब्रश *m* 40
आई लाइनर *m* 40
आई शैडो 40
आउट 225, 228
आउट-ट्रे 172
आउट फ़ील्ड 229
आउटबोर्ड मोटर *m* 215
आउटलेट *m* 61
आउट हाउस *m* 182
आकार देना *tr* 91
आकृतियां *f* 164
आक्रमण क्षेत्र *m* 224
आंख *f* 14, 51, 244
आँखों की जांच 51
आग *f* 95
आग जलाना *tr* 266
आग जलाने का उपकरण *m* 266
आंगन *m* 58, 84
आगमन 213
आगे का पहिया *m* 196
आगे की बत्ती *m* 198
आगे झुकना 251
आगे निकालना *tr* 195
आघात *m* 46
आज *m* 306
आटा *m* 138, 139
आटे की ब्रेड *f* 139
आठ *m* 308
आठवां *m* 309
आड़ी छड़ *f* 235
आड़ू *m* 126, 128
आंतरिक अंग *m* 18
आंतरिक क्रोड़ *m* 282
आत्मरक्षा *f* 237
आत्मविश्वासी *m* 25
आदमी *m* 23
आधा घंटा *m* 304
आधार *m* 164
आधार स्तंभ *m* 187
आधा लीटर 311
आधा वक़्त 223
आधासीसी 44
आंधी *f* 286
आने वाला कल *m* 306
आपराधिक रिकॉर्ड *m* 181
आपातकाल *m* 46
आपातकालीन कक्ष *m* 48
आपातकालीन दूरभाष *m* 195
आपातकालीन निकास *m* 210
आपातकालीन रक्षा मार्ग *m* 95
आपातकालीन लीवर *m* 209
आपातकालीन सेवाएं *f* 94
आपूर्ति नली *f* 61
आप्रवाससीमा शुल्क 212
आफ़्टरसन *m* 108
आभूषण निर्माण 275
आम *m* 128
आयत *m* 164
आयतन *m* 311
आयन मंडल *m* 286
आयरन *m* 109, 233
आयरलैंड *m* 316
आयरिस 110
आयाम *m* 165
आयुर्विज्ञान *m* 169
आयुर्वेद *m* 55
आरंभ पेय *m* 153
आरंभ रेखा *f* 234
आरंभ स्थल *m* 238
आरी *f* 81, 89
आरोप *m* 94
आर्कटिक महासागर *m* 312
आर्च 85
आर्ट डेको 301
आर्ट नूवो 301
आर्ट शॉप *f* 115
आर्टिचोक 124
आर्द्र पौध *f* 87
आर्मरेस्ट 200
आर्मेनिया *m* 318
आलंबन छड़ *m* 203, 205
आलू *m* 124
आलू बुख़ारा *m* 126
आवृत्ति *f* 179
आशुलिपिक *m* 181
आंसरिंग मशीन *f* 99
आंसू *m* 51
आस्तीन *f* 34
आस्तीन रहित पोशाक *f* 34
आह भरना *itr* 25
आहरण पर्ची *f* 96
आहार नली *f* 19
आंत्रपुच्छ *m* 18
आश्चर्यचकित 25
आफ़्टर शेव 73

इ

इकतरफ़ा रास्ता *m* 298
इक्का *m* 273
इक्कीसवां *m* 309
इक्षुगंधा *m* 297
इंगलिश मस्टर्ड *m* 135
इंच *m* 310
इंच टेप *m* 80, 276
इंजन *m* 202, 204, 208, 210
इंजन कक्ष *m* 214
इज़राइल *m* 318
इंटरनेट *m* 177
इटली *m* 316
इंटीरियर 200
इटेलियन हैम 143
इंडोनेशिया *m* 318
इतिहास *m* 162
इथियोपिया *m* 317
इंद्रधनुष *m* 287
इन-ट्रे 172
इन फ़ील्ड 228
इनबॉक्स *m* 177
इनलाइन स्केटिंग 249
इनलेट 61
इनस्टॉल करना *tr* 177
इनहेलर *m* 44
इमारत *f* 299
इमारती लकड़ी *f* 187
इमल्शन 83
इराक़ *m* 318
इलाक़ा *m* 315
इलायची *f* 132
इलेक्ट्रिक गिटार *m* 258
इलेक्ट्रिक रेज़र *m* 73
इलेक्ट्रिक हुक-अप *m* 266
इल्ली *f* 295
इंसुलिन 109
इंसुलेशन 61
इस्त्री *f* 76
इस्त्री करना *tr* 76
इस्त्री का तख़्ता *m* 76
इस्पात *m* 79
इत्र *m* 41
इत्र इत्यादि 105
इक्वेडोर *m* 315
इग्नीशन 200

ई

ईंट *f* 187, 273
ईंधन टैंक *m* 204
ईंधन मापी *m* 201
ई-मेल *m* 177
ई-मेल अकाउंट *m* 177
ई-मेल पता 177
ईरान *m* 318
ईस्टर *m* 27

उ

उक़ाब *m* 292
उंगलियों की छाप *f* 94
उंगली संधि *f* 15
उच्च पर्वतीय स्कीइंग 247
उच्च स्वर *m* 256
उच्चारण करना *tr* 162
उज़्बेकिस्तान *m* 318
उठना *itr* 71
उड़ना *itr* 211
उड़ान नंबर 212
उड़ान बुक करना *tr* 212
उड़ान भरना *tr/itr* 211
उड़ेलना *tr* 67
उतरना *tr* 211
उत्कीर्णन *m* 275
उत्कृष्ट खेल *m* 233
उत्तर 163, *m* 312
उत्तर और मध्य अमेरिका *m* 314
उत्तर कोरिया *m* 318
उत्तर देना *tr* 99, 163
उत्तरी गोलार्ध *m* 283
उत्तरी ध्रुव *m* 283
उत्तरी ध्रुव क्षेत्र *m* 283
उत्तरी सागर *m* 312
उत्सव *m* 27
उत्साहित 25
उथला छोर *m* 239
उदर *m* 18
उदरीय मांसपेशियां *f* 16
उद्यान *m* 85, 90, 262
उधार *m* 168
उधार लेना *tr* 168
उधेड़ना *tr* 277
उपकरण *m* 66, 165, 233, 238, 245
उपकरण द्वारा प्रसव 53
उपकरण बक्सा *m* 244
उपग्रह *m* 281
उपग्रह डिश 269
उपग्रह मार्गदर्शन 201
उपचार *m* 109
उपजंघिका *f* 17
उपतारा *m* 51
उपद्वार *m* 281
उपनगर *m* 299
उपरि दंत *m* 50
उपल *m* 288
उपवन *m* 84
उपस्थित रहना *tr* 174
उपहारों की दुकान *f* 114
उपाधि *f* 169
उपास्थि *f* 17
उबला अंडा *m* 137, 157
उबालना *tr* 67
उबासी लेना *itr* 25
उभयचर जीव *m* 294
उद्भासन *m* 271
उरुसंधि *f* 12
उरूग्वुए *m* 315
उरोस्थि *f* 17
उर्वर *m* 20
उर्वरक *m* 91
उर्वर बनाना *tr* 91
उल्का *m* 280
उल्टा भ्रूण *m* 52
उल्टी करना *tr/itr* 44
उल्लू *m* 292
उल्व द्रव *m* 52
उष्ण कटिबंध *m* 283
उष्णदेशीय फल *m* 129
उत्प्रवास करना *itr* 26
उन्नीसवां *m* 309
उन्नीस सौ 307

ऊ

ऊंचाई *f* 165, 211
ऊंची एड़ी के जूते *m* 37
ऊँची कुर्सी *f* 75
ऊंची कूद *f* 235
ऊंची डाइव *f* 239
ऊंट *m* 272, 291
ऊदबिलाव *m* 290
ऊन *m* 277
ऊनी चादर *f* 74
ऊपर उठना *tr* 139
ऊपरी चक्र *m* 141
ऊपरी दीर्घा *f* 254
ऊपरी परत *f* 83
ऊपरी मिट्टी *f* 85
ऊपरी लॉकर *m* 210
ऊपरी वस्त्र *m* 83
ऊब *f* 25
ऊबड़-खाबड़ *m* 232
ऊर्जा *f* 60
ऊष्मक *m* 53

ऋ

ऋण *m* 96
ऋतुएं *f* 307

ए

एक *m* 308
एक अरब 309
एक जगह जॉग करना *tr* 251
एक दिशा मार्ग *m* 194
एकपटरी रेलगाड़ी *f* 208
एक प्रकार का इटेलियन चीज़ 142
एक प्रकार का कंद *m* 124
एक प्रकार का फ्रेंच चीज़ 142
एक प्रकार का समुद्री जीव 121
एकल 230
एकल घर *m* 58
एक लाख 309
एक शॉट 151
एक हज़ार 309
एकाइडो 236
एक्ज़ीक्यूटिव 174
एक्यूपंक्चर *m* 55
एक्यूप्रेशर *m* 55
एक्लेयर 140
एक्वेटोरियल गिनी 317
एक्स-रे *m* 48
एक्सरे देखने का बोर्ड 45
एक्सरे फ़िल्म *f* 50
एक्स-रे मशीन *f* 212
एटीएम *m* 97
एंटीगुआ और बारबुडा *m* 314
एंटी फ्रीज़ 199
एडाम चीज़ 142
एड़ी *f* 13, 15, 37
एथलीट *m* 234
एथलेटिक्स 234
एनडाइव पत्ती *f* 123
एनालॉग 179
एपिड्यूरल 52
एप्रन *m* 30, 50, 69 212
एप्लीकेशन *m* 176
एंबुलेंस *m* 94
एम डी एफ़ 79
एम्पियर *m* 60
एयर बैग *m* 201
एरिट्रिया 317
एलर्जी *f* 44
एलर्जी रोधक *m* 41
एल सेल्वाडोर *m* 314
एशिया *m* 318
एस एम एस 99
एस एल आर कैमरा *m* 270
एस्टोनिया 316
एस्प्रैसो 148
एम्बॉस्ड पेपर *m* 83

ऐ

ऐक्रेलिक रंग *m* 274
ऐक्सीलरेटर *m* 200
ऐंडीज़ 312
ऐतिहासिक इमारत *f* 261
ऐनिमेटेड फ़िल्म *f* 255
ऐम्प्लीफ़ायर *m* 268
ऐलन चाबी *f* 80
ऐशट्रे *f* 150

ऑ

ऑक्सीजन सिलेंडर *m* 239
ऑन लाइन 177
ऑपरेशन प्रसव *m* 52
ऑपेरा *m* 255
ऑफ़ साइड 223
ऑमलेट *m* 158
ऑरकिड *m* 111
ऑरिगानो 133
ऑरिगेमी 275
ऑर्केस्ट्रा *m* 254
ऑर्केस्ट्रा स्थल *m* 254
ऑर्डर देना *tr* 153
ऑल्टरनेटिंग करंट *m* 60
ऑस्ट्रिया *m* 316
ऑस्ट्रेलिया *m* 319
ऑस्ट्रेलेशिया 319
ऑप्टिक 150

ओ

ओज़ोन परत *f* 286
ओबसिडियन 288
ओबो 257
ओमान *m* 318
ओले *m* 286
ओवन *m* 66
ओवन के दस्ताने *m* 69
ओवन रोधी *m* 69
ओवर ड्राफ़्ट *m* 96
ओवर फ़्लो पाइप *m* 61

औ

औज़ार *m* 187
औज़ार पेटी *f* 80, 186
औज़ार रैक *m* 78
औद्योगिक क्षेत्र *m* 299
औपचारिक वस्त्र *m* 34
औरत *f* 23
औषधकारक *m* 189
औषध वितरक *m* 108
औषधि *f* 133
औषधि उद्यान *m* 84
औषधि एवं मसाले 132
औषधीय चाय *f* 149
औंस *m* 310
औसत खेलनिम्न खेल *m* 233

क

कक्ष *m* 48
कक्षा *f* 162, 280
कंक्रीट ब्लॉक *m* 187
कंगारू *m* 291
कंघा *m* 38
कंघी करना *tr* 38
कचालू *m* 124
कच्चा *m* 124, 129
कच्चा कोयला *m* 266
कच्चा मांस *m* 142
कछुआ *m* 293
कज़ाकिस्तान *m* 318
कटना 46
कटर *m* 89
कटल फ़िश 121
कटाई-छंटाई 87
कटाई मशीन *f* 182
कटिपरक कशेरुकाएं *f* 17
कटिपरक क्षेत्र *m* 13
कटिबंध *m* 283
कन्नी *f* 187
कंटेनर *m* 311
कटोरा *m* 65
कंट्री म्यूज़िक *m* 259
कंट्रोलर *m* 269
कंठ *m* 19
कठफोड़वा *m* 292
कंठमणि *f* 19
कठोर लकड़ी *f* 79
कंठच्छद *m* 19
कंडरा *m* 17
कड़वा *m* 124
कड़ा परिश्रम *m* 230
कड़ाही *f* 69
कंडिशनर *m* 38
कड़ी *f* 36
कड़ी/शहतीर *f* 186
कंडेंस्ड मिल्क *m* 136

कंडोम *m* 21
कढ़ाई *f* 277
क़तर *m* 318
कतरने का औज़ार *m* 88
क़तला *m* 119, 121
क़तले किया हुआ 121
क़तार *f* 210, 254
कद्दू *m* 125
कद्दूकस *m* 68
कद्दूकस किया चीज़ *m* 136
कद्दू के बीज *m* 131
कंधा *m* 13
कनखजूरा *m* 295
कनपटी *f* 14
कनपेड़ा *m* 44
कनाडा *m* 314
कनिष्ठिका *f* 15
कन्फेक्शनर *m* 113
कन्फेक्शनरी *f* 113
कन्वर्टिबल 199
कपड़ा *m* 276, 277
कपड़ा दबाने वाला 276
कपड़े का कंडिशनर *m* 76
कपड़े धोने की मशीन *f* 76
कपड़े निचोड़ना *tr* 76
कपड़े निचोड़ने वाला 76
कपड़ेबदलने की गद्दी *f* 74
कपड़े मशीन में डालना *tr* 76
कपड़ों की टोकरी *f* 76
कंपनी *f* 175
कपाट *m* 58
कपाल *m* 17
कपास *m* 184
कंपास *m* 240
कपूर का पत्ता *m* 133
कप्तान *m* 214
कंप्यूटर *m* 176
कफ़ *m* 32
कफ़लिंक 36
कंबल *m* 71, 74
कबाब *m* 155, 158
कंबु *m* 295
कबूतर *m* 292
कंबोडिया *m* 318
क़ब्ज़कुशा 109
कम उद्भासित 271
कम तेल में पका 159
कम तेल में भुना 158
कमपारी 145
कमर *f* 12
कमर का मांस *m* 119
कमरख 128
कमरबंद *m* 35
कमरा *m* 58
कमरा नंबर *m* 100
कमरे *m* 100
कमरे की चाबी *f* 100
क़मीज़ *f* 33,34
कर *m* 96
करघा *m* 277
कराटे *m* 236
कर्क रेखा *f* 283
कर्ण 164 *m*
कर्णिका *f* 297
कर्त्तन दांत *m* 50
कर्मचारी *m* 24
कर्मचारी वर्ग *m* 175
कर्मीदल *m* 241
कर्लिंग खेल *m* 247
कर्लिंग चिमटा *m* 38
कर्ष नौका *f* 215
क़लईदार 79
कलछी *f* 68
क़लम *f* 297
क़लम बांधना *tr* 91
कला *f* 162
कलाई *f* 13, 15
कलाई पट्टी *f* 45
कला और शिल्प 274, 276
कला का इतिहास *m* 169
कला दीर्घा *f* 261
कलाबाज़ी 235
कला महाविद्यालय *m* 169
कली *f* 111, 125, 297
कलेजी *f* 118
कवच *m* 293
कवर *m* 51
कसनी *f* 37
क़साई *m* 118, 188
क़साई की दुकान *f* 114
कसावा *m* 124
कंसीलर *m* 40
कस्टर्ड *m* 140
काउंटर *m* 96, 98,
100, 142
काकातू तोता *m* 293
कांच *m* 69
कांच की छड़ *f* 167
कांच की बोतल *f* 166
कांच के गिलास *m* 65
काज *m* 32
काजू *m* 129, 151
काटना *tr* 67, 79, 91, 277
कांटा *m* 65, 244
कांटा *m* औज़ार 88
काटा हुआ 46
कांटे *m* 121
कान *m* 14
कान, नाक एवं गला चिकित्सा
49
क़ानून *m* 169, 180
कानूनी विभाग *m* 175
क़ानूनी सलाह 180
काबुली चने *m* 131
काम करने की मेज़ *f* 78
कार *f* 198, 200, 202
कार की छत *f* 202
कारखाना *m* 299
कार दुर्घटना 203
कार धुलाई 199
कार पार्क *m* 298
कारोबारी साझेदार *m* 24
कार्गो *m* 216
कार्टन *m* 311
कार्टून *m* 178
कार्ड *m* 27
कार्ड डालने की जगह 97
कार्डिगन *m* 32
कार्तिक शहद *m* 134
कार्निवल *m* 27
कार्नेशन 110
कार्मिक विभाग *m* 175
कार्य *m* 171
कार्यक्रम *m* 254, 269
कार्यदिवस *m* 306
कार्यवृत्त *m* 174
कार्यसूची *f* 174
कार्यशाला *f* 78
कार्यालय *m* 24, 172, 174
कार्यालय खंड *m* 298
कार्यालयी उपकरण *m* 172
कार्यालयी वस्तुएं *f* 173
काला *m* 39, 272, 274
काला ज़ैतून *m* 143
काला पत्थर 288
काला-भूरा *m* 39
काला सागर *m* 313
काली *f* 41
काली चाय *f* 149
कालीन *m* 71
काली मसूर *f* 131
काली मिर्च *f* 64, 132, 152
काष्ठ वाद्य यंत्र *m* 257
कांस्य *m* 235
कॉर्डलेस ड्रिल 78
काष्ठ-कला *f* 275
किक *f* 237, 239
किक बॉक्सिंग 236
किक मारना *tr* 221, 223
किकस्टैंड *m* 207
किटाणुनाशक रसद्रव्य *m* 51
किताबों की अलमारी *f* 63
किताबों की दुकान *f* 115
किनारा *m* 139, 246, 284
किनारी *f* 34
किनोया *m* 130
किपर्स *m* 157
किराए की कार *f* 213
किराएदार *m* 58
किराए पर लेना *tr* 58
किराना वस्तुएं *f* 106
किराया *m* 58, 197, 209
किर्गिस्तान *m* 318
क़िला *m* 300
किलोग्राम 310
किलोमीटर 310
किशमिश *f* 129
किशोरी *f* 23
किसान *m* 182, 189
की 176
कीटनाशक *m* 89, 183
कीटाणुनाशक 47
कीटाणुनाशक पट्टी *f* 47
कीन्स *m* 128
कीप *m* 166
की-पैड *m* 99
की बोर्ड *m* 258
क़ीमती पत्थर *m* 36
क़ीमा *m* 119
कील *f* 80
कीलक *m* 166
कीला *m* 50
कीलों वाले जूते *m* 233
कीवी *m* 128
कुकरौंधा *m* 297
कुंजी पटल *m* 97, 176
कुटा 132
कुटीर उद्यान *m* 84
कुठाली *f* 166
कुंडा *m* 59
कुतुबनुमा *m* 312
कुत्ता *m* 290
कुदाल *m* 187
कुमारी *f* 23
कुम्मकाट *m* 126
कुम्हार कर्म *m* 275
कुरकुरा *m* 127
कुरकुरा नमकीन 151
कुरकुरी ब्रेड *f* 139, 156
कुरेदनी *f* 89
कुर्सी *f* 63, 64
कुल्हाड़ी *f* 95
कुवैत *m* 318
कुश्ती *f* 236
कूंग-फू *m* 236
कूड़ा खींचने की नली *f* 77
कूड़ा निकास इकाई 61
कूड़े का निपटान 61
कूड़े का पंजा *m* 77
कूड़ेदान *m* 61, 67, 266
कूद *f* 243
कूदना *tr/itr* 227, 237
कूबड़ *m* 291
कूरियर *m* 99
कूलिंग रैक *m* 69
कूलेंट डिब्बा *m* 202
कूल्हा *m* 12
कृतिम मक्खन *m* 137
कृपया मोड़ें नही *tr* 98
कृमि *f* 295
कृषि भूमि *f* 182
कृत्रिम 31
कृत्रिम तालाब *m* 263
कृत्रिम प्रसव कराना *tr* 53
कृत्रिम मक्खी *f* 244
कृत्रिम श्वस 47
केक *m* 140
केक और मिष्टान्न *m* 140
केक की दुकान *f* 114
केकड़ा *m* 121, 295
केक बनाना 69
केक बनाने का सांचा *m* 69
केतली *f* 65, 66
केंद्र *m* 164
केंद्रित करना *tr* 271
केंद्रीय आरक्षण 194
केंद्रीय घेरा 222, 224, 226
केनडो *m* 236
केन्या *m* 317
केपोइरा 237
केप्यूचीनो 148
केबल *f* 79
केबल कार *f* 246
केबल टेलीविज़न *m* 269
केबिंदा 317
केबिन *f* 210
केम बेल्ट *f* 203
केल पत्ती *f* 123
केला *m* 128
केश प्रसाधक *m* 188
केश सज्जा *f* 39
केसर *m* 132
कैक्टस *m* 87
कैचर *m* 229
क़ैंची *f* 38, 47,82, 276
कैंडी *f* 113
कैन *m* 145, 311
कैन ओपनर *m* 68
कैनवस *m* 274
कैप *f* 21
कैपर्स 143
कैप्सूल *m* 109
कैफ़े *m* 148, 262
कैबिन *f* 214
कैमरा *m* 178, 260
कैमरा केस *m* 271
कैमरा क्रेन *m* 178
कैमराफ़ोन *m* 270
कैमरामैन *m* 178
कैमरून *m* 317
कैमरे की दुकान *f*115
कैमरे के प्रकार 270
कैरामल *m* 113
कैरियर *m* 198
कैरेबियन सागर *m* 312
कैलिनिनग्राड *m* 316
कैलेंडर *m* 306
कैल्शियम *m* 109
कैल्साइट *m* 289
कैलक्युलेटर *m* 165
कैंसर विज्ञान *m* 49
कैसरोल *m* 69
कैसेट टेपकैसेट प्लेयर *m* 269
कैस्पियन सागर *m* 313
कॉकटेल *m* 151
कॉकटेल शेकर *m* 150
कॉकल सीपी *f* 121
कॉड मछली *f* 120
कॉर्डलेस फ़ोन *m* 99
कॉनसर्टीना फ़ाइल *f* 173
कॉन्गो *m* 317
कॉन्गो लोकतांत्रिक गणराज्य
317
कॉन्टेक्ट लेंस *m* 51
कॉन्सर्ट *m* 255, 258
कॉन्सोल *m* 269
कॉपर-टी *m* 21
कॉपी *f* 163, 172
कॉफ़ी *f* 144, 148, 148,
153, 156, 184
कॉफ़ी का प्याला *m* 65
कॉफ़ी की केतली *f* 65
कॉफ़ी के बीज *m* 144
कॉफ़ी टेबल *m* 62
कॉफ़ी मशीन *f* 148

कॉफ़ी मशीन *f* 150
कॉफ़ी मिल्कशेक *m* 149
कॉमिडी *f* 255
कॉम्पैक्ट डिस्क *f* 269
कॉरसिका 316
कॉर्कस्क्रू *m* 150
कॉर्नर *m* 223
कॉर्नर-झंडा *m* 223
कॉर्निस *m* 300
कॉल बटन *m* 48
कॉलर *m* 32
कॉलोनी *f* 315
कोआला *m* 291
कोइ कार्प 294
कोको पाउडर *m* 148
कोट *m* 32
कोट का हैंगर *m* 70
कोण *m* 164
कोणमापक/डी *m* 165
कोन *m* 187
कोफ़्ते *m* 158
कोमल सुर *m* 256
कोमोरॉस *m* 317
कोयला *m* 288
कोयला बत्ती *f* 275
कोया *m* 295
कोर्निया *m* 51
कोलम्बिया *m* 315
कोला *m* 144
कोलाज *m* 275
कोल्ड-प्रैस्ड तेल *m* 135
कोष्ठ *m* 100
कोसोवो *m* 316
कोस्टर *m* 150
कोस्टा रीका *m* 314
कोहनी *f* 13
कोहरा *m* 287
कौआ *m* 292
क्यारी *f* 85, 90
क्यूबा *m* 314
क्रिकेट *m* 225
क्रिकेट खिलाड़ी *m* 225
क्रिकेट गेंद *f* 225
क्रियाएं *f* 229
क्रिसमस *m* 27
क्रिस्टल चिकित्सा *f* 55
क्रिस्पर *m* 67
क्रिस्प्स 113
क्रीज़ *f* 225
क्रीड़ा नौका *f* 215, 240
क्रीम *f* 73, 109, 137, 140, 157
क्रीम कैरामल *m* 141
क्रीम चीज़ *m* 136
क्रीम पाई *f* 141
क्रीम पेस्ट्री *f* 140
क्रीम रहित दूध *m* 136
क्रेडिट कार्ड *m* 96
क्रेन *m* 186, 187, 216, 216
क्रेफ़िश 121
क्रैनबेरी 127
क्रॉप *f* 39
क्रॉस-कंट्री स्कीइंग 247
क्रॉस ट्रेनर *m* 250
क्रॉस बल्ले का खेल *m* 249
क्रॉसबार *m* 207, 222
क्रोएशिया *m* 316
क्रोशिया *m* 277
क्रोशिया हुक *m* 277
क्रोंसां बन *m* 156
क्लच *m* 200, 204
क्लब सैंडविच *m* 155
क्लब हाउस *m* 232
क्लिप बोर्ड *m* 173
क्लीज़र *m* 41
क्लैपर बोर्ड *m* 179
क्लैरिनेट 257
क्वार्ट *m* 311
क्वार्टर डेक *m* 214
क्षमता *f* 311
क्षेत्र 299, *m* 310, 315
क्षेत्रफल *m* 165

ख

खंग मीन 120, 294
खंगालना *tr* 76
खगोल विज्ञान *m* 281
ख़ज़ांची *m* 106
ख़ज़ांची *m* 96
खजूर *m* 129
खटोला *m* 74
खट्टा *m* 126, 127
खट्टी क्रीम *f* 137
खट्टे फल *m* 126
खड़ंजा *m* 85
खड़िया *f* 85, 288
खड़ी चट्टान *f* 285
खतरा 195
खत्ती *f* 183
खदकना *tr/itr* 67
खनिज *m* 289
खनिज लावा *m* 283
खपच्ची *f* 46
खपची *f* 47
खंभा *m* 298, 300
खमीर *m* 138
खमीरी ब्रेड *m* 139
ख़रगोश *m* 118, 290
खरपतवार नाशक *m* 91
खरबूज़ *m* 127
खरल *m* 68, 16
खरादना *tr* 79
ख़राश की दवा *f* 109
ख़रीदारी 103
ख़रीदारी का थैला *m* 106
ख़रीदारी केंद्र *m* 104
खरोंच *f* 46
खर्राटे लेना *itr* 71
खलिहान *m* 182
खसखस *f* 130, 138
खसरा *m* 44
खाई *f* 300
ख़ाका *m* 275, 276
खाज *f* 44
खाता संख्या *f* 96
खाद *f* 88
खाद का ढेर *m* 85
खाद डालना *itr* 90
खाद्य पदार्थ *m* 117, 149
खाद्यान्न *m* 130
खाना *tr* 64, 75
ख़ाना *m* 67, 272
खाना पकाना *tr* 67
खाना बनाने की जगह 66
ख़ाने *m* 66
खाल *f* 119
खाल रहित 121
खांसी *f* 44
खांसी की दवाई *f* 108
खिड़की *f* 58, 96, 98, 186, 197, 209, 210
खिलाड़ियों का दल *m* 221
खिलाड़ी *m* 191, 221, 231, 273
खिलाड़ी को रोकना 230
खिलौना *m* 75
खिलौने *m* 105
खिलौने की टोकरी *f* 75
खीर *f* 140
खीरा *m* 125
खुबानी *m* 126
खुर *m* 242, 291
खुरचना *tr* 77, 82
खुरचनी *f* 82
खुरदरा *m* 271
खुरदरा स्टेंसिल *m* 83
खुरपा *m* 88
खुरपी *f* 89, 265
ख़ुराक *f* 109
खुला 260
खुला कैफ़े *m* 148
खुला सैंडविच *m* 155
खुली चाय पत्ती *f* 144
खुली छत *f* 260
खुश 25
ख़ुशबूदार 130
खूंटा *m* 90, 266
खूंटा ठोकना *tr* 90
खूंटी *f* 258
खूंटी से बांधना *tr* 91
ख़ून की जांच 48
खेत *m* 182, 184
खेती करना *tr* 91
खेती योग्य भूमि *f* 183
खेतों के कामकाज *m* 183
खेतों के प्रकार 183
खेल *m* 230, 272, 273
खेल आरंभ करना *tr* 233
खेल का मैदान *m* 168, 243, 263
खेलकूद *f* 219
खेल घर *m* 75
खेलना *itr* 75, 229, 273
खेल प्रतियोगिता *f* 233
खेल बाड़ा *m* 75
खेल रेखा *f* 233
खोजना *tr* 177
खोदना *tr* 90
ख़ोल *f* 129

ग

गगनचुंबी इमारत *f* 299, 300
गज़ *m* 310
गंजा *m* 39
गटर *m* 58
गणित *m* 162, 164
गंतव्य स्थान *m* 213
गति नियंत्रक *m* 204
गतिमापक *m* 204
गतिविधियां *f* 77, 162, 227, 233, 245, 263
गति सीमा *f* 195
गत्ता *m* 275
गंदी दरी *f* 83
गंदे कपड़े *m* 76
गंदे कपड़ों की टोकरी *f* 76
गद्दा *m* 70, 267
गद्दी *f* 62, 206
गद्दे का स्प्रिंग *m* 71
गंधक *f* 289
गधा *m* 185
गमला *m* 89
गमले का पौधा *m* 110
गमले के पौधे *m* 87
गमले में डालना *tr* 91
गर्म पानी की थैली *f* 70
गरज 286
गर्डर 186
गर्दन का पट्टा *m* 46
गर्भद्वार *m* 20
गर्भधारण करना 20
गर्भनाल *m* 52
गर्भनिरोध *m* 21
गर्भ निरोधक गोलियां *f* 21
गर्भपात *m* 52
गर्भवती *m* 52
गर्भाधान *m* 52
गर्भावस्था *f* 52
गर्भावस्था जांच 52
गर्भाशय *m* 20, 52
गर्भाशय द्वार *m* 52
गर्म 286
गर्म कपड़े *m* 267
गर्म करने की धातु *f* 61
गर्म कोट *m* 31
गर्म जलस्रोत *m* 285
गर्म पजामी *f* 31
गर्म पानी का नल *m* 72
गर्म पेय *m* 144
गर्म सूट *m* 30
गर्म हवा का गुब्बारा *m* 211
गर्मी *f* 31
गर्वित 25
ग़लत प्रहार *m* 230
ग़लत शॉट *m* 230
गलफड़े *m* 294
गलही *f* 240
गला *m* 12, 19
गलियारा *m* 59, 106, 168, 210
गली *f* 298, 299
गली का नुक्कड़ *m* 298
गले की मोच *f* 46
गवाक्ष *m* 214
गवाह *m* 180
गहन चिकित्सा कक्ष *m* 48
गहराई *f* 165
गहरा छोर *m* 239
गहरे समुद्र में मछली पकड़ना 245
गाउन *m* 34
गाजर *f* 124
गांठ गोभी *f* 123
गाड़ी *f* 95, 266
गाड़ी चलाना *tr* 195
गाढ़ी क्रीम *f* 137
गाद *f* 85
गाना *m* 259
गाय *f* 185
गाय का दूध *m* 136
गायन स्थल *m* 301
गायिका *f* 191
गारा *m* 187
गाल *m* 14
गाल का गड्ढा *m* 15
गालापागोस द्वीप समूह *m* 315
गांव *m* 299
गिटार वादक *m* 258
गिनना *tr* 165
गिनी *f* 317
गिनीबिस्साऊ 317
गिफ़्ट पेपर *m* 111
गिरजाघर *m* 300
गिरना 237
गिरफ़्तार 94
गिराना 237
गिरी *f* 122, 129, 130
गिरी की चॉकलेट *f* 113
गिलहरी *f* 290
गिलाफ़ *m* 71
गिलास *m* 65, 150, 152
गीत *m* 259
गीला *m* 286
गुआर की फली *f* 122
गुच्छा *m* 111
गुच्छी *f* 125
गुठलीदार फल *m* 126
गुड़िया *f* 75
गुड़िया घर *m* 75
गुणा करना *tr* 165
गुदना *m* 41
गुदा 21
गुनगुना *m* 286
गुना 165
गुफ़ा *f* 284
गुम्बद *m* 300
गुयाना *m* 315
गुरुत्व *m* 280
गुर्दा *m* 18, 119
गुलदस्ता *m* 35, 111
गुलदाऊदी 110

गुलदान *m* 62
गुलाब *m* 110
गुलाबी 145, 274
गुलाम *m* 273
गुलूबंद *m* 36
गुस्सा *m* 25
गुह्यवर्ति *f* 109
गूदा *m* 124, 127
गूंधना *tr* 138
गृहकार्य *m* 163
गृह साज-सज्जा *f* 105
गृह सज्जा *f* 82
गेट *m* 85
गेटिस *f* 35
गेंद *f* 75, 228, 230
गेंद धकेलना *tr* 222
गेंद पकड़ना 229
गेंद पर प्रहार करना *tr* 233
गेंद फेंकना *tr* 229
गेंदबाज़ *m* 225
गेंदबाज़ी करना *tr* 225
गेंद से ज़मीन छूना 220
गेम शो *m* 178
गेयर *m* 201, 206
गेयर बक्सा *m* 202, 204
गेयर बदलना *tr* 207
गेयर लीवर *m* 207
गेहूं *m* 184, 130
गेहूं का आटा *m* 138
गैंडा *m* 291
गैंबिया 317
गैबोन 317
गैरेज *m* 58, 199
गैलन *m* 311
गैस बर्नर *m* 61
गैस्केट *m* 61
गॉज़ 47
गॉथिक 301
गोटी *f* 272
गोताख़ोर *m* 238
गोंद *m* 275
गोंद गन *m* 78
गोदी *f* 216
गो मांस *m* 118
गोरिल्ला *m* 291
गोरी *f* 41
गोरैया *f* 292
गोल *m* 221, 222, 223, 224
गोल आरी *f* 78
गोल का क्षेत्र *m* 221
गोलकीपर *m* 222, 224
गोल क्षेत्र *m* 223
गोल गला *m* 33
गोल चक्कर *m* 195
गोल दाग़ना *tr* 223
गोल पोस्ट 220, 222
गोल मारना *tr* 227
गोल रोकना *tr/itr* 223
गोल लाइन *f* 220, 224
गोल सीमा *f* 223
गोला *m* 164
गोला फेंक 234
गोलियां *f* 109
गोल्फ़ *m* 232
गोल्फ़ के जूते *m* 233
गोल्फ़ कोर्स *m* 232
गोल्फ़ क्लब *m* 233
गोल्फ़ खिलाड़ी *m* 232
गोल्फ़ ट्रॉली *f* 233
गोल्फ़ बैग *m* 233
गोल्फ़ बॉल *m* 233
गोल्फ़ सहायक 233 *m*
गोह *f* 293
ग्यारह *m* 308
ग्यारहवां *m* 309
ग्रंथि *f* 19
ग्रह *m* 280, 282
ग्रहण *m* 280
ग्रहिका *f* 280
ग्राउंड कवर *m* 87
ग्राटिन डिश *f* 69
ग्राम *m* 310
ग्राहक *m* 38, 96, 104, 106, 152, 175
ग्राहक सेवाएं 104
ग्राहक सेवा विभाग *m* 175
ग्रिल *f* 267
ग्रिल पैन *m* 69
ग्रीन 232
ग्रीनलैंड *m* 314
ग्रीवा कशेरुकाएं *f* 17
ग्रीवासंधि *f* 13
ग्रीष्म *m* 307
ग्रीस *f* 316
ग्रेनाइट *m* 288
ग्रेनाडा *m* 314
ग्रेफ़ाइट 289
ग्लाइडर *m* 211, 248
ग्लाइडिंग 248
ग्लेडियोलस 110
ग्वाटेमाला *m* 314
गट्ठा *m* 184
गद्दा *m* 74
गन्ना *m* 184

घ

घटा 165
घंटा *m* 257, 304
घटाना *tr* 165
घंटी *f* 197
घंटे की सुई *f* 304
घड़ियाल *m* 293
घड़ी *f* 36, 304
घन *m* 164
घनाकृतियां *f* 164
घबराया *m* 25
घर *m* 57
घरेलू उड़ानसंयोजन 212
घरेलू उपकरण *m* 60
घरेलू कार्य कक्ष *m* 76
घरेलू मनोरंजन 268
घरेलू वस्तुएं *f* 107
घाटी *f* 284
घाना *m* 317
घाव *m* 46
घास *f* 87, 262
घास काटना *tr* 90
घास काटने की मशीन *f* 88, 90
घास का थैला *m* 88
घास का मैदान *m* 285
घास-पात *f* 86
घास-पात से ढकना *tr* 91
घास बिछाना *tr* 90
घिसना *tr* 67, 77
घिसाई करना *tr* 82
घुंघराले 39
घुटना *m* 12
घुटने तक लंबी 34
घुड़दौड़ *f* 243
घुड़नाल *f* 242
घुड़सवार *m* 242
घुड़सवारी *f* 242, 263
घुड़सवारी के जूते *m* 242
घुड़सवारी खेल *m* 243
घुमाऊ कुर्सी *f* 172
घुमावदार कांटा *m* 68
घुलनशील 109
घेरे से बाहर 226
घोंघा *m* 295
घोड़ा *m* 185, 242, 272
घोड़ा गाड़ी दौड़ *f* 243
घोड़ा सधाना 243
घोड़े की तंग 242
घोड़े की मंद चाल 243
घोड़ों का बाड़ा *m* 243
घोमरा *m* 292

च

चकमक *m* 288
चकोतरा *m* 126
चक्का *m* 78
चक्का फेंक *m* 234
चक्रदंत *m* 207
चक्रवात *m* 287
चटख़नी *f* 59
चटनी *f* 135, 143
चटनी, सॉस इत्यादि 135
चटाई *f* 54, 235
चट्टान *f* 284
चट्टानी पर्वतमाला *f* 312
चड्डी *f* 33
चढ़ना *itr* 217
चतुः शिरस्क 16
चंद्रकांत मणि *m* 288
चंद्रयान *m* 281
चपटी ब्रेड 139
चप्पल *f* 31, 37
चप्पू *m* 241
चप्पू वाली नाव *f* 214
चबूतरा *m* 85
चमक आना *tr* 139
चमकाना *tr* 77
चमगादड़ *m* 290
चमचा *m* 68
चमड़े के जूते *m* 32, 37
चम्मच 65
चरखी *f* 214, 245
चरण *m* 237
चरना *tr* 183
चरपरा *m* 145
चरागाह *m* 182, 285
चर्च *m* 299
चल पट्टी *f* 106
चलाना *tr* 67
चश्मा *m* 51, 238, 247
चाक *m* 275
चाकू *m* 68, 80, 167
चाकू/छुरी तेज़ करने के उपकरण 118
चाकू तेज करने वाला 68
चाड 317
चांद *m* 280
चादर *f* 71, 74
चादर तकिया आदि *f* 105
चादर व तकिया गिलाफ़ आदि 71
चांदी *f* 289
चाप 15, 164
चांप 155
चापड़ *f* 68
चाबी *f* 59, 207
चाबुक 242
चाय *f* 144, 149, 156, 184
चाय का प्याला *m* 65
चार-दरवाज़ा *m* 200
चार सौ *m* 308
चारा *m* 244
चारा खाना *tr* 245
चारा लगाना *tr* 245
चार्ट *m* 48
चाल *f* 243, 273
चालक *m* 196
चालक कक्ष *m* 208, 210, 215
चालक यंत्र *m* 211, 214
चालक सीट *f* 196
चालीस *m* 308
चालीस मिनट *m* 304
चालीसवां *m* 309
चालू खाता *m* 96
चालू पटरी *f* 209
चावल *m* 130, 158
चिकन नगेट्स *m* 155
चिकन बर्गर *m* 155
चिकना 271
चिकनी मिट्टी *f* 275
चिकित्सक *m* 45, 55, 189
चिकित्सालय *m* 48
चिकोरी *f* 122
चिड़िया *f* 231
चिड़ियाघर *m* 262
चिड़ी *f* 273
चितरा राजमा *m* 131
चितित 25
चिपकने वाला टेप *m* 47
चिप बोर्ड *m* 79
चिप शॉट लेना *tr* 233
चिमटा 150, *m* 207
चिमटियां *f* 89
चिमटी *f* 40, 47, 53, 76
चिमनी *f* 58, 66, 214
चिराबेल 296
चिलगोज़ा *m* 129
चिली *m* 315
चिल्लाना *itr* 25
चित्र *m* 63, 274
चित्रकथा *f* 112
चित्रकार *m* 191, 274
चित्रकारी *f* 274
चित्रखंड पहेली *f* 273
चित्र बनाना *tr* 162
चित्र वल्लरी *f* 301
चित्राधार *m* 174, 274
चीज़ *m* 136, 156
चींटी *f* 295
चीड़ *m* 296
चीन *m* 318
चीनी मिट्टी के बर्तन *m* 64, 105
चीरना *tr* 79
चुकंदर *m* 125
चुनना/तोड़ना *tr* 91
चुंबक *m* 167
चुल आरा *m* 81
चूज़ा *m* 185
चूना पत्थर *m* 288
चूहा *m* 290
चेक *m* 96
चेक-इन डेस्क *m* 213
चेक इन *tr* 212
चेक गणराज्य *m* 316
चेक बुक *f* 96
चेंजिंग रूम *m* 104
चेडर चीज़ 142
चेन *f* 36, 206
चेयरलिफ़्ट *f* 246
चेरी *f* 126
चेलो 256
चेसिस 203
चेस्टनट *m* 129
चेस्ट प्रेस *m* 251
चेहरा *m* 14
चैनल *m* 178
चैनल बदलना *tr* 269
चैनल सेट करना *tr* 179
चैम्पियनशिप 230
चैम्बर *m* 283
चॉकलेट *m* 113
चॉकलेट की पट्टी *f* 113
चॉकलेट केक *m* 140
चॉकलेट चिप बिस्कुट *m* 141
चॉकलेट परत *f* 140
चॉकलेट बॉक्स *m* 113
चॉकलेट मिल्कशेक *m* 149
चॉकलेट स्प्रैड *m* 135
चॉप *m* 119
चोकर *m* 130
चोंगा *m* 169
चोंच *f* 293
चोट *f* 46

चोटी *f* 39
चोर घंटी *f* 58
चोरी *f* 94
चोली *f* 35
चौक *m* 299
चौखट *f* 186
चौड़ाई *f* 165
चौड़ी एड़ी के चप्पल 37
चौड़ी सीढ़ी *f* 59
चौथा *m* 309
चौदह *m* 308
चौदहवां *m* 309
चौराहा *m* 298
च्यूइंग गम *m* 113

छ

छज्जा *m* 58
छंटाई यूनिट *f* 61
छठा *m* 309
छड़ *f* 235, 250
छड़ी *f* 256
छत *f* 58, 62, 203
छत बग़ीची *f* 84
छतरी *f* 75
छत वाला *m* 58
छपाई *f* 275
छलना *m* 68
छलनी *m* 89
छलांग मारना 235
छल्ले *m* 89
छह सौ *m* 308
छाछ *f* 137
छांटना *tr* 39, 90, 91
छाता *m* 36, 148
छाती *f* 12, 119
छानना *tr* 91, 138
छायाकार *m* 191
छायादार पौधे *m* 87
छाल *f* 133, 296
छाला *m* 46
छात्र *m* 162
छात्रवृत्ति *f* 169
छात्रावास *m* 168
छिड़कना *tr* 91
छिपकली *f* 293
छिलका *m* 126, 127, 128, 137
छिलका रहित 129
छिले हुए झींगे *m* 120
छींक *f* 44
छीछड़े *m* 118
छीलना *tr* 67
छीलने वाला चाकू *f* 68
छुट्टियां *f* 212
छुट्टी देना 48
छुरी *f* 65, 81, 82
छुरी-कांटे *m* 64
छूट *f* 106
छेद *m* 37
छेद करना *tr* 50, 79
छेद करने की सुई *f* 78
छेनी *f* 81
छैनी *f* 275
छोटा *m* 32
छोटा आरा *m* 78
छोटा करना *tr* 172
छोटा चप्पू *m* 241
छोटा चम्मच *m* 65
छोटा ड्रम *m* 257
छोटा तौलिया *m* 73
छोटा दाना *m* 130
छोटा फूल *m* 122
छोटा बच्चा *m* 30
छोटी आंत *f* 18
छोटी आंत का अग्रभाग *m* 18
छोटी उंगली *f* 15
छोटी चिमटी *f* 167
छोटी चेचक *f* 44
छोटी दाढ़ *f* 50
छोटी पीली चिड़िया *f* 292
छोटी प्लेट *f* 65
छोटी मछली *f* 120
छोटी मूली *f* 124
छत्ता *m* 134
छन्नी *f* 68

ज

जई *f* 130
जंक्शन *m* 194
जग 65, *m* 151
जंगल *m* 285
जंगली *m* 118
जंगली *m* गोमेद 297
जंगली चावल *m* 130
जंगी जहाज़ *m* 215
जंघा का मांस *m* 119
जंघास्थि *f* 17
जज *m* 180
जड़ *f* 50, 124, 296
जड़ाऊ पिन *m* 36
जड़ी-बूटी *f* 55, 86, 134
जड़ी-बूटी औषध *f* 108
जड़ी-बूटी सेवन 55
जड़ें *f* 39
जननांग *m* 20
जननेंद्रिय *m* 12
जनवरी *f* 306
जन सूचना प्रणाली *f* 209
जन्म *m* 52
जन्मदिन *m* 27
जन्मदिन की पार्टी *f* 27
जन्म पूर्व 52
जन्म भार *m* 53
जंप बॉल *m* 226
जबड़ा *m* 14, 17
जंबुमणि *m* 288
जंबू *m* 133
जमा 165
जमा करना *tr* 96
ज़मानत *f* 181
जमाना *tr* 67
जमा पर्ची *f* 96
ज़मीनी व्यायाम *m* 235
जमैका *m* 314
जरबेरा *m* 110
ज़र्दी *f* 137, 157
जर्नल *m* 168
जर्मनी *m* 316
जल उद्यान *m* 84
जलक्रीड़ा *m* 241
जल चिकित्सा *f* 55
जलना 46
जलप्रपात *m* 285
जल पत्रक *m* 215
जल बाधक *m* 232
जलबेंत *f* 86
जलरोधक *m* 245
जलसह जूते *m* 244
जलीय पौध *f* 86
जल्दी 305
जल्दी पकने वाला 130
जस्ता *m* 289
जहाज़ *m* 214
जहाज़ घाट *m* 216
जहाज़ से उतरना *tr* 217
जागना *itr* 71
जांघ *f* 12, 119
जांघिया *m* 238
जांच *f* 49, 50, 94
जांचने की सलाई *f* 50
जानकारी *f* 261
जानुपृष्ठ पेशी *f* 16
जानुफलक *m* 17
जापान *m* 318
जापानी संतरा *m* 126
जामुन *m* 127
ज़ाम्बिया *m* 317
जायफल *m* 132
जार *m* 134, 166, 311
जाल *m* 217, 222, 227
जाल डालना *tr* 245
जाल से पकड़ना *tr* 245
जाली *f* 84, 226
जालीदार पर्दा *m* 63
जाविली *f* 132
जासूस *m* 94
जिगर *m* 18
जिन *m* 145
जिन और टॉनिक 151
ज़िप *f* 277
जिप्सोफ़िला *m* 110
जिबूती *f* 317
जिम *m* 250
जिमनास्ट *m* 235
जिमनास्टिक *m* 235
जिम मशीन *f* 250
जिमीकंद *m* 125
ज़िम्बाब्वे *m* 317
जिराफ़ *m* 291
ज़िला *m* 315
जीतना *itr* 273
ज़ीन *m* 242
जीना 59
जीन्स 31, 33
जीपीएस *m* 195
जीभ *f* 19, 37, 118
ज़ीरा *m* 132
जीवन की ख़ास घटनाएं 26
जीवन रक्षक *m* 239, 265
जीवन रक्षक टावर *m* 265
जीवन रक्षा ट्यूब *m* 240
जीवन रक्षा नौका *f* 240
जीव विज्ञान *m* 162
जुआघर *m* 261
जुकाम *m* 44
जुड़वां *m* 23
जुर्म *m* 94
जुलाई *f* 306
जूड़ा *m* 39
जूडो *m* 236
जूता *m* 220, 223
जूता चप्पल विभाग *m* 104
जूतियां *f* 37
जूते *m* 34, 267
जूते की दुकान *f* 114
जूते-चप्पल *m* 37
जून *m* 306
ज़ूम 270 लेंस
जूरी *f* 180
जूरी बॉक्स *m* 180
जूस *m* 127
जूस एवं मिल्कशेक *m* 149
जेट स्कीइंग 241
जेटी 217
जेड *m* 288
जेनरेटर *m* 60
जेब *f* 32
ज़ेबरा *m* 291
जेल *f* 181
जेल का पहरेदार *m* 181
जेल की कोठरी *f* 181
ज़ेवर *m* 36
ज़ेवर पेटी *f* 36
जैक *m* 203
जैकेट *m* 32, 34
जैज़ 259
ज़ैतून *m* 151
ज़ैतून का तेल *m* 134
जैम *m* 156
जैम, शहद इत्यादि *m* 134
जैल *m* 38, 109
जेली फ़िश *f* 295
जैलीबीन 113
जैव *m* 91
जैविक 118, 122
जैविक कूड़ा *m* 61
जॉगिंग *m* 251, 263
जॉर्जिया *m* 318
जॉर्डन *m* 318
जोकर *m* 273
जोड़ *m* 17, 119
जोड़ना *tr* 165
जोतना *tr* 183
ज़ोर से मारना *tr/itr* 223, 231
जौ *m* 130, 184
ज्वार *m* 130
ज्वालामुखी *m* 283
ज्वालामुखी फटना *itr* 283
ज्वालामुखीय शैल *m* 288
ज्वालामुखी विवर *m* 283
जन्मदिन का केक 141 *m*
जन्म प्रमाणपत्र 26 *m*

झ

झंडा *m* 221, 232
झरबेरी *f* 127
झाईं 15
झाग *m* 148
झाड़न 77
झाड़ू *m* 77, 88
झाड़ू लगाना *tr/itr* 77
झामक *m* 73, 288
झालर *m* 71, 277
झिल्ली *f* 15
झींगा *m* 121
झींगुर *m* 295
झील *f* 285
झुकाना *tr* 251
झुंड *m* 183
झुनझुना *m* 74
झुर्रियां *f* 15
झुर्री-निवारक *m* 41
झूमर *m* 74
झूलती टोकरी *f* 84
झूला *m* 263, 266

ट

टंकी *f* 61
टकीला *m* 145
टक्कर अवरोध *m* 195
टख़ना *m* 13, 15
टन *m* 310
टप्पा मारना *tr* 227
टब *m* 311
टमाटर *m* 125, 157
टमाटर का जूस *m* 144, 149
टमाटर सॉस *m* 135, 154
टमिली-जुली गोलियां *f* 113
टर्की *m* 119, 185, 293
टर्बो चार्जर *m* 203
टर्मिनल *m* 212
टहनी *f* 296
टाइमर *m* 166
टाइमिंग *f* 203
टाइल *f* 58, 27
टाइल लगाना *tr* 82
टाई *f* 32
टाई-पिन *f* 36
टाउन हॉल *m* 299
टांकना *tr* 277
टांका लगाना 79
टांका लगाने का तार *m* 81
टांके *m* 52
टांके का उपकरण *m* 81
टांग *f* 12, 119
टायर *m* 198, 206
टायर के पेच *m* 203
टायर पर डिज़ाइन *f* 207
टायर प्रेशर 203
टायर बदलना *tr* 203
टायर लीवर *m* 207

टिकट f 209, 213
टिकट घर m 209, 216
टिकट निरीक्षक m 209
टिकट बैरियर m 209
टिकिया f 311
टिच बटन का सूट m 30
टिड्डा m 295
टिन m 289, 311
टिश्यू m 108
टिश्यू बॉक्स m 70
टी f 233
टीइंग ग्राउंड m 232
टीका m 45
टी बैग m 144
टीम f 229
टीम हमला 220
टीवी देखना tr 269
टी शर्ट f 30,33
टुकड़ा m 139, 140
टूथपेस्ट m 72
टूथब्रश m 72
टूरिंग बाइक f 206
टूलबार m 177
टेडी बियर m 75
टेनिस m 230
टेनिस कोर्ट 230
टेनिस जूते m 231
टेप m 173
टेप डिस्पेंसर m 173
टेबल टेनिस m 231
टेबल मैट f 64
टेम्पोन 108
टेली प्रॉम्प्टर m 179
टेलीफ़ोन बॉक्स m 99
टेलीविज़न चलाना tr 269
टेलीविज़न बंद करना tr 269
टेलीविज़न शृंखला f 178
टेलीविज़न स्टूडियो m 178
टेलीस्कोप m 281
टेल्कम पाउडर m 73
टोकरी f 88
टैक्सी-क़तार f 213
टैन करने की क्रीम f 41
टैब m 173
टैबलेट f 176
टैरागन m 133
टैरी नैपी f 30
टैक्सी चालक m 190
टॉनिक वॉटर m 144
टॉपिंग 155
टॉफ़ी f 113
टॉफ़ी की दुकान f 113
टॉयलेट m 72
टॉयलेट रोल m 72
टॉयलेट सीट f 72
टॉयलेट ब्रश m 72
टॉर्च f 267
टो करना tr 195
टोकरी f 82, 106, 207, 263, 265
टो क्लिप f 207
टोगो m 317
टोंटी f 89
टो ट्रक m 203
टोनर m 41
टोप m 36, 186
टोपी f 30, 31, 36, 238
टोल बूथ m 194
टोस्ट m 157
टोस्टर m 66
टोस्टेड सैंडविच m 149
टो स्ट्रेप m 207
ट्यूनीशिया m 317
ट्यूब f 311
ट्यूब चिप्पी f 207
ट्यूबा m 257
ट्यूलिप m 111
ट्रक m 194
ट्रक चालक m 190
ट्रफ़ल m 113
ट्रम्पेट m 257
ट्राइ m 221
ट्राइएंगल m 257
ट्राइफ़ल m 141
ट्राउट मछली f 120
ट्राम m 196, 208
ट्रांसफ़ॉर्मर m 60
ट्रांसमिशन m 202
ट्रॉली f 106
ट्रे m 152, 154
ट्रेक्टर m 182
ट्रे–टेबल m 210
ट्रे f 88
ट्रेडमिल f 250
ट्रेनर m 37
ट्रेनर्स m 31, 251
ट्रेबल क्लैफ़ m 256
ट्रेलर m 266
ट्रेवल एजेंसी f 114
ट्रैक सूट m 31, 32
ट्रैकिंग 243
ट्रैवल एजेंट m 190
ट्रैश m 177
ट्रॉमबोन m 257
ट्रॉली f 48, 100, 208, 213
ट्रॉली बस m 196

ठ

ठंड f 287
ठंडा 286m
ठंडा दही m 137
ठंडी चाय f 149
ठंडे पानी का नल m 72
ठेला गाड़ी f 88
ठोकना tr 79
ठोड़ी f 14
ठोस चीज़ 136
ठोस बर्फ़ पर स्कीइंग 247

ड

डंक m 46, 295
डग आउट 229
डट्टा m 81
डंठल f 122, 297
डंडी f 111, 235
डफली f 257
डंब बेल 251
डबल m 151
डबल कमरा m 100
डबल-डेकर बस m 196
डबल पलंग m 71
डबल बसून m 257
डबल बास m 256
डम्पर m 187
डरावनी फ़िल्म f 255
डर्ट बाइक f 205
डाइव m 239
डाइव मारना tr 238
डाउनलोड करना tr 177
डाउन हिल स्कीइंग 247
डाक कर्मी m 98
डाक कोड m 98
डाकघर m 98
डाक टिकट f 98, 112
डाक टिकट संग्रह 273
डाक थैला m 98, 190
डाकपेटी f 99
डाक व्यय m 98
डाकिया m 98, 190
डांगरी f 30
डाट f 72
डायनमो m 207
डायफ्राम m 21
डायरी f 175
डायरेक्ट करंट m 60
डायरेक्टरी f 99
डार्क रूम m 271
डार्टबोर्ड m 273
डार्ट्स m 273
डिक्की f 198
डिक्की का दरवाज़ा m 198
डिज़ाइनर 191, 277
डिजिटल 179, 269
डिजिटल प्रोजेक्टर m 163
डिजिटल बॉक्स m 269
डिजिटल रेडियो m 268
डिजिटल कैमरा m 270
डिटर्जेंट m 77
डिनर m 158
डिपस्टिक 202
डिपार्टमेंटल स्टोर m 105
डिप्लोमा m 169
डिंब वाहिनी f 20
डिब्बा m 209
डिब्बाबंद खाद्य पदार्थ m 107
डिब्बाबंद पेय m 154
डियोडरेंट m 73, 108
डिस्क f 224
डिस्पेंसर m 311
डिस्पोज़ेबल 109
डिस्पोज़ेबल कैमरा m 270
डिस्पोज़ेबल नैपी f 30
डिस्पोज़ेबल रेजर m 73
डीज़ल m 199
डीज़ल रेलगाड़ी f 208
डीजे m 179
डीवीडी f 268
डीवीडी प्लेयर m 268
डूबना itr 239
डेगची f 69
डेज़ी 110, 297
डेंटल फ़्लॉस m 50, 72
डेड बॉल लाइन 221
डेंडिलियन 123
डेढ़ m 304
डेनमार्क m 316
डेबिट कार्ड m 96
डेयरी उत्पाद m 136
डेयरी फ़ार्म m 183
डेली 107
डेस्कटॉप m 177
डेस्कटॉप ऑर्गेनाइज़र m 172
डेक m 214
डैक कुर्सी f 265
डैफ़ोडिल m 111
डैशबोर्ड m 201
डॉक 214
डॉक्ट्रेट f 169
डॉग स्लेजिंग 247
डॉल्फ़िन f 290
डोंगी f 214
डोमिनिक गणराज्य m 314
डोमिनिका f 314
डोमिनोस m 273
डोर्मर खिड़की f 58
डोरी f 89, 244
डोरी खींचना tr 245
डोरी वाला गला 35
डोले m 251
ड्रम m 258
ड्रम किट f 258
ड्रमर m 258
ड्राइव मारना tr 233
ड्राइव शाफ़्ट 202
ड्राई क्लीनर m 115
ड्रायर m 76
ड्रिप f 53
ड्रिलिंग मशीन के वज्र m 80
ड्रेनिंग बोर्ड m 67
ड्रेस f 31
ड्रेसिंग f 158
ड्रेसिंग किया हुआ 159
ड्रेसिंग गाउन m 31, 32, 35
ड्रैगन फ़्लाई 295
ड्रॉइंग पिन f 173
ड्रॉट्स m 272
ड्रॉपर m 109, 167
ड्रॉप शॉट 230
ड्रॉप्स f 109
ड्रेसिंग गाउन m 73

ढ

ढक्कन m 61, 66, 69, 134
ढलान f 284

त

तकिया m 70
तख़्ते m 186
तंग पजामी f 35, 242, 251
तजाकिस्तान m 318
तंज़ानिया m 317
तट m 264
तटरक्षक m 217
तटवर्ती क़स्बा m 217
तटस्थ क्षेत्र m 224
तटीय छाता m 264
तटीय झोपड़ी f 264
तंदूर में भूनना tr 67
तना m 258, 296
तनाव m 55
तनाव मुक्ति 55
तनियां 37
तनी 35
तंबाकू m 112, 184
तंबू का खंभा m 266
तंबू गाड़ना tr 266
तरकश m 249
तरणताल m 101, 238, 250
तरबूज़ m 127
तराजू m 69, 118, 166, 310
तर्जनी f 15
तल m 167
तिल का तेल m 134
तलना tr 67
तलमापी m 187
तल रेखा f 214
तलवा m 15
तलवार f 236, 249
तलवारबाज़ी 249
तला m 37
तलाक़ m 26
तला हुआ 159
तली मछली और चिप्स 155
तस्मानिया m 319
तस्मे/फ़ीते 37
तस्वीर f 271
तहख़ाना m 58
ताइक़ांडो m 236
ताई ची m 237
ताज़ा m 121, 127, 130
ताज़ा चीज़ m 136
ताज़े फल m 157
ताड़ m 86, 296
ताड़ की गांठें f 122
तापमंडल m 286
तापमान m 286
तापमान... डिग्री है। 286
तापमान मापक m 201
तांबा m 289
तार m 60, 79, 81, 98, 207, 258
तार कसना 50
तार काटने का यंत्र m 81
तारकोल m 187
तार छीलने का प्लास m 81
तारपीन m 83
तारा m 280
तारामंडल m 281
तारासमूह m 280
तालखंड m 256
ताल वाद्य m 257

ताला *m* 59, 207
तालाब *m* 85
ताली बजाना *tr* 255
तालू *m* 19
ताश *m* 273
ताश फेंटना *tr* 273
ताश रंग *m* 273
तिजोरी *f* 106, 150
तितली *f* 295
तिनपतिया *m* 297
तिपाई *f* 166
तिपाया स्टैंड *m* 270, 281
तिल *m* 14, 131
तिलचट्टा *m* 295
तिलहन का तेल *m* 135
तंत्रिका *f* 19
तीखा *m* 124
तीखी सॉसेजेस 142
तीतर *m* 119, 293
तीन-दरवाज़ा *m* 200
तीन सौ *m* 308
तीर *m* 249
तीली *f* 207
तीव्र धारा *m* 284
तीव्र नदी *f* 241
तीव्र प्रकाश संकेतक *m* 240
तीस *m* 308
तीसरा *m* 309
तीसवां *m* 309
तुरमली *m* 288
तुर्कमेनिस्तान *m* 318
तुर्कीसाइप्रस *m* 318
तुलसी *f* 133
तुषार *f* 287 *m*
तूना मछली *f* 120
तूफ़ान *m* 287
तूफ़ानी 286
तूलिका *f* 274
तेइसवां *m* 309
तेज़ गति रेलगाड़ी *f* 208
तेज़ धावक *m* 234
तेज़पत्ता 133*m*
तेंदू फल *m* 128
तेरह *m* 308
तेरहवां *m* 309
तेल *m* 134, 142, 199
तेल की टंकी *f* 204
तेल पोत *m* 215
तेल में पका 143
तैरना *itr* 238
तैराक *m* 238
तैराकी 238
तैराकी सूट *m* 265
तैल रंग *m* 274
तैलीय 39, 41
तोता *m* 293
तोरई *f* 125
तोहफ़ा *m* 27
तौलना *tr* 310
तौलिए *m* 73
तौलिया *m* 73
तौलिया हैंगर *m* 72
त्योरियाँ चढ़ना 25
त्योहार *m* 27
त्वचा *f* 14
त्वचा चिकित्सा *f* 49
त्वचा सुरक्षा 108
तंत्री वाद्य *m* 256

थ

थर्मामीटर *m* 45, 167
थर्मोस्टेट *m* 61
थल मेंढक *m* 294
थाइलैंड *m* 318
थाप *f* 259
थायरॉइड ग्रंथि *f* 18
थिएटर *m* 254
थिएटर *m* 29
थीम पार्क *m* 262
थूथनी *f* 293
थैंक्स गिविंग 27
थैला *m* 31
थैली *f* 291
थ्रस्टर *m* 281
थ्रिलर *m* 255
थ्री पॉइन्ट लाइन 226

द

दक्षिण *m* 312
दक्षिण अफ़्रीका *m* 317
दक्षिण अमेरिका *m* 315
दक्षिण कोरिया *m* 318
दक्षिणी गोलार्ध *m* 283
दक्षिणी महासागर *m* 313
दक्षिण सूडान *m* 317
दड़बा *m* 185
दंडादेश *m* 181
दंत चिकित्सक *m* 50, 189
दंत चिकित्सा-कुर्सी *f* 50
दंत वल्क *m* 50
दंत सुरक्षा 108
दमकल *m* 95
दमकल केंद्र *m* 95
दमकल दस्ता *m* 95
दम घुटना *tr/itr* 47
दमपुख़्त 158
दमा *m* 44
दरदरा *m* 132
दरबान *m* 100
दरवाज़ा *m* 182, 196, 198, 209
दरवाज़े का लॉक *m* 200
दरवाज़े की कड़ी *f* 59
दरवाज़े की घंटी *f* 59
दराज़ *f* 66, 70, 172
दराज़ों की अलमारी *f* 70
दरियाई घोड़ा *m* 291
दरी *f* 63, 267
दरोगा *m* 94
दर्ज़िन *f* 191
दर्ज़ी *m* 191
दर्ज़ी का चॉक *m* 276
दर्ज़ी की डमी *f* 276
दर्ज़ी की दुकान *f* 115
दर्दनाशक *m* 109
दर्दनाशक दवा *f* 47
दर्रा *m* 284
दर्शक *m* 233, 254
दर्शन शास्त्र *m* 169
दलदल *m* 285
दलाली *f* 97
दलिया *m* 130, 157
दवाई *f* 109
दवाई की अलमारी *f* 72
दवाई विक्रेता *m* 108
दवाख़ाना *m* 108
दशक *m* 307
दस *m* 308
दस लाख *m* 309
दसवां *m* 309
दस हज़ार *m* 309
दस्त *f* 44, 109
दस्ताना *m* 224, 228, 233, 236, 246
दस्ताने *m* 30, 36
दही *m* 137
दाई *f* 53
दाईं ओर की ड्राइव 201
दाएं मुड़ना निषेध 195
दाढ़ *f* 50
दांत *m* 50
दांत उखाड़ना 50
दांत का दर्द 50
दांता *m* 206
दांतेदार आरी *f* 81
दांतेदार चिमटी *f* 167
दांतों का एक्सरे *m* 50
दांतों की सफाई 72
दादा *m* 22
दादी *f* 22
दाम चुकाना *tr* 153
दामाद *m* 22
दायां *f* 260
दालचीनी *f* 133
दालान *m* 199
दालें *f* 131
दांवपेंच *m* 237
दिन *m* 306
दिनांक *m* 306
दिल *m* 119
दिल का दौरा 44
दिशा बदलना *tr* 241
दिसंबर *m* 306
दीमक *f* 295
दीर्घ दृष्टि *f* 51
दीर्घा *f* 254
दीवार *m* 58, 186
दीवाली 27
दुकान 298
दुकान सहायक *m* 188
दुखी 25
दुग्ध शर्करा *f* 137
दुपट्टा *m* 35
दुपट्टे का छोर *m* 35
दुबारा गर्म करना *tr* 154
दुंबाल *m* 240
दुर्घटना *f* 46
दुलकी *f* 243
दुग्ध उत्पाद *m* 107
दूध *m* 136, 156
दूध का डिब्बा *m* 136
दूध की चॉकलेट *m* 113
दूध दुहना *tr* 183
दूध वाली चाय *f* 149
दूरबीन *f* 281
दूरबीन का शीशा *m* 167
दूरभाष *m* 99
दूरी *f* 310
दूसरा *m* 309
दूसरी मंज़िल *f* 104
दृश्यदर्शी *m* 271
दृष्टि परीक्षक *m* 189
दृष्टि *f* 51
दृष्टि तंत्रिका *f* 51
दृष्टि पटल *m* 51
दृष्टि परीक्षक *m* 51
दृष्टि वैषम्य *m* 51
देखभाल करना *itr* 91
देय तिथि *f* 168
देर *f* 305
देवदार *m* 296
देश *m* 315
देशांतर रेखांश *m* 283
दो चोटी *f* 39
दोतीनचार 308
दो-दरवाज़ा *m* 200
दोनावा *m* 215
दोपहर *f* 305
दोपहर का भोजन *m* 64
दोपहर का मेनू *m* 152
दो बजे *m* 304
दोमुंहे बाल *m* 39
दोषी 181
दो सीटों वाली साइकिल *f* 206
दो सौ *m* 308
दोस्त *m* 24
दोस्त बनाना *tr* 26
दो हज़ार *m* 307
दो हज़ार एक *m* 307
दौड़ *f* 234
दौड़ का घोड़ा *m* 243
दौड़ का मैदान *m* 243
दौड़ना *tr/itr* 229
द्रव माप 311
द्रव्य *m* 77
द्वार पर्दा *m* 266
द्वारमंडप *m* 58
द्वारमंडप बत्ती *f* 58
द्वार संख्या *f* 213
द्विवार्षिक पौध *f* 86
द्विशिर पेशी *f* 16
द्वीप *m* 282
द्वय वाहन मार्ग *m* 195

ध

धन *m* 97
धनिया *m* 133
धनुर्विद्या *f* 249
धनुष *m* 249
धमनी *f* 19
धागा *m* 276
धागा डालना *tr* 277
धागे की रील *f* 276
धागे से सफ़ाई करना *tr* 50
धातु *f* 79, 289
धातु वज्र *m* 80
धान *m* 184
धारा *f* 285
धुआं *m* 95
धुआं निकास नली *f* 203, 204
धुंध *f* 287
धुरी *f* 205, 206
धुरी का ढक्कन *m* 202
धुले कपड़े *m* 76
धूप *f* 286
धूप का चश्मा *m* 51, 265
धूप घड़ी *f* 262
धूपदार 286
धूप से जलना 46
धूमकेतु *m* 280
धूमित मछली *f* 143
धूम्रपान *m* 112
धूम्रित 118, 121, 143, 159
धूल झाड़ना *tr* 77
धोना *tr* 77
ध्यान *m* 54
ध्रुव *m* 282
ध्रुवज्योति *f* 286
ध्रुवीय भालू *m* 291
ध्वनि पट्टी *f* 255
ध्वनिरोधक *m* 203, 204
ध्वनि संदेश *m* 99
ध्वनि स्तर *m* 179

न

नक़द निकालना *tr* 97
नक़ली बत्तीसी *f* 50
नकसीर *f* 44
नक़ाब *m* 189, 239, 249
नकेल *f* 242
नक़्शा *m* 261
नख क़ैंची *f* 41
नगाड़ा *m* 257
नथुना *m* 14
नदी *f* 284
नदी में मछली पकड़ना 245
नपुंसक *m* 20
नंबर *m* 273
नंबर प्लेट *f* 198
नंबर मिलाना *tr* 99
नब्बे *m* 308
नब्बेवां *m* 309
नम *m* 286
नमक *m* 64, 152
नमक रहित 137
नमकीन 137, 143, 155
नमकीन पानी में रखा 143
नम टिश्यु *m* 74
नमीयुक्त टिश्यू *m* 108
नमूना *m* 190

नया आलू *m* 124
नर्तकी *f* 191
नर्म 45, 48 129, 189
नर्सिंग ब्रा *f* 53
नल *m* 61, 66
नल का पानी *m* 144
नलसाज़ *m* 188
नलसाज़ी 61
नलिका *f* 53, 167
नली *f* 112
नवजात शिशु 53
नवंबर 306
नव वर्ष 27
नवशास्त्रीय 301
नवीकृत करवाना *tr* 168
नस *f* 19
नस चढ़ना 239
नहाना *itr* 72
नाइजर *m* 317
नाइजीरिया *m* 317
नाइटी *f* 31, 35
नाई *m* 39, 188
नाई की दुकान *f* 115
नाक *f* 14
नाख *m* 128
नाखून *m* 15
नागदौन साग *m* 124
नागरमोथा *m* 125
नाजुक वस्तु *f* 98
नाटक *m* 178, 254
नाड़ी *f* 47
नांद *m* 183
नान *m* 139
नाभि *f* 12
नाभि-रज्जु *m* 52
नाम *m* 104
नामकरण *m* 26
नामीबिया *m* 317
नायलोन *m* 277
नारंगी *m* 126, 274
नारियल *m* 129
नार्वे *m* 316
नाला *m* 299
नाली *f* 72, 299
नालीव्रण *m* 19
नाव उलटना *tr* 241
नाव खेना *tr* 241
नाव बांधना *tr* 217
नाविक *m* 189, 241
नाशपाती *m* 126
नाश्ता *m* 64
नाश्ते की ट्रे *f* 101
नाश्ते की मेज़ *f* 156
नासा पहिया *m* 210
निकर *m* 30, 33, 35
निकल *m* 289
निकारागुआ *m* 314
निकास *m* 61
निकास ढलान *f* 194
निकास द्वार *m* 210
निकास पाइप *f* 61
निकासी मार्ग *m* 61
निचला चक्र *m* 141
निजी ऑर्गेनाइज़र *m* 173
निजी कमरा *m* 48
निजी प्रशिक्षक *m* 250
निजी विमान *m* 211
निजी स्नानघर *m* 100
नितंब *m* 13, 16
निप्पल *m* 12, 75
निब *f* 163
निबंध *m* 163
नियंत्रण *m* 201
नियंत्रण टॉवर *m* 212
नियम उल्लंघन 223
नियंत्रण यंत्र *m* 204
निराना *tr* 91
निर्णायक अंक *m* 230
निर्देश *m* 109
निर्देशक *m* 254
निर्देशन 260
निर्देशिका *f* 260
निर्माण करना *tr* 186
निर्माण कार्य *m* 186
निर्माण स्थल *m* 186
निर्माता *m* 254
निवेश *m* 97
निवेश सूची *f* 97
निशाना *m* 249
निशानेबाज़ी *f* 249
निषेचन *m* 20
निहारिका *f* 280
निम्नताप मंडल *m* 286
निश्चेतन चिकित्सक *m* 48
नीचे वार करना 237
नीद की गोलियां *f* 109
नीदरलैंड *m* 316
नी पैड *m* 205
नीबू *m* 126
नीबू का वृक्ष *m* 296
नीबू वाली चाय *f* 149
नील *m* 274
नीलगिरि *m* 296
नीलम *m* 288
नीला *m* 274
नी सपोर्ट 227
नुकीला प्लास *m* 80
नुस्खा *m* 45
नूडल्स *m* 158
नृत्य *m* 259
नृत्य अकादमी *f* 169
नेगेटिव 271
नेगेटिव इलेक्ट्रोड *m* 167
नेट *m* 231
नेटवर्क *m* 176
नेपच्यून *m* 280
नेपाल *m* 318
नेल कटर *m* 41
नेल पॉलिश *f* 41
नेल पॉलिश रिमूवर *m* 41
नेल फ़ाइलर *m* 41
नेत्र चिकित्सा *f* 49
नैपकिन *f* 65
नैपकिन रिंग *f* 65
नैपी रैश क्रीम *f* 74
नॉनस्टिक *m* 69
नोक *f* 36, 122, 246
नोज़ क्लिप *f* 238
नोट *m* 97
नोट पैड *m* 173
नोट्स *m* 191
नोट्स लेना *tr* 163
नौ *m* 308
नौकरी पाना *tr* 26
नौका पाल *m* 241
नौकायन 241
नौका विमान *m* 211
नौका विहार 241
नौतल *m* 214
नौवां *m* 309
नौ सौ *m* 308
न्यायालय *m* 180
न्यायालय अधिकारी *m* 180
न्यायालय कर्मचारी *m* 180
न्यायालय की तारीख़ *f* 180
न्यूज़ीलैंड *m* 319
न्यूट्रल *m* 60
न्यूमैटिक ड्रिल *f* 187
नक़्क़ाशी करना *tr* 79

प

पंक *m* 259
पकड़ना *tr* 237, 245
पका *m* 129
पकाने के लिए तैयार मुर्ग़ा 119
पका हुआ मांस *m* 118, 143
पके भोजन की दुकान *f* 142
पंक्चर 203, 207
पंक्ति *f* 234
पक्षाघात 44
पक्षी *m* 292
पक्षी निहारना 263
पक्षी-मांस *m* 119
पंख *m* 60, 119, 210, 293
पंखा *m* 60, 202
पंखा सीपी *f* 121
पंखुड़ी *f* 297
पगंडिका *f* 17
पगे फल *m* 129
पचपन हज़ार पांच सौ *m* 309
पंच बैग *m* 237
पंचभुज *m* 164
पचास *m* 308
पचासवां *m* 309
पचास हज़ार *m* 309
पंजा *m* 291, 293
पजामा सूट *m* 33
पंजे की अस्थि *f* 17
पटकथा *f* 254
पटकनी *f* 237
पटकनी देना 237
पटर *m* 233
पटरी *f* 208, 209, 298
पट्टी *f* 78
पटिया *f* 187
पट्टी *f* 47, 63
पठार *m* 284
पड़ोसी *m* 24
पढ़ना *tr* 162
पढ़ने का कमरा *m* 63
पढ़ने की बत्ती *f* 210
पर्णाङ्ग *m* 86
पतंगा *m* 295
पतझड़ *m* 307
पतली आरी *f* 81
पतली क्रीम *f* 137
पतवार *m* 241
पतवार हत्था *m* 240
पता *m* 98
पति *m* 22
पत्ती *f* 122, 296
पत्ते बांटना *tr* 273
पत्थर *m* 275
पथमापक यंत्र *m* 201
पथरीला बाग़ *m* 84
पदक *m* 235
पदयात्रा *f* 263
पंद्रह *m* 308
पंद्रह मिनट *m* 304
पंद्रहवां *m* 309
पनडुब्बी *f* 215
पनसुइया *f* 241
पनामा *m* 314
पनीर *m* 136
पंप *m* 207
पपड़ी *f* 136, 142
पंप शूज़ *m* 37
पपीता *m* 128
पपुआ न्यू गिनी *m* 318
पफ़ 40
पफ़ पेस्ट्री *f* 140
परकार *m* 165
परखनली *f* 166
परत लगाना 277
परफ़्यूम स्प्रे *m* 41
परसों *m* 307
परागज ज्वर *m* 44
पराचिकत्सक *m* 94
पराजित 273
पराबैंगनी किरणें *f* 286
परामंडल *m* 286
परामर्श 45
परामर्शदाता *m* 49, 55
परावर्तक *m* 204, 207
परावर्तक पट्टी *f* 205
परिक्रमण गणक *m* 201
परिचारिका *f* 191
परिचारिका सेवा 101
परिचित *m* 24
परिणाम *m* 49
परिधान *m* 34
परिधि *f* 164
परिमाण *m* 165
परिरक्षक *m* 83
परिवर्तनीय पाना 80
परिवर्तित मार्ग *m* 195
परिवहन *m* 193
परिवार *m* 22
परिसर *m* 168
परीक्षा *f* 163
परेशान 25
परोसना *tr* 64
परोसने का चम्मच *m* 68
पर्ची *f* 96
पर्णपाती *f* 86
पर्दा *m* 63, 254, 255
पर्म *m* 39
पर्यटक *m* 260
पर्यटक बस *f* 197
पर्यटक सूचना केंद्र *m* 261
पर्यटन-गाइड *m* 260
पर्यटन बस *f* 260
पर्यटन सूचना पुस्तिका *f* 212
पर्यटन स्थल *m* 260
पर्यावरण *m* 279
पर्वत *m* 284
पर्वत अवरोहण 248
पर्वत श्रेणी *f* 282
पर्वतारोहण 248
पर्वतीय पौधे *m* 87
पलक *f* 14, 51
पलंग *m* 70
पलंग का सिरहाना *m* 70
पलंगपोश *m* 70
पलटना 238
पलटा *m* 68
पलस्तर *m* 47, 83
पलस्तर करना *tr* 82
पवन *m* 286
पशु *m* 290, 292, 294
पशु आहार *m* 107
पशु चिकित्सक *m* 189
पशुधन *m* 182, 185
पश्चिम सहारा *m* 317
पसलियों के बीच का 16
पसली *f* 17, 119
पसली पंजर *m* 17
पंसारी की दुकान *f* 114
पहचान चिह्न *m* 53
पहचान बैज *m* 189
पहला *m* 309
पहली मंज़िल *f* 104
पहली सर्विस से बना अंक 230
पहाड़ी *f* 284
पहाड़ी बादाम *m* 129
पहिया *m* 198, 205, 207, 276
पाइंट *m* 311
पाइप *f* 112
पाइप कटर *m* 81
पाइपिंग बैग *m* 69
पाई *f* 143, 158
पाईप *f* 202
पाई बनाने का सांचा *m* 69
पाउंड *m* 310
पाउडर *m* 40, 77,109
पाउडर दूध *m* 137
पाक-चोई 123
पाकिस्तान *m* 318
पाचक *m* 19
पांचछहसात 308
पांचवा *m* 309
पांच सौ *m* 308

पांचा m 88
पाड़ m 186
पांडा m 291
पान m 273
पाना m 80, 203
पानी m 144, 238
पानी का नल m 95
पानी की धार f 95
पानी की नली f 95
पानी की बोतल f 206, 267
पानी के रंग m 274
पानी जाना tr 52
पानी में छोड़ना tr 24
पानी में पकाना tr/itr 67
पानी में पैर मारना tr 239
पायदान m 59, 71
पाया m 64
पारस्लि 133
पारा m 289
पारी f 228
पार्क करना tr 195
पार्किंग मीटर m 195
पार्सल m 99
पाल m 240, 241
पालक m 123
पालतू जानवरों की दुकान 115
पाल दंड m 95, 240
पालना m 75, 95
पाल नौका f 215
पाल नौकायन 240
पाषाण m 288
पाषाणित कंकड़ m 288
पास 226
पासकोड m 99
पास देना tr/itr 220, 223
पासपोर्ट m 213
पासपोर्ट कंट्रोल 213
पासा m 272
पासा फेंको 273
पास्चरीकृत 137
पास्ता m 158
पॉटी f 74
पात्र चयन 254
पार्श्व m 254
पार्श्व रेखा f 221
पाठ्य पुस्तक f 163
पिकअप 258
पिकनिक f 263
पिकनिक बेंच f 266
पिकॉलो m 257
पिघलाना tr 67
पिच f 225
पिचकारी f 89
पिचर m 229
पिचर का स्थान m 228
पिचिडिका f 15
पिछला पहिया m 197
पिछला समतल पंख m 210
पिछली पतवार f 210
पिछली लाइट f 204
पिछली सीट f 200, 204
पिछले हफ़्ते m 307
पिज़्ज़ा m 154, 155
पिज़्ज़ा पार्लर m 154
पिट्ठू m 267
पिट्ठू बैग m 31, 37
पिंडली f 12, 13, 16
पिंडली की हड्डी f 17
पिता m 22
पिन f 60, 96, 249, 276
पिनकुशन m 276
पियानो m 256
पियानो का श्वेत पर्दा m 256
पियोनि m 111
पिरामिड m 164
पिलाटेज़ 251
पिल्ला m 290
पिसा 132
पिसी कॉफ़ी f 144
पिसी मिर्च f 132
पिस्ता m 129
पश्चिम m 312
पीकन m 129
पीछे करना tr/itr 195
पीछे की लाइट f 207
पीछे दौड़ना tr 229
पीटा ब्रेड 139
पीठ f 13, 64
पीठ का ब्रश m 73
पीठ की सबसे चौड़ी पेशी f 16
पीढ़ी f 23
पीतल के वाद्य m 257
पीनट बटर m 135
पीने का कप m 75
पीपुल कैरियर m 199
पीला m 274
पीला कार्ड m 223
पीली गाजर f 125
पी सी ओ फ़ोन m 99
पुंकेसर m 297
पुखराज m 288
पुच्छल m 280
पुच्छास्थि f 17
पुटक (झिल्लीदार छोटी थैली) f 20
पुडिंग राइस m 130
पुतली f 51
पुदीना m 133
पुदीने वाली चाय f 149
पुनः परत लगाना 187
पुन: प्रस्तुति 255
पुनर्चक्रण पात्र m 61
पुरःस्थ ग्रंथि f 21
पुरुष m 12, 13, 21
पुरुष परिधान m 32, 105
पुरुष मित्र m 24
पुर्ज़ा m 80
पुर्तगाल m 316
पुल m 300
पुल-अप करना tr 251
पुलिस f 94
पुलिस अधिकारी m 94
पुलिस कर्मी m 189
पुलिस कार m 94
पुलिस चौकी f 94
पुश्ता m 301
पुष्प चक्र m 111
पुष्पी पौधे m 297
पुस्तक f 168
पुस्तक प्राप्ति 168
पुस्तकालय m 168, 299
पुस्तकालय अध्यक्ष m 168, 190
पुस्तकालय कार्ड m 168
पुस्तकों की अलमारी f 168
पुट्ठे का मांस m 119
पूंछ f 121, 242, 290, 292, 294
पूछताछ 168
पूछताछ ऐप m 99
पूरक m 55
पूरा m 266
पूरा चांद m 280
पूर्व m 312
पूर्वरंग m 256
पूर्व रिकॉर्डेड m 178
पूर्वी तिमोर m 318
पूर्वस्नातक m 169
पूल बिलियर्ड m 249
पृथ्वी f 280, 282
पृष्ठपट m 254
पृष्ठीय मीन पंख m 294
पृष्ठच्छदा पेशी f 16
पेंगुइन m 292
पेच m 80
पेचकस m 80
पेचकस वज्र m 80
पेट m 12
पेंट m 83
पेंट का डिब्बा m 83
पेंट ट्रे m 83
पेट दर्द m 44
पेटा m 214, 240
पेंटिंग f 261
पेटी f 32, 36, 236
पेट्री डिश f 166
पेट्रोल m 199
पेट्रोल टंकी f 203
पेट्रोल पंप m 199
पेट्रोल स्टेशन m 199
पेठा m 125
पेड़ m 86, 296
पेन m 163
पेनल्टी क्षेत्र m 223
पेपर क्लिप f 173
पेपर ट्रे m 172
पेपर नैपकिन f 154
पेपर माशे m 275
पेय m 144
पेय पदार्थ m 107, 156
पेय हिलाने की डंडी f 150
पेरू m 315
पेलिकन m 292
पेशीबंध m 16
पेंसिल f 163, 275
पेंसिल केस 163 m
पेंसिल शार्पनर m 163
पेस्टिंग टेबल f 82
पेस्ट्री f 140, 149
पेस्ट्री ट्रॉली f 152
पेस्ट्री ब्रश m 69
पेस्टिंग ब्रश m 82
पैक m 311
पैक करवाके ले जाना 154
पैकेट m 311
पैंट f 32, 34
पैंटी f 142
पैंटी लाइनर m 108
पैड m 53, 220, 224, 225
पैडल m 61, 206
पैडल मारना tr 207
पैंतरेबाज़ी 237
पैदल पारपथ m 195
पैदल रास्ता m 262, 299
पैदा होना itr 26
पैन m 310
पैनकेक m 157
पैनल्टी f 223
पैबंद m 277
पैमाना m 163, 165
पैर m 12, 15
पैरवी f 180
पैरागुए m 315
पैराग्लाइडिंग 248
पैराशूट m 248
पैराशूट से उतरना 248
पैरों की सफ़ाई 41
पैरोल 181
पैशन फ्रूट m 128
पॉज़ 269
पॉज़ीटिव इलेक्ट्रोड m 167
पॉप m 259
पॉपकॉर्न m 255
पॉमिल हॉर्स m 235
पॉलिश f 77
पॉलीएस्टर m 277
पोकर 273
पोच्ड 159
पोंछना tr 77
पोछा m 77
पोडियम m 235, 256
पोत m 214
पोतघाट m 217
पोत निर्माण घाट m 217
पोता m 22
पोताग्र m 214
पोताधिकारी कक्ष m 214
पोती f 22
पोनी टेल f 39
पोर्ट m 145, 176
पोलरॉएड कैमरा m 270
पोलैंड m 316
पोलो m 243
पोस्ट कार्ड m 112
पोस्टर m 255
पोस्टर रंग m 274
पोस्टल ऑर्डर m 98
पौद f 91
पौध घर m 85
पौधों के प्रकार 86
पौने दो m 304
प्याज़ f 124, 125
प्यादा m 272
प्याली f 112
प्यूर्तो रीको 314
प्रकार 199, 205
प्रकाश स्तंभ m 217
प्रक्षेपण m 281
प्रक्षेपण स्थल m 281
प्रचालक m 99
प्रजनन m 19, 20
प्रति चैनल भुगतान 269
प्रतिद्वंद्वी m 236
प्रतिपदा का चांद m 280
प्रति बनाना tr 172
प्रतिरक्षक m 223
प्रतिरक्षक पंक्ति f 222
प्रतिरोध करना tr 220, 221, 223
प्रतिरोपित करना tr 91
प्रतिवादी m 181
प्रतिवेदन m 174
प्रतिशत 165
प्रतिस्पर्धा f 243
प्रतिस्पर्धाएं f 247
प्रतीक्षा कक्ष m 45
प्रत्यक्ष भुगतान 96
प्रत्यावर्तक m 203
प्रत्येक 320
प्रदर्शनी f 261
प्रदर्शित वस्तु f 261
प्रधान कार्यालय m 175
प्रपदास्थि f 17
प्रबंधक m 24, 174
प्रबंध निदेशक m 175
प्रमुख गायक m 258
प्रयोग m 166
प्रयोगशाला f 166
प्रवाल द्वीप m 285
प्रवेश m 168
प्रवेशक m 255
प्रवेश द्वार m 59
प्रवेश निषेध m 195
प्रवेश मार्ग m 216
प्रवेश शुल्क m 260
प्रशंसक m 258
प्रशांत महासागर m 312
प्रशामक m 109
प्रसव m 52
प्रसव में सहायक उपकरण m 53
प्रसव विशेषज्ञ m 52
प्रसाधक m 82
प्रसाधन m 104
प्रसारण m 179
प्रसारित करना tr 178
प्रसिद्ध खंडहर m 261
प्रसूति f 49
प्रसूति कक्ष f 48
प्रस्तरपाद m 301
प्रस्ताव m 174
प्रस्तुतकर्ता m 178
प्रस्तुतिकरण m 174
प्रस्थान m 213
प्रस्थान कक्ष m 213

प्रहार रोकना 237
प्राइमर m 83
प्राकृतिक चिकित्सा f 55
प्राकृतिक दृश्य m 271
प्राकृतिक रेशे m 31
प्रांगण m 104
प्राचीन वस्तुओं की दुकान f 114
प्राणी विज्ञान m 169
प्रांत m 315
प्राथमिक चिकित्सा f 47
प्राथमिक चिकित्सा पेटी f 47
प्राध्यापक m 169
प्राप्त करना tr 177
प्रायद्वीप m 282
प्रारंभ स्थान m 247
प्रिंटर m 172, 176
प्रिंट लेना tr 172
प्रिमरोज़ m 297
प्रीमियर m 254
प्रेम होना itr 26
प्रेशर वॉल्व m 61
प्रेषक पर्ची f 173
प्रेस m 178
प्रेस अप 251
प्रैक्टिस शॉट m 233
प्रॉपर्टी डीलर m 115
प्रोग्राम m 176
प्रोग्रामिंग 178
प्रोत्साहक टीम नेता m 220
प्रोसेसर m 176
प्रश्न m 163
प्रश्न पूछना tr 163
प्लग m 60
प्लाईवुड m 79
प्लाक m 50
प्लास्टिक की लंगोटी f 30
प्लास्टिक बैग m 122
प्लास्टिक सर्जरी f 49
प्लीहा m 18
प्लूटो m 280
प्ले m 269
प्लेट f 65, 88
प्लेटफ़ॉर्म m 208
प्लेटफ़ॉर्म संख्या f 208
प्लेटिनम m 289
पत्र m 98
पत्रिका f 112
पत्रिकाएं f 107
पत्रकार m 179, 191
पत्रपेटी f 99
पत्र मित्र m 24
पत्नी f 22
पन्ना m 288
पश्चिमी 255

फ

फ़र m 293
फ़रवरी f 306
फ़र्नीचर की दुकान f 115
फ़र्श m 62, 71
फल m 89, 107, 126, 128
फल एवं सब्ज़ियों की दुकान f 114
फली f 122
फलों का बाग m 183
फलों का रस m 156
फलों की टोकरी f 126
फ़ील्ड हॉकी f 224
फ़सल m 183, 184
फ़सल काटना tr 91, 183
फाइल f 177
फाइल-दराज़ f 172
फ़ाउंडेशन m 40
फ़ाउल m 226
फ़ाउल गेंद f 228
फ़ाउल लाइन f 229
फांक f 126
फ़ायर अलार्म m 95
फ़ायरप्लेस m 62
फ़ायरमैन m 189
फ़ार्म हाउस m 182
फाल m 182
फावड़ा m 88
फ़ास्ट फ़ूड m 154
फ़ास्ट फ़ॉरवर्ड m 269
फ़िगर स्केटिंग m 247
फ़िजी m 318
फ़िनलैंड m 316
फिरकी f 276
फ़िलर m 83
फ़िलिप्स पेचकस m 80
फ़िलीपीन्स m 318
फ़िलो पेस्ट्री f 140
फ़िल्टर m 270
फ़िल्टर कॉफ़ी f 148
फ़िल्टर पेपर m 167
फ़िल्म f 260, 271
फ़िल्म धोना tr 271
फ़िल्म रील f 271
फ़िल्म सेट m 179
फ़िशिंग परमिट m 245
फिसलना tr/itr 229
फिसल पट्टी f 263
फ़ीचर फ़िल्म f 269
फ़ीता m 235
फ़ीते वाले जूते m 37
फ़ीरोज़ा m 289
फ़ील्डिंग करना tr 225, 229
फ़ुट m 310
फ़ुटपाथ m 298
फ़ुट पैडल f 257
फ़ुटबॉल m 220, 222
फ़ुटबॉल का मैदान m 220
फ़ुटबॉल खिलाड़ी m 220
फ़ुटबॉल मैदान m 222
फ़ुटबॉलर m 222
फ़ुटबॉल स्ट्रिप f 31, 222
फ़ुट स्ट्रेप m 241
फुफेरा भाई m 22
फ़ुल क्रीम दूध m 136
फ़ुल बोर्ड m 101
फ़ुंसी f 44
फ़ुहारा m 72
फ़ुहारे में नहाना tr/itr 72
फूंक से बुझाना tr 141
फूंगा m 295
फ़ूड प्रोसेसर m 66
फ़ूड हॉल m 105
फूफा m 22
फूल m 110, 297
फूलगोभी f 124
फूलदान m 111
फूलना itr 139
फूल-पत्ते m 110
फूलमाला f 111
फूल विक्रेता m 110, 188
फूलों की झाड़ी f 87
फ़ेंग शुई 55
फेंटना tr 67, 68
फेंटी हुई क्रीम f 137
फेफड़े m 18
फ़ेशियल m 41
फ़ेस ऑफ़ सर्कल m 224
फ़ेस पाउडर m 40
फ़ेस पैक m 41
फ़ेहोआ m 128
फ़ैक्स m 98
फ़ैन बेल्ट f 203
फैलाव m 52
फ़ैशन m 277
फ़ैसला m 181
फ़ॉकलैंड द्वीप समूह m 315
फ़ॉन्ट m 177
फ़ॉरसेप m 167
फ़ोकस नॉब 167
फ़ोकस से बाहर 271
फ़ोटो एल्बम m 271
फ़ोटो खींचना tr 271
फ़ोटोग्राफ़ी f 270
फ़ोटो प्रति 271
फ़ोटो फ़्रेम m 271
फ़ोटो बड़ी कराना 271
फ़ोन स्टैंड m 99
फ़ोर-व्हील ड्राइव m 199
फ़ोरहैंड m 231
फ़ोल्डर m 177
फ़्यूज़ m 60
फ़्यूज़ बॉक्स m 60, 203
फ़्यूज़िलेज m 210
फ़्राइंग पैन m 69
फ़्राइड अंडा m 157
फ़्राइड चिकन m 155
फ़्रांस m 316
फ़्रांसबीन m 122
फ़्रिज m 67
फ़्री किक 222
फ़्रीज़र m 67
फ़्रीज़िया m 110
फ़्री थ्रो लाइन f 226
फ़्रूट केक m 140
फ़्रूट गम m 113
फ़्रूट टार्ट m 140
फ़्रूट दही m 157
फ़्रूट ब्रेड m 139
फ़्रेंच गयाना m 315
फ़्रेंच जूड़ा m 39
फ़्रेंच टोस्ट m 157
फ़्रेंच फ़्राई f 154
फ़्रेंच ब्रेड f 138
फ़्रेंच मस्टर्ड m 135
फ़्रेंच हॉर्न m 257
फ़्रेट m 258
फ़्रेम m 51, 63, 206, 267
फ़्रोज़न m 124
फ़्रोज़न आहार m 107
फ़्रंट क्रॉल m 239
फ़्लाई ओवर m 194
फ़्लिप चार्ट m 174
फ़्लिपर m 239
फ़्लू m 44
फ़्लूट m 139
फ़्लैट m 59
फ़्लैटस्क्रीन टीवी f 269
फ़्लैन केक m 142
फ़्लैन बनाने का सांचा m 69
फ़्लैश m 270
फ़्लैश गन m 270
फ़्लोट m 238, 244
फ़्लोट बॉल m 61
फ़्लोरेन्टाइन 141
फ़व्वारा m 85
फन्नी f 24

ब

बंकर m 232
बकरी f 185
बकरी की दूध m 136
बकरी के दूध का चीज़ 142
बकसुआ m 36
बखिया f 277
बख़्शीश f 152
बग़ल f 13
बंगला m 58
बग़ीचा m 84, 262
बग़ीची f 84
बग़ीचे की रूप सज्जा f 84
बग़ीचे की शैलियां f 84
बग़ीचे के उपकरण m 88
बग़ीचे के पौधे m 86
बगुला m 292
बग्गी f 232
बग्गी दौड़ f 243
बग्घी f 75
बचत f 96
बचत खाता m 96
बचाव 220
बचाव पक्ष m 181
बच्चा m 23, 31
बच्चेदानी f 52
बच्चों का ताला m 75
बच्चों का थैला m 75
बच्चों का वॉर्ड m 48
बछड़ा m 185
बछड़े का मांस m 118
बजरी f 88
बंजी कूद f 248
बंजुफल m 125
बटन 32
बटरकप m 297
बटरफ़्लाई f 239
बटुआ m 37
बटेर f 119
बटेर का अंडा m 137
बड़ा करना tr 172
बड़ा गिरजाघर m 300
बड़ा दाना m 130
बड़ी आंत f 18
बड़ी क़ैंची f 89
बड़ी क्लिप f 173
बड़ी चिमटी f 167
बड़ी प्लेट f 65
बड़ी बर्फ़ानी दौड़ f 247
बड़ी सीपी f 121
बढ़ई m 188
बढ़ईगिरी के वज्र m 80
बढ़ाना tr 91, 251
बतख़ f 119, 185, 293
बतख़ का अंडा m 137
बत्तियां 94
बंद 260
बंदगोभी f 123
बंदर m 291
बंदरगाह m 214, 216, 217
बंदरगाह प्रमुख m 217
बंदरगाह में लाना tr 217
बदलना tr/itr 209
बंदूक़ f 94
बंधक m 96
बन 140, 155
बनसन बर्नर m 166
बनियान f 30, 33
बर्फ़ानी दौड़ f 247
बबूना की चाय f 149
बबूल m 110
बब्बर शेर m 291
बब्बल बाथ 73
बमवर्षक m 211
बीमा m 203
बम्पर 74, 198
बयान m 180
बरमा m 80
बरसाती 31, 32
बरसाती कोट m 31, 33
बराबर 165
बराबरी 230
बराबरी की दौड़ f 234
बरौनी f 51
बर्गर m 154
बर्गर बार m 154
बर्गर मील m 154
बर्तन m 105
बर्तन और छुरी-कांटे m 65
बर्तन धोने की मशीन f 66
बर्तन लगाने का तरीक़ा 65
बर्नर m 67
बर्फ़ f 120, 151, 287
बर्फ़ के साथ 151
बर्फ़ जमाने की जगह 67
बर्फ़ रहित 151

बर्फ़ व नीबू 151
बर्र f 295
बलुआ पत्थर m 288
बल्ब m 86
बल्ला m 225, 228
बल्लेबाज़ m 225, 228
बल्लेबाज़ी करना tr 225
बल्ले से खेलना tr 229
बवंडर m 287
बस f 196
बस अड्डा m 197
बस खड़ी करने की जगह 197
बस चालक m 190
बस टिकट f 197
बसंत m 307
बस स्टॉप m 197, 299
बसून 257
बसों के प्रकार 196
बहन f 22
बहरीन m 318
बहामास m 314
बहिः प्रकोष्ठिका f 17
बहु विटामिन m 109
बहू f 22
बाइक रैक m 207
बाइट्स f 176
बाइप्लेन 211
बाइसवां m 309
बाईं ओर की ड्राइव 201
बाईस 308
बाउल m 61
बाकला m 122, 131
बाग़ m 261
बाग़बानी f 90
बाग़बानी की दुकान f 115
बाग़बानी के दस्ताने m 89
बांग्लादेश m 318
बाघ m 291
बाज़ m 292
बांज m 296
बाज़ार m 115
बाजू m 13
बाजू पट्टी f 238
बाड़ f 85, 90, 182, 243
बाड़ f 85
बाड़ा m 84, 185
बाढ़ f 287
बाथ टब m 72
बाद में 304
बादल m 287
बादशाह m 273
बादाम m 129, 151
बादाम का तेल m 134
बादाम परत f 141
बांध m 300
बाधा दौड़ f 235, 243
बाबा सूट m 30
बाम मछली f 294
बायफ़ोकल 51
बायां m 260
बार m 150, 152
बार काउंटर m 150
बार कुर्सी f 150
बार कोड m 106
बारटेंडर 150, 191
बारबाडोस m 314
बारह m 308
बारहमासी 86
बारहवां m 309
बारिश f 287
बारोक m 301
बार स्नैक्स m 151
बाल m 14, 38
बाल-आहार m 153
बालकनी f 59, 254
शिशु सीट f 198, 207
बाल काटना tr 38
बाल चिकित्सा f 49
बाल धोना tr 38
बाल परिधान m 30
बाल विभाग m 104
बाल सीधा करने का उपकरण 38
बाल सुखाना tr 38
बाल-सुविधा केंद्र m 104
बाल सेट करना tr 38
बालों का फ़ीता m 39
बाल्टिक सागर m 313
बाल्टी f 77
बांस m 86, 122, 245
बांस-कूद f 234
बास क्लैफ़ 256
बास गिटार m 258
बांसुरी f 257
बास्केट f 226
बास्केट बॉल m 226
बास्केट बॉल खिलाड़ी m 226
बांह f 12
बाहर खाना 147
बाहर जाना 75
बाहरी क्रोड़ m 282
बाहरीगतिविधियां 262
बाहरी परत f 119
बाहरी लेन f 194
बाहरी स्वरूप 198
बाहरी हार्ड ड्राइव f 176
बाह्य रोगी m 48
बिकनी f 264
बिक्री विभाग m 175
बिक्री सहायक m 104
बिच्छू m 295
बिच्छू-बूटी f 297
बिछौना m 74
बिज़नेस ट्रिप f 175
बिज़नेस लंच m 175
बिज़नेस सूट m 32
बिजली f 60, 287
बिजली कटौती 60
बिजली का झटका 46
बिजली का टेप m 81
बिजली का मीटर m 60
बिजली का सामान m 105
बिजली की वस्तुएं f 107
बिजली बचाने वाला बल्ब m 60
बिजली मिस्त्री m 188
बिजली से चलने वाला रक्तचाप मापक m 45
बिजली से चलने वाली कार 199
बिजूका m 184
बिट ब्रेस 78
बिडे 72
बिना चर्बी का मांस 118
बिना सोचे किक मारना 220
बिब m 30
बिल m 152
बिल्ला m 94
बिल्ली f 290
बिल्ली का बच्चा 290
बिसात f 105, 272
बिस्कुट m 113, 141
बिस्तर बंद m 37
बिस्तर लगाना tr 71
बीकर 167
बीच 296
बीच तौलिया m 265
बीच थैला m 264
बीच बॉल m 265
बीज m 88, 122, 127, 128, 130, 131
बीजजनन 20, 52
बीज ट्रे f 89
बीज निकालने की सलाई 68
बीजयुक्त ब्रेड 139
बीज रहित 127
बीजरहित किशमिश f 129
बीता कल 306
बीता परसों 307
बीम f 235
बीमारी f 44
बीयर f 145, 151
बीयर टैप m 150
बीस 308
बीस मिनट 304
बीसवां m 309
बीस हज़ार 309
बुआ f 22
बुख़ार m 44
बुटीक m 115
बुंदे f 36
बुध m 280
बुधवार m 306
बुनना 277
बुनने की सलाई f 277
बुनाई f 277
बुफ़े m 152
बुरूंडी m 317
बुर्किना फ़ासो m 317
बुर्ज m 300
बुलबुलेदार 144
बुल्गारिया m 316
बुहारना tr 90
बूट m 37
बूस्टर m 281
बृहस्पति m 280
बेक करना tr 67, 138
बेक किया हुआ 159
बेकन m 118, 157
बेकर m 139
बेकरी f 107, 114, 138
बेक़सूर m 181
बेकिंग ट्रे f 69
बेगम f 273
बेगल बन 139
बेंच f 162, 250, 262
बेटा m 22
बेटी f 22
बेंत f 89, 91, 94
बेनिन 317
बेबी जूते m 30
बेबी टमाटर m 124
बेबी मॉनिटर 75
बेर और सर्दा 127
बेल f 87, 183
बेलचा m 187
बेलन m 69, 164
बेलना tr 67
बेलारूस m 316
बेलीज़ 314
बेल्जियम m 316
बेसबॉल m 228
बेसमैन m 228
बेस लाइन f 230
बेसिन m 38, 50
बेहोश 47
बेहोश होना itr 44
बैंक m 96
बैंक अंतरण 96
बैक गैमन 272
बैंक प्रबंधक m 96
बैंक प्रभार 96
बैक बोर्ड m 226
बैकस्ट्रोक 239
बैकस्विंग 233
बैकहैंड 231
बैग m 37
बैग की तनी 37
बैंगन m 125
बैंगनी 274
बैट m 231
बैटरियां f 260
बैटरी f 167, 202
बैटरी पैक m 78
बैठक f 62
बैठने की व्यवस्था 254
बैडमिंटन m 231
बैरा m 148, 152
बैल m 185
बैलिरिक द्वीप समूह m 316
बैले m 255
बैले स्कर्ट f 191
बॉक्स m 254
बॉक्स ऑफ़िस m 255
बॉक्स फ़ाइल f 173
बॉक्सर शॉर्ट्स 33
बॉक्सिंग दस्ताने m 237
बॉक्सिंग रिंग f 237
बॉक्सिंग व्यायाम f 251
बॉडी लोशन m 73
बॉडीवर्क 202
बॉब m 39
बॉयलर m 61
बॉल m 221, 224, 226
बॉल एक-दूसरे को देना tr 221
बॉल को घेरना 221
बॉल निशाने पर मारना tr 227
बॉल पकड़ना tr 227
बॉल फेंकना tr 221, 223, 226, 227, 229
बॉल बास्केट में डालना tr 227
बॉल ब्वॉय m 231
बॉल मारना tr 224
बॉल रोकना tr 227
बॉल लपकने को तैयार रहना tr 227
बॉल वापस आना 226
बॉल्सम सिरका m 135
बो-टाई f 36
बोतल f 61, 75, 135, 311
बोतल ओपनर m 68, 150
बोतलबंद खाद्य पदार्थ m 134
बोतलबंद पानी 144
बोत्सवाना m 317
बोनट m 198
बोना tr 90, 183
बोया 217
बोर्ड m 241
बोर्ड खेल m 272
बोर्डिंग पास m 213
बोलिंग f 249
बोलिंग बॉल m 249
बोलीविया m 315
बोस्निया और हर्ज़ेगोविना m 316
बौंगो m 257
बौछार f 286
ब्याज दर f 96
ब्रश m 38, 40, 77, 83, 274
ब्रश करना tr 38, 50
ब्रह्मांड m 280
ब्रा f 35
ब्राउज़ itr 177
ब्राउज़र m 177
ब्राउन ब्रेड f 139, 149
ब्राउन राइस m 130
ब्राज़ील m 315
ब्राज़ीलनट m 129
ब्रांडी f 145
ब्रिज m 258
ब्रिजताश की गड्डी f 273
ब्री चीज़ 142
ब्रीफ़केस m 37
ब्रुनेई m 318
ब्रेक 200, 204, 206
ब्रेक डाउन 203
ब्रेक द्रव्य डिब्बा m 202
ब्रेक पैडल m 205
ब्रेकफ़ास्ट बुफ़े m 156
ब्रेक ब्लॉक m 207
ब्रेक लीवर m 207
ब्रेड f 157

ब्रेड एवं आटा 138
ब्रेड का चूरा *m* 139
ब्रेड काटने की छुरी *f* 68
ब्रेड फ़्रूट *m* 124
ब्रेड बनाना 138
ब्रेड रोल *m* 143
ब्रेड स्लाइस 138
ब्रेसलेट *m* 36
ब्रेस्टस्ट्रोक 239
ब्रोकली *f* 123
ब्लशर *m* 40
ब्लीच 77
ब्लू चीज़ *m* 136
ब्लूज़ *m* 259
ब्लेज़र *m* 33
ब्लेड *m* 66, 78
ब्लेंडर *m* 66
ब्लैक करंट 127
ब्लैक कॉफ़ी *f* 148
ब्लैक पुडिंग 157
ब्लैकबेरी *f* 127
ब्लैक बेल्ट *f* 237
ब्लैक होल *m* 280
ब्लोअर *m* 60

भ

भगच्छेदन 52
भगशिश्निका *f* 20
भगोष्ठ *m* 20
भयभीत 25
भरना *tr* 82
भरवां *m* 159
भरवां जैतून *m* 143
भराव 140
भरावन 50, 155
भरा हुआ 64
भर्ती 48
भवन एवं इमारतें 300
भवन नक़्शा *m* 261
भाई *m* 22
भाग *m* 282
भाग देना *tr* 165
भाजक *m* 165
भानजा *m* 23
भानजी *f* 23
भाप चालित
रेलगाड़ी *f* 208
भाप में पका 159
भाप से पकाना *tr/itr* 67
भार *m* 244
भार और मापक *m* 310
भारत *m* 318
भारोत्तोलन *m* 251
भाला फेंक *m* 234
भालू *m* 291
भाले से मछली पकड़ना 245
भावनाएं *f* 25
भावी वर-वधू 24
भाषाएं *f* 162
भिगोना *tr* 130
भिंडी *f* 122
भिन्न 165
भीतरी गांठ *f* 122
भीतरी छिलका *m* 126
भीतरी परत *f* 83
भीतरी लेन *f* 194
भीतरी ट्यूब *f* 207
भुगतान *m* 96
भुगतान स्थल *m* 106
भुजा *f* 164
भुना *m* 129, 158
भुना हुआ 159
भूकंप *m* 283
भूखा *m* 64
भूगोल *m* 162
भूटान *m* 318
भूतल *m* 104
भूदृष्य *m* 284
भूनना *tr* 67
भूपर्पटी *f* 282
भूप्रावार *m* 282
भूमध्य सागर *m* 313
भूमि *f* 282
भूमिगत नक़्शा *m* 209
भूमिगत मार्ग *m* 194
भूमिगत रेलगाड़ी *f* 208
भूरा *m* 274
भूरे रंग का होना 41
भूसंपत्ति दलाल *m* 189
भूसी *f* 130
भूस्पंद *m* 283
भेजना *tr* 177
भेड़ *f* 185
भेड़ का दूध 137
भेड़िया *m* 290
भेड़ों का बाड़ा *m* 183
भोजन *m* 64
भोजन कक्ष *m* 64, 168
भोजन के दौर 153
भोजनयान *m* 209
भोजवृक्ष *m* 296
भोर *f* 305
भौतिकी *f* 162, 169
भौंह *f* 14, 51
भ्रमित 25
भ्रूण *m* 52

म

मई *f* 306
मकई *f* 184
मकई का तेल *m* 135
मकई ब्रेड *f* 139
मकड़ी *f* 295
मंक फ़िश *f* 120
मकर रेखा *f* 283
मकान *m* 58
मकान मालिक *m* 58
मक्का *m* 130
मक्खन *m* 137, 156
मक्खी *f* 295
मक्खी से मछली पकड़ना *m* 245
मग *m* 65
मगरमच्छ *m* 293
मंगल *m* 280
मंगलवार *m* 306
मंगुष्ठ *m* 128
मंगेतर *m* 24
मंगोलिया 318
मिर्च *m* 132
मंच *f* 254
मच्छर *m* 295
मच्छर अवरोधक *m* 267
मच्छरदानी *m* 267
मछली *f* 107, 120, 294
मछली का टुकड़ा *m* 119
मछली की टोकरी *f* 245
मछली की दुकान *f* 114, 120
मछली चारा *m* 244
मछली पकड़ना 244
मछली पकड़ने का कांटा 244
मछली पकड़ने का जाल 244
मछली पकड़ने के प्रकार 245
मछली पकड़ने वाला 244
मछली पालन क्षेत्र *m* 183
मछली रखने का जाल *m* 244
मछली विक्रेता *m* 188
मछली हुक *m* 244
मछुआरा *m* 189
मछुआरी नाव *f* 217
मंज़िल *f* 58
मंजीरा *m* 257
मटन 118
मटर *f* 122, 131
मटरा *m* 131
मत्स्य बंदरगाह *m* 217
मंदिर *m* 300
मद्य पेय *m* 145
मंद्र क्लैरिनेट 257
मधुमक्खी *f* 295
मधुमेह *m* 44
मधुर संगीत *m* 259
मध्य अफ़्रीकी गणराज्य *m* 317
मध्यपट *m* 19
मध्य मंडल *m* 286
मध्यमिका *f* 15
मध्य रेखा *f* 226
मध्य लेन *f* 194
मध्याह्न *m* 305
मनचेगो चीज़ 142
मनोचिकित्सा *f* 49, 55
मनोरंजन *m* 253
मफ़िन 140
मफ़िन ट्रे *m* 69
मरना *itr* 26
मरम्मत का सामान 207
मरहम *m* 47, 109
मरहम पट्टी *f* 47
मराकस 257
मरीज़ *m* 45
मरोड़ *f* 44
मर्मर पक्षी *f* 292
मलावी *m* 317
मलेशिया *m* 318
मल्ल क्रीड़ा *m* 236
मशरूम *m* 125
मशीन गन *f* 189
मशीनरी *f* 187
मसला हुआ 159
मसाला *m* 83
मसाले *m* 132
मसालेदार सॉसेज 142
मसाले में लिपटा 143, 159
मसालों की पोटली 132
मसूड़ा *m* 50
मस्कारा *m* 40
मस्जिद *f* 300
मस्टर्ड *m* 155
मस्तिष्क *m* 19
मस्तूल *m* 240
महिला मेज़बान *m* 64
महाद्वीप 282, *m* 315
महाविद्यालय *m* 168
महासागर *m* 282
महिला परिधान *m* 34, 105
महिला मित्र 24
महिला व्यवसायी 175
महीन आटा 139
माइक्रोफ़ोन *m* 179, 258
माइक्रोलाइट *f* 211
माइक्रोवेव ओवन *m* 66
माउंटेन बाइक *f* 206
माउथ गार्ड *m* 237
माउथवॉश *m* 72
माउस *m* 176
माणिक *m* 288
माता *f* 22
माथा 14 *m*
मानव-चालित 200
माप 151 *f*
मापक *m* 150, 165
मापक चम्मच 109
मापक जग *m* 69, 311
मापना *tr* 310
मार्ग *m* 212
मार्ग चिह्न *m* 194
मार्गदर्शित पर्यटन *m* 260
मार्ग निर्देशन करना *tr* 240
मार्ग निर्देशिका *f* 260
मार्ग संकेतक *m* 298
मार्गिका *f* 214
मार्च *m* 306
मार्टिनी 151
मार्मलेड *m* 134, 156
मार्शमैलो *m* 113
मार्शल आर्ट्स *m* 237
माल कक्ष *m* 215
मालगाड़ी *f* 208
मालगोदाम *m* 216
माल डिब्बा *m* 216
मालदीव *m* 318
माल पोत *m* 215
मालवाहक *m* 215
माल वाहक बंदरगाह *m* 216
मालिक *m* 24
मालिश *f* 54
माली *m* 188, 317
माल्ट का सिरका *m* 135
माल्टा *m* 126, 316
मास *m* 306
मांस *m* 118
मांस कूटने का औज़ार 68
मांस के टुकड़े 119
मांसपेशियां *f* 16
मांसपेशियां गरमाना *tr* 251
मांसाहारी खाद्य पदार्थ 107
मासिक 307
माहवारी *f* 20
माल्ट वाला पेय 144
मिक्सिंग डेस्क 179
मिक्सिंग बाउल 66, 69
मिंट टॉफ़ी 113
मिट्टी *f* 85
मिट्टी का बर्तन *m* 69
मिट्टी रोधक *m* 205
मितली *f* 44
मितली की दवा *f* 109
मिनट *m* 304
मिनट की सुई *f* 304
मिनरल वॉटर *m* 144
मिनी बस *f* 197
मिनी बार 101
मिरगी *f* 44
मिरैंग 140
मिर्च *f* 143
मिलने का समय 45, 48, 175
मिलाना *tr* 67,138
मिलीग्राम 310
मिलीमीटर 310
मिलीलीटर 311
मिल्कशेक *m* 137
मिश्रित अनाज ब्रेड 139
मिश्रित सलाद *m* 158
मिसाइल *f* 211
मिस्र 317
मिष्ठान्न *m* 153
मिस्त्री *m* 188
मीट का पेस्ट *m* 156
मीटर *m* 310
मीटर ब्लॉक 81
मीट हुक *m* 118
मीटिंग *f* 174
मीठा *m* 124, 127, 155
मीठी गोलियां *f* 113
मीठी मकई *f* 122, 124
मीठे खाद्य *m* 107
मीठे बन 157
मीडियम वेव *m* 179
मीडिया *m* 178
मीन पंख *m* 290
मीन शल्क *m* 121
मीनार *f* 300
मील *m* 310
मुक़द्दमा *m* 180
मुक्का *m* 237
मुक्का मारना 237
मुक्केबाज़ी *f* 236
मुख *m* 283
मुखौटा *m* 228, 236
मुख्यद्वार *m* 58
मुख्याध्यापक *m* 163
मुख्याध्यापिका *f* 163

मुंगरा *m* 275
मुट्ठी *f* 15, 237
मुद्रा *f* 97
मुनक्क़ा *m* 129
मुर्ग़ *m* 119
मुर्गा *m* 185
मुर्गी *f* 185
मुर्ग़ी का अंडा *m* 137
मुर्गी पालन केंद्र *m* 183
मुलायम खिलौने *m* 75
मुलायम चीज़ 136
मुलायम लकड़ी *f* 79
मुलेठी कैंडी *f* 113
मुवक्किल *m* 180
मुस्कान *f* 25
मुंह *m* 14
मूंगफली *f* 129, 151
मूंगफली का तेल *m* 135
मूंछें *f* 290
मूर्तिकार *m* 191
मूर्ति शिल्प *m* 275
मूल्य *m* 152, 199
मूल्यवर्ग *m* 97
मूल्य सूची *f* 154
मूषक *m* 290
मूस पुडिंग 141
मूसल 68, *m* 167
मूत्र *m* 19
मूत्रनली *f* 20, 21
मूत्र विज्ञान *m* 49
मूत्राशय *m* 20
मृग मांस *m* 118
मृत त्वचा उतारना *tr* 41
मेघाच्छन्न 286
मेज़ *f* 64, 148, 172
मेज़पोश *m* 64
मेज़बान *m* 64
मेज़ लगाना *tr* 64
मेज़ सज्जा *f* 152
मेड़ *f* 85, 182
मेंढक *m* 294
मेढ़ा *m* 185
मेथी *f* 132
मेन कोर्स *m* 153
मेन सप्लाई *f* 60
मेनू के अनुसार 152
मेनू बार *m* 177
मेपल *m* 296
मेपल सिरप *m* 134
मेमना *m* 185
मेमोरी *f* 176
मेमोरी स्टिक *f* 176
मेरुदंड *m* 17
मेरुदंड उपचार *m* 54
मेलाकाइट *f* 289
मेला स्थल *m* 262
मेवे *m* 151, 156
मेवे और गिरी 129
मेशर 68
मेसेडोनिया *m* 316
मेहमान *m* 64, 100
मेहराब *m* 301
मेहराबदार छत *m* 300
मैकरल मछली *f* 120
मैकाडेमिया *m* 129
मैकेनिक *m* 203
मैक्सिको *m* 314
मैग्नीशियम *m* 109
मैच *m* 230
मैडागास्कर *m* 317
मैदा *m* 138
मैदान *m* 226, 227, 228, 234, 285
मैदा ब्रेड *f* 139
मैदे का चीला *m* 155
मैनहोल *m* 299
मैराथन *m* 234
मॉइश्चराइज़र *m* 41
मॉडल *m* 169
मॉडल बनाना 275
मॉनिटर *m* 53, 172
मॉरीटेनिया 317
मॉरीशस *m* 317
मॉल्डोवा *m* 316
मोच *f* 46
मोज़ेस बास्केट 74
मोज़ाम्बीक़ *m* 317
मोज़े *m* 33
मोज़ेरेला 142
मोटर *f* 88
मोटर क्रॉस 249
मोटर नौका *f* 214
मोटरबाइक *f* 204
मोटरबाइक रेस *f* 249
मोटर रेस *f* 249
मोटर साइकिल *f* 205
मोटा आटा *m* 139
मोटा प्लास *m* 80
मोटी सौंफ़ *f* 133
मोंटेनेग्रो *m* 316
मोतियाबिंद *m* 51
मोतियों की माला *f* 36
मोनाको *m* 316
मोनोपोली *f* 272
मोबाइल फ़ोन *m* 99
मोमबत्ती *f* 141
मोर *m* 293
मोरी *f* 91
मोरोक्को *m* 317
मोहर *f* 98
मोहरा *m* 272
मौसम *m* 286
मौसमी 129
म्यांमार (बर्मा) *m* 318
म्यूज़िकल 255
म्योनीज़ 135
मंत्रिस 295
मरूआ *m* 133
मच्छर अवरोधक *m* 108

य

यमन *m* 318
यहूदी उपनयन *m* 26
यहूदी पर्व *m* 27
यहूदी पूजास्थल *m* 300
यातायात *m* 194
यातायात जाम 195
यातायात पुलिसकर्मी *m* 195
यातायात बत्ती *f* 194
यातायात संकेत *m* 195
यांत्रिकी *f* 202
यात्री *m* 208
यात्री चेक 97
यात्री विमान *m* 210
यात्रा आरंभ करना *tr/itr* 217
यात्री *m* 216
यात्री जहाज़ *m* 215, 216
टर्मिनल *m* 216
यात्री बंदरगाह *m* 216
यात्री वाहक जहाज़ *m* 215
युगल *m* 24, 230
युगांडा *m* 317
यूक्रेन *m* 316
यूनाइटेड किंगडम *m* 316
यूरेनस *m* 280
यूरोप *m* 316
येरुशलम आर्टिचोक *m* 125
योग *m* 54
योग आसन *m* 54
योनि *f* 20
यौन रोग *m* 20

र

रक़म *f* 96
रकाब *m* 242
रक्तचाप *m* 44
रक्तमणि *f* 288
रक्तस्राव *m* 46
रक्षा क्षेत्र *m* 224
रक्षा जैकेट *f* 240
रक्षा नौका *f* 214
रक्षा-स्तंभ *m* 214
रंग *m* 39, 42, 274
रगड़ 46
रंगना *tr* 83
रंग-रूप *m* 41
रंगीन खड़िया *f* 274
रंगीन पेंसिल *f* 163
रंगे हुए 39
रग्बी 221
रग्बी का मैदान 221
रग्बी स्ट्रिप 221
रजत *m* 235
रज़ाई *f* 71
रजिस्टर *m* 100
रजिस्टर्ड डाक *m* 98
रडर *m* 210
रंदा *m* 81
रंदा करना *tr* 79
रद्दी की टोकरी *f* 172
रन *m* 228
रफ़ू करना *tr* 277
रबड़ *f* 163
रबड़ की मोहर 173
रबड़ की ट्यूब 265
रबड़ के जूते *m* 89
रबड़ नली *f* 89
रबड़ बैंड *m* 173
रम *f* 145
रम और कोक 151
रमज़ान *m* 27
रमणीय स्थल *m* 261
रविवार *m* 306
रसभरी *f* 127, 128
रसभरी जैम *m* 134
रसायन शास्त्र *m* 162
रसीद *f* 152
रसीला *m* 127
रसेदार *m* 158
रसोइए की टोपी *f* 190
रसोइया *m* 152, 190
रसोई *f* 66, 152
रसोई उपकरण *m* 68
रस्सी *f* 243, 248. 266
रस्सी कूद *f* 251
रस्से *m* 240
रहना और नाश्ता 101
राइट फ़ील्ड 229
राई *f* 131
राई ब्रेड *f* 138
राख *f* 283
राजगिरी के वज्र *m* 80
राजगीर *m* 186, 188
राजधानी *f* 315
राजनीति *f* 169
राजमा *m* 131
राजहंस *m* 292
राजा *m* 272
राज्य *m* 315
राडार *m* 214, 281
रात और दिन 305
रात का भोजन *m* 64
राष्ट्र *m* 315
राष्ट्रीय उद्यान *m* 261
रास्ता *m* 58, 85, 299
रात्रि पोशाक *f* 31
रिकॉर्ड *m* 234, 269
रिकॉर्ड की दुकान *f* 115
रिकॉर्ड तोड़ना *tr* 234
रिकॉर्ड प्लेयर *m* 268
रिकॉर्डिंग स्टूडियो *m* 179
रिंग *f* 226, 235
रिंच *f* 81
रिट *f* 180
रिटर्न 231
रिफ़्लेक्सोलॉजी 54
रिबन *m* 27, 111, 141
रिम 206
रिमोट कंट्रोल *m* 269
रियरव्यू मिरर *m* 198
रिले दौड़ 235 *f*
रिवर्स चार्ज कॉल 99
रिवाइंड 269
रिश्तेदार 23 *m*
रिसीवर 99 *m*
रिस्ट बैंड 230 *f*
रिफ़्लेक्टर 50 *m*
रील *f* 244
रुआंडा *m* 317
रुई के फाहे *f* 41
रुकना मना है 195
रुखी *f* 41
रुट नंबर *m* 196
रुमाल *f* 36
रुसी *f* 39
रूखे *m* 39
रूटर *m* 78
रूपांतरित शैल *m* 288
रूम सर्विस *f* 101
रूस *m* 318
रे 294
रेकी *f* 55
रेखाएं *f* 165
रेखांकन *m* 275
रेखांकन पटल *m* 275
रेखागणित *m* 165
रेगमाल *m* 81, 83
रेगिस्तान *m* 285
रेग्यूलेटर *m* 239
रेज़र ब्लेड *f* 73
रेड आई 271
रेड करंट *m* 127
रेडिएटर *m* 60, 202
रेडियो *m* 179, 268
रेडियो एंटीना *m* 214
रेडियो घड़ी *f* 70
रेडियो सैट करना *tr* 269
रेडियो स्टेशन *m* 179
रेत *f* 85, 264
रेत का अखाड़ा *m* 263
रेत का महल *m* 265
रेती *f* 81
रेनबो ट्राउट मछली *f* 120
रेनेसान्स 301
रेफ़री *m* 220, 222, 226, 227
रेफ़्रीजिरेटर *m* 67
रेमिकीन *m* 69
रेलगाड़ी *f* 208
रेलगाड़ी के प्रकार 208
रेलगाड़ी डिब्बा *m* 208
रेल नेटवर्क *m* 209
रेलवे परिसर *m* 209
रेलवे स्टेशन *m* 208
रेलिंग *f* 59
रेवाचीनी *f* 127
रेशम *m* 277
रेशेदार *m* 127
रेसिंग डाइव 239
रेसिंग ड्राइवर *m* 249
रेसिंग बाइक *f* 205, 206
रेस्तरां *m* 101, 152
रेस्तरां में खाना 154
रैक *m* 166
रैकून *m* 290
रैकेट *m* 230
रैकेट के खेल *m* 231
रैकेट बॉल *m* 231
रैगे 259
रैप 259
रैम 176
रैली ड्राइविंग 249
रॉक *m* 259

रॉक कॉन्सर्ट *m* 258
रॉकेट सलाद *m* 123
रोइंग मशीन *f* 250
रोएं से बनी रज़ाई *f* 71
रोकना *tr* 207
रोकोको 301
रोग़न *m* 79, 83
रोग निदान *m* 49
रोज़मर्रा के वस्त्र *m* 33, 34
रोज़मेरी 133
रोटर ब्लेड *f* 211
रोड बाइक *f* 206
रोड रोलर *m* 187
रोड साइड कैफ़े *m* 148
रोना *itr* 25
रोपना *tr* 183
रोमछिद्र *m* 15
रोमांच कथा *f* 255
रोमानिया *m* 316
रोमांस *m* 255
रोम्पर सूट *m* 30
रोल *m* 139, 155, 311
रोलर *m* 83
रोलर कोस्टर *m* 262
रोलर ब्लाइंड 63
रोलर ब्लेडिंग 263
रत्न 288

ल

लकड़ी *f* 79, 275
लकड़ी का गोंद 78
लकड़ी का चम्मच 68
लकड़ी की छीलन 78
लकड़ी के दाग़ 79
लक्ज़मबर्ग *m* 316
लक्ष्य *m* 273
लंगर *m* 214, 240
लंगरगाह *m* 217
लंगर डालना *tr* 217
लगाम *f* 242
लगाम की मुखरी *f* 242
लंगोटी *f* 75
लघु-प्रतिमा *f* 260
लच्छी *f* 277
लज्जित 25
लटकाना *tr* 82
लड़का *m* 23
लड़की *f* 23
लड़ाकू विमान *m* 211
लता *f* 87
लतामंडप *m* 84
लपकना *tr* 220
लंब 165
लंबा *m* 32
लंबाई *f* 165, 310
लंबा बटन *m* 31
लंबी कूद *f* 235
लंबी पोशाक *f* 34
लंबे मोज़े *m* 35
लंबे हत्थे की क़ैंची *f* 88
ललाट *m* 16
लवंग बदर *m* 132
लवणित 121, 129
लसिका *f* 19
लहर *f* 241, 264
लहसुन *m* 125, 132
लहसुन कूटने वाला 68
लाइट *f* 62, 178
लाइट बटन *m* 201
लाइटमीटर *m* 270
लाइटर *m* 112
लाइटिंग 105
लाइन्स मैन *m* 223, 230
लाइबेरिया *m* 317
लाइव 60
लाओस *m* 318
लातविया *m* 316
लाभांश *m* 97
लाल 145, 274
लाल कार्ड *m* 223
लाल पत्तागोभी *f* 123
लाल भूरा 39
लाल मसूर *m* 131
लाल मांस *m* 118
लाल मिर्च *f* 124
लाल सागर *m* 313
लावा *m* 283
लावा मणि *f* 288
लिकर *m* 145
लिक्टेन्स्टाइन 316
लिखना *tr* 162
लिथुआनिया *m* 316
लिनेन *m* 277
लिप ग्लॉस *m* 40
लिप ब्रश *m* 40
लिपस्टिक *f* 40
लिफ़ाफ़ा *m* 98, 173
लिफ्ट *f* 59, 100, 104
लिब लाइनर *m* 40
लिमोज़ीन 199
लिली *f* 110
लीक *f* 125
लीग *f* 223
लीची *f* 128
लीटर *m* 311
लीबिया *m* 317
लीवर *m* 61, 150
लीवर आर्च फ़ाइल 173
लेक्चर थियेटर *m* 169
लेखन सामग्री *f* 105
लेखाकार *m* 97, 190
लेखा विभाग *m* 175
लेग प्रेस *m* 251
लेडीबर्ड *f* 295
लेन *f* 234, 238
लेप *m* 83
लेबनान *m* 318
लेबल *m* 89
लेमन कर्ड *m* 134
लेमन ग्रास *m* 133
लेस 35
लेंस *m* 51, 167, 270
लेंस कैप *m* 270
लेस बनाना 277
लेस बॉबिन 277
लेसोथो 317
लेफ़्ट फ़ील्ड 228
लैटर बॉक्स *m* 58
लैटर हैड *m* 173
लैदर वस्त्र *m* 205
लैंप *m* 62, 217
लैपटॉप *m* 172, 176
लैंप स्टैंड *m* 166
लैमन सोल *m* 120
लेंस कवर *m* 51
लेंस साफ़ करने का
द्रव्य 51
लॉकर *m* 239
लॉकेट *m* 36
लॉग ऑन करना *tr* 177
लॉन्ग वेव *m* 179
लॉन्ड्री *f* 115
लॉन्ड्री सेवा 101
लॉबस्टर *m* 295
लॉबी *f* 100, 255
लॉलीपॉप *m* 113
लॉन्ड्री *f* 76
लोई *f* 138
लोक संगीत *m* 259
लोग *m* 11
लोगनबेरी 127
लोगो *m* 31
लोब 231
लोबिया *m* 131
लोमड़ी *f* 290
लोहा *m* 289
लौंग *f* 133
ल्यूपिन 297
लैंडिंग गियर 210
लैंप *m* 207

व

वकील *m* 180, 190
वकील का कार्यालय *m* 180
वक्ता *m* 174
वक्र *m* 165
वक्षीय कशेरुकाएं *f* 17
वक्षीय मीन पंख *m* 294
वज़न *m* 166, 250
वज़न छड़ *f* 251
वज़न-मापी *m* 45, 98
वज़नी पेटी *f* 239
वज़ीर *m* 272
वन *m* 285
ट्विन कमरा *m* 100
वनस्पति *f* 296
वनस्पति तेल *m* 135
वनस्पति नाशक *m* 183
वनुआतू 318
वयस्क *m* 23
वर्ग *m* 164
वर्ग फुट *m* 310
वर्गमीटर *m* 310
वर्दी *f* 94, 189
वर्ष *m* 163, 306, 307
वर्षा *f* 287
वर्षा वन *m* 285
वसा *f* 119
वसा रहित 137
वसीयत बनाना *tr* 26
वाइन *f* 145, 151
वाइन गिलास *m* 65
वाइन सिरका *m* 135
वाइब्राफ़ोन *m* 257
वाइस सूची *f* 152
वाईटबोर्ड *m* 162
वाई फ़ाई *m* 269
वातानुकूलन *m* 200
वाद्य यंत्र *m* 256, 258
वाद्यवृंद *m* 256
वापस अपने स्थान पर पहुंचना
228
वापसी का पता 98
वायलिन *m* 256
वायु छलनी *f* 202, 204
वायु छिद्र *m* 210
वायुमंडल *m* 282, 286
वायुयान *m* 210, 212
वायुयान वाहक *m* 215
वायोला *m* 256
वारंट *m* 180
वार्षिक 307
वार्षिकी पौध *f* 86
वाल्व *m* 207
वाशर *m* 80
वाष्प स्नान *m* 250
वास्कट *m* 33
वास्तुशिल्प *m* 300
वास्तुकार *m* 190
विकर्ण रेखा *f* 164
विकलांग पार्किंग स्थल *m* 195
विकल्प बुलाना 223
विकिरण चिकित्सा *f* 49
विकेट *m* 225
विकेट कीपर *m* 225
विग *m* 39
विंग मिरर *m* 198
विचार-विमर्श करना 163 *tr*
विजेता *m* 273
विज्ञान *m* 162, 166
विज्ञान कथा फ़िल्म *f* 255
विज्ञापन *m* 269
विटामिन *m* 108
विटीग 120
विंटेज कार *f* 199
विंडशील्ड 205
विंड सर्फ़र 241
विंड सर्फ़िंग 241
विंडस्क्रीन *f* 198
विंडस्क्रीन वाइपर *m* 198
विंडो *f* 177
वितरक *m* 203
वितरण *m* 98
वित्त *m* 97
वित्तीय सलाहकार *m* 97
विनिमय केंद्र 97 *m*
विद्यालय *m* 162, 169,
299
विद्युत कंबल *m* 71
विद्युत ड्रिल *f* 78
विद्युत तार *m* 176
विद्युत रेलगाड़ी *f* 208
विधियां *f* 79, 159
विनिमय दर *f* 97
विपणन विभाग *m* 175
विपरीत प्रभाव 109
विभाग *m* 49, 169
विभाजक *m* 173, 194
विमान चालक *m* 190, 211
विमान परिचारिका *f* 190, 210
वियतनाम *m* 318
विराम *m* 256
विराम घड़ी *f* 234
विलंब *m* 209
विलायती पीपल *m* 296
विवाह *m* 26, 35
विवाह की पोशाक *f* 35
विवाह भोज *m* 26
विशारद *m* 169
विशेष 152
विषपान 46
विषाणु *m* 44
विषुवत *m* 283
विहार स्थल *m* 265
विश्वकोश *m* 163
विश्व मानचित्र *m* 312
विश्वविद्यालय *m* 299
वी गला 33
वीज़ा *m* 213
वीडियो गेम *m* 269
वीडियो फ़ोन *m* 99
वीथिका *f* 254
वीरवार *m* 306
वुड 233
वृत्त *m* 164
वृत्तचित्र *m* 178
वॉटर पोलो *m* 239
वेज 233
वेज बर्गर *m* 155
वेट सूट *m* 239
वेटिकन सिटी *m* 316
वेतन *m* 175
वेतनसूची *f* 175
वेधनी *f* 78
वेनेज़ुएला *m* 315
वेनेशियन ब्लाइंड 63
वेबसाइट *f* 177
वेलिंगटन बूट *m* 31
वेवलैंथ *m* 179
वेशभूषा *f* 29, 255
वेक्यूम क्लीनर *m* 77, 188
वैकल्पिक खिलाड़ी *m* 223
वैकल्पिक चिकित्सा *f* 54
वैक्यूम फ़्लास्क *m* 267
वैक्स *m* 41
वैगन *m* 199
वैज्ञानिक *m* 190
वैनिला (पौधा) *m* 132
वॉटरक्रेस *m* 123
वॉटर चेम्बर *m* 61
वॉटरप्रूफ़ 267
वॉटर स्कीअर *m* 241
वॉटर स्कीइंग 241

वॉफ़ल्स 157
वॉलपेपर *m* 82, 177
वॉलपेपर पेस्ट *m* 82
वॉलपेपर ब्रश *m* 82
वॉलपेपर लगाना *tr* 82
वॉली 231
वॉलीबॉल *m* 227
वॉलेट *m* 37
वॉल्यूम स्तर 269
वॉशबेसिन 72
वॉशर-ड्रायर *m* 76
वोदका *m* 145
वोदका और संतरा 151
वोल्टेज 60
व्यक्ति चित्र *m* 271
व्यंजन सूची *f* 148, 153, 154
व्यवसाय *m* 175, 188, 190
व्यवसायी *m* 175
व्यस्त 99
व्यस्त समय 209
व्यायाम *m* 251
व्यायाम चिकित्सा *f* 49
व्यायामशाला *f* 101
व्यायाम शिक्षा *f* 162
व्यायाम साइकिल *f* 250
व्यावसायिक श्रेणी *f* 211
व्यावसायिक सौदा *m* 175
व्यास 164
व्हाइट करंट 127
व्हिस्की 1 *f* 45
व्हीलचेयर *f* 48
व्हीलचेयर सुविधा 197
व्हेल *f* 290
वस्त्र *m* 38, 205

श, ष

शकरकंदी *f* 125
शंकु *m* 164
शंकुचि मछली *f* 120
शंकुवृक्ष *m* 86
शक्ति परीक्षा *f* 237
शटऑफ़ वॉल्व *m* 61
शटर रिलीज़ 270
शटल बस *f* 197
शतपुष्पिका *f* 133
शतरंज *m* 272
शताब्दी *f* 307
शनि *m* 280
शनिवार *m* 306
शफ़तालू *m* 126
शंबुक *m* 121, 295
शमीज़ *f* 35
शयन कक्ष *m* 70
शयन यान *m* 209
शरद *f* 307
शरद ऋतु *f* 31
शरदीय क्रीड़ाएं *f* 247
शरपत *m* 296
शराब की दुकान *f* 115
शरीर *m* 12
शरीर तंत्र *m* 19
शर्त *f* 273
शर्माना 25
शलग़म *m* 123, 124
शल्क *m* 294
शल्य कक्ष *m* 48
शल्य चिकित्सक *m* 48
शल्य चिकित्सा *f* 45, 48, 49
शहतीर *f* 186
शहद *m* 134
शहर *m* 298, 299
शहरी मकान *m* 58
शाखा *f* 175, 296
शादी करना *itr* 26
शादी का केक *m* 141
शारीरिक जांच *f* 45
शार्क *f* 294
शास्त्रीय संगीत *m* 255, 259
शिकंजा *m* 78
शिकंजी *f* 144
शिकायत *f* 94
शिकार *m* 119
शिखर *m* 300
शिमला मिर्च *f* 124
शियात्सु 54
शिरोवल्क *m* 39
शिविर *m* 267
शिविर लगाना *tr* 266
शिविर वाहन *m* 266
शिविर स्थल *m* 266
शिशु *m* 23, 30
शिशु अश्व 185
शिशु उत्पाद *m* 107
शिशुगृह *m* 74
शिशु जन्म *m* 53
शिशु देखभाल 74
शिशु पट्टा *m* 75
शिशु बतख़ *f* 185
शिशु मेंढक *m* 294
शिशु सील *f* 290
शिशु सूअर *m* 185
शिशु स्नान *m* 74
शिश्न *m* 21
शिश्नच्छद *m* 21
शीतल पेय *m* 144, 154
शीर्ष *m* 164
शीर्षक *m* 168
शीशा *m* 40, 71, 167
शीशा परखने की इकाई *f* 51
शुक्र *m* 280
शुक्रवार *m* 306
शुक्रवाहिनी *f* 21
शुक्राणु *m* 20
शुक्राशय *m* 21
शुतुरमुर्ग *m* 292
शुरुआत अवरोध 234
शुल्क मुक्त दुकान *f* 213
शूज़ पेस्ट्री *f* 140
शून्य *m* 230, 308
शूलपर्णी *f* 296
शेड *m* 85
शेयर *m* 97
शेयर दलाल *m* 97
शेयर पूंजी *f* 97
शेयर बाज़ार *m* 97
शेयर मूल्य *m* 97
शेरी 145
शेविंग फ़ोम *m* 73
शेल्फ़ *f* 106
शैम्पू *m* 38
शैम्पेन *m* 145
शैल 288
शैलियां *f* 239
शैली *f* 301
शॉट मारना *tr* 232
शॉट मारने का तरीक़ा 232
शॉर्ट वेव *m* 179
शॉवर *m* 72
शॉवर का पर्दा *m* 72
शॉवर जैल *m* 73
शॉवर दरवाज़ा *m* 72
शो जंपिंग 243
शोध निबंध *m* 169
शोध प्रबंध *m* 169
शोभायात्रा *f* 27
शोरबा *m* 158
शोरबे का मसाला *m* 132
शोल्डर पैड *m* 35
शोल्डर बैग *m* 37
शौक़िया मछली पकड़ना *f* 245
शौचालय *m* 61, 266
श्री *f* 23
श्रीदारु 296
श्रीमती *f* 23
श्रीलंका *m* 318
श्रृंगार मेज़ *f* 71
श्रेणी *f* 163
श्रेडर 172
श्रोणि *f* 17
श्रोणिक मांस *m* 121
श्वास छिद्र *m* 290
श्वास नली *f* 18, 19, 239
श्वास यंत्र *m* 109
श्वसन 19
षड्भुज *m* 164

स

सऊदी अरब *m* 318
संकट सूचक बत्ती *f* 201
संकुचन *m* 52
संकेतक *m* 198, 204
संक्रमण *m* 44
संक्रमण रहित 47
सख़्त 124, 129
संख्या *f* 226
संगमरमर *m* 288
संगीत *m* 162
संगीतकार *m* 191
संगीतमय जिमनास्टिक *m* 235
संगीत विद्यालय *m* 169
संगीत शैलियां *f* 259
संग्रह *m* 98
संग्रहालय *m* 261
संचार *m* 98
संचालक *m* 256
सजावट *f* 111, 141
सजावटी 87
सटा हुआ घर *m* 58
सड़क *f* 298
सड़क का किनारा *m* 194
सड़क निर्माण कार्य *m* 187, 195
सड़कें *f* 194
सड़न *f* 50
सड़ा हुआ 127
संतरा *m* 126
संतरे का जूस *m* 144, 149
संतान होना *tr* 26
सत्तर *m* 308
सत्तरवां *m* 309
सदमा *m* 47
सदमा लगना 25
संदर्भ *m* 303
सदाबहार *m* 86
संदिग्ध 94, 181
संदेश *m* 100
संध्या *f* 305
संध्याकालीन मेनू *m* 152
सनटैन लोशन *m* 265
सन बेड *m* 41
सन ब्लॉक *m* 108, 265
सनस्क्रीन 108
संपर्क करना *tr* 177
संपर्क टूटना 99
संपादक *m* 191
सप्तक *m* 256
सप्ताह *m* 306
सप्ताहांत 306
सफ़री पलंग *f* 266
सफ़री स्टोव *m* 267
सफ़ाई उपकरण *m* 77
सफ़ाई करना *tr* 77
सफ़ाई कर्मी *m* 188
सफ़ारी पार्क *m* 262
सफ़ेद *m* 39, 145, 272, 274
सफ़ेद चावल *m* 130
सफ़ेद चॉकलेट *m* 113
सफ़ेद ज़ीरा *m* 131
सफ़ेद बन 139
सफ़ेद भाग *m* 137
सफ़ेद मांस *m* 118
सफ़ेद राजमा *m* 131
सफ़ेद सरसों *f* 184
सफ़ेद स्पिरिट *f* 83
संबंध *m* 24
सबूत *m* 181
संबोधन *m* 23
सब्ज़ियां *f* 122, 124
सब्ज़ियों का बग़ीचा *m* 85
सब्ज़ियों के खेत *m* 182
सब्ज़ी काटने का तख़्ता *m* 68
सब्ज़ी विक्रेता *m* 188
सभा कक्ष *m* 174
सभा *f* 174
संभोग *m* 20
समकोणक *m* 165
समचतुर्भुज *m* 164
समतल तख़्ता वज्र *m* 80
समताप मंडल *m* 286
समन 180
समय *m* 234, 261, 304
समय पर 305
समय पूर्व 52
समय समाप्त 220
समय-सारणी *f* 209, 261
समय सूची *f* 197
समलंब *m* 164
समस्याएं *f* 271
समांगीकृत दूध *m* 137
समाचार *m* 178
समाचार पत्र विक्रेता *m* 112
समाचार पत्र *m* 112
समाचार वाचक *m* 179, 191
समानांतर *m* 165
समानांतर चतुर्भुज *m* 164
समानांतर छड़ें *f* 235
समाप्ति क्षेत्र *m* 220
समाप्ति तिथि *f* 109
समाप्ति रेखा *f* 226, 234
समारोह *m* 140
समारोह केक *m* 141
समीकरण *m* 165
समुद्र *m* 264
समुद्र किनारे मछली पकड़ना 245
समुद्र तट *m* 285
समुद्र में मछली पकड़ना 245
समुद्र सिंह *m* 290
समुद्री कछुआ *m* 293
समुद्री जहाज़ *m* 214
समुद्री झींगा *m* 121
समुद्री भोजन *m* 121
समुद्री लहरें *f* 241
समूह चिकित्सा *f* 55
सम्मोहन चिकित्सा *f* 55
संयुक्त अरब अमीरात *m* 318
संयुक्त राज्य अमेरिका *m* 314
संरक्षित 118, 143, 159
संरक्षित फल *m* 135
सरटक 294
सरपट चाल *f* 243
सरस फल *m* 296
सरीसृप *m* 293
सर्किट ट्रेनिंग 251
सर्दी *f* 31, 44
सर्पमणि *f* 289
सर्फ़ बोर्ड *m* 241
सर्फ़र *m* 241
सर्फ़िंग 241
सर्बिया *m* 316
सर्व 231
सर्वर *m* 176
सर्विस करना *tr* 231
सर्विस लाइन 230
सलाद *f* 149
सलाद पत्ता *m* 123
सलामी 142
सलून *m* 199

सवा एक 304
संवाहक *m* 204
संवेदनशील *m* 41
संशीतित 121
संसाधित अनाज *m* 130
ससुर *m* 23
सहयोगी *m* 24
सह-विमान चालक *m* 211
सहस्राब्दी *f* 307
सहायक *m* 24
सहायक रसोइया *m* 152
सहायक वस्तुएं *f* 36
सहारा रेगिस्तान *m* 313
सहेजना *tr* 177
सत्रहवां *m* 309
साइकिल *f* 206
साइकिल चलाना *tr* 207, 263
साइकिल लेन 206 *f*
साइट प्रबंधक कार्यालय *m* 266
साइड ऑर्डर 153
साइड की सड़क *f* 194
साइड ज़ीन *f* 242
साइड टेबल *f* 70
साइड डेक *m* 240
साइड लाइन 220, 226, 230
साइड लैम्प *m* 70
साइबेरिया *m* 313
साईस 243
साउंड तकनीशियन *m* 179
साउंड बूम *m* 179
साओ टोमे और प्रिंसिपे 317
साक्षात्कारकर्ता *m* 179
सागर *m* 282
सागर विलयन *m* 285
साग-सब्ज़ी *f* 107
साज-श्रृंगार *m* 40
साज सामान *m* 215
साठ *m* 308
साठवां *m* 309
साढ़ू *m* 23
सातवां *m* 309
साथी *m* 23
सादी 145
सादी चॉकलेट 113
सान 81
सान मरीनो 316
सांप *m* 293
साप्ताहिक *m* 307
साफ़ रास्ता *m* 232
साबुत 129, 130, 132
साबुत ब्रेड *f* 139
साबुत मूंग *f* 131
साबुत सरसों *f* 135
साबुन *m* 73
साबुनदानी *f* 73
सामने की लाइट *f* 205
सामान *m* 79, 100, 187, 198, 213
सामान कक्ष *m* 196
सामान की चल पट्टी *f* 212
सामान की जगह *f* 209
सामान गाड़ी *f* 212
सामान वापसी 213
सामान विभाग *m* 104
सामान्य 39
सामान्य श्रेणी *f* 211
साम्राज्य *m* 315
सायंकाल *m* 305
सायबान *m* 148
सायरन *m* 94
सारस *m* 292
सार्डिन 120
सामन मछली *f* 120
सार्डीनिया *m* 316
सालगिरह *f* 26
साली *f* 23
सास *f* 23
सांस *f* 47
साहित्य *m* 162, 169
साही *f* 290
साहुल डोरी *f* 82
सिएरा लिओने *m* 317
सिंक *f* 61, 66
सिक्का *m* 97
सिक्का वापसी 99
सिंक्रोनाइज़्ड तैराकी *f* 239
सिगरेट *f* 112
सिगरेट की डिब्बी *f* 112
सिंगल 151
सिंगल कमरा *m* 100
सिंगल पलंग *f* 71
सिंगापुर *m* 318
सिगार *f* 112
सिंघाड़ा *m* 124
सिट-अप 251
सितंबर *m* 306
सिनेमा *m* 255, 299
सिनेमा हॉल *m* 255
सिफ़ारिश *f* 49
सिर *m* 12, 19
सिरका *m* 135, 142
सिर की चोट *f* 46
सिरदर्द *m* 44
सिरप *m* 109
सिर-पट्टा *m* 242
सिरप में बना 159
सिर से मारना *tr* 222
सिरहाना *m* 200
सिरा *m* 80, 210
सिरिंज *f* 109, 167
सिलना *tr* 277
सिलाई की टोकरी *f* 276
सिलाई चयन बटन *m* 276
सिलाई मशीन *m* 276
सिलेंडर *m* 202
सिले वस्त्र *m* 35 *m*
सिसिली *m* 316
सिस्टम 176
सिग्नल *m* 209 *m*
सीख *f* 68
सीख़चे *m* 74
सीखना *tr* 163
सींग *f* 291 *f*
सींचना *tr* 89, 90, 183
सीट *f* 61, 64, 204, 209, 210, 242, 254
सीट की पीठ *f* 210
सीट पोस्ट 206
सीट बेल्ट *f* 198, 211
सीडी प्लेयर *m* 268
सीढ़ियों का जंगला *m* 59
सीढ़ियों के गेट *m* 75
सीढ़ी *f* 82, 95, 186
सीढ़ीनुमा झूला *m* 263
सीध में 260
सीधा करना *tr/itr* 39
सीधा प्रसारण 178
सीधी *f* 165
सीधी दौड़ *f* 243
सीधे बाल *m* 39
सीप *f* 265
सीपी *f* 121
सी बास 120
सी ब्रीम 120
सीमा रेखा *f* 225
सीमा शुल्क चौकी *f* 216
सीमेंट *f* 186
सीमेंट मिक्सर *m* 186
सीरिंज से उल्व- द्रव निकालना 52
सीरियल *m* 156
सीरिया *m* 318
सील *f* 290
सीलबंद जार *m* 135
सीलेंट 83
सीवन 34
सीसा युक्त 199
सीसा रहित 199
सीसॉ 263
सुई लगाना 48
सुखाना *tr* 76
सुखाया हुआ 129
सुगंध चिकित्सा *f* 55
सुगंधित तेल *m* 55, 134 *m*
सुनहरा *m* 39
सुनहरा-भूरा *m* 39
सुनार *m* 188
सुनार की दुकान *f* 114
सुपर बाज़ार *m* 106
सुबह *f* 305
सुबह का नाश्ता *m* 156
सुरक्षा *f* 75, 212, 240
सुरक्षा कर्मी *m* 189
सुरक्षा चश्मा *m* 81, 167
सुरक्षा बैरियर *m* 246
सुरक्षा वज्र *m* 80
सुरक्षित 228
सुरक्षित करना *tr* 168
सुविधाजनक भोजन *m* 107
सूअर *m* 185
सूअर का मांस *m* 118
सूअर पालन केंद्र *m* 183
सूअरबाड़ा *m* 185
सूई *f* 109, 276
सूई की नोक *f* 277
सूई के नीचे की पत्ती *f* 276
सूक्ष्मदर्शी *m* 167
सूखा *m* 130, 286
सूखा अलूचा *m* 129
सूखा बंदरगाह *m* 217
सूखी घास *f* 184
सूखी चमड़ी *f* 293
सूखी फ्रांसबीन 131
सूखे पत्ते निकालना *tr* 91
सूखे फूल *m* 111
सूचना पट्ट *m* 173
सूचना स्क्रीन *f* 213
सूजन रोधी 109
सूजी *f* 130
सूंड़ *f* 291
सूडान *m* 317
सूती कपड़ा *m* 277
सूप *m* 153, 158
सूप का चम्मच *m* 65
सूप की प्लेट *f* 65
सूफ़ले *m* 158
सूफ़ले बर्तन *m* 69
सूमो कुश्ती *f* 237
सूरजमुखी *m* 184
सूरजमुखी का तेल *m* 134
सूरजमुखी के बीज *m* 131
सूरीनाम *m* 315
सूर्य *m* 280
सूर्यमुखी *m* 297
सूर्यास्त *m* 305
सूर्योदय *m* 305
सूर्य स्नान करना *tr* 264
सेकंड 304
सेकंड की सुई 304
सेट *m* 178, 254
सेंट किट्स और नेविस 314
सेंटर फ़ील्ड 228
सेंटर बोर्ड *m* 241
सेंट लूशिया 314
सेंट विन्सेंट और द ग्रेनाडिन्स 314
सेंटीमीटर *m* 310
सेंड ऑफ़ 223
सेनेगल 317
सेब *m* 126
सेब का जूस *m* 149
सेब की वाइन *f* 145
सेब सिरका *m* 135
सेम *f* 131
सेलेरी *f* 122
सेवाएं *f* 93, 101
सेवा प्रदाता *m* 177
सेवा वाहन *m* 212
सेवा सम्मिलित 152
सेवा सम्मिलित नहीं 152
सेवानिवृत्त होना *itr* 26
सेफ़्टी पिन *f* 47
सैकंड हैंड शॉप 115
सैक्सोफ़ोन *m* 257
सैट *m* 230
सैंडर *m* 78
सैंडविच *f* 155
सैंडविच काउंटर *m* 143
सैंडिल *f* 31, 37
सैनिक *m* 189
सैर-सपाटा *m* 260
सैनिटरी पैड *m* 108
सॉकर *m* 222
सॉकेट *m* 60, 80
सॉकेट रिंच *f* 80
सॉरेल पत्ती *f* 123
सॉर्बेट 141
सॉलवेंट *m* 83
सॉस *f* 135, 155
सॉस में 159
सॉसेज 155, 157
सॉसेजेस 118
सॉफ़्टवेयर *m* 176
सोआ *m* 122, 133
सोडा ब्रेड *f* 139
सोडा वॉटर *m* 144
सोनमाछी 294
सोना *itr* 71, 74
सोना *m* 289
सोनाटा *m* 256
सोने जाना *itr* 71
सोफ़ा *m* 62
सोफ़ा-कम-बेड 63
सोमवार *m* 306
सोमालिया *m* 317
सोयाबीन *m* 131
सोल मछली *f* 120
सोलहसत्रह 308
सोलोमन द्वीप समूह *m* 318
सोल्डर करने का तार *tr/itr* 79
सौ 308
सौतेला बेटा *m* 23
सौतेली बेटी *f* 23
सौतेले पिता *m* 23
सौतेली माता *f* 23
सौंदर्य प्रसाधन *m* 107
सौंदर्य *m* 40, 105
सौंदर्य उपचार *m* 41
सौंदर्य प्रसाधन *m* 38, 41
सौर मंडल *m* 280
सौवां *m* 309
स्कंधास्थि *f* 17
स्कर्ट *f* 30, 34
स्काइडाइविंग 248
स्कार्फ़ *m* 31
स्क्विड 121, 295
स्की 241, 246
स्कीइंग 246
स्कीइंग प्रतियोगिता 247
स्की कूद *f* 247
स्की जैकेट *f* 246
स्की पोल 246
स्की बूट *m* 246
स्की मार्ग *m* 246
स्कीयर *m* 246
स्की स्लोप 246
स्कूटर *m* 205
स्कूप *m* 68, 149
स्कूबा डाइविंग 239
स्कूल आरम्भ करना *tr* 26
स्कूलछात्र *m* 162

स्कूल छात्रा *f* 162
स्कूल बस *f* 196
स्कूल बस्ता *m* 162
स्केट 247
स्केट बोर्ड *m* 249
स्केट बोर्डिंग 249, 263
स्केट मछली *f* 120, 294
स्केटिंग करना *tr* 224
स्कैन *m* 48, 52
स्कैनर *m* 106, 176
स्क्रैबल *m* 272
स्क्वैश *m* 231
स्कॉच और पानी 151
स्कोर *m* 220
स्कोर बोर्ड *m* 225
स्क्रीन *f* 97, 176, 269
स्क्रीनवॉश *m* 199
स्क्रीन वॉश डिब्बा *m* 202
स्क्रोलबार *m* 177
स्क्वॉट *m* 251
स्खलनीय नली *f* 21
स्टंप *m* 225
स्टाउट *m* 145
स्टाफ़ *m* 256
स्टार एनीस 133
स्टार फ़िश *f* 295
स्टार्टर *m* 153
स्टिक *f* 224, 249
स्टीयरिंग *f* 201
स्टीरियो *m* 201, 269
स्टेडियम *m* 223
स्टेप मशीन *f* 250
स्टेपल्स *m* 173
स्टेप्लर *m* 173
स्टेबलाइज़र्स *m* 207
स्टैंड *m* 88, 205, 268
स्टॉक *m* 97
स्टॉक्स *m* 110
स्टॉप *m* 269
स्टॉप बटन *m* 197
स्टॉपर *m* 166
स्टॉल *f* 254
स्टोर निर्देशिका *f* 104
स्टोव *m* 66, 67
स्ट्राइक *f* 228
स्ट्रिंग *f* 230
स्ट्रीट लाइट *f* 298
स्ट्रीट स्टॉल *m* 154
स्ट्रीमिंग *f* 269
स्ट्रेच 251
स्ट्रेचर *m* 94
स्ट्रैप *m* 35
स्ट्रैप रहित पोशाक *f* 34
स्ट्रॉ 144, 154
स्ट्रॉबेरी *f* 127
स्ट्रॉबेरी मिल्कशेक 149
स्ट्रोक *m* 233, 239
स्ट्रोक्स *m* 231
स्तन *m* 12
स्तनधारी जीव *m* 290
स्तन पंप *m* 53
स्तनपान *m* 53
स्तनपान कराना *tr/itr* 53
स्तरित चट्टान *m* 288
स्तूपिका *f* 300
स्थान *m* 266
स्थान उपलब्ध 266
स्थिर 144
स्नातक *m* 169
स्नातक समारोह *m* 169
स्नातक होना *itr* 26
स्नातकोत्तर *m* 169
स्नान की चटाई *f* 72
स्नानघर *m* 72
स्नान स्थल *m* 266
स्नायु *m* 19, 50
स्नायु जाल *m* 17
स्नायु विज्ञान *m* 49
स्नूकर *m* 249
स्नैक बार *m* 148
स्नैक्स बार *m* 113
स्नो बोर्डिंग 247
स्नो मोबाइल *m* 247
स्पंज *m* 73, 74, 83
स्पंज केक *m* 140
स्पंज फ़िंगर 141
स्पार्क प्लग *m* 203
स्पिन *f* 230
स्पिरिट लेवल 80
स्पीकर *m* 176, 258, 268
स्पीकर स्टैंड *m* 268
स्पीड बोटिंग 241
स्पीड मीटर *m* 201
स्पीड स्केटिंग 247
स्पेन *m* 316
स्पेनिश सॉसेज 143
स्पैचुला *m* 68, 167
स्पॉट लाइट *f* 259
स्पोर्ट्स *m* 105
स्पोर्ट्स कार *f* 199
स्पोर्ट्स जैकेट *f* 33
स्पोर्ट्स ब्रा *f* 35
स्प्रिंग तुला *f* 166
स्प्रिंगबोर्ड *m* 235, 238
स्प्रे *m* 109
स्प्रे कैन *m* 311
स्फटिक *m* 289
स्मारक *m* 261
स्मार्टफ़ोन *m* 99, 176
स्मृति चिह्न *m* 260
स्मोक अलार्म *m* 95
स्प्लैशबैक *m* 66
स्याही *f* 275
स्याही पैड *m* 173
स्लाइड *f* 167
स्लाइसर *m* 139
स्लिंग पट्टी *f* 46
स्लिप *f* 35
स्लीप सूट *m* 30
स्लीपिंग बैग *m* 267
स्लेज गाड़ी *f* 247
स्लेज पर फिसलना 247
स्लेट *f* 288
स्लेटी *f* 39, 274
स्लोवाकिया *m* 316
स्लोवेनिया *m* 316
स्वचालित 200
स्वचालित दरवाज़ा *m* 196
स्वचालित सीढ़ियां *f* 104
स्वच्छ *m* 121
स्वर *m* 256
स्वर तंत्र *m* 19
स्वरमान *m* 256
स्वरलिपि *f* 255, 256
स्वर संगति *f* 256
स्वर्ण *m* 235
स्वस्थता *f* 250
स्वागत *m* 100
स्वागत अधिकारी *m* 100
स्वागतकर्ता *m* 190
स्वाज़ीलैंड *m* 317
स्वास्थ्य *m* 43
स्वास्थ्य आहार की
दुकान *f* 115
स्वास्थ्य केंद्र *m* 168
स्विच *f* 60
स्विट्ज़रलैंड *m* 316
स्विमसूट *m* 238
स्विस चार्ड *m* 123
स्वीडन *m* 316
स्वीडन का शलग़म *m* 125
स्वेटर *m* 33
स्वेट शर्ट 33
स्त्री *f* 12, 13, 20
स्त्री-रोग चिकित्सा *f* 49
स्त्री-रोग विशेषज्ञ *m* 52
स्त्री-स्वच्छता सामान *m* 108

ह

हंगरी *m* 316
हजामत *f* 73
हज़ारा *m* 89
हड्डी *f* 119
हड्डी टूटना 46
हत्था *m* 36, 88 187, 210
हथकड़ी *f* 94
हथेली *f* 15
हथौड़ा *m* 80, 187
हनीमून *m* 26
हनीसकल 297
हमला *m* 94
हर 165
हरा *m* 129, 274
हरा कद्दू *m* 124
हरा ज़ैतून *m* 143
हरा प्याज़ *m* 125
हरा सलाद *m* 158
हरा सलाद पत्ता *m* 123
हरितनील *m* 288
हरी चाय *f* 149
हरे-भरे पौधों से बना घेरा 85
हल रेखा *f* 183
हल्का भूनना *tr* 67
हल्का वायुयान *m* 211
हल्दी *f* 132
हवा *f* 241
हवाई 314
हवाई अड्डा *m* 212
हवाई डाक द्वारा 98
हवाई पट्टी *f* 212
हवा भरा गद्दा *m* 267
हवा भरी डोंगी *f* 215
हवा रोधक *m* 265
हवा लगाना *tr* 91
हवालात *f* 94
हंस *m* 119, 293
हंस का अंडा *m* 137
हंसना *itr* 25
हंसली *f* 17
हस्तकला उपकरण *m* 275
हस्ताक्षर *m* 96, 98
हाइ डेफ़िनिशन 269
हाई-फ़ाई सिस्टम *m* 268
हाईलाइट 39
हाईवे *m* 194
हाथ *m* 13, 15
हाथ का सामान *m* 211, 213
हाथ गाड़ी *f* 75
हाथी *m* 272, 291
हाथी दांत *m* 291
हाथी सील 290
हाथों की सफ़ाई 41
हाफ़ बोर्ड *m* 101
हार *m* 36
हारना *itr* 273
हारमोन *m* 20
हार्ड बोर्ड *m* 79
हार्डवेयर *m* 176
हार्डवेयर शॉप *f* 114
हार्प 256
हिंद महासागर *m* 313
हिम *m* 287
हिमनद *m* 284
हिमवर्षा *f* 286
हिम वाहन *m* 247
हिम स्खलन *m* 247
हिमालय *m* 313
हिरन *m* 291
हिस्सा *m* 64
हीटर *m* 60
हीटर कंट्रोल *m* 201
हीरा *m* 288
हुक *m* 187, 276
हुकुम 273
हुचका 89
हृदय *m* 18
हृदय एवं रक्तवाहिनी *f* 19
हृदय चिकित्सा *f* 49
हेज़लनट तेल *m* 134
हेमेटाइट *m* 289
हेयर डाई 40
हेयर ड्रायर *m* 38
हेयर ड्रेसर *m* 38
हेयर पिन *f* 38
हेयर बैंड *m* 38
हेयर-स्प्रे *m* 38
हेलमेट *m* 95
हैंग-ग्लाइडर *m* 248
हैंग-ग्लाइडिंग 248
हैंगिंग फाइल *f* 173
हैचबैक 199
हैट *m* 242, 265
हैड *m* 230
हैंड ड्रिल *f* 81
हैडफ़ोन *m* 268
हैंड बैग *m* 37
हैंड ब्रेक *m* 203
हैंडरेल 196
हैंडल *m* 106, 207, 230, 242
हैंडसेट 99 *m*
हैंडिल 200 *m*
हैंडीकैप 233 *m*
हैंडीकैम 260, 269 *m*
हैडॉक 120 *m*
हैती 314 *m*
हैदर 297 *m*
हैम 119, 143, 156 *m*
हैम बर्गर 155 *m*
हैमस्टर 290 *m*
हैलमेट 204, 206, 220, 225, 228, 236 *m*
हैलमेट का शीशा 205 *m*
हैलिबट क़तली 120 *f*
हैलीकॉप्टर 211 *m*
हैलोवीन 27
हॉकी 224 *f*
हॉकी स्टिक 224 *f*
हॉट चॉकलेट 144, 156 *m*
हॉट डॉग 155 *m*
हॉन्डुरास 314 *m*
हॉर्न 201, 204 *m*
हॉर्स 235 *m*
होटल 100, 264 *m*
होंठ 14 *m*
होम डिलीवरी 154 *f*
होम्योपैथी 55 *f*
होल 232 *m*
होल इन वन 233
होल पंच 173 *m*
होवर क्राफ़्ट 215 *m*
होश में लाना 47

त्र

त्रिकोणीय गरेबान *m* 32
त्रिकोनिका *f* 301
त्रिज्या *f* 164
त्रिनिदाद और टोबागो *m* 314
त्रिभुज *m* 164
त्रिमास *m* 52
त्रियंकी छत *f* 300
त्रिशिर पेशी *f* 16

acknowledgments • ābhār • आभार

DORLING KINDERSLEY would like to thank Christine Lacey for design assistance, Georgina Garner for editorial and administrative help, Kopal Agarwal, Polly Boyd, Sonia Gavira, Cathy Meeus, and Sant Sameer for editorial help, Claire Bowers for compiling the DK picture credits, Nishwan Rasool for picture research, and Suruchi Bhatia, Miguel Cunha, Mohit Sharma, and Alex Valizadeh for app development and creation.

The publisher would like to thank the following for their kind permission to reproduce their photographs:
Abbreviations key: (a-above; b-below/bottom; c-center; f-far; l-left; r-right; t-top)

123RF.com: Andrey Popov / andreypopov 23bc; Andriy Popov 34tl; Brad Wynnyk 172bc; Daniel Ernst 179tc; Hongqi Zhang 24cla, 175cr; Ingvar Bjork 60c; Kobby Dagan 259c; leonardo255 269c; Liubov Vadimovna (Luba) Nel 39cla; Ljupco Smokovski 75crb; Oleksandr Marynchenko 60bl; Olga Popova 33c; oneblink 49bc; Robert Churchill 94c; Roman Gorielov 33bc; Ruslan Kudrin 35bc, 35br; Subbotina 39cra; Sutichak Yachaingkham 39tc; Tarzhanova 37tc; Vitaly Valua 39tl; Wavebreak Media Ltd 188bl; Wilawan Khasawong 75cb; **Action Plus:** 224bc; **Alamy Images:** 154t; A.T. Willett 287bcl; Alex Segre 105ca, 195cl; Ambrophoto 24cra; Blend Images 168cr; Cultura RM 33r; Doug Houghton 107fbr; Hugh Threlfall 35tl; 176tr; Ian Allenden 48br; Ian Dagnall 270t; Levgen Chepil 250bc; Imagebroker 199tl, 249c; Keith Morris 178c; Martyn Evans 210b; MBI 175tl; Michael Burrell 213cra; Michael Foyle 184bl; Oleksiy Maksymenko 105tc; Paul Weston 168br; Prisma Bildagentur AG 246b; Radharc Images 197tr; RBtravel 112tl; Ruslan Kudrin 176tl; Sasa Huzjak 258t; Sergey Kravchenko 37ca; Sergio Azenha 270bc; Stanca Sanda (iPad is a trademark of Apple Inc., registered in the U.S. and other countries) 176bc; Stock Connection 287bcr; tarczas 35cr; Vitaly Suprun 176cl; Wavebreak Media ltd 39cl, 174b, 175tr; **Allsport/Getty Images:** 238cl; **Alvey and Towers:** 209 acr, 215bcl, 215bcr, 241cr; **Peter Anderson:** 188cbr, 271br. **Anthony Blake Photo Library:** Charlie Stebbings 114cl; John Sims 114tcl; **Andyalte:** 98tl; **Arcaid:** John Edward Linden 301bl; Martine Hamilton Knight, Architects: Chapman Taylor Partners, 213cl; Richard Bryant 301br; **Argos:** 41tcl, 66cbl, 66cl, 66br, 66bcl, 69cl, 70bcl, 71t, 77tl, 269tc, 270tl; **Axiom:** Eitan Simanor 105bcr; Ian Cumming 104; Vicki Couchman 148cr; **Beken Of Cowes Ltd:** 215cbc; **Bosch:** 76tcr, 76tc, 76tcl; **Camera Press:** 38tr, 256t, 257cr; Barry J. Holmes 148tr; Jane Hanger 159cr; Mary Germanou 259bc; **Corbis:** 78b; Anna Clopet 247tr; Ariel Skelley / Blend Images 52l; Bettmann 181tl, 181tr; Blue Jean Images 48bl; Bo Zauders 156t; Bob Rowan 152bl; Bob Winsett 247cbl; Brian Bailey 247br; Chris Rainer 247ctl; Craig Aurness 215bl; David H.Wells 249cbr; Dennis Marsico 274bl; Dimitri Lundt 236bc; Duomo 211tl; Gail Mooney 277ctcr; George Lepp 248c; Gerald Nowak 239b; Gunter Marx 248cr; Jack Hollingsworth 231bl; Jacqui Hurst 277cbr; James L. Amos 247bl, 191ctr, 220bcr; Jan Butchofsky 277cbc; Johnathan Blair 243cr; Jose F. Poblete 191br; Jose Luis Pelaez.Inc 153tc; Karl Weatherly 220bl, 247tcr; Kelly Mooney Photography 259tl; Kevin Fleming 249bc; Kevin R. Morris 105tr, 243tl, 243tc; Kim Sayer 249tcr; Lynn Goldsmith 258t; Macduff Everton 231bcl; Mark Gibson 249bl; Mark L. Stephenson 249tcl; Michael Pole 115tr; Michael S. Yamashita 247ctcl; Mike King 247cbl; Neil Rabinowitz 214br; Pablo Corral 115bc; Paul A. Sounders 169br, 249ctcl; Paul J. Sutton 224c, 224br; Phil Schermeister 227b, 248tr; R. W Jones 309; Richard Morrell 189bc; Rick Doyle 241ctr; Robert Holmes 97br, 277ctc; Roger Ressmeyer 169tr; Russ Schleipman 229; The Purcell Team 211ctr; Vince Streano 194t; Wally McNamee 220br, 220bcl, 224bl; Wavebreak Media LTD 191bc; Yann Arhus-Bertrand 249tl; **Demetrio Carrasco / Dorling Kindersley (c) Herge / Les Editions Casterman:** 112ccl; **Dorling Kindersley:** Banbury Museum 35c; Five Napkin Burger 152t; **Dixons:** 270cl, 270cr, 270bl, 270bcl, 270bcr, 270ccr; **Dreamstime.com:** Alexander Podshivalov 179tr, 191cr; Alexxl66 268tl; Andersastphoto 176tc; Andrey Popov 191bl; Arne9001 190tl; Chaoss 26c; Designsstock 269cl; Monkey Business Images 26clb; Paul Michael Hughes 162tr; Serghei Starus 190bc; **Education Photos:** John Walmsley 26tl; **Empics Ltd:** Adam Day 236br; Andy Heading 243c; Steve White 249cbc; **Getty Images:** 48bcl, 94tr, 100t, 114bcr, 154bl, 287tr; George Doyle & Ciaran Griffin 22cr; David Leahy 162tl; Don Farrall / Digital Vision 176c; Ethan Miller 270bl; Inti St Clair 179bl; Liam Norris 188br; Sean Justice / Digital Vision 24br; **Dennis Gilbert:** 106tc; **Hulsta:** 70t; **Ideal Standard Ltd:** 72r; **The Image Bank/ Getty Images:** 58; **Impact Photos:** Eliza Armstrong 115cr; Philip Achache 246t; **The Interior Archive:** Henry Wilson, Alfie's Market 114bl; Luke White, Architect: David Mikhail, 59tl; Simon Upton, Architect: Phillippe Starck, St Martins Lane Hotel 100bcr, 100br; **iStockphoto.com:** asterix0597 163tl; EdStock 190br; RichLegg 26bc; SorinVidis 27cr; **Jason Hawkes Aerial Photography:** 216t; **Dan Johnson:** 35r; **Kos Pictures Source:** 215cbl, 240tc, 240tr; David Williams 216b; **Lebrecht Collection:** Kate Mount 169bc; **MP Visual.com:** Mark Swallow 202t; **NASA:** 280cr, 280ccl, 281tl; **P&O Princess Cruises:** 214bl; **P A Photos:** 181br; **The Photographers' Library:** 186bl, 186bc, 186t; **Plain and Simple Kitchens:** 66t; **Powerstock Photolibrary:** 169tl, 256t, 287tc; **PunchStock:** Image Source 195tr; **Rail Images:** 208c, 208 cbl, 209br; **Red Consultancy:** Odeon cinemas 257br; **Redferns:** 259br; Nigel Crane 259c; **Rex Features:** 106br, 259tc, 259tr, 259bl, 280b; Charles Ommaney 114tcr; J.F.F Whitehead 243cl; Patrick Barth 101tl; Patrick Frilet 189cbl; Scott Wiseman 287bl; **Royalty Free Images:** Getty Images/Eyewire 154bl; **Science & Society Picture Library:** Science Museum 202b; **Science Photo Library:** IBM Research 190cla; NASA 281cr; **SuperStock:** Ingram Publishing 62; Juanma Aparicio / age fotostock 172t; Nordic Photos 269tl; **Skyscan:** 168t, 182c, 298; Quick UK Ltd 212; **Sony:** 268bc; **Robert Streeter:** 154br; **Neil Sutherland:** 82tr, 83tl, 90t, 118c, 188ctr, 196tl, 196tr, 299cl, 299bl; **The Travel Library:** Stuart Black 264t; **Travelex:** 97cl; **Vauxhall:** Technik 198t, 199tl, 199tr, 199cl, 199cr, 199ctcl, 199ctcr, 199tcl, 199tcr, 200; **View Pictures:** Dennis Gilbert, Architects: ACDP Consulting, 106t; Dennis Gilbert, Chris Wilkinson Architects, 209tr; Peter Cook, Architects: Nicholas Crimshaw and partners, 208t; **Betty Walton:** 185br; **Colin Walton:** 2, 4, 7, 9, 10, 28, 40l, 42, 56, 92, 95c, 99tl, 99tcl, 102, 116, 120t, 138t, 146, 150t, 160, 170, 191ctcl, 192, 218, 252, 260br, 260l, 261tr, 261c, 261cr, 271cbl, 271cbr, 271ctl, 278, 287br, 302.

DK PICTURE LIBRARY:
Akhil Bahkshi; Patrick Baldwin; Geoff Brightling; British Museum; John Bulmer; Andrew Butler; Joe Cornish; Brian Cosgrove; Andy Crawford and Kit Hougton; Philip Dowell; Alistair Duncan; Gables; Bob Gathany; Norman Hollands; Kew Gardens; Peter James Kindersley; Vladimir Kozlik; Sam Lloyd; London Northern Bus Company Ltd; Tracy Morgan; David Murray and Jules Selmes; Musée Vivant du Cheval, France; Museum of Broadcast Communications; Museum of Natural History; NASA; National History Museum; Norfolk Rural Life Museum; Stephen Oliver; RNLI; Royal Ballet School; Guy Ryecart; Science Museum; Neil Setchfield; Ross Simms and the Winchcombe Folk Police Museum; Singapore Symphony Orchestra; Smart Museum of Art; Tony Souter; Erik Svensson and Jeppe Wikstrom; Sam Tree of Keygrove Marketing Ltd; Barrie Watts; Alan Williams; Jerry Young.

Additional photography by Colin Walton.

Colin Walton would like to thank:
A&A News, Uckfield; Abbey Music, Tunbridge Wells; Arena Mens Clothing, Tunbridge Wells; Burrells of Tunbridge Wells; Gary at Di Marco's; Jeremy's Home Store, Tunbridge Wells; Noakes of Tunbridge Wells; Ottakar's, Tunbridge Wells; Selby's of Uckfield; Sevenoaks Sound and Vision; Westfield, Royal Victoria Place, Tunbridge Wells.